Studien und Beiträge
zum Öffentlichen Recht

Band 64

Tim Seidel

Verantwortlichkeit Nichtverantwortlicher

Terminologie, Systematik und Legitimation des gefahrenabwehrrechtlichen Notstandsinstituts

Mohr Siebeck

Tim Seidel, geboren 1995; Studium der Rechtswissenschaften an der Universität Passau; 2020 Erstes Juristisches Staatsexamen; Wissenschaftlicher Mitarbeiter am Lehrstuhl für Öffentliches Recht, Sicherheitsrecht und das Recht der neuen Technologien; 2023 Promotion; Rechtsreferendariat im Bezirk des OLG München.

Veröffentlicht mit finanzieller Unterstützung der Universität Passau.

ISBN 978-3-16-162649-4 / eISBN 978-3-16-162721-7
DOI 10.1628/978-3-16-162721-7

ISSN 1867-8912 / eISSN 2568-745X (Studien und Beiträge zum Öffentlichen Recht)

Die Deutsche Nationalbibliothek verzeichnet diese Publikation in der Deutschen Nationalbibliographie; detaillierte bibliographische Daten sind im Internet über *https://dnb.de* abrufbar.

Das Buch wurde von Gulde Druck in Tübingen auf alterungsbeständiges Werkdruckpapier gedruckt und gebunden.

Printed in Germany.

Vorwort

Die vorliegende Arbeit wurde im März 2023 von der Juristischen Fakultät der Universität Passau als Dissertation angenommen. Sie entstand während meiner Zeit als Wissenschaftlicher Mitarbeiter am Lehrstuhl für Öffentliches Recht, Sicherheitsrecht und das Recht der neuen Technologien von Herrn Professor Tristan Barczak, dem ich nicht nur für viele wertvolle Anregungen, wissenschaftliche Freiräume und eine schnelle Begutachtung der Arbeit, sondern auch für eine herausragende Zeit an seinem Lehrstuhl zu besonderem Dank verpflichtet bin.

Herzlich bedanken möchte ich mich auch bei Herrn Professor Rainer Wernsmann für das inhaltlich hilfreiche und ebenso zügig erstellte Zweitgutachten.

Dank gebührt auch allen Kolleginnen und Kollegen des Lehrstuhls, insbesondere denjenigen, die mir wertvolles Feedback zur Arbeit gegeben haben und mir auf diese Weise eine große Hilfe waren.

Für einen großzügigen Druckkostenzuschuss bedanke ich mich bei der Johanna und Fritz Buch Gedächtnis-Stiftung. Ebenso gedankt sei der Rechtsanwaltskammer München für die Verleihung ihres Promotionspreises im Juli 2023.

Schließlich und von Herzen bedanke ich mich bei meiner Freundin, meinen Großeltern, meinen Geschwistern und allen anderen Personen, die meinen Alltag außerhalb der Arbeit bereichert und dadurch einen wichtigen Beitrag zum erfolgreichen Abschluss des Promotionsverfahrens geleistet haben. Widmen möchte ich die Arbeit meinen Eltern als Dank für die jahrelange Unterstützung während meiner Ausbildung.

Passau, September 2023 — Tim Seidel

Inhaltsverzeichnis

Abkürzungsverzeichnis

AEUV	Vertrag über die Arbeitsweise der Europäischen Union
AöR	Archiv des öffentlichen Rechts
APuZ	Aus Politik und Zeitgeschichte
ASOG Bln	Allgemeines Gesetz zum Schutz der öffentlichen Sicherheit und Ordnung in Berlin
AuR	Arbeit und Recht
BayFwG	Bayerisches Feuerwehrgesetz
BayKSG	Bayerisches Katastrophenschutzgesetz
BayLStVG	Gesetz über das Landesstrafrecht und das Verordnungsrecht auf dem Gebiet der öffentlichen Sicherheit und Ordnung Bayern
BayPAG	Gesetz über die Aufgaben und Befugnisse der Bayerischen Polizei
BayVBl.	Bayerische Verwaltungsblätter
BayVerfGHE	Amtliche Entscheidungssammlung des Bayerischen Verfassungsgerichtshofs
BayVersG	Bayerisches Versammlungsgesetz
BayVSG	Bayerisches Verfassungsschutzgesetz
BB	Betriebs-Berater
BbgBKG	Gesetz über den Brandschutz, die Hilfeleistung und den Katastrophenschutz des Landes Brandenburg
BbgOBG	Gesetz über Aufbau und Befugnisse der Ordnungsbehörden Brandenburg
BbgPolG	Gesetz über die Aufgaben, Befugnisse, Organisation und Zuständigkeit der Polizei im Land Brandenburg
BeckOGK	Beck'scher Online-Großkommentar
BeckOK	Beck'scher Online-Kommentar
BeckRS	Elektronische Entscheidungsdatenbank in beck-online (publizistische Verwendung Verlag C.H. Beck)
BGB	Bürgerliches Gesetzbuch
BGH	Bundesgerichtshof
BGHSt	Entscheidungen des Bundesgerichtshofs in Strafsachen
BGHZ	Entscheidungen des Bundesgerichtshofs in Zivilsachen
BGSG	Gesetz über den Bundesgrenzschutz
BKAG	Gesetz über das Bundeskriminalamt und die Zusammenarbeit des Bundes und der Länder in kriminalpolizeilichen Angelegenheiten
BlnKatSG	Gesetz über den Katastrophenschutz im Land Berlin
BPolG	Gesetz über die Bundespolizei
BremHilfeG	Bremisches Hilfeleistungsgesetz
BremLT-Drs.	Landtagsdrucksache Bremen
BremPolG	Bremisches Polizeigesetz

BT-Drs.	Bundestags-Drucksache
BVerfG	Bundesverfassungsgericht
BVerfGE	Amtliche Sammlung der Entscheidungen des BVerfG
BVerfGK	Amtliche Sammlung der Kammerentscheidungen des BVerfG
BVerfG-K	Nicht in der amtlichen Sammlung veröffentlichte Kammerentscheidung des BVerfG
BVerwG	Bundesverwaltungsgericht
BVerwGE	Amtliche Sammlung der Entscheidungen des BVerwG
BWFwG	Feuerwehrgesetz Baden-Württemberg
BWLKatSG	Landeskatastrophenschutzgesetz Baden-Württemberg
BWPolG	Polizeigesetz Baden-Württemberg
COVuR	COVID-19 und Recht
DJZ	Deutsche Juristenzeitung
DÖV	Die Öffentliche Verwaltung
DRiZ	Deutsche Richterzeitung
DV	Die Verwaltung
DVBl.	Deutsches Verwaltungsblatt
EALR	Einleitung zum Allgemeinen Landrecht für die Preußischen Staaten
GewArch	Gewerbearchiv
GG	Grundgesetz
GSZ	Zeitschrift für das Gesamte Sicherheitsrecht
HmbKatSG	Hamburgisches Katastrophenschutzgesetz
HmbSOG	Gesetz zum Schutz der öffentlichen Sicherheit und Ordnung Hamburg
HessSOG	Hessisches Gesetz über die öffentliche Sicherheit und Ordnung
IfSG	Infektionsschutzgesetz
JA	Juristische Arbeitsblätter
JöR	Jahrbuch des öffentlichen Rechts der Gegenwart
Jura	Juristische Ausbildung
juris	Juristisches Informationssystem für die Bundesrepublik Deutschland (elektronische Entscheidungsdatenbank)
JurJb.	Juristen-Jahrbuch
JuS	Juristische Schulung
JZ	Juristenzeitung
KJ	Kritische Justiz
KK	Karlsruher Kommentar
LG	Landgericht
LKatSG MV	Gesetz über den Katastrophenschutz in Mecklenburg-Vorpommern
LKV	Landes- und Kommunalverwaltung
LVerfG	Landesverfassungsgericht
LVerfGE	Entscheidungen der Verfassungsgerichte der Länder (Sammlung)
MDR	Monatsschrift für Deutsches Recht
MEPolG	Musterentwurf für ein einheitliches Polzeigesetz des Bundes und der Länder
MMR	Multimedia und Recht
NdsPOG	Niedersächsisches Polizei- und Ordnungsbehördengesetz
NdsVersG	Niedersächsisches Versammlungsgesetz

NJ	Neue Justiz
NJW	Neue Juristische Wochenschrift
NKatSG	Niedersächsisches Katastrophenschutzgesetz
NordÖR	Zeitschrift für Öffentliches Recht in Norddeutschland
npoR	Zeitschrift für das Recht der Non Profit Organisationen
NRWLT-Drs.	Landtagsdrucksache Nordrhein-Westfalen
NuR	Natur und Recht
NVwZ	Neue Zeitschrift für Verwaltungsrecht
NVwZ-RR	Neue Zeitschrift für Verwaltungsrecht – Rechtsprechungsreport
NWVBl.	Nordrhein-Westfälische Verwaltungsblätter
NZM	Neue Zeitschrift für Miet- und Wohnungsrecht
NZV	Neue Zeitschrift für Verkehrsrecht
OLG	Oberlandesgericht
OVG	Oberverwaltungsgericht
PolG NRW	Polizeigesetz des Landes Nordrhein-Westfalen
PrOVG	Preußisches Oberverwaltungsgericht
PrOVGE	Entscheidungssammlung des Preußischen Oberverwaltungsgerichts
PrPVG	Preußisches Polizeiverwaltungsgesetz
PrVBl.	Preußisches Verwaltungsblatt
RhPfLBKG	Landesgesetz über den Brandschutz, die allgemeine Hilfe und den Katastrophenschutz Rheinland-Pfalz
RhPfPOG	Polizei und Ordnungsbehördengesetz Rheinland-Pfalz
RhPfVerf	Verfassung für Rheinland-Pfalz
SaarlPolG	Saarländisches Polizeigesetz
SächsBRKG	Sächsisches Gesetz über den Brandschutz, Rettungsdienst und Katastrophenschutz
SächsLT-Drs.	Landtagsdrucksache Sachsen
SächsPBG	Sächsisches Polizeibehördengesetz
SächsPolG	Polizeigesetz des Freistaates Sachsen
SächsPVDG	Sächsisches Polizeivollzugsdienstgesetz
SächsVBl.	Sächsische Verwaltungsblätter
SächsVerfGH	Verfassungsgerichtshof des Freistaates Sachsen
SBKG	Gesetz über den Brandschutz, die Technische Hilfe und den Katastrophenschutz im Saarland
SchlHA	Schleswig-Holsteinische Anzeigen
SchlHLVwG	Landesverwaltungsgesetz Schleswig-Holstein
SchlHVersFG	Versammlungsfreiheitsgesetz Schleswig-Holstein
SeeAufgG	Gesetz über die Aufgaben des Bundes auf dem Gebiet der Seeschifffahrt
SGb	Die Sozialgerichtsbarkeit
SOG LSA	Gesetz über die öffentliche Sicherheit und Ordnung des Landes Sachsen-Anhalt
SOG MV	Gesetz zum Schutz der öffentlichen Sicherheit und Ordnung in Mecklenburg-Vorpommern
SoSi	Soziale Sicherheit
StGB	Strafgesetzbuch
ThürLVO	Landesverwaltungsordnung für Thüringen
ThürOBG	Thüringer Gesetz über die Aufgaben und Befugnisse der Ordnungsbehörden

ThürPAG	Thüringer Gesetz über die Aufgaben und Befugnisse der Polizei
ThürVBl.	Thüringer Verwaltungsblätter
VBlBW	Verwaltungsblatt Baden-Württemberg
VersG	Versammlungsgesetz
VersG NRW	Versammlungsgesetz Nordrhein-Westfalen
VerwArch	Verwaltungsarchiv
VG	Verwaltungsgericht
VGH	Verwaltungsgerichtshof
VollzBek.	Vollzugsbekanntmachung
VR	Verwaltungsrundschau
VVDStRL	Veröffentlichungen der Vereinigung der Deutschen Staatsrechtslehrer
VwVfG	Verwaltungsverfahrensgesetz
WaStrG	Bundeswasserstraßengesetz
WüVVR	Württembergische Zeitschrift für Verwaltung und Verwaltungsrechtspflege
ZD	Zeitschrift für Datenschutz
ZEuP	Zeitschrift für Europäisches Privatrecht
ZFdG	Zollfahndungsdienstgesetz
ZfPW	Zeitschrift für die gesamte Privatrechtswissenschaft
ZG	Zeitschrift für Gesetzgebung

§ 1 Nichtverantwortung und Verantwortlichkeit

„Wir sind nicht nur verantwortlich für das, was wir tun, sondern auch für das, was wir nicht tun“[1], bekannte sich der französische Dramatiker *Molière* im 17. Jahrhundert zu den Pflichten eines Menschen in der Gesellschaft[2] und lieferte damit einen kaum zu übertreffenden Anknüpfungspunkt, um die vermeintliche Antinomie des gewählten Werktitels aufzulösen.

Im Gefahrenabwehrrecht schließen sich Verantwortlichkeit und Nichtverantwortung nicht gegenseitig aus,[3] weil sich die Hülle der Verantwortung mit unterschiedlichem Inhalt befüllen lässt.[4] Sie kann einerseits zurechnungsbezogen verstanden und an die Entstehung einer Gefahr angeknüpft werden, sodass die hieraus resultierende „Zurechnungsverantwortung“[5] im präventiven Sicherheitsrecht einer „Gefahrenentstehungsverantwortlichkeit“ entspricht. Sie kann andererseits zuständigkeitsbezogen[6] interpretiert und die entstehende „Aufgaben-

[1] Die Zuweisung des Zitats zu *Molière* ist nicht uneingeschränkt gesichert. Sie wird im Allgemeinen aber vorgenommen und soweit ersichtlich nicht bestritten. Zur Übersetzung und zur Zuordnung *Dreijmanis*, Einleitung, in: ders. (Hrsg.), Max Webers Schriften zu wissenschaftlichen und politischen Berufen, Übersetzung Siepmann, 2. Aufl. 2017, S. 28.

[2] Zum Leben und Wirken von *Molière* etwa *Stenzel*, Molière und der Funktionswandel der Komödie im 17. Jahrhundert, 1987, S. 11 ff.

[3] Die unterschiedlichen Deutungsmöglichkeiten des Verantwortungsbegriffs gelten nicht nur im Gefahrenabwehrrecht, sondern auch in anderen Rechtsgebieten und wissenschaftlichen Bereichen, vgl. exemplarisch die Ausführungen und Werke von *Burghardt*, Zufall und Kontrolle, 2018, S. 135 ff.; *Heidbrink/Hirsch* (Hrsg.), Verantwortung in der Zivilgesellschaft, 2006; *Maring*, Kollektive und korporative Verantwortung, 2001; *Schubert*, Das „Prinzip Verantwortung“ als verfassungsstaatliches Rechtsprinzip, 1998.

[4] Die Begrifflichkeiten *Verantwortung* und *Verantwortlichkeit* werden trotz des gleichlautenden Wortstamms nicht immer synonym verwendet. Die Abgrenzung ist gleichwohl unklar, vgl. *Buddeberg*, Verantwortung im Diskurs, 2011, S. 4 Fn. 10, die dort zugleich auf die häufig vorgenommene Substitution hinweist; vgl. auch *Burghardt*, Zufall und Kontrolle, 2018, S. 135, m.w.N., der Verantwortung als das „umfassendere, weniger spezifische Konzept“ charakterisiert. Zur Schwierigkeit der Abgrenzung auch *Saladin*, Verantwortung als Staatsprinzip, 1984, S. 26 ff.

[5] *Burghardt*, Zufall und Kontrolle, 2018, S. 137 unter Verweis auf *Maring*, Kollektive und korporative Verantwortung, 2000, S. 14, der von einer „Handlungsergebnisverantwortung“ spricht. Ins Gefahrenabwehrrecht projiziert würde damit allerdings nur die Verhaltensverantwortlichkeit erfasst werden, nicht jedoch die Zustandsverantwortlichkeit, weil diese nicht auf einer eigenen Handlung beruht (s. hierzu noch § 2 II. 1. b)).

[6] *Burghardt*, Zufall und Kontrolle, 2018, S. 136.

verantwortung“[7] als „Gefahrenbeseitigungsverantwortlichkeit“ konkretisiert werden. Der *verantwortliche Nichtverantwortliche* verkörpert also keinen unüberwindbaren Antagonismus, sondern stellt schlichtweg eine Kombination divergierender Begriffsdeutungen dar: Ihm kann die Entstehung einer Gefahr nicht zugerechnet werden,[8] er muss aber dennoch für deren Beseitigung einstehen.[9]

Hinter dem ebenso gebräuchlich als Nichtstörer deklarierten Adressaten steht das sogenannte Notstandsinstitut,[10] das die entzweite Verantwortlichkeit überwinden soll, indem es einfachgesetzliche Voraussetzungen für die Heranziehung bereithält und für dabei erlittene Schäden grundsätzlich eine Entschädigung gewährt. Diese Notstands- und Entschädigungsregelungen sind nicht in gleicher, aber zumindest in vergleichbarer Form in sämtlichen Polizei- sowie den allgemeinen Ordnungsgesetzen vorhanden.[11] Sowohl in Bezug auf seine interne Funktionsweise als auch im Hinblick auf die Fügung des Notstandsinstituts in das Gesamtkonstrukt der Gefahrenabwehr lassen sich allerdings zahlreiche Äußerungen auffinden, die insoweit Parallelen zum *verantwortlichen Nichtverantwortlichen* beinhalten, als ihnen der Eindruck einer gewissen Widersprüchlichkeit immanent ist.

So wird die Verpflichtung unbeteiligter Personen zur Mitwirkung an der Gefahrenabwehr als „Grenzlinie rechtsstaatlichen Polizeirechts“ eingeordnet,[12] die

---

[7] *Burghardt*, Zufall und Kontrolle, 2018, S. 136, m.w.N.; *Maring*, Kollektive und korporative Verantwortung, 2000, S. 13.

[8] S. zur Gefahrenzurechnung beim Verhaltens- und beim Zustandsstörer sowie zur fehlenden Zurechnungsmöglichkeit beim Nichtverantwortlichen noch § 2 II. 1. b) sowie zur unzutreffenden und teilweise als Zurechnungsgrund beim Nichtstörer erwogenen Forderung nach einer Gegenmittelinhaberschaft auch § 2 II. 2. c) aa).

[9] Soweit nachfolgend von einem *Verantwortlichen* gesprochen wird, bezieht sich dies in gefahrenabwehrrechtlich üblicher Weise auf die Gefahrenentstehungsverantwortlichkeit, sofern sich nicht ausdrücklich oder kontextual etwas anderes ergibt.

[10] Vgl. zur Einordnung als Rechtsinstitut nur *Barczak*, DV 49 (2016), 157 sowie *Kingreen/Poscher*, Polizei- und Ordnungsrecht, 12. Aufl. 2022, § 9 Rn. 74. Vereinzelt lassen sich zwar bereits (ältere) Monografien über das Notstandsinstitut finden, doch beziehen sich diese eher auf die Entstehung sowie die Auslegung der verschiedenen Tatbestandsmerkmale (so etwa *Bürkel*, § 21 des Preussischen Polizeiverwaltungsgesetzes vom 1. Juni 1931 und das polizeiliche Notstandsrecht, 1934; *Schmid*, Der Notstand im Polizeirecht, 1940; *Wewers*, Das Polizeinotrecht im deutschen Verwaltungsrecht, 1933; *Wolff*, Das Recht des polizeilichen Notstands in Preußen, 1934). Im Übrigen haben sie eher Einzelprobleme zum Gegenstand, die mit den Notstandsregelungen in Verbindung stehen, etwa die Beschlagnahme von Wohnraum (hierzu zuletzt *Reitzig*, Die polizeirechtliche Beschlagnahme von Wohnraum zur Unterbringung Obdachloser, 2004) oder die Bildung eines künstlichen Staus (hierzu *Müller-Rath*, Der künstliche Stau, 2009).

[11] Vgl. exemplarisch Art. 10 BayPAG; § 18 BbgOBG; § 7 BremPolG; § 8 NdsSOG; § 17 SächsPBG; zur Entschädigung etwa Art. 87 BayPAG; § 38 BbgOBG; § 117 BremPolG; § 80 NdsSOG; § 41 SächsPBG. Auf die Unterschiede der einzelnen Vorschriften wird bei der Untersuchung der verfassungsrechtlichen Vorgaben für die einfachgesetzliche Ausgestaltung des Notstandsinstituts näher eingegangen (s. hierzu § 4 II. 2.).

[12] SächsVerfGH, LVerfGE 4, 303 (349); *Denninger*, in: Lisken/Denninger/Bäcker et al.

prinzipielle Möglichkeit hierzu aber trotz der pluralistisch geprägten juristischen Meinungswelt nicht ernsthaft bezweifelt. Außerdem sollen die Vorschriften zur Inanspruchnahme des Nichtstörers durch eine angeblich gebotene enge Handhabung und restriktive Auslegung zwar zur Wahrung der rechtsstaatlichen Grenze beitragen, werden gleichzeitig aber in zahlreichen Konstellationen mit unbeteiligten Personen für nicht anwendbar gehalten.[13] Hingegen ist die Möglichkeit zur Anwendung der in den Notstandsregelungen verbrieften Voraussetzungen im Bereich besonderer Gefahrenabwehrgesetze, sofern solche keine äquivalenten Vorschriften enthalten, zwar allgemein anerkannt, der dogmatische Weg bleibt dabei aber meist wenig nachvollziehbar.[14] Als noch unklarer muss allerdings die Behandlung des sogenannten *unechten* Notstands eingeordnet werden, der teils als existent und gesetzlich erfasst, teils als existent, aber gesetzlich nicht erfasst, teils aber auch als nichtexistent beurteilt wird.[15] Weil hierbei nicht nur Personen betroffen sind, die die Entstehung der Gefahr nicht zu verantworten haben, sondern diese Rechtskonstellationen zugleich im traditionell sensiblen Versammlungsrecht besonders präsent sind, ist der aktuelle Befund aus rechtsstaatlicher Sicht unbefriedigend.

Bereits mit dieser beispielhaften Aufzählung dürfte feststehen, dass im Kontext der Nichtstörerinanspruchnahme noch zahlreiche offene Fragen vorhanden sind und die vom Bundesverwaltungsgericht getroffene Aussage, wonach die Voraussetzungen des Notstands „in der Rechtsprechung zum Polizeirecht hinreichend geklärt" seien,[16] nicht allzu wörtlich verstanden werden darf.[17]

Auch die Entwicklungen des präventiven Sicherheitsrechts in den vergangenen Jahren und Jahrzehnten und insbesondere die Verlagerung von Befugnissen in das Gefahrenvorfeld[18] führen keineswegs dazu, dass die Notstandsregelungen die als Element tradierter Polizeirechtsdogmatik an das Vorliegen einer konkreten Gefahr anknüpfen, einem Bedeutungsverlust unterliegen. Zu Recht wird dar-

---

(Begr./Hrsg.), Handbuch des Polizeirechts, 6. Aufl. 2018, Kap. D Rn. 140; *K. Merten/H. Merten*, Hamburgisches Polizei- und Ordnungsrecht, 2007, SOG, § 10 Rn. 4; *Ruder/Pöltl*, Polizeirecht Baden-Württemberg, 9. Aufl. 2021, § 5 Rn. 47.

[13] S. zur propagierten Auslegung noch § 4 II. 2. b) bb) (1) und die Nachweise unter § 4 Fn. 157; zu den einzelnen Konstellationen mit unbeteiligten Personen noch § 2 II. 2.

[14] S. zur Implementationsdogmatik § 3 I. 2. und die Nachweise unter § 3 Fn. 28 ff.

[15] S. zum *unechten* Notstand § 4 II. 2. b) bb) (1) bis (6), speziell im Versammlungsrecht auch § 5 I. 1.

[16] BVerwG, Beschl. v. 21.8.1985 – 1 B 11.85, juris, Rn. 5.

[17] Im Hinblick auf die Äußerung muss auch beachtet werden, dass sie im Kontext der Entscheidung über eine Nichtzulassungsbeschwerde getätigt wurde, bei der sich das Gericht über den in die Aussage hineininterpretierbaren Gehalt möglicherweise nicht bewusst war. Ferner bezieht sie sich auf einen in der Beschwerde vorgebrachten Aspekt, sodass sie nicht vollumfänglich kontextualisiert werden kann. Ihr sollte daher keine zu hohe Bedeutung beigemessen werden.

[18] Überblicksweise zur Entwicklung nur *Götz/Geis*, Allgemeines Polizei- und Ordnungsrecht, 17. Aufl. 2022, § 1; *M. Schneider*, Die Entwicklung der Polizei, 2010, S. 5 ff.; *Thiel*, GSZ 2021, 97 ff.

auf hingewiesen, dass die sicherheitsrechtliche „Innovation […] traditioneller Handlungsformen" die herkömmliche Dogmatik des Polizeirechts ergänzen, aber nicht verdrängen kann.[19] Zugleich werden dem Notstandsinstitut mit der Beschlagnahme von Wohnraum zur Verhinderung von Obdachlosigkeit und mit dem Verbot friedlicher Versammlungen zwei wichtige und praktisch relevante Anwendungsfälle zugeordnet,[20] sodass ihm bereits an dieser Stelle ein verlässlicher Bedeutungskern beigemessen werden kann.

Auch unabhängig von diesem gesicherten Anwendungsbereich muss einer umfassenden Aufklärung der Hintergründe und der Funktionsweise des Notstandsinstituts ein hoher Stellenwert zugeschrieben werden. Weil die Vorschriften zur Inanspruchnahme des Nichtstörers lediglich einfachgesetzliche Normen verkörpern, kann ihre Anwendung durch gleichrangige spezialgesetzliche Regelungen grundsätzlich ausgeschlossen werden. Sowohl für diese als auch für andere möglicherweise existierende Konstellationen mit unbeteiligten Personen scheinen die zur Bewertung des Notstandsinstituts zu bildenden Untersuchungsfelder mitsamt ihren mannigfaltigen Bezugspunkten aber geeignet, trotz Unanwendbarkeit der allgemeinen Notstandsregelungen zur Ableitung von grundlegenden Erkenntnissen herangezogen zu werden. Einem ausgereiften Verständnis zu den Hintergründen des Notstandsinstituts lässt sich daher die Chance zuschreiben, als eine Art „Wissensbasis" zur Handhabung anderer Rechtskonstellationen zu dienen, wenngleich das Notstandsinstitut als solches den klaren Mittelpunkt der Arbeit verkörpert und auf einen Transfer gewonnener Wertungen nur in Ansätzen eingegangen werden kann.

Vor diesem Hintergrund werden in der Gesamtschau zwei verschiedene Ziele verfolgt. Erstens soll das Notstandsinstitut mit seinen terminologischen, systematischen und legitimationsrechtlichen Facetten grundlegend untersucht werden. Die bereits angesprochenen rechtlichen Entwicklungen machen eine Bestandsaufnahme und Neubewertung erforderlich, weil teilweise erst mit ihnen Problematiken in der begrifflichen Abgrenzung und bei der Absteckung des Anwendungsbereichs der Notstandsregelungen entstanden sind. Dass neben einer Bestimmung der Begriffsbezeichnungen für das Notstandsinstitut und für die verschiedenen unbeteiligten Personen insbesondere zu klären ist, in welchen Konstellationen die Notstandsregelungen heranzuziehen sind, hat sich jüngst in Diskussionen um sogenannte flächendeckende Maßnahmen gegen die Allge-

---

[19] *Poscher*, Gefahrenabwehr, 1999, S. 10; vgl. auch *Barczak*, Der nervöse Staat, 2. Aufl. 2021, S. 465.

[20] Als „häufigster Anwendungsfall" wurde die Beschlagnahme von Wohnraum zur Einweisung Obdachloser jedenfalls in den 1970er-Jahren betitelt von *Rheinwald/Kloesel*, Polizeigesetz für das Land Baden-Württemberg, 5. Aufl. 1975, S. 30. Ihr kommt aber auch heute noch eine nicht unerhebliche Bedeutung zu, vor allem in größeren Flüchtlingskrisen, vgl. *Mattias Fischer*, NVwZ 2015, 1644. Auch *Ruder*, NVwZ 2012, 1283 weist darauf hin, dass entsprechende Maßnahmen nach wie vor zum Alltag vieler Städte- und Gemeindeverwaltungen gehören.

meinheit in der Corona-Pandemie gezeigt.[21] Neben den schon thematisierten systematischen Unstimmigkeiten[22] haben sich in legitimationsrechtlicher Hinsicht zwar verschiedene Ansätze zur abstrakten Begründung einer Hilfeleistungspflicht herausgebildet, es wird aber kaum diskutiert, was hieraus für die einfachgesetzliche Ausgestaltung und die Anwendung der Regelungen folgt.[23] Schließlich lässt sich als Gegenstück zu der ebenso bereits angesprochenen Behandlung des *unechten* Notstands im Versammlungsrecht mit dem Verhältnis zwischen der Notstandsregelung und § 323c Abs. 1 StGB ein weiteres Problemfeld ausmachen, das als besonders streitbar eingeordnet werden muss. So wird häufig vertreten, dass der Nichtstörer bei einem (drohenden) Verstoß gegen § 323c Abs. 1 StGB Handlungsstörer und ein Rückgriff auf die Notstandsregelung mithin entbehrlich sei.[24] Es werden sich aber zahlreiche Argumente finden lassen, die darauf hindeuten, dass auch diese Rechtskonstellationen nicht zufriedenstellend behandelt werden.

Neben diesem weit gefassten Komplex der grundlegenden Einordnung soll die Arbeit als zweites Ziel konkrete Aufschlüsse über die Ausgestaltung des Notstandsinstituts geben. Dies betrifft die Thematik, welche Voraussetzungen für die Inanspruchnahme eines Nichtstörers aus (bundes-)verfassungsrechtlichen Vorgaben ableitbar und welche Anforderungen einfachgesetzlich zu normieren sind. Es wird sich zeigen, dass die verschiedenen Notstandsregelungen von Bund und Ländern trotz einer grundsätzlichen Vergleichbarkeit teilweise nicht unbedeutende inhaltliche Divergenzen aufweisen, indem bestimmte Voraussetzungen wie die erforderliche Gefahrenlage unterschiedlich angesetzt wurden oder Aspekte wie die Zumutbarkeitsgrenzen vereinzelt gar keine Berücksichtigung erfahren haben.[25] Einerseits steht damit die Verfassungskonformität der verschiedenen Regelungen auf dem Prüfstand. Andererseits lässt sich auf diese Weise bestimmen, ob den existenten Vorschriften ein Optimierungspotenzial innewohnt und, falls ja, welche normativen Anpassungen in Erwägung gezogen werden sollten.

Aufbautechnisch erfolgt zunächst eine Bestimmung der terminologischen Grundlagen und eine erste Kontextualisierung des Notstandsinstituts im tradierten sowie im modernen Adressatenrecht. Die systematischen Fragen rund um die Wirkungsweise der Regelungen im Verhältnis zu Befugnisnormen desselben Gesetzes und in Relation zu Rechtsgrundlagen besonderer Gesetze werden gepaart mit einer verfassungsrechtlichen Charakterisierung, die das grundlegende Verständnis zu den Notstandsregelungen abrundet. Aus ihr lassen sich wesentliche Anforderungen für den anschließenden legitimationsrechtlichen Teil ableiten,

[21] Zwar war die Anwendbarkeit der Notstandsregelung letztlich nicht entscheidungserheblich, gleichwohl nahmen der BGH und zahlreiche wissenschaftliche Beiträge hierzu Stellung. S. zum Sachverhalt und der Bewertung der Thematik insb. § 4 II. 2. d) cc).

[22] S. zur Implementation der Vorschriften im besonderen Gefahrenabwehrrecht § 3 I. 2.

[23] S. zur abstrakten Legitimation § 4 I.

[24] Vgl. die Nachweise unter § 5 Fn. 34. S. zur Bewertung der Konstellation § 5 I. 2.

[25] S. zur Behandlung dieser Fragen § 4 II.

der den Schwerpunkt der Arbeit bildet und bei dem der Fokus nach einer knappen Bestimmung der abstrakten Hintergründe auf der Untersuchung der verfassungsrechtlichen Anforderungen in Relation zur einfachgesetzlichen Ausgestaltung liegt. Komplettiert wird die Arbeit mit den angesprochenen Problemkreisen um das Verhältnis zu § 323c Abs. 1 StGB und um die Behandlung des *unechten* Notstands im Versammlungsrecht, damit bis dahin gewonnene systematische und legitimationsrechtliche Erkenntnisse in die Bewertung einfließen können.

Während sich die vermeintliche Antinomie des *verantwortlichen Nichtverantwortlichen* schnell auflösen ließ, verbietet es sich vor dem genannten Hintergrund, das Notstandsinstitut vorschnell als widerspruchsfreies und hinreichend aufgeklärtes Element des Adressatensystems einzuordnen. Insbesondere die gesellschaftlichen und rechtlichen Entwicklungen rechtfertigen die nachfolgende Untersuchung nicht nur, sondern führen in Ansehung des rechtsstaatlichen Verlangens nach dem vielzitierten Ausgleich zwischen Sicherheit und Freiheit[26] zum Bedürfnis nach einer Neubewertung. Sie fordern Antworten, warum, wann und unter welchen Voraussetzungen wir im gefahrenabwehrrechtlichen Sinne für das, was wir nicht getan haben, verantwortlich sind.

---

[26] Exemplarisch *Kappeler*, Öffentliche Sicherheit durch Ordnung, 2001, S. 168; *Kipker*, Informationelle Freiheit und staatliche Sicherheit, 2016, S. 14; *Papier*, Das Spannungsverhältnis von Freiheit und Sicherheit aus verfassungsrechtlicher Sicht, in: FS-Schenke, 2011, S. 263 (274); *Thiel*, Die „Entgrenzung" der Gefahrenabwehr, 2011, S. 179.

§ 2 Terminologie und Kontextualisierung

Obwohl das gefahrenabwehrrechtliche Notstandsinstitut seit seiner Begründung durch die Rechtsprechung und der Determinierung durch die Gesetzgeber[1] eine nicht unerhebliche Anzahl von Anwendungsfällen aufweisen und damit auf eine durchaus beträchtliche Tradition zurückblicken kann, herrscht im *status quo* weder Einigkeit über die Terminologie seiner Grundbegrifflichkeiten noch lässt sich bei näherer Betrachtungsweise eine widerspruchsfreie und hinreichend aufgeklärte Einordnung in das Gesamtkonstrukt des Adressatenrechts diagnostizieren. Durch die Entwicklung des Gefahrenabwehrrechts im Allgemeinen[2] sowie dem „Trend zur Risikovorsorge“[3] und der Zunahme der Regelungsdichte von Eingriffsermächtigungen[4] im Besonderen lassen sich die im Grundlagenkontext des Notstandsinstituts emporkommenden Problemkreise teils als hausgemacht begreifen, womit das rechtsstaatliche Verlangen nach Konturen und Transparenz aber nicht geschmälert wird. Diesem lässt sich nur hinreichend nachkommen, wenn an den fundamentalen Grundlagen angesetzt wird, denn nur mit einem stabilen „Unterbau“ lassen sich auch die Felder der Dogmatik und Legitimation sicher „aufstocken“ und eine auf diesem Gerüst stehende substanziierte Bewer-

---

[1] Vgl. zur (Mit-)Begründung in der Rechtsprechung PrOVG, PrVBl. 1890/1891, S. 175 ff., das sich in bemerkenswerter Weise mit der Inanspruchnahme unbeteiligter Personen zur Gefahrenabwehr befassen musste, als es 1889 über Anordnungen zur zeitweisen Schließung von Schnapskneipen zu entscheiden hatte. Diese wurden verfügt, nachdem es infolge ausbleibender Lohnzahlungen zu einem anhaltenden Streik von Bergleuten und damit einhergehenden Ausschreitungen mit Sach- und Personenschäden kam. Der Alkoholkonsum stellte nach Auffassung des zuständigen Landrats einen wesentlichen Entstehungs- und Einwirkungsfaktor dar. Das Gericht erkannte die grundsätzliche Möglichkeit der Heranziehung unbeteiligter Personen an, stellte hierfür aber erhöhte Anforderungen auf, die in weiteren Entscheidungen bestätigt oder ausdifferenziert wurden, sich schließlich in den ersten verbrieften Notstandsregelungen widerspiegelten (§ 33 Abs. 3 ThürLVO v. 10.6.1926 sowie § 21 PrPVG v. 1.6.1931) und in unverkennbaren Grundzügen noch den heutigen Vorschriften innewohnen. Weitergehend zur Entstehung und Entwicklung des Notstandsinstituts *Paus*, Begründung und Begrenzung der Polizeipflicht, 2009, S. 155 ff.; unter Bezugnahme auf die genannte Entscheidung *Barczak*, DV 49 (2016), 157 (159 ff.); vgl. ferner die Nachweise bei *Kühnbach*, Solidaritätspflichten Unbeteiligter, 2007, S. 125 Fn. 466.

[2] Vgl. hierzu bereits die Nachweise unter § 1 Fn. 18.

[3] *Neumann*, Vorsorge und Verhältnismäßigkeit, 1994, S. 29; *Wehr*, Zivile Sicherheit im Polizei- und Ordnungsrecht, in: Gusy/Kugelmann/Würtenberger (Hrsg.), Rechtshandbuch Zivile Sicherheit, 2017, 21. Kap. Rn. 4 ff.

[4] Hierzu *Mann/Fontana*, JA 2013, 734 (736 ff.).

tung von Einzelfragen gewährleisten.[5] Auch im Sinne einer einheitlichen Vorgehensweise im Verlauf der Arbeit gilt es sich zunächst der Terminologie zu widmen und anschließend eine abgrenzungsbezogene Einordnung des Notstandsinstituts in das tradierte, aber auch in das moderne Adressatenrecht vorzunehmen.

I. Die Begriffsgrundlagen in der Kritik

Die in Literatur und Rechtsprechung auffindbaren terminologischen Divergenzen stellen häufig nicht das Produkt einer nachlässigen Arbeitsweise dar, sondern müssen als Ausfluss der Rechtsentwicklung begriffen werden. Gegenüber den möglichen Folgen der Abgrenzung zwischen Notstands- und sogenannten Jedermann-Maßnahmen, deren Brisanz sich durch die Betriebsschließungsanordnungen im Zuge der Corona-Pandemie in beeindruckender Weise illustrieren lässt,[6] wirken die begriffsbezogenen Entwicklungskonsequenzen, etwa dass sich der Terminus *polizeilicher* Notstand in Ansehung der weit vorangeschrittenen Abwehr vom materiellen Polizeibegriff mehr und mehr als inadäquat erweist oder unbeteiligte Personen mit einer Vielzahl unterschiedlicher Bezeichnungen belegt werden, zwar vergleichsweise harmlos. Gleichwohl muss auch diesen Begrifflichkeiten Aufmerksamkeit zuteilwerden, weil deren diffuse Verwendung dem Ausnahmecharakter des gefahrenabwehrrechtlichen Notstands[7] kaum gerecht wird. Die Zuweisung eindeutiger Termini wirkt transparenzschaffend, somit rechtsstaatlichkeitsfördernd und vor diesem Hintergrund dringend geboten. Dies gilt einerseits für die Deklaration des Notstandsinstituts, andererseits und bereits im Hinblick auf die spätere Abgrenzung aber auch für die Bezeichnungen der verschiedenen Betroffenen und Adressaten staatlicher Maßnahmen.

1. Sachbezogene Notstandsterminologie

Ein Notstand im Gefahrenabwehrrecht liegt vor, wenn die zuständige Behörde weder durch Inanspruchnahme eines spezialgesetzlich bestimmten Adressaten[8]

---

[5] Der Vergleich korrelierender Ebenen eines Rechtsinstituts mit aufeinander aufbauenden Stockwerken eines Gebäudes ist naheliegend und nicht unbedingt neu, vgl. nur *Barczak*, JuS 2021, 1 (2 f.), der den Stellenwert von Rechtsgrundsätzen für die Rechtsordnung mit der Bedeutung von Bauplänen für ein Gebäude vergleicht.

[6] S. zum Sachverhalt und zur Entscheidung durch den BGH § 4 II. 2. c) cc).

[7] Vgl. zu dieser Einordnung auch die Nachweise unter § 4 Fn. 75.

[8] Dieser Zusatz ist notwendig, denn ist die Inanspruchnahme einer Person, der sich eine Gefahr nicht zurechnen lässt, nach der Ausgestaltung einer konkreten Befugnisnorm möglich, entspricht dies der vorgesehenen gesetzgeberischen Konzeption, sodass eines der übergeordneten Merkmale eines Notstands (hierzu sogleich) nicht erfüllt ist. Gleichzeitig lässt sich die Notstandslage auch nicht schlichtweg auf die fehlende Möglichkeit der Inanspruchnahme eines „Verantwortlichen“ beziehen, weil die Verantwortlichkeit – wie einleitend bei § 1 dargelegt – begrifflich entweder an die Entstehung der Gefahr („Gefahrenentstehungsverant-

oder eines Störers noch durch eigenes Tätigwerden oder durch die privatrechtliche Beauftragung Dritter für die Abwehr der Gefahr sorgen kann.[9] Bereits in diesem Kontext lassen sich zahlreiche Ungenauigkeiten bei der Behandlung des Notstandsinstituts feststellen. Der Notstand ist keineswegs die Rechtsvorschrift selbst,[10] sondern vielmehr enthält die Rechtsvorschrift (als Notstandsregelung) eine (nicht immer realisierbare) Möglichkeit zur Lösung des Notstands. Ein Notstand liegt auch nicht erst vor, wenn die Inanspruchnahme des Nichtstörers bereits erfolgt ist,[11] sondern vielmehr ist hierdurch der Notstand (im Idealfall) bereits beseitigt worden. Ebenso wenig ist für einen Notstand erforderlich, dass ein Dritter zur Gefahrenabwehr in der Lage ist,[12] sondern vielmehr lässt sich auch beim Fehlen eines fähigen Dritten ein Notstand feststellen, der sich bloß nicht durch die Heranziehung eines Nichtstörers auflösen lässt. Es bedarf auch keiner Prognose, dass „ein polizeilicher Notstand droht",[13] sondern vielmehr muss die Prognose ergeben, dass es sich bereits um eine Notstandssituation handelt. Auf den Punkt gebracht lässt sich festhalten, dass der Notstand erstens an die Behörde und zweitens an eine bestimmte Sachlage anknüpft.

Die Begrifflichkeit des *polizeilichen Notstands* ist keineswegs untrennbar mit der Begründung des Instituts verbunden. Zur Anfangszeit seiner Entstehung war meist von einem Staatsnotrecht die Rede,[14] dessen Begriff aber nicht nur exklusiv die Inanspruchnahme des Nichtstörers, sondern zugleich den staatsrechtlichen Ausnahmezustand umfasste.[15] Ab der Mitte des 20. Jahrhunderts kam eine Dif-

wortlichkeit") oder an die Pflicht zur Gefahrenabwehr („Gefahrenbeseitigungsverantwortlichkeit") angeknüpft werden kann. Im ersten Fall würden aber Adressaten, denen eine Gefahr nicht zugerechnet werden kann, nicht erfasst, sodass auch bei spezialgesetzlicher Möglichkeit zur Heranziehung eines Unbeteiligten ein Notstand vorläge, was aber dem allgemeinen Notstandsbegriffsverständnis widersprechen würde. Der zweite Fall würde einen Zirkelschluss beinhalten, denn der Nichtstörer wäre in diesem Sinne bei seiner Heranziehung „Verantwortlicher", sodass ein Notstand bei einer solchen Definition nicht vorläge.

[9] Hierzu auch *Huzel*, in: M. Möllers (Hrsg.), Wörterbuch der Polizei, 3. Aufl. 2018, Stichwort: „Notstand", wonach ein Notstand im Allgemeinen eine „Gefahren- oder Konfliktsituation" darstellt.

[10] So aber *Honnacker*, in: ders./Beinhofer/Hauser, BayPAG, 20. Aufl. 2014, Art. 10 Rn. [illegible]

[11] So aber zum Ausdruck kommend bei *W.-R. Schenke*, Polizei- und Ordnungsrecht, 12. Aufl. 2023, Rn. 384, bei dem darüber hinaus durch die Überschrift „Die Tatbestandsvoraussetzungen des polizeilichen Notstands" (vor Rn. 385) der Eindruck erweckt wird, als würde ein Notstand erst dann vorliegen, wenn die Bedingungen der Notstandsregelung kumulativ erfüllt sind.

[12] So aber die Beschreibung von *Schoch*, Polizei- und Ordnungsrecht, in: ders. (Hrsg.), Besonderes Verwaltungsrecht, 2018, 1. Kap. Rn. 438.

[13] So aber geschildert von *Enders*, Jura 2020, 569 (575).

[14] So *Wolzendorff*, AöR 27 (1911), 220 (221); *Beurmann*, Das Staatsnotrecht, 1914, S. 34 ff.; vgl. aber auch *Friedrichs*, DJZ 28 (1923), 560, der bereits von einem „Polizeinotstand" spricht.

[15] *Schmid*, Der Notstand im Polizeirecht, 1940, S. 49. Eingehend zum Verhältnis zwischen staatsrechtlichem Ausnahmezustand und „verwaltungsrechtlichem" Notstand *Barczak*, Der nervöse Staat, 2. Aufl. 2021, S. 295 ff., wonach „es sich bei den gesetzlichen Regelungen über

ferenzierung auch sprachlich zum Ausdruck, indem durch Bezeichnungen wie „polizeiliche[s] Notstandsrecht“[16], „Polizeinotrecht“[17] oder „Notstand im Polizeirecht“[18] eine zu Sonderrechten ermächtigende Lage auf dem Gebiet des Verwaltungsrechts insinuiert wurde. Diese Begrifflichkeiten lassen sich als Vorläufer zum Terminus des polizeilichen Notstands charakterisieren. Obwohl sich letztgenannter in der Folgezeit im Gefahrenabwehrrecht immer weiter durchsetzen und fest etablieren konnte,[19] erfährt auch er mittlerweile explizit oder implizit Kritik. Explizit insoweit, als von der Begrifflichkeit eine in Wirklichkeit nicht bestehende Dramaturgie ausgehe.[20] Implizit insoweit, als nicht durchgehend von einem *polizeilichen*, sondern häufig auch von einem „ordnungsbehördlichen“[21] oder – wie auch schon in dieser Arbeit – von einem „gefahrenabwehrrechtlichen“[22] Notstand die Rede ist.

a) Explizite Kritik: Der Notstandsbegriff

Bei der Beurteilung der Adäquanz der Notstandsbegrifflichkeit darf nicht außer Acht gelassen werden, dass sie keinen exklusiven Terminus des Gefahrenabwehrrechts verkörpert, sondern einen im zivil-, straf- und öffentlich-rechtlichen Sinne ubiquitären Querschnittsbegriff. Nicht nur die verfassungsrechtsbezogenen Notstände,[23] sondern auch der rechtfertigende und der entschuldigende Notstand im Strafrecht sowie die zivilrechtlichen Institute von Defensiv- und Offensivnotstand tragen einen gemeinsamen Grundgedanken:[24] Es handelt sich um Ausnah-

---

den polizeilichen Notstand […] um ein einfach-gesetzliches Residuum des staatsrechtlichen Ausnahmezustands“ handele.

[16] *Bürkel*, § 21 des Preussischen Polizeiverwaltungsgesetzes vom 1. Juni 1931 und das polizeiliche Notstandsrecht, 1934; *H. Peters*, Lehrbuch der Verwaltung, 1949, S. 382.

[17] *Wewers*, Das Polizeinotrecht im deutschen Verwaltungsrecht, 1933.

[18] *Schmid*, Der Notstand im Polizeirecht, 1940; vgl. auch *Grosshut*, WüVVR 1932, 177 (178): „im sog. polizeilichen Notstande“.

[19] Exemplarisch *Heise/Riegel*, Musterentwurf eines einheitlichen Polizeigesetzes, 2. Aufl. 1976, S. 40; *W. Martens*, in: Drews/Wacke/Vogel et al., Gefahrenabwehr, 9. Aufl. 1986, S. 331; *Schoch*, Polizei- und Ordnungsrecht, in: ders. (Hrsg.), Besonderes Verwaltungsrecht, 2018, 1. Kap. Rn. 438.

[20] In diese Richtung *Tölle*, NVwZ 2001, 153 (155): „Die Bezeichnung […] setzt praktisch falsche Signale […]“.

[21] *Schoch*, Jura 2007, 676 (677); *ders.*, Polizei- und Ordnungsrecht, in: ders. (Hrsg.), Besonderes Verwaltungsrecht, 2018, 1. Kap. Rn. 438; als „ordnungsbehördliche Notstandssituation“ bezeichnet von *Möller/Warg*, Allgemeines Polizei- und Ordnungsrecht, 6. Aufl. 2012, Rn. 147. Kritik übt ohne eingehende Begründung auch *Knemeyer*, Polizei- und Ordnungsrecht, 11. Aufl. 2007, Rn. 347.

[22] *Pünder*, in: Ehlers/Fehling/Pünder (Hrsg.), Besonderes Verwaltungsrecht, 3. Band, 4. Aufl. 2021, § 69 Rn. 145.

[23] Ausführlich zu diesen *Keidel*, Polizei- und Polizeigewalt im Notstandsfall, 1973; *Krenzler*, An den Grenzen der Notstandsverfassung, 1974; *P. Reimer/Kempny*, VR 2011, 253 ff.

[24] Eingehend *Frisch*, Notstandsregelungen als Ausdruck von Rechtsprinzipien, in: FS-Puppe, 2011, S. 425 ff.; vgl. auch *Mattenklott*, Der Staatsnotstand, 1956, S. 2.

merecht in dem Sinne, dass es in einer speziellen Situation Rechtsfolgen trifft oder ermöglicht, die der gesetzgeberischen Grundvorstellung und -konzeption zuwiderlaufen.[25] Auch die tradierten Adressatenregelungen im Polizei- und Ordnungsrecht sind von einer solchen Grundkonzeption gekennzeichnet. Zwar dürfen nicht „alle möglichen Regelungen für Sonderfälle" als Ausnahmerecht begriffen werden.[26] Da der Nichtstörer nur herangezogen werden darf, wenn die Gefahr weder durch die Inanspruchnahme eines Störers noch durch die Behörde selbst oder durch Beauftragte abgewehrt werden kann und er im absoluten Regelfall unbehelligt bleiben soll, ist seine Kategorisierung als Ausnahmeadressat aber angebracht. Der Terminus des *Notstands* ist nicht nur geeignet, dieses besondere Situationserfordernis begrifflich herauszuheben[27] und so die Gefahr der vorschnellen Annahme einer Notstandslage[28] zu reduzieren,[29] sondern muss zugleich als logische Konsequenz der Bezeichnungen der übrigen Notstandsinstitute der Rechtsordnung gewertet werden. Insoweit sollte das Risiko, dass die Begrifflichkeit mit einer staatlichen „Bankrotterklärung" assoziiert werden könne,[30] nicht überbewertet werden.[31]

b) Implizite Kritik: Die Behördenbezeichnung

Als überzeugender ist dagegen die implizite Kritik am Begriff des *polizeilichen* Notstands einzustufen. Irritationen drohen gerade im Hinblick auf das allgemeine Begriffsverständnis eines Rechtslaien,[32] wenn bei der Inanspruchnahme eines Nichtverantwortlichen durch die Gemeinde, Feuerwehr oder Katastrophenschutzbehörde von einem polizeilichen Notstand die Rede ist. Zurückführen lässt sich diese Divergenz auf die Historie des Polizeibegriffs. Im Sinne der Reichspolizeiordnungen von 1530, 1548 und 1577 umfasste die „gute Polizey" das rechtlich geordnete Zusammenleben überhaupt, ohne Unterscheidung zwischen privatem und öffentlichem Recht.[33] Im Preußischen Polizeiverwaltungs-

---

[25] Ähnlich *P. Reimer/Kempny*, VR 2011, 253, die eine erhöhte „Solidaritätspflicht" unbeteiligter Personen auf Rechtsfolgenseite annehmen.

[26] *Barczak*, Der nervöse Staat, 2. Aufl. 2021, S. 295.

[27] *Kugelmann*, Polizei- und Ordnungsrecht, 2. Aufl. 2012, 8. Kap. Rn. 81.

[28] Zum Bestehen einer solchen Gefahr bei versammlungsbeschränkenden Maßnahmen *Barczak*, DV 49 (2016), 157 (172).

[29] In diese Richtung auch *Ullrich*, in: Möstl/Weiner (Hrsg.), BeckOK Polizei- und Ordnungsrecht Niedersachsen, 2023, NdsPOG, § 8 Rn. 1.

[30] *Tölle*, NVwZ 2001, 153 (155).

[31] Dem Notstandsbegriff ausdrücklich zustimmend auch *Alberts*, ZRP 1990, 147; *Goldhammer*, Jura 2021, 638 (643); *O. Müller*, StV 1995, 602 (603).

[32] Zum Begriffsverständnis des Bürgers *Möller/Warg*, Allgemeines Polizei- und Ordnungsrecht, 6. Aufl. 2012, Rn. 15 sowie *Di Fabio*, Jura 1996, 566 (567).

[33] *Götz/Geis*, Allgemeines Polizei- und Ordnungsrecht, 17. Aufl. 2022, § 1 Rn. 2. Ausführlich zur Etymologie des Wortes „Polizei" *Dams*, in: M. Möllers (Hrsg.), Wörterbuch der Polizei, 3. Aufl. 2018, Stichwort: „Polizei"; *O. Mayer*, Deutsches Verwaltungsrecht, 1. Band, 1924, 1969, S. 203 ff.; *Walker*, Abstrakte und konkrete Gefahr, 1994, S. 3 ff.

gesetz von 1931 bestand dieses weite Verständnis fort, namentlich existierten etwa die „Feuerpolizei“, die „Seuchenpolizei“ oder die „Versammlungspolizei“.[34] Zu diesem Zeitpunkt waren der materielle, an die inhaltliche Qualifizierung der Tätigkeit als Gefahrenabwehr anknüpfende,[35] sowie der formelle Begriff, der die Polizei im Kontext der ihr zugewiesenen Aufgaben definiert,[36] noch deckungsgleich. Erst als die Polizeibehörden Funktionen außerhalb der Gefahrenabwehr wahrnahmen, demgegenüber andere Verwaltungsbehörden innerhalb der Gefahrenabwehr tätig wurden, erlangten der formelle und der materielle Polizeibegriff eine eigenständige Bedeutung.[37]

Der Terminus des polizeilichen Notstands entwickelte sich also zu einer Zeit, in der ein materielles Polizeibegriffsverständnis vorherrschte. Mit der Auslagerung traditioneller Polizei- und Ordnungsaufgaben in Sondergesetze sowie der Wahrnehmung von Aufgaben außerhalb der Gefahrenabwehr durch die Polizeibehörden wurden und werden immer größere Tendenzen zur Verblassung und Ablösung des materiellen Polizeibegriffs deutlich,[38] was jedenfalls für diejenigen Bundesländer gilt, die im sogenannten Trennungssystem Polizeibehörden und Ordnungsbehörden ausdrücklich nebeneinander benennen.[39] Können letztere im Trennungssystem aber nicht mehr unter den Begriff der Polizei subsumiert wer-

---

[34] Vgl. auch *Naas*, Die Entstehung des Preußischen Polizeiverwaltungsgesetzes von 1931, 2003, S. 223 f.

[35] *Schoch*, Polizei- und Ordnungsrecht, in: ders. (Hrsg.), Besonderes Verwaltungsrecht, 2018, 1. Kap. Rn. 8. *Möller/Warg*, Allgemeines Polizei- und Ordnungsrecht, 6. Aufl. 2012, Rn. 15 plädieren für eine andere Auslegung des materiellen Polizeibegriffs, wonach dieser nur die staatliche Gefahrenabwehr durch die Vollzugspolizei erfassen soll. Dem wird entgegengebracht, dass ein Festhalten an der herkömmlichen Auslegung etwa deshalb zweckmäßig sei, weil eine Abgrenzung zwischen präventiver und repressiver Tätigkeit der Polizei, die für die Anwendung des einen oder des anderen Gesetzes entscheidend sein kann, ohne den materiellen Polizeibegriff nicht erfolgen könne, vgl. *Schoch*, Polizei- und Ordnungsrecht, in: ders. (Hrsg.), Besonderes Verwaltungsrecht, 2018, 1. Kap. Rn. 9 sowie *Kingreen/Poscher*, Polizei- und Ordnungsrecht, 12. Aufl. 2022, § 1 Rn. 27 f.

[36] *Kugelmann*, Polizei- und Ordnungsrecht, 2. Aufl. 2012, 2. Kap. Rn. 29.

[37] *Kingreen/Poscher*, Polizei- und Ordnungsrecht, 12. Aufl. 2022, § 1 Rn. 19 f. Ausführlich zum institutionellen Polizeibegriff, von dem alle Einrichtungen und Behörden erfasst werden, die dem Organisationsbereich der Polizei zuzuordnen sind, *Ahlers*, Grenzbereich zwischen Gefahrenabwehr und Strafverfolgung, 1998, S. 13 ff. sowie *Schoch*, Polizei- und Ordnungsrecht, in: ders. (Hrsg.), Besonderes Verwaltungsrecht, 2018, 1. Kap. Rn. 8.

[38] So *Gusy/Eichenhofer*, Polizei- und Ordnungsrecht, 11. Aufl. 2023, Rn. 8 f., die den Übergang vom materiellen zum formellen Polizeibegriff dementsprechend als konsequent einordnen. Zu einem nach wie vor bestehenden Nutzen des materiellen Polizeibegriffs erneut *Schoch*, Polizei- und Ordnungsrecht, in: ders. (Hrsg.), Besonderes Verwaltungsrecht, 2018, 1. Kap. Rn. 9; zu Problemen bei dessen Weiterverwendung aber auch *Möstl*, Die staatliche Garantie für die öffentliche Sicherheit und Ordnung, 2002, S. 395.

[39] Das Trennungssystem wird von allen Bundesländern außer Baden-Württemberg, Bremen und dem Saarland verfolgt. Mit dem Inkrafttreten des SächsPVDG und des SächsPBG zum 1. Januar 2020 ist auch Sachsen in das Trennungssystem gewechselt, vgl. *Hundert/Lippmann*, SächsVBl. 2019, 305 (306).

den, ließe sich die ausnahmslose Bezeichnung als *polizeilicher* Notstand allenfalls durch eine Verknüpfung des Begriffs mit der Entstehung und Historie des hinter ihm befindlichen Instituts plausibel rechtfertigen, doch vermag eine solche, im Gegensatz zum Notstandsterminus, weder eine erhöhte Signalwirkung noch einen sonstigen Erkenntnisgewinn zu versprechen. Als vorzugswürdig gestaltet sich daher die sprachlich passgenaue Variante, sodass in Bundesländern mit Trennungssystem zwischen dem *polizeilichen* und dem *ordnungsbehördlichen* Notstand differenziert werden sollte. Da sich der Notstand begriffstechnisch auf eine Sachlage bezieht, ist dabei nicht das anzuwendende Gesetz maßgeblich, sondern vielmehr die handelnde Behörde, bei der die Notstandslage herrscht.[40]

Anders ausfallen muss demgegenüber die Bewertung für die Bundesländer mit Einheitssystem, deren Gesetze nicht zwischen Polizeibehörden und Ordnungsbehörden, sondern zwischen den allgemeinen und besonderen Polizeibehörden sowie dem Polizeivollzugsdienst unterscheiden. Eine Begriffsdifferenzierung zwischen polizeilichem und ordnungsbehördlichem Notstand analog zu den Ländern mit Trennungssystem ist schon vor dem Hintergrund ihrer gesetzlichen Regelungen abzulehnen. Die durchaus unglücklich anmutende Konsequenz, dass bei zwei kerngleichen Maßnahmen je nach Bundesland von einem polizeilichen oder ordnungsbehördlichen Notstand die Rede sein kann, ist nicht nur verschmerzbar, weil sie keine rechtlichen Auswirkungen hat, sondern auch, weil sie als föderalistisches Resultat der weitgehend bei den Ländern liegenden Gesetzgebungskompetenzen im Bereich des Gefahrenabwehrrechts[41] einzuordnen und daher in Anbetracht der Kompetenzentscheidung des Bundesverfassungsgebers hinzunehmen ist. Möchte man dies vermeiden, lässt sich alternativ und allgemeingültig der Terminus des *gefahrenabwehrrechtlichen* Notstands heranziehen, der nicht an die Wahl eines bestimmten Systems ankoppelt, sondern als Überbegriff sämtliche Polizei- und Ordnungsbehörden inkludiert.

2. Nichtstörer und andere Unbeteiligte: Terminologischer Vergleich

Während in der Literatur eine weitgehende Einigkeit über die Aufgabe der adressatenrechtlichen Dichotomie aus Störern und Nichtstörern herrscht,[42] lässt sich

[40] Wird eine friedliche Versammlung durch die zuständige Kreisverwaltungsbehörde auf Grundlage des Versammlungsgesetzes untersagt, liegt dem ein ordnungsbehördlicher Notstand zugrunde. Trifft dagegen die Vollzugspolizei in unaufschiebbaren Fällen oder ab Beginn der Versammlung eine entsprechende Maßnahme auf derselben versammlungsrechtlichen Grundlage, liegt der Notstand (auch) bei ihr vor, sodass es sich (auch) um einen *polizeilichen* Notstand handelt. Selbst dann, wenn die Ordnungsbehörde ein Verbot wegen eines polizeilichen Personalmangels verfügt, handelt es sich um einen *ordnungsbehördlichen* Notstand. Der Personalmangel bei der Polizei ist schlicht der Auslöser dafür, dass die Ordnungsbehörde die Gefahr nicht auf andere Weise abwehren kann, sodass der Notstand bei ihr vorliegt.

[41] *E. Krüger*, JuS 2013, 985; *Möstl*, GSZ 2021, 89; *Uhle*, DÖV 2010, 989.

[42] Exemplarisch *Kießling*, Jura 2016, 483: „Die Gruppe der Unbeteiligten ist […] nicht homogen." Die Dichotomie weitergehend kritisierend *Selmer*, Gedanken zur polizeirechtli-

den Kriterien zur Abgrenzung der einzelnen Adressaten und Betroffenen, denen eine Gefahr nicht im Sinne einer Verhaltens- oder Zustandsverantwortlichkeit zugerechnet werden kann,[43] noch keine hinreichende Aufklärung attestieren. Ein Grund hierfür mag in der teils diffusen, teils unterschiedslosen und teils unzutreffenden Verwendung von Bezeichnungen für diese Personengruppen liegen. Dies muss als vertane Chance bewertet werden, weil die verfassungsrechtliche Ausgangslage bei den verschiedenen Unbeteiligten divergiert[44] und dies wiederum zu variierenden Anforderungen an die Ausgestaltung und Anwendung einer entsprechenden Befugnisnorm führt. Das Ziel muss also lauten, mit der Zuweisung elaborierter Adressaten- und Betroffenenbezeichnungen die den entsprechenden Sachverhalten zugrunde liegenden Rechtskonstellationen kenntlich zu machen. Während an hiesiger Stelle begriffsbezogene Ausführungen im Fokus stehen, erfolgt die nicht immer selbsterklärende Abgrenzung der einzelnen Unbeteiligten im Kontext der Einfügung des Notstandsinstituts in das übrige Adressatenrecht.[45]

a) Die Allgemeinheit, Jedermann und Dritte

Bereits vor den umfassenden Maßnahmen in der Corona-Pandemie mehrten sich die Stimmen, die eine Unterscheidung zwischen dem Nichtstörer und der Allgemeinheit forderten. Dem ist grundsätzlich beizupflichten, weil *Allgemeinheit* schon begrifflich die Gesamtheit aller Personen umschreibt und damit prinzipiell sämtliche Adressaten und Betroffene gefahrenabwehrrechtlicher Maßnahmen erfasst. Ein Nichtstörer ist also gleichsam wie andere Unbeteiligte, aber auch ebenso wie existierende Störer, als Teil der Allgemeinheit zu qualifizieren und muss folglich nicht von, sondern innerhalb der Allgemeinheit abgegrenzt werden.[46] Maßnahmen gegen die Allgemeinheit zeichnen sich also dadurch aus, dass nicht zwischen Störern und Unbeteiligten differenziert, sondern eine Personengruppe unabhängig von ihrer Störer- oder Unbeteiligteneigenschaft adressiert wird bzw. betroffen ist.

---

chen Verhaltensverantwortlichkeit, in: GS-Martens, 1987, 2019, S. 483 (487 ff.). Anders noch *Griesbeck*, Die materielle Polizeipflicht des Zustandsstörers und die Kostentragungspflicht nach unmittelbarer Ausführung und Ersatzvornahme, 1991, S. 34, der das Störerrecht als geschlossenes System einordnet, sodass jemand nur Störer oder Nichtstörer sein könne.

[43] S. zu den maßgeblichen Zurechnungskriterien in diesem Kontext § 2 II. 1. b).

[44] S. zu den verschiedenen verfassungsrechtlichen Anforderungen § 4 II. 1. b).

[45] S. zur Abgrenzung § 2 II. 2. Es sei jedoch darauf hingewiesen, dass sich begriffs- und abgrenzungsbezogene Ausführungen nicht immer eindeutig trennen lassen. So wird sich zeigen, dass die Allgemeinheit zunächst umschrieben und später abgegrenzt werden kann, während aus der Beschreibung des mitbetroffenen Dritten zugleich das maßgebliche Abgrenzungskriterium folgt.

[46] Anders *Kießling*, Jura 2016, 483 sowie *Kral*, Die polizeilichen Vorfeldbefugnisse als Herausforderung für Dogmatik und Gesetzgebung des Polizeirechts, 2012, S. 63.

Mit der sogenannten *Jedermann-Maßnahme* wird häufig die gleiche Situation assoziiert.[47] Teilweise werden Maßnahmen gegen die Allgemeinheit sogar als Unterfall der Jedermann-Maßnahme kategorisiert.[48] Eine strikte Trennung ist aber jedenfalls dann geboten, wenn man Maßnahmen gegen die Allgemeinheit, sofern die Befugnisnorm keine ausdrückliche Bestimmung enthält, nur unter den Voraussetzungen der Notstandsregelung zulassen möchte.[49] Sowohl bei einem hoheitlichen Vorgehen gegen die Allgemeinheit als auch bei einer Jedermann-Maßnahme ist die Störereigenschaft für die Inanspruchnahme zwar grundsätzlich irrelevant. Während eine Maßnahme gegen die Allgemeinheit aber eine ganze Personengruppe betrifft (z.B. alle Geschäftsinhaber oder alle Personen, die sich an einem bestimmten Ort aufhalten), wird der Adressat einer Jedermann-Maßnahme individualisiert (z.B. bei einer Personalienfeststellung im Rahmen einer Schleierfahndung[50]).

Meist als „Unbeteiligte"[51], „Dritte"[52] oder „unbeteiligte Dritte"[53] werden Personen bezeichnet, die Schäden bei einem hoheitlichen Vorgehen erleiden, das gegen eine andere Person gerichtet war.[54] Insoweit ist auch von Kollateralschäden[55] oder unbeabsichtigten Nebenfolgen[56] die Rede. Daneben existieren Maßnahmen, die gegen eine bestimmte „Zielperson" nur durchgeführt werden können, wenn notwendigerweise auch eine andere Person von ihr betroffen ist, wofür sich exemplarisch die personenbezogene Datenerhebung von Kontakt- und Begleitpersonen anführen lässt.[57] Da *Unbeteiligter* als Überbegriff für die verschie-

[47] OLG Koblenz, LKRZ 2009, 469 (470); *Rachor/Buchberger*, in: Lisken/Denninger/Bäcker et al. (Begr./Hrsg.), Handbuch des Polizeirechts, 7. Aufl. 2021, Kap. L Rn. 32.

[48] *Reinhardt*, in: Möstl/Trurnit (Hrsg.), BeckOK Polizeirecht Baden-Württemberg, 2023, BWPolG, § 100 Rn. 29.

[49] S. hierzu § 2 II. 2. c).

[50] *Hornmann*, Hessisches Gesetz über die öffentliche Sicherheit und Ordnung (HSOG), 2. Aufl. 2008, § 64 Rn. 8.

[51] *Köhler*, ThürVBl. 1996, 25 (29); *Rachor/Buchberger*, in: Lisken/Denninger/Bäcker et al. (Begr./Hrsg.), Handbuch des Polizeirechts, 7. Aufl. 2021, Kap. L Rn. 21; *W.-R. Schenke*, Polizei- und Ordnungsrecht, 12. Aufl. 2023, Rn. 752.

[52] *Möller/Warg*, Allgemeines Polizei- und Ordnungsrecht, 6. Aufl. 2012, Rn. 147.

[53] *Thiel*, Polizei- und Ordnungsrecht, 4. Aufl. 2020, § 8 Rn. 136. Anders *Möller-Bierth*, Polizeiliche Inanspruchnahme im Grenzbereich zwischen Störerhaftung und polizeilichem Notstand, 1997, S. 18 f., die nicht an eine Nebenfolge anknüpft, sondern alle Personen als „unbeteiligte Dritte" bezeichnet, denen eine Gefahr nicht zugerechnet werden kann.

[54] Die genannten Begrifflichkeiten werden aber teilweise auch in den Notstandsregelungen verwendet und somit dem Nichtstörer gleichgesetzt, vgl. die Nachweise bei *Barczak*, DV 49 (2016), 157 (171).

[55] *Waechter*, JZ 2007, 61 (63); *Unterreitmeier*, in: Möstl/Schwabenbauer (Hrsg.), BeckOK Polizei- und Sicherheitsrecht Bayern, 2023, BayPAG, Art. 87 Rn. 51.

[56] *Rachor/Buchberger*, in: Lisken/Denninger/Bäcker et al. (Begr./Hrsg.), Handbuch des Polizeirechts, 7. Aufl. 2021, Kap. L Rn. 21.

[57] Vgl. hierzu BVerfGE 113, 348 (380 ff.); *Brodowski*, Verdeckte technische Überwachungsmaßnahmen im Polizei- und Strafverfahrensrecht, 2016, S. 127 f.; *Gusy*, JA 2011, 641 (647); *Hohnerlein*, NVwZ 2016, 511 (512 f.); *Warg*, MMR 2006, 77 (83).

denen Personen, denen eine Gefahr nicht zugerechnet werden kann, anzusehen ist,[58] sollte einer Person, deren Betroffenheit von der Behörde nicht beabsichtigt wird, eher die Bezeichnung des *Dritten* zugewiesen werden.[59] Zur weitergehenden Differenzierung lässt sich dann der nicht beabsichtigt, aber wissentlich von der Maßnahme berührte Dritte als *mitbetroffener* Dritter[60] und der nicht wissentlich berührte Dritte als *(sonstiger) unbeteiligter* Dritter[61] einordnen.[62]

b) Nichtstörer und Nichtverantwortliche

Im Sinne der herkömmlichen Eingriffsdogmatik knüpft der *Nichtstörer* an die Bezeichnungen des *Verhaltens-* und des *Zustandsstörers* an und steht somit unweigerlich im Zusammenhang mit der Notstandsregelung des allgemeinen Adressatensystems. Zwar wird vereinzelt gefordert, dass die Verwendung des Störerbegriffs im Kontext der Nichtverantwortlichkeit vermieden werden solle, da es sich nicht um einen „‚Störer', sondern eher um einen (verpflichteten) ‚Helfer'" handele.[63] Dies vermag aber nicht zu überzeugen, weil einerseits durch die Begrifflichkeit gerade zum Ausdruck gebracht wird, dass diese Person „nicht stört" und daher im Hinblick auf die Eingriffsanforderungen eine besondere Behandlung erfahren muss.[64] Andererseits lässt sich der Nichtstörerbegriff durch die Anknüpfung an die anderen im allgemeinen System vorgesehenen Adressaten als schlüssiges Produkt der herkömmlichen Eingriffsdogmatik begreifen.[65] Hier-

[58] So auch *Kießling*, Jura 2016, 483: „Gruppe der Unbeteiligten".

[59] Der Begriff des *Dritten* wird allerdings nicht nur für eine Person verwendet, in deren Rechte eingegriffen wird, sondern zugleich für den Begünstigten einer Maßnahme, der vor einem Schaden bewahrt wird. Ähnliches gilt für die *Allgemeinheit*. Daher werden die Bezeichnungen in dieser Arbeit insb. in § 4 noch in einem anderen Kontext verwendet.

[60] *Leisner-Egensperger*, DÖV 2018, 677 (686).

[61] In diese Richtung BVerfGE 113, 348 (383): „gänzlich unbeteiligte Dritte"; anders *Köhler*, ThürVBl. 1996, 25 (28), der den „Mitbetroffenen" und „unbeteiligte Dritte" gleichsetzt.

[62] Insoweit lassen sich auch die strafrechtlichen Vorsatzformen (hierzu überblicksweise *Rengier*, Strafrecht AT, 14. Aufl. 2022, § 14 Rn. 6 ff.) auf die Heranziehung Unbeteiligter übertragen. Beim Jedermann und beim Nichtstörer kommt es der Behörde im Gegensatz zur Betroffenheit Dritter gerade auf deren Inanspruchnahme an (entspricht dem *dolus directus 1. Grades*). Beim mitbetroffenen Dritten kommt es der Behörde zwar nicht auf die Betroffenheit an, sie weiß aber, dass es hierzu kommen wird (entspricht dem *dolus directus 2. Grades*). Die Berührung der Rechte unbeteiligter Dritter nimmt die Behörde dagegen allenfalls billigend in Kauf.

[63] *Möller/Warg*, Allgemeines Polizei- und Ordnungsrecht, 6. Aufl. 2012, Rn. 147; ebenso *Spießhofer*, Der Störer im allgemeinen und im Sonderpolizeirecht, 1989, S. 2.

[64] Weniger eindeutig und daher abzulehnen ist der Begriff „Drittstörer", der verwendet wird von *Kuhn*, Landesverwaltungsgesetz Schleswig-Holstein, 1968, § 187 Rn. 2. Als schon begrifflich wenig sinnergiebig muss auch der „Notstandsstörer" abgelehnt werden, der etwa angeführt wird bei *Heckel*, NVwZ 2012, 88 (92).

[65] Der Sache nach mag es sich beim Nichtstörer um einen verpflichteten Helfer handeln. Bei einer entsprechenden Begriffswahl entstünde allerdings eine Verwechslungsgefahr mit dem in einigen Polizeigesetzen anerkannten und freiwillig agierenden Polizeihelfer. Zu diesem *P. Stein*, Ehrenamtliche Polizeihelfer und Hilfspolizeibeamte, 2021, S. 71 ff.

aus folgt aber auch, dass er lediglich für diejenige Person verwendet werden sollte, die bei Vorliegen eines Notstands in Anspruch genommen wird.[66] Damit würde zum Ausdruck gebracht werden, dass eine Befugnisnorm keine (abschließende) Adressatenregelung enthält und daher für die Inanspruchnahme die erhöhten Voraussetzungen der Notstandsregelung erfüllt sein müssen. Zugleich könnte mit dieser Verwendungsweise ein Beitrag zur anvisierten Transparenzschaffung geleistet werden. Die gesetzlichen Vorschriften sprechen zwar überwiegend von „Nichtverantwortlichen“ oder „nicht verantwortlichen Personen“, doch ist – wie etwa die amtliche Überschrift von § 71 SOG MV zeigt – auch der „Nichtstörer“ der Rechtsordnung nicht fremd. Es widerspräche der legislativen Terminologie, auf einen Begriff zu verzichten, der zugleich auch gesetzlich verwendet wird. Folglich sind die Bezeichnungen *Nichtstörer* und *Nichtverantwortlicher* als Synonyme einzuordnen.

Schließlich lässt sich aus der Rechtsordnung eine letzte beachtenswerte Adressatenkonstellation abstrahieren. Notstandsregelungen werden fast ausschließlich mit den Polizei- sowie den Ordnungsgesetzen konnektiert. Da den Adressatenregelungen der Ordnungsgesetze eine Ergänzungsfunktion insoweit zu attestieren ist, dass sie nicht nur die Befugnisse der eigenen Regelungen vervollständigen können, sondern auch Rechtsgrundlagen der speziellen Gesetze, handelt es sich um *allgemeine* Ordnungsgesetze mitsamt eines *allgemeinen* Adressatensystems.[67] Vereinzelt beherbergen aber auch *besondere* Gefahrenabwehrgesetze[68] eigene Adressatensysteme mit weitgehend vergleichbaren, teilweise aber auch modifizierten Notstandsregelungen.[69] Um eine solche handelt es sich immer dann, wenn eine Vorschrift die Inanspruchnahme einer Person, der eine Gefahr nicht zugerechnet werden kann, zulässt, gleichzeitig aber in Verkörperung der charakteristischen Auffangfunktion ebenso wenig wie bei den Notstandsregelungen des allgemeinen Ordnungsrechts feststeht, für welche Maßnahmen sie gelten und sie insoweit verschiedene Rechtsgrundlagen des besonderen Gesetzes ergänzen können.[70] Ebenso wie sich in einem solchen Fall eine (spezielle)

---

[66] So auch *Kießling*, Jura 2016, 483 f. und bereits *Löhnert*, Der Begriff des Störers im Hinblick auf die rechtliche [sic] Folgen, 1967, S. 180.

[67] Von allgemeinen Regelungen sprechen auch *Beckermann*, DÖV 2020, 144 (149); *Kießling*, Jura 2016, 483 (489); *Schoch*, Jura 2007, 676 (677). S. hierzu ausführlich § 3 I. 2.

[68] Strenggenommen müssen in den Bundesländern mit Trennungssystem auch die Polizeigesetze als besondere Gefahrenabwehrgesetze aufgefasst werden. Da sich das Notstandsinstitut aber gerade auch aus dem Polizeirecht im engeren Sinne entwickelt hat, hier zahlreiche Anwendungsfälle findet und in der Literatur schwerpunktmäßig in diesem Kontext behandelt wird, soll den Polizeigesetzen diesbezüglich eine Ausnahme zuteilwerden, die im Ergebnis aber ohnehin auswirkungslos bleibt.

[69] Vgl. etwa §§ 3a, 3c SeeAufgG, wo durch § 3c Abs. 2 eine (vermeintliche) Ausnahme von der Subsidiarität verankert wurde, die den allgemeinen Notstandsregelungen in dieser Form fremd ist; vgl. zur Kritik an dieser Vorschrift aber noch § 4 Fn. 152.

[70] S. zu legitimationsrechtlichen Gemeinsamkeiten und Unterschieden zwischen allgemeinen und besonderen Notstandsregelungen noch § 4 II. 1. b).

Notstandsregelung als maßgeblich gestaltet, lässt sich der Adressat der Maßnahme konsequenterweise als *(spezieller) Nichtstörer* bzw. *(spezieller) Nichtverantwortlicher* deklarieren.

c) Gesamtkonzeption der Personenbezeichnungen

Zur Schaffung von Transparenz und einer einheitlichen Verwendungsweise bietet sich insgesamt die folgende Begriffsstruktur für das gefahrenabwehrrechtliche Adressatenrecht an: Die Allgemeinheit setzt sich aus den Übergruppen der Störer und der Unbeteiligten zusammen. Die Gruppe der Unbeteiligten umfasst den Jedermann, den Nichtstörer und den Dritten. Sowohl Maßnahmen gegen die Allgemeinheit als auch gegen Jedermann verzichten auf die Anknüpfung an eine Störer- oder Unbeteiligteneigenschaft, unterscheiden sich jedoch im Hinblick auf den betroffenen Personenkreis. Maßnahmen gegen die Allgemeinheit wirken generalisierend, Maßnahmen gegen Jedermann dagegen individualisierend. Jedermann-Maßnahmen unterscheiden sich schließlich von der Inanspruchnahme eines Nichtstörers bzw. Nichtverantwortlichen dahingehend, dass letzterer im Gegensatz zum Jedermann nur unter den Voraussetzungen einer speziellen oder der allgemeinen Notstandsregelung herangezogen werden darf. Als Dritte sind demgegenüber Personen zu bezeichnen, die zwar nicht beabsichtigt in Anspruch genommen werden, deren Rechte aber wissentlich oder unwissentlich berührt werden.

Die Einschlägigkeit der verschiedenen Konstellationen lässt sich erst im Rahmen der Abgrenzung eingehend bestimmen. Zugleich folgt hieraus der Befund, dass eine Person nicht erst in eine der genannten Gruppen eingeordnet werden kann und sich auf dieser Basis die Voraussetzungen für eine Heranziehung ermitteln lassen, sondern *e contrario* die Begriffsbezeichnung den normativ statthaften Anforderungen folgt. Für eine Inanspruchnahme gelten also nicht die Voraussetzungen der Notstandsregelung, weil jemand als Nichtstörer zu qualifizieren ist. Vielmehr ist jemand als Nichtstörer zu qualifizieren, weil für seine Inanspruchnahme die Voraussetzungen der Notstandsregelung gelten.

II. Die Notstandsregelung im Konzept des Adressatenrechts

Die Bestimmung der Begriffsbezeichnungen ließ sich nicht gänzlich vornehmen, ohne bereits erste Anhaltspunkte darüber zu liefern, wie sich das Notstandsinstitut in das gefahrenabwehrrechtliche Adressatensystem einfügt. Bevor die dezidierte Abgrenzung der einzelnen Unbeteiligtenkonstellationen vorgenommen wird, soll zunächst eine Kontextualisierung der Notstandsregelung innerhalb des allgemeinen Adressatensystems erfolgen. Insoweit wird sich der tradierten Polizeirechtsdogmatik gewidmet, der sich zugleich wesentliche Maßstäbe für die spätere verfassungsrechtliche Bewertung der Notstandsregelungen extrahieren lassen. Die interne Abgrenzung im allgemeinen Adressatensystem sowie die externe

Abgrenzung zu anderen Konstellationen mit Unbeteiligten markieren in ihrer Kombination den grundlegenden Anwendungsbereich des gefahrenabwehrrechtlichen Notstandsinstituts.

1. Tradierte Polizeirechtsdogmatik

Aus dem konstitutiven Hintergrund der tradierten Polizeirechtsdogmatik, die dem Grunde nach auf das übrige präventive Gefahrenabwehrrecht übertragbar ist,[71] lassen sich wesentliche Maßstäbe für die spätere verfassungsrechtliche Bewertung der Notstandregelungen[72] ableiten. Ihre Skizzierung ist daher keineswegs deklaratorischer, sondern für die Bewertung einzelner Aspekte von grundlegender Bedeutung. Im Anschluss an die Erläuterung der Grundkonzeption gefahrenabwehrrechtlicher Eingriffsbefugnisse sollen die Zurechnungskriterien behandelt werden, die in einer konkreten Gefahrensituation darüber Aufschluss geben, ob jemand im Sinne des allgemeinen Adressatensystems als Störer oder Nichtstörer zu qualifizieren ist. Auf Basis der vorgenommenen Ausführungen lässt sich schließlich ein grundlegendes Verhältnis zwischen Staat, Störer und Nichtstörer konstatieren.

a) Eingriffsschwelle und Maßnahmeadressat

Die tradierte Polizeirechtsdogmatik setzt sich substanziell aus zwei Komponenten zusammen. Zum einen knüpfen die (Einzelfall-[73])Befugnisse traditionell[74] an die Eingriffsschwelle der konkreten Gefahr an, wofür insbesondere das Kreuzberg-Urteil des Preußischen Oberverwaltungsgerichts[75] aus dem Jahr 1882 einen wegweisenden Beitrag leistete.[76] Die zweite Komponente betrifft den Maßnahmeadressaten[77] und damit die grundlegend von den allgemeinen Verantwortlich-

[71] *Barczak*, Der nervöse Staat, 2. Aufl. 2021, S. 464; *Kugelmann*, DÖV 2003, 781 (782); *Ladeur*, Der Staat 46 (2007), 61 (70).

[72] S. zur hierauf mitbasierenden verfassungsrechtlichen Maßstabsbildung § 4 II. 1. sowie zur folgenden Bewertung § 4 II. 2.

[73] *Kingreen/Poscher*, Polizei- und Ordnungsrecht, 12. Aufl. 2022, § 8 Rn. 19.

[74] *Kral*, Die polizeilichen Vorfeldbefugnisse als Herausforderung für Dogmatik und Gesetzgebung des Polizeirechts, 2012, S. 34; *Poscher*, DV 41 (2008), 345 (363).

[75] PrOVGE 9, 353 ff. Prozessgegenstand war eine Verordnung des Polizeipräsidiums in Berlin, durch die auf dem Kreuzberg zum Schutz der Aussicht auf die Stadt sowie der Ansicht des dort befindlichen Nationaldenkmals die Errichtung von Gebäuden über einer bestimmten Höhe verboten wurde. Das Gericht entschied allerdings, dass die Maßnahme nicht der Abwendung einer Gefahr diene und die Polizei daher nicht zuständig sei. Genauer zum Sachverhalt und den Folgen des Urteils *Kroeschell*, VBlBW 1993, 268 ff.; *Rott*, NVwZ 1982, 363 f.; *Walther*, JA 1997, 287 ff.

[76] *Poscher*, DV 41 (2008), 345 (348); kritisch demgegenüber *Preu*, Polizeibegriff und Staatszwecklehre, 1983, S. 309.

[77] *Götz/Geis*, Allgemeines Polizei- und Ordnungsrecht, 17. Aufl. 2022, § 13 Rn. 3: „Kernstück des klassischen rechtsstaatlichen Polizeirechts“.

keitsregelungen vorgenommene Differenzierung zwischen dem Störer sowie dem Nichtstörer.

Die mittlerweile in einigen Polizeigesetzen legaldefinierte konkrete Gefahr[78] sorgt in mannigfaltiger Hinsicht für eine aus rechtsstaatlicher Sicht notwendige Begrenzung gefahrenabwehrrechtlicher Eingriffsbefugnisse.[79] Erstens beschränkt sie das Handeln der Polizei auf den ihr übertragenen Aufgabenbereich der Gefahrenabwehr.[80] Zweitens sorgt sie dafür, dass dem Eingriff auf Seiten des Bürgers ein legitimer Zweck gegenübersteht und damit zumindest die erste Hürde allgemein einzuhaltender Verhältnismäßigkeitsanforderungen überwunden wird. Drittens führt sie mit Blick auf den Grundsatz der Normenklarheit zu einem Mindestmaß an Erkennbarkeit und Voraussehbarkeit für den Bürger[81] und mit Blick auf den Bestimmtheitsgrundsatz zu einem Mindestmaß an Steuerung für Regierung und Verwaltung.[82]

Gefahrenabwehrrechtliche Befugnisse lassen sich in die drei Komponenten der Maßnahmeeingriffsschwelle („wann?"), des Maßnahmeadressaten („wen?") sowie des Maßnahmeinhalts („was?") aufspalten. Aus der konkreten Gefahr resultiert für sich genommen zwar noch keine Voraussehbarkeit von Maßnahmeinhalt und Maßnahmerichtung. Sie markiert aber zumindest die tatbestandliche Situation, die zum Ergreifen einer Maßnahme ermächtigt.[83] Während sich der

---

[78] Nach Art. 11 Abs. 1 S. 2 BayPAG handelt es sich um eine Sachlage, „die bei ungehindertem Ablauf des objektiv zu erwartenden Geschehens im Einzelfall mit hinreichender Wahrscheinlichkeit zu einer Verletzung von Schutzgütern der öffentlichen Sicherheit und Ordnung führt." Vergleichbare Definitionen enthalten etwa § 2 Nr. 3 lit. a) BremPolG und § 2 Nr. 1 NdsPOG.

[79] Allerdings lässt sich dem Verfassungsrecht keine Vorgabe entnehmen, dass zwingend an die Eingriffsschwelle der konkreten Gefahr angeknüpft werden müsste, vgl. die Nachweise unter § 4 Fn. 87. Anderenfalls wären Eingriffe im Gefahrenvorfeld auch ausnahmslos unzulässig. S. zu den legitimationsrechtlichen Unterschieden § 4 II. 1. b).

[80] *Pils*, DÖV 2008, 941 (944).

[81] *Kugelmann*, DÖV 2003, 781 (783).

[82] Die Unterscheidung zwischen den Grundsätzen der Normenklarheit und -bestimmtheit hat das BVerfG jüngst in seinem Urteil zum BayVSG nochmals herausgestellt. Danach steht beim Grundsatz der Normenklarheit die bürgerbezogene Komponente „im Vordergrund", während der Bestimmtheitsgrundsatz „vornehmlich" auf die Steuerungswirkung, Begrenzung und gerichtliche Kontrolle bezogen wird (vgl. NJW 2022, 1583 [1601 Rn. 272]). Zur allerdings nicht immer vorhandenen Zweifelsfreiheit der Differenzierung *Cornils*, DVBl. 2011, 1053 (1055) sowie *Grzeszick*, in: Dürig/Herzog/Scholz et al. (Begr./Hrsg.), GG, Art. 20 (Rechtsstaat) (2022) Rn. 58 ff. Im weiteren Verlauf wird der Leitlinie des BVerfG gefolgt, wenngleich die Unterscheidung eher theoretischer Natur entstammt und sich kein inhaltlicher Unterschied ergibt, wenn die Ausprägung der Normenklarheit als Unterfall des Bestimmtheitsgrundsatzes eingeordnet wird.

[83] Insoweit lässt sich auch von einer Bestimmung des Maßnahmezwecks sprechen, vgl. *Poscher*, Gefahrenabwehr, 1999, S. 132. Für sich genommen ist der Begriff der (konkreten) Gefahr noch unbestimmt. Er ist aber der Auslegung zugänglich und durch jahrzehntelange Rechtsprechung, die sich in den oben genannten Legaldefinitionen niedergeschlagen hat, eingehend konkretisiert worden, vgl. *E. Krüger*, JuS 2013, 985 (987); *Schoch*, Jura 2003, 472 ff.; *Zieschang*, GA 2006, 1 (5 f.).

Maßnahmeinhalt der Generalklausel normativ nicht enger fassen lässt, ohne die Verwirklichung ihres Zwecks – auch in unvorhersehbaren Situationen eine effektive Gefahrenabwehr zu gewährleisten[84] – zu gefährden, bleibt die Möglichkeit zu einer grundlegenden Regelung der Maßnahmerichtung hiervon unberührt. Zwar würde auch eine personenbezogene Begrenzung des Adressatenkreises dem genannten Zweck zuwiderlaufen, in zweierlei Hinsicht stehen Einwirkungen auf die Maßnahmerichtungskomponente aber mit diesem in Einklang. Erstens lässt sich für den Bürger erkennbar festlegen, dass prinzipiell jeder als Adressat in Betracht kommt. Regelbar sind zweitens die Voraussetzungen, unter denen eine Person, insbesondere im Verhältnis zu anderen möglichen Adressaten, zur Gefahrenabwehr herangezogen werden darf.

An dieser Stelle setzen die allgemeinen Vorschriften zur Verantwortlichkeit in den Polizei- und Ordnungsgesetzen von Bund und Ländern an. Aus ihnen lässt sich für diejenigen Befugnisse, die die Richtung einer Maßnahme nicht selbst (abschließend) regeln, zum einen entnehmen, dass der Adressatenkreis zumindest Störer und Nichtstörer umfasst. Zum anderen enthalten sie grundlegende Parameter über das Verhältnis der Inanspruchnahme dieser Adressaten und dem eigenen Tätigwerden des Staates.[85] Auf diese Weise wirken die Vorschriften über die Verantwortlichkeit im allgemeinen Adressatensystem im Zusammenspiel mit der konkreten Gefahr[86] begrenzend und sorgen für größtmögliche Klarheit und Bestimmtheit, ohne dabei den Zweck der effektiven Gefahrenabwehr zu gefährden.

b) *Gefahrenzurechnung*

Ein Wesensmerkmal tradierter Polizeirechtsdogmatik liegt darin, dass grundsätzlich nur derjenige zur Gefahrenabwehr herangezogen werden darf, dem eine Gefahr zugerechnet und der mithin als Verantwortlicher (im Sinne ihrer Entstehung bzw. Aufrechterhaltung) ausgemacht werden kann.[87] Hierbei erfolgt eine Differenzierung zwischen dem Verursacher einer Gefahr sowie demjenigen, der über das Eigentum oder die tatsächliche Gewalt einer gefährlichen Sache verfügt oder das Eigentum an einer solchen aufgegeben hat.[88] Sowohl die Verhaltensverantwortlichkeit als auch die Zustandsverantwortlichkeit gründen auf der Zu-

---

[84] *Butzer*, VerwArch 93 (2002), 506 (507); *Kugelmann*, DÖV 2003, 781 (783).

[85] S. zur Lastenverteilung § 2 II. 1. c).

[86] S. zum Verhältnis zwischen der Befugnisnorm und den Adressatenregelungen § 3 I. …

[87] *Götz/Geis*, Allgemeines Polizei- und Ordnungsrecht, 17. Aufl. 2022, § 13 Rn. 1, 3.

[88] S. zur daneben existierenden Zusatzverantwortlichkeit (vgl. etwa Art. 7 Abs. 2, 3 BayPAG) noch § 2 II. 2. e). Vollkommen irrelevant für die Verhaltens- sowie die Zustandsverantwortlichkeit sind vor dem Hintergrund des Gedankens effektiver Gefahrenabwehr Merkmale wie Geschäftsfähigkeit, Vorsatz oder Schuld, vgl. VG Berlin, NJW 2001, 2489; *Lindner*, in Möstl/Schwabenbauer (Hrsg.), BeckOK Polizei- und Sicherheitsrecht Bayern, 2023, BayPAG, Art. 7 Rn. 20; *Poscher*, Jura 2007, 801. Zum Teil ergibt sich dies auch aus dem Gesetz, wenn die Regelungen bestimmen, dass Maßnahmen „auch" gegen den Betreuer eines minderjährigen Störers gerichtet werden können, vgl. etwa Art. 7 Abs. 2 BayPAG.

rechnung der Gefahr, die die Heranziehung der entsprechenden Person abstrakt betrachtet legitimiert.[89] Nach welchen genauen Kriterien die Zurechnung erfolgt, ist gesetzlich jenseits der Begrifflichkeit der Verursachung nicht weiter konkretisiert, lebhaft umstritten und Gegenstand zahlreicher Abhandlungen.[90]

Nach der heute vorherrschenden Meinung bestimmt sich die Verhaltensverantwortlichkeit danach, ob jemand die Gefahr unmittelbar verursacht hat.[91] Während die Verursachung mit dem verhaltensbedingten Überschreiten der

---

[89] *Goldhammer*, Jura 2021, 638; *Hollands*, Gefahrenzurechnung im Polizeirecht, 2004, S. 121. Teilweise wird in diesem Kontext eine allgemeine Nichtstörungspflicht angenommen, die dem Recht immanent sei. Danach treffe jeden die Pflicht, das Verhalten und den Zustand eigener Sachen so einzurichten, dass hieraus keine Gefahren entstehen, vgl. BVerwGE 125, 325 (332 f. Rn. 22); *Götz/Geis*, Allgemeines Polizei- und Ordnungsrecht, 17. Aufl. 2022, § 13 Rn. 6; *Pietzcker*, DVBl. 1984, 457. Es lassen sich aber durchaus überzeugende Argumente gegen eine solche Pflicht anführen, vgl. *Kingreen/Poscher*, Polizei- und Ordnungsrecht, 12. Aufl. 2022, § 9 Rn. 4; *Selmer*, Die sogenannte „materielle Polizeipflicht", in: FS-Götz, 2005, S. 391 (395 ff.); kritisch zum Rechtsgrund bei der Zustandshaftung *Friauf*, Zur Problematik des Rechtsgrundes und der Grenzen der polizeilichen Zustandshaftung, in: FS-Wacke, 1972, S. 293 (297 ff.). Für den weiteren Verlauf der Arbeit ist die Existenz oder Nichtexistenz einer Nichtstörungspflicht allerdings irrelevant, da der Nichtstörer eine solche, sofern ihre Existenz angenommen wird, zweifellos nicht verletzt hat. Führt man im Kontext der für die Entstehung einer Gefahr verantwortlichen Personen die Zurechnung als Legitimationsgrund an, lassen sich konsequenterweise und feindifferenzierender auch die verschiedenen Zurechnungsgründe „Verursachung" und „Sachherrschaft" benennen, vgl. etwa *Schoch*, Polizei- und Ordnungsrecht, in: ders. (Hrsg.), Besonderes Verwaltungsrecht, 2018, 1. Kap. Rn. 342.

[90] Exemplarisch für die Umstrittenheit damals wie heute *Beye*, Zur Dogmatik polizeirechtlicher Verantwortlichkeit, 1969, S. 51 ff.; *Bott*, Die Verantwortlichkeit wegen des Verhaltens Dritter im Allgemeinen Sicherheits- und Polizeirecht, 1986, S. 31 ff.; *Frenz*, Das Verursacherprinzip im Öffentlichen Recht, 1997, S. 21 ff.; *Herrmann*, DÖV 1987, 666 ff.; *Hollands*, Gefahrenzurechnung im Polizeirecht, 2004, S. 11 ff.; *Pietzcker*, DVBl. 1984, 457 ff.; *Schnur*, DVBl. 1962, 1 ff.; speziell zur Zurechnungsproblematik im Boden- und Umweltrecht *Bartholmes*, Umweltrechtliche Verantwortlichkeit als mittelbarer Verursacher von Umwelteinwirkungen, 2006, S. 34 ff., 168 ff.; *Baumann*, Der Störer im Umweltbereich, 1991, S. 76 ff.; *Schäling*, Grenzen der Sanierungsverantwortlichkeit nach dem Bundes-Bodenschutzgesetz, 2008, S. 155 ff. Ebenso streitig ist die Zurechnung bei der sog. Veranstalterverantwortlichkeit, hierzu *Braun*, Die Polizei 2013, 321 f.; *Lege*, VerwArch 89 (1998), 71 (77 ff.). Das BVerwG hat entschieden, dass die Polizeikosten für Hochrisikospiele über das Gebührenrecht auf den Veranstalter umgelegt werden können, dabei aber die Gefahrenzurechnung im polizeirechtlichen Sinne ausdrücklich offengelassen, vgl. BVerwGE 165, 138 (149 Rn. 37).

[91] Zur sog. Theorie der unmittelbaren Verursachung *Schoch*, Polizei- und Ordnungsrecht, in: ders. (Hrsg.), Besonderes Verwaltungsrecht, 2018, 1. Kap. Rn. 348; *Selmer*, JuS 1992, 97 (98 f.); *Steiner*, in: Schmidbauer/Steiner, BayPAG, 6. Aufl. 2023, Art. 7 Rn. 9; kritisch *Poscher*, Jura 2007, 801 (802 f.); überblicksweise zu anderen Ansätzen wie der Lehre von der Sozialadäquanz und der Theorie der rechtswidrigen Verursachung *Poscher/Rusteberg*, JuS 2011, 1082 (1083 f.). Eine Eingrenzung nur über die Effektivität der Gefahrenabwehr und den Verhältnismäßigkeitsgrundsatz vornehmen will *Muckel*, DÖV 1998, 18 ff., was in der Literatur aber zu Recht auf Ablehnung gestoßen ist, etwa bei *Götz/Geis*, Allgemeines Polizei- und Ordnungsrecht, 17. Aufl. 2022, § 13 Rn. 13.

Schwelle zur konkreten Gefahr umschrieben wird, soll das Kriterium der Unmittelbarkeit nach häufig anzutreffender Formulierung dann erfüllt sein, wenn die Person die letzte Ursache für die Gefahr gesetzt hat.[92] Diffizil gestaltet sich die Zurechnung daher bei dem sogenannten Zweckveranlasser.[93]

Auch bei der Zustandsverantwortlichkeit wird für die Gefahrenzurechnung eine unmittelbare Verursachung gefordert, wobei die Gefahr nicht vom Verhalten einer Person, sondern von einer Sache ausgehen muss.[94] Die Kriterien zur Abgrenzung zwischen unmittelbarer Verursachung und mittelbarer Veranlassung sollen zwar grundsätzlich mit denen der Verhaltensverantwortlichkeit übereinstimmen,[95] im Übrigen wird bei der Zustandsverantwortlichkeit aber eine stärkere Begrenzung vorgenommen, die sich vor allem auf die anfallenden Kosten sowie die zeitliche Dauer beziehen kann.[96]

Die Kriterien der Gefahrenzurechnung können zwar darüber entscheiden, ob jemand als Störer oder Nichtstörer heranzuziehen ist. Sie verkörpern aber keinen maßgeblichen Bezugspunkt dieser Arbeit, weil hier grundsätzlich an einen Punkt angeknüpft wird, an dem der Mangel der Gefahrenzurechnungsmöglichkeit bereits besiegelt ist.[97] Die vorgenommene Sachstandsskizzierung genügt daher für den weiteren Verlauf.

c) Die Lastenverteilung bei der Gefahrenabwehr

Die allgemeinen Adressatenregelungen der Polizei- und Ordnungsgesetze implizieren Kernaussagen über das grundlegende Verhältnis von Staat, Störer und Nichtstörer, indem sie jeweils ein Rangverhältnis statuieren.[98] Dieses ist korrespondierend durch eine primäre Inanspruchnahme des Störers, ein sekundäres Tätigwerden des Staates und die tertiäre Heranziehung des Nichtstörers gekenn-

---

[92] Hierzu *Kingreen/Poscher*, Polizei- und Ordnungsrecht, 12. Aufl. 2022, § 9 Rn. 14. *Götz/Geis*, Allgemeines Polizei- und Ordnungsrecht, 17. Aufl. 2022, § 13 Rn. 10 weisen zutreffend darauf hin, dass das Verursachungskriterium ohne diese Eingrenzung „uferlos" wäre und belegen unter Rn. 15 nochmals deren Bedeutung.

[93] S. zum Zweckveranlasser noch § 2 II. 2. e).

[94] *Schoch*, Polizei- und Ordnungsrecht, in: ders. (Hrsg.), Besonderes Verwaltungsrecht, 2018, 1. Kap. Rn. 373, m.w.N.

[95] *Kingreen/Poscher*, Polizei- und Ordnungsrecht, 12. Aufl. 2022, § 9 Rn. 14.

[96] *Schoch*, Polizei- und Ordnungsrecht, in: ders. (Hrsg.), Besonderes Verwaltungsrecht, 2018, 1. Kap. Rn. 379 ff. Speziell zur Begrenzung im Kontext der Altlastenproblematik BVerfGE 102, 1 (20 ff.); *Kniesel*, BB 1997, 2009 (2011 ff.); *Lepsius*, JZ 2001, 22 ff. Zum unterschiedlichen Grad der Begrenzung von Verhaltens- und Zustandsverantwortlichkeit *Kügel*, NJW 2004, 1570 (1574).

[97] Eine Ausnahme ist in gewisser Hinsicht im Verhältnis zwischen der Notstandsregelung und § 323c Abs. 1 StGB zu sehen, da auch in diesem Kontext die Möglichkeit einer Gefahrenzurechnung thematisiert wird (s. hierzu § 5 I. 2.). Für die Bewertung der Problematik sind die oben dargestellten Zurechnungskriterien aber wenig bedeutsam.

[98] *Kingreen/Poscher*, Polizei- und Ordnungsrecht, 12. Aufl. 2022, § 9 Rn. 2: „gestufte Antwort".

zeichnet.[99] Demgegenüber lassen die Gesetze keinen unmittelbaren Rückschluss auf die verfassungsrechtlichen Ursachen für die vorgenommenen Differenzierungen zu.

Obwohl es sich bei der Gefahrenabwehr um eine Aufgabe des Staates handelt,[100] ermächtigen die einfachgesetzlichen Regelungen zu einem Rückgriff auf den Störer selbst dann, wenn die Behörde die Gefahr durch eigene Handlungen abwehren könnte. Einen diese Vorrangigkeit legitimierenden Rechtsgrund in Form eines Zurechnungszusammenhangs wie beim Verhaltens- oder Zustandsstörer weist der Nichtstörer gerade nicht auf. Er ist vollkommen unbescholten geblieben, sodass für seine abstrakte Verpflichtungsmöglichkeit ein anderer Rechtsgrund existieren muss.[101]

Während der Rechtsgrund der Inanspruchnahme primär das Verhältnis zwischen Staat und Störer bzw. Staat und Nichtstörer ohne Rücksicht auf andere mögliche Adressaten betrifft, muss die Verpflichtbarkeit eines Bürgers zur Gefahrenabwehr auch maßgeblich vor dem Hintergrund des allgemeinen Gleichheitssatzes betrachtet werden. Wird eine Person zur Gefahrenabwehr herangezogen, liegt darin eine rechtfertigungsbedürftige Ungleichbehandlung, wenn zugleich eine andere Person mit der Maßnahme hätte belegt werden können. Mangelt es an einer solchen Möglichkeit, fehlt es im Lichte des Zwecks der Gefahrenabwehr an einer wesentlichen Vergleichbarkeit. Daher besteht die zu bildende Vergleichsgruppe[102] grundsätzlich aus den Personen, die tatsächlich auch zur Abwehr der Gefahr imstande sind.[103] Betroffen sein kann dabei nicht nur das Verhältnis zwischen Verhaltens- und Zustandsstörer, sondern auch das Verhältnis zwischen Nichtstörer und Störer sowie zwischen Nichtstörer und anderen unbeteiligten Personen.[104] Besonders in den beiden letztgenannten Konstellationen lässt sich ein bloßer Verweis auf den sonst so argumentationsgewichtigen Grundsatz effektiver Gefahrenabwehr nicht immer zur Rechtfertigung einer Ungleichbehandlung zur Genüge anführen.[105] Vielmehr kann im Einzelfall eine Verpflichtung des Staates zum Ausgleich der Ungleichbehandlung verfassungsrechtlich

---

[99] Vgl. Art. 7 bis 10 BayPAG sowie die korrespondierenden Adressatensysteme der übrigen Polizei- und Ordnungsgesetze des Bundes und der Länder.

[100] BVerfGE 49, 24 (56 f.); 115, 320 (346); 120, 274 (319); *F. Becker*, NVwZ 2015, 1335; *Isensee*, Das Grundrecht auf Sicherheit, 1983, S. 17 ff.; *Pietzcker*, JZ 1985, 209 (210).

[101] S. zur abstrakten Legitimation § 4 I.

[102] Zum Erfordernis und den Anforderungen *Jarass*, in: ders./Pieroth, GG, 17. Aufl. 2022, Art. 3 Rn. 10; *Nußberger*, in: Sachs (Hrsg.), GG, 9. Aufl. 2021, Art. 3 Rn. 80 ff.; *P. Reimer*, Allgemeiner Gleichheitssatz, in: Stern/Sodan/Möstl (Hrsg.), Das Staatsrecht der Bundesrepublik Deutschland, 2. Aufl. 2022, § 128 Rn. 38 ff.

[103] In diese Richtung auch *Bockwoldt*, Rechtmäßigkeit und Kostentragungspflicht polizeilichen Handelns, 2003, S. 59.

[104] *Bockwoldt*, Rechtmäßigkeit und Kostentragungspflicht polizeilichen Handelns, 2003, S. 56, m.w.N.

[105] Zum Grundsatz effektiver Gefahrenabwehr *Bockwoldt*, Rechtmäßigkeit und Kostentragungspflicht polizeilichen Handelns, 2003, S. 39 ff.

geboten sein.[106] Im Übrigen darf ohne (gewichtigen) sachlichen Grund keine Nivellierung zwischen Störern und Nichtstörern eintreten.[107]

Hinter den getroffenen Ausführungen verbirgt sich im Wesentlichen der sogenannte Grundsatz der gerechten Lastenverteilung.[108] Die öffentlichen „Lasten" beziehen sich in diesem Zusammenhang nicht nur auf die Kostentragungs-, sondern insbesondere auch auf die Gefahrenbeseitigungspflicht.[109] Der Grundsatz gerechter Lastenverteilung knüpft aber nicht nur an den allgemeinen Gleichheitssatz an, sondern vielmehr wird er zugleich aus dem verfassungsrechtlichen Verhältnismäßigkeitsgrundsatz hergeleitet.[110] Dieser muss in jedem Fall Beachtung finden, weil die Maßnahme häufig zu einer Beeinträchtigung eines speziellen Grundrechts des Nichtstörers führt, zumindest aber zu einem Eingriff in seine allgemeine Handlungsfreiheit aus Art. 2 Abs. 1 GG. Wenig überraschend folgt hieraus das Verbot, dem Adressaten unverhältnismäßige Belastungen aufzuerlegen, sodass die Lasten in diesem Fall vom Staat zu tragen sind. Insoweit weisen die Belange der Verhältnismäßigkeit in der Regel keinen interpersonalen Bezugspunkt auf, sondern modulieren das Verhältnis zwischen Bürger und Staat.[111]

Das Adressatenrecht lässt sich als Ausprägung des Grundsatzes gerechter Lastenverteilung und darauf basierend als eine Art „Mehrebenensystem" begreifen. Da die allgemeinen Bestimmungen nur ergänzend zur Anwendung kommen, wenn die Befugnisnorm den Adressaten nicht selbst abschließend bestimmt, was entweder gesetzlich ausdrücklich determiniert ist[112] oder aus dem Auslegungsgrundsatz *lex specialis derogat legi generali* folgt,[113] befindet sich der spezialgesetzlich bestimmte Adressat auf der obersten (Heranziehungs-)Ebene.[114] Zwischen den Verantwortlichen[115] auf zweiter und dem Nichtstörer auf vierter

---

[106] S. zur Ausgleichsfunktion der Entschädigung § 4 II. 2. d) aa).

[107] SächsVerfGH, LVerfGE 4, 303 (349 f.); LVerfG MV, LVerfGE 10, 337 (353); *Barczak*, DV 49 (2016), 157 (165); *Kugelmann*, Polizei- und Ordnungsrecht, 2. Aufl. 2012, 8. Kap. Rn. 86; *M. Müller/Schwabenbauer*, in: Lisken/Denninger/Bäcker et al. (Begr./Hrsg.), Handbuch des Polizeirechts, 7. Aufl. 2021, Kap. G Rn. 620.

[108] Zur Ableitung aus Art. 3 Abs. 1 GG *Garbe*, DÖV 1998, 632 (634); *Felix/Nitschke*, NordÖR 2004, 469 (472).

[109] *Garbe*, DÖV 1998, 632; *Griesberts*, Die gerechte Lastenverteilung unter mehreren Störern, 1990, S. 28 f.

[110] *Bockwoldt*, Rechtmäßigkeit und Kostentragungspflicht polizeilichen Handelns, 2003, S. 55 ff.; *Sokol*, Die Bestimmung der Verantwortlichkeit für die Abwehr und Beseitigung von Störungen im öffentlichen und privaten Recht, 2016, S. 12.

[111] *Bockwoldt*, Rechtmäßigkeit und Kostentragungspflicht polizeilichen Handelns, 2003, S. 57 f.

[112] Vgl. exemplarisch Art. 7 Abs. 4 BayPAG, der für die Notstandsregelung gem. Art. 10 Abs. 4 BayPAG entsprechend gilt.

[113] *Barczak*, DV 49 (2016), 157 (168); *Hornmann*, Hessisches Gesetz über die öffentliche Sicherheit und Ordnung (HSOG), 2. Aufl. 2008, § 6 Rn. 7.

[114] Auch bei der verfassungsrechtlichen Beurteilung einer spezialgesetzlichen Adressatenbestimmung müssen die Ausprägungen des Lastenverteilungsgrundsatzes Beachtung finden. S. hierzu näher § 4 II. 1. b).

[115] Das Verhältnis zwischen dem Verhaltens- sowie dem Zustandsstörer ist dabei umstrit-

Ebene steht die eigene Gefahrenabwehr durch den Staat, sodass sich insgesamt nicht nur eine doppelte,[116] sondern eine dreifache Subsidiarität der Nichtstörerinanspruchnahme abstrahieren lässt.[117] Da ihr die Ausprägungen des Grundsatzes der gerechten Lastenverteilung zugrunde liegen, muss diesen im weiteren Verlauf der Arbeit eine besondere Beachtung zuteilwerden, wenn etwa Ausnahmen vom Subsidiaritätsgrundsatz geprüft oder Anforderungen an die Entschädigung des Nichtstörers beurteilt werden. Sie werden dabei wesentlich zur kontextuellen verfassungsrechtlichen Maßstabsbildung beitragen.

2. *Nichtstörer und andere Unbeteiligte: Anwendungsbezogener Vergleich*

Die tradierte Polizeirechtsdogmatik hat bereits die Kriterien zur internen Abgrenzung im allgemeinen Adressatensystem offenbart. Das externe Verhältnis einer Notstandsregelung zu anderweitigen Adressatenbestimmungen ist *prima facie* selbsterklärend, die Reichweite des spezialgesetzlichen Vorrangs aber häufig nur schwer zu bestimmen. Besonders diffizil gestaltet sich daneben die Bewertung des Verhältnisses zur Allgemeinheit und zu mitbetroffenen Dritten. Diese ließen sich zwar ohne größere Schwierigkeiten definieren, ungewiss ist aber weiterhin, ob auch bei ihnen die Maßgaben der Notstandsregelungen zum Tragen kommen (müssen).

a) Verhältnis zu speziellen Adressatenbestimmungen

Den allgemeinen Adressatenregelungen kommt eine Auffangfunktion zu, weil sie lediglich Anwendung finden, soweit sich der konkreten Befugnis nicht entnehmen lässt, gegen wen die Maßnahme zu richten ist. So unterschiedlich wie sich auftretende Gefahren gestalten können, so unterschiedlich müssen auch die Maßnahmen sein, mit denen diesen Gefahren begegnet werden kann. Im Einzelfall können daher legitime Gründe zur Modifikation der allgemeinen Adressatenregelungen vorgebracht werden. Dies gilt bei Befugnissen zur Abwehr einer

---

ten, aber mit Blick auf die geschilderten Grundzüge des Gebots gerechter Lastenverteilung zu bewerten. Häufig wird angenommen, dass eine vorrangige Heranziehung des Verhaltensstörers dem Grundsatz der Verhältnismäßigkeit entspreche, weil dieser durch die Schaffung eines rechtswidrigen Zustands mehr zu einer Gefahr beitrage als der Zustandsstörer, vgl. VGH München, NVwZ 1986, 942 (945 f.); OVG Hamburg, NVwZ 2001, 215 (219 f.); *Graulich*, in: Lisken/Denninger/Bäcker et al. (Begr./Hrsg.), Handbuch des Polizeirechts, 7. Aufl. 2021, Kap. E Rn. 225; *Schink*, GewArch 1996, 50 (61). Da beiden Personen aber die Gefahr zurechenbar ist, reichen im Hinblick auf eine vorrangige Inanspruchnahme des Zustandsstörers jedenfalls plausible Effektivitätserwägungen aus, vgl. auch *Kingreen/Poscher*, Polizei- und Ordnungsrecht, 12. Aufl. 2022, § 9 Rn. 88.

[116] *Lindner*, in: Möstl/Schwabenbauer (Hrsg.), BeckOK Polizei- und Sicherheitsrecht Bayern, 2023, BayPAG, Art. 10 Rn. 22.

[117] *Barczak*, DV 49 (2016), 157 (169).

konkreten Gefahr ebenso wie bei Maßnahmen im Gefahrenvorfeld, zwischen denen im Folgenden zu trennen ist.[118]

aa) Gefahrenabwehrmaßnahmen

Beziehen sich bestimmte Befugnisse auf die Abwehr einer konkreten Gefahr, gilt der theoretische Vorrang spezieller Adressatenregelungen ohne Einschränkungen. Die Problematik betrifft vielmehr die praktische Frage, wann eine abschließende Bestimmung vorliegt. Denn die allgemeinen Vorschriften kommen auch dann ergänzend zur Anwendung, wenn zwar der Kreis der Adressaten geregelt ist, aber die konkreten Voraussetzungen (teilweise) offenbleiben.[119]

Besonders schwierig und umstritten gestaltet sich die Beurteilung dann, wenn Maßnahmen gegen „eine Person" gerichtet werden können, was etwa die Standardmaßnahmen des Platzverweises, der Identitätsfeststellung zur Abwehr einer Gefahr und der Ingewahrsamnahme betrifft. Bei diesen ist durch Auslegung zu ermitteln, ob „eine Person" eine abschließende Adressatenbestimmung beinhaltet oder die allgemeinen Vorschriften ergänzend heranzuziehen sind.[120]

Die Anwendung der grammatikalischen sowie der historischen Auslegungsmethode helfen dabei kaum weiter, unabhängig davon, ob das Ziel in der Ermittlung des (subjektiven) gesetzgeberischen Willens oder des (objektiven) Willens des Gesetzes gesehen wird.[121] Im Hinblick auf den Platzverweis hat der Streit zwar an Bedeutung verloren, da einige Gesetzgeber klargestellt haben, dass das allgemeine Adressatensystem ergänzend Anwendung findet.[122] Es lässt sich aber erwägen, ob dieses Resultat nicht ohnehin durch die systematische Methode der verfassungskonformen Auslegung angezeigt ist.[123] Die maßgebliche Frage hierfür

[118] Ebenso *Kießling*, Jura 2016, 483 (489 f.).

[119] Das folgt sowohl aus dem Wortlaut „soweit", der bei der Subsidiaritätsanordnung in den allgemeinen Adressatensystemen häufig verwendet wird (vgl. etwa Art. 7 Abs. 4 BayPAG), als auch aus dem Lex-specialis-Grundsatz, vgl. nur *Barczak*, DV 49 (2016), 157 (163).

[120] *Kießling*, Jura 2016, 483 (489 f.).

[121] Eingehend zum Auslegungsziel und weiteren Auslegungsmethoden *Larenz/Canaris*, Methodenlehre der Rechtswissenschaften, 3. Aufl. 1995, S. 137 ff.; *F. Reimer*, Juristische Methodenlehre, 2. Aufl. 2020, Rn. 246 ff.; überblicksweise auch *Muthorst*, JA 2013, 721 (724 f.).

[122] So etwa Nr. 16.2 der VollzBek. zum BayPAG. Dies gilt allerdings nicht im Hinblick auf die – in den anderen Bundesländern meist vergleichbar vorzufindende – Regelung, nach der ein Platzverweis gegen eine Person angeordnet werden kann, die den Einsatz der Feuerwehr oder von Hilfs- oder Rettungskräften behindert. Darin liegt zwar eine spezielle Adressatenregelung, allerdings wird derjenige, der den Einsatz der Rettungskräfte behindert, die bereits vorhandene Gefahr in aller Regel verstärken und damit selbst zum Störer mutieren, vgl. auch *D. Müller*, NJ 2021, 298 (299). Die Regelung ist daher als wenig ertragreich einzuordnen, weil die Behinderung von Rettungskräften schon vom Grundtatbestand des Platzverweises erfasst wird, vgl. auch *Honnacker*, in: ders./Beinhofer/Hauser, BayPAG, 20. Aufl. 2014, Art. 16 Rn. 12; a.A. *Schmidbauer*, in: ders./Steiner, BayPAG, 6. Aufl. 2023, Art. 16 Rn. 31: „besonders wichtige Situation".

[123] Wenig überzeugend ist indes die Begründung des VG Schleswig, NVwZ 2000, 464 f.,

lautet, ob eine zur Erteilung eines Platzverweises ermächtigende Vorschrift nur dann verfassungsgemäß ist, wenn sie hinsichtlich des Vorgehens gegen eine nicht störende Person durch das allgemeine Adressatensystem und insbesondere die Notstandsregelung ergänzt wird.[124] Es wird sich noch zeigen, dass die Notstandsregelungen auch einen gewissen Schutzstandard für unbeteiligte Personen sicherstellen, der sich nicht allein durch die bloße Anwendung des Verhältnismäßigkeitsgrundsatzes gewährleisten lässt. Da sich ein Platzverweis für den Betroffenen durchaus als schwerer Rechtseingriff erweisen kann,[125] ließe sich wohl vertretbar annehmen, dass der Schutz der unbeteiligten Person vor einer unverhältnismäßigen und gleichheitswidrigen Inanspruchnahme durch eine ergänzende Anwendung der Notstandsregelung verfassungsrechtlich geboten ist. Konsequenterweise müssten dann allerdings verfassungsrechtliche Bedenken gegen § 17 Abs. 1 S. 1 NdsPOG sowie § 11 Abs. 1 S. 1 BremPolG vorgebracht werden, die einen Platzverweis ausdrücklich gegen „jede Person" zulassen und damit eine Ergänzung des allgemeinen Adressatensystems ausschließen.[126]

---

wonach aus der „Regelungstechnik" der §§ 217 ff. SchlHLVwG, in denen insb. auf den Grundsatz verwiesen wird, dass sich Maßnahmen nur gegen den Verhaltens- und den Zustandsstörer richten dürfen, sofern nichts anderes bestimmt ist, folge, dass auch der Platzverweis grundsätzlich nur gegen diese Adressaten gerichtet werden darf. Die maßgebliche Frage liegt aber gerade darin, ob „eine Person" eine solche andere Bestimmung beinhaltet.

[124] Vgl. zu dem Ziel einer verfassungskonformen Auslegung BVerfGE 88, 145 (166); *Geis*, NVwZ 1992, 1025 (1026); *Larenz/Canaris*, Methodenlehre der Rechtswissenschaften, 3. Aufl. 1995, S. 159 ff.; *Stober*, in: Wolff/Bachof/Stober et al. (Begr./Hrsg.), Verwaltungsrecht, 1. Band, 13. Aufl. 2017, § 28 Rn. 37.

[125] *Zott/Geber*, JA 2014, 328 (330 f.). In besonderer Weise würde dies gelten, wenn die Bildung eines künstlichen Staus auf dieser Ermächtigungsgrundlage für möglich gehalten wird, was insgesamt aber zu abwegig scheint (andeutungsweise allerdings *Hoffmeyer*, Die Polizei 2007, 51 [52]).

[126] Zweifelnd auch *Waechter*, in: Möstl/Weiner (Hrsg.), BeckOK Polizei- und Ordnungsrecht Niedersachsen, 2023, NdsPOG, § 17 Rn. 22 f. Es wird zwar vorgebracht, dass durch die Befugnis gegen „jede Person" das Vorgehen gegen eine Menschenmenge vereinfacht wird. Es wäre aber auch möglich gewesen, für das Vorgehen gegen eine Menschenmenge einen Spezialtatbestand zu schaffen, um dieser grundsätzlich plausiblen Erwägung nachzukommen. Einige andere Bundesländer haben sich hinsichtlich des Vorgehens gegen Menschenmengen auf einem anderen Weg beholfen. Nach Nr. 16.2 der VollzBek. zum BayPAG gelten zwar die allgemeinen Adressatenregelungen zur Verantwortlichkeit, es wird aber klargestellt, dass dann, wenn „einzelne Personen in der Menschenmenge durch ihr Verhalten eine konkrete Gefahr verursachen, […] auch die anderen Personen in der Menschenmenge" verantwortlich sind, „weil sie durch ihre Gegenwart die Gefahr verstärken". Dies scheint vor allem in Fällen zu pauschal, in denen – insoweit bietet sich ein Vergleich mit Versammlungen an – nur Einzelne aus der Menschenmenge heraus stören. Es bedarf daher einer genauen Prüfung, ob die übrigen Personen der Menschenmenge die Gefahr durch ihre Anwesenheit verstärken, vgl. *Neuner*, Zulässigkeit und Grenzen polizeilicher Verweisungsmaßnahmen, 2003, S. 92. Anderenfalls können sie nur als Nichtstörer herangezogen werden. Zum Verständnis der Formulierung „jede Person" auch *Robrecht/Petersen-Thrö*, SächsVBl. 2006, 29 (34).

Im Kontext des Schutzgewahrsams[127] wird häufig darauf verwiesen, dass sich der Kreis der Adressaten zumindest teilweise aus der Norm selbst ergebe,[128] trotzdem sei eine Heranziehung des Betroffenen in den Fällen, in denen er durch Dritte bedroht wird, nur nachrangig möglich. Dogmatisch wird dabei teilweise auf das Tatbestandsmerkmal „erforderlich" rekurriert,[129] teilweise auf die Voraussetzungen des Notstands verwiesen.[130] Da als Adressat eines Schutzgewahrsams lediglich die gefährdete Person in Betracht kommt, lässt sich der Vorschrift zunächst unproblematisch eine Adressatenregelung entnehmen.[131] Demgegenüber bezieht sich die Befugnis nicht auf die Person, die eine andere Person gefährdet. Beim Vorhandensein eines solchen Beteiligten, der die Gefährdung der zu schützenden Person verursacht, scheint es durchaus sinnvoll, die Voraussetzungen der Notstandsregelung ergänzend heranzuziehen und hierdurch die vorrangige Inanspruchnahme des Störers abzusichern. Erneut ließe sich eine Begründung über eine verfassungskonforme Auslegung zumindest in Betracht ziehen

Schließlich lässt sich auch bei der Identitätsfeststellung zur Abwehr einer Gefahr eine vergleichbare Argumentationslinie fahren. Ihr kann – obwohl dies der Regelfall sein mag[132] – jedenfalls nicht pauschal eine geringe Eingriffsintensität zugeschrieben werden,[133] sodass auch in diesem Kontext erwägbar ist, ob der Schutz des Unbeteiligten durch eine verfassungsrechtlich gebotene Anwendung der Notstandsregelung abgesichert werden muss. Zumindest in den Bundesländern, in denen hinsichtlich des Platzverweises die Ergänzung durch das allgemeine Adressatensystem klargestellt wurde, lässt sich aufgrund des gleichen Wortlauts aber ohnehin nur schwer ein anderes Ergebnis begründen,[134] sodass es folglich nicht auf die Notwendigkeit einer verfassungskonformen Auslegung an-

---

[127] Vgl. exemplarisch Art. 17 Abs. 1 BayPAG. Ausführlich zu den verschiedenen Formen des Gewahrsams *Fuchs*, Die Standardmaßnahme Gewahrsam im Polizeigesetz Baden-Württembergs (§ 28 PolG), 1996, S. 52 ff.

[128] *Eicke*, Die polizeiliche Wohnungsverweisung bei häuslicher Gewalt, 2008, S. 131; *Heckmann*, Bayerisches Polizei- und Sicherheitsrecht, in: Becker/Heckmann/Kempen et al. (Hrsg.), Öffentliches Recht in Bayern, 8. Aufl. 2022, 3. Kap. Rn. 367.

[129] *Schmidbauer*, in: ders./Steiner, BayPAG, 6. Aufl. 2023, Art. 17 Rn. 26.

[130] *Heckmann*, Bayerisches Polizei- und Sicherheitsrecht, in: Becker/Heckmann/Kempen et al. (Hrsg.), Öffentliches Recht in Bayern, 8. Aufl. 2022, 3. Kap. Rn. 367.

[131] *Guckelberger*, Jura 2015, 926 (930). Bezieht sich die Befugnis zur Ingewahrsamnahme auf die Begehung oder Fortsetzung einer Straftat (vgl. exemplarisch Art. 17 Abs. 1 Nr. 2 BayPAG), lässt sich hieraus kein Adressat ableiten, weil zur Verhinderung einer Tat nicht nur die Ingewahrsamnahme des potenziellen Tatbegehenden, sondern auch des möglichen Opfers denkbar ist. Es verbleibt bei dem Hinweis auf „eine Person" mit der Folge, dass die Konstellation tendenziell wie der Platzverweis zu behandeln ist.

[132] *T. Schmitz*, Vorgehen gegen Randgruppen, 2003, S. 284.

[133] *C. Ernst*, NVwZ 2014, 633 (636); *Krane*, NordÖR 2003, 106 f.; *Payandeh*, NVwZ 2013, 1458 (1461).

[134] Insb. wiegt der gleiche Normwortlaut schwerer als ein möglicher Umkehrschluss daraus, dass der Gesetzgeber für die eine Vorschrift die ergänzende Anwendung klargestellt hat, bei einer anderen Norm hingegen nicht.

kommt. Konsequenterweise entspricht es der gängigen Auffassung, dass die Befugnis der Identitätsfeststellung zur Abwehr einer Gefahr durch die allgemeinen Adressatenregelungen zu ergänzen ist.[135]

Die exemplarische Behandlung dieser Standardbefugnisse hat gezeigt, dass sich das Verhältnis zwischen speziellen und allgemeinen Adressatenregelungen theoretisch zwar problemlos bestimmen lässt, praktisch aber Schwierigkeiten bei der Bewertung auftreten, ob eine spezielle Adressatenregelung vorliegt und, falls ja, ob sie auch abschließend die Voraussetzungen der Inanspruchnahme des festgelegten Adressaten enthält und insoweit eine Ergänzung durch die allgemeinen Regelungen ausschließt. Zwar sind gleichsam die Vorschriften zu den Störern betroffen, besonders im Hinblick auf unbeteiligte Personen wiegen die oben dargestellten Ausprägungen des Lastenverteilungsgrundsatzes aber schwer. Zwar sind die in ihm enthaltenen Wertungen auch bei der Anwendung des Verhältnismäßigkeitsgrundsatzes zu berücksichtigen, doch lässt sich zumindest in Erwägung ziehen, dass unbeteiligten Personen ein höherer Schutzstandard zuteilwerden muss. Vor diesem Hintergrund und in Anbetracht der Tatsache, dass die Gesetzgeber zur ergänzenden Anwendung der allgemeinen Adressatenregelungen Stellung beziehen können, muss eine gewisse Skepsis gegenüber der Forderung angebracht werden, den Adressatenkreis im Zweifel aus der Befugnisnorm zu entnehmen.[136] Vorzugswürdiger ist es, in diesen Fällen eher vom Fehlen einer abschließenden Adressatenregelung auszugehen, sodass die allgemeinen Vorschriften im Zweifel ergänzend zur Anwendung kommen sollten.

bb) Gefahrenvorfeldmaßnahmen

Setzen Befugnisse im Gefahrenvorfeld[137] an, etwa bei den sogenannten Maßnahmen der Schleier-[138] sowie der Rasterfahndung[139], liegt eine ergänzende Anwen-

---

[135] *Heckmann*, Bayerisches Polizei- und Sicherheitsrecht, in: Becker/Heckmann/Kempen et al. (Hrsg.), Öffentliches Recht in Bayern, 8. Aufl. 2022, 3. Kap. Rn. 334; *Kingreen/Poscher*, Polizei- und Ordnungsrecht, 12. Aufl. 2022, § 13 Rn. 49; *Stephan*, in: ders./Deger, Polizeigesetz für Baden-Württemberg, 7. Aufl. 2014, § 26 Rn. 11.

[136] So aber *Schmidbauer*, in: ders./Steiner, BayPAG, 6. Aufl. 2023, Art. 16 Rn. 16.

[137] Es lassen sich zahlreiche Bezeichnungen finden, die allesamt auf die Umschreibung des Tätigwerdens in einer Situation abzielen, in der noch keine konkrete Gefahr vorliegt: „Vorfeld-Maßnahmen" bei *Darnstädt*, Gefahrenabwehr und Gefahrenvorsorge, 1983, S. 122; „Vorfeld-Konzept" bei *Gusy*, StV 1993, 269; „Vorfeldaktivitäten" bei *Stoermer*, Der polizeirechtliche Gewahrsam, 1998, S. 85; „Gefahrenvorsorge" bei *Voßkuhle*, JuS 2007, 908; „Vorfeldarbeit" bei *Weßlau*, Vorfeldermittlungen, 1989, S. 26.

[138] Entsprechende Befugnisse waren bereits Gegenstand mehrerer landesverfassungsgerichtlicher Prozesse, vgl. zur Annahme der Verfassungswidrigkeit LVerfG MV, LVerfGE 10, 337 (350 ff.); anders dagegen BayVerfGHE 59, 29 ff. Detailliert zur Schleierfahndung auch *Krane*, Schleierfahndung, 2003; zur (Un-)Vereinbarkeit mit dem Schengener Grenzkodex *Bäcker*, Kriminalpräventionsrecht, 2015, S. 442 ff. sowie *Trennt*, DÖV 2012, 216 ff.

[139] Eingehend zur Rasterfahndung *Horn*, DÖV 2003, 746 ff.; speziell zur Verfassungsmäßigkeit auch *Zschoch*, Die präventiv-polizeiliche Rasterfahndung, 2007, S. 17 ff.

dung der allgemeinen Regelungen fern, weil jedenfalls die Vorschriften zu den Verantwortlichen an eine konkrete Gefahr anknüpfen.[140] Vielfach und naheliegend wird daher von einem Vorrang der Adressatenregelungen von Gefahrenvorfeldmaßnahmen gegenüber den allgemeinen Adressatenvorschriften ausgegangen.[141] Wenn sich das allgemeine Adressatensystem aber stets auf die Frage bezieht, gegen wen eine Maßnahme bei Abwehr einer konkreten Gefahr zu richten ist, ließe sich auch annehmen, dass gar keine Konkurrenzsituation zwischen Adressatenbestimmungen im Gefahrenvorfeld und den allgemeinen Adressatenregelungen eintritt, sich insoweit aber auch kein „Vorrang" eines Regelungskomplexes konstatieren lässt, sondern beide unabhängig nebeneinander stehen.

Während die allgemeinen Adressatenvorschriften zu den Personen, die die Entstehung einer Gefahr nicht zu verantworten haben, eine konkrete Gefahr voraussetzen und im Vorfeld einer solchen damit nicht unmittelbar anwendbar sind, lässt sich für die Notstandsregelungen bei strenger Wortlautbetrachtung zu einem anderen Ergebnis gelangen. Diese regeln die Möglichkeit zur Inanspruchnahme von Personen, die keine Störer sind und knüpfen damit im Ausgangspunkt nicht zwingend an eine konkrete Gefahr an. Die Anwendung der Voraussetzung, nach der eine – zumeist qualifizierte – Gefahr abzuwehren sein muss und eine Gefahrenabwehr weder durch Maßnahmen gegen einen Störer noch durch eigenes Tätigwerden der Behörde möglich sein darf, stünde allerdings im Sinnwiderspruch zu Gefahrenvorfeldmaßnahmen, während eine Anwendung der Zumutbarkeitsgrenzen widerspruchsfrei möglich wäre. Trifft eine Maßnahme im Gefahrenvorfeld eine Adressatenregelung, könnte hierin prinzipiell ein konkludenter Ausschluss der gefahrbezogenen Voraussetzungen der Notstandsregelung liegen, der die unmittelbare Ergänzung der Befugnis durch die gezogenen Aufopferungsgrenzen aber nicht zwingend blockiert. Zwar ermöglicht auch die Anwendung allgemeiner Anforderungen des Verhältnismäßigkeitsgrundsatzes einen Schutz in Bezug auf Anordnungen, bei deren Erfüllung der Betroffene sich selbst gefährden oder andere Pflichten verletzen würde. Je nach Ausgestaltung der Notstandsregelung variieren die einfachgesetzlichen Anforderungen aber leicht,[142] sodass ihre Anwendung oder ihr Ausschluss durchaus inhaltliche Konsequenzen mit sich bringen kann.

Obwohl eine ergänzende Anwendung der Notstandsregelung im Gefahrenvorfeld also partiell möglich wäre, lässt sich nicht ernsthaft davon ausgehen, dass die Gesetzgeber dies bei der Schaffung entsprechender Befugnisse tatsächlich beabsichtigen. Vielmehr lässt sich im Vorfeld einer Gefahr die Vermutung für eine abschließende Adressatenregelung aufstellen, die zwar theoretisch widerlegbar ist, wozu es aber praktisch kaum kommen wird.[143] In Umkehrung der bei den

[140] Vgl. nur *Baldus*, DV 47 (2014), 1 (2).

[141] *Kießling*, Jura 2016, 483 (489); *Schoch*, Jura 2007, 676 (677 f.).

[142] S. zu den unterschiedlichen Ausgestaltungsmöglichkeiten der Zumutbarkeitsgrenzen mitsamt ihren Folgen § 4 II. 2. b) cc).

[143] Eine andere Frage liegt indes darin, ob den Schutzbedürfnissen unbeteiligter Personen bei Maßnahmen im Gefahrenvorfeld Genüge geleistet wird. S. hierzu noch § 4 II. 1. b).

Gefahrenabwehrmaßnahmen angeführten Zweifelsregelung ist bei Maßnahmen im Gefahrenvorfeld daher grundsätzlich von einem Ausschluss der allgemeinen Adressatenvorschriften und insbesondere auch der Notstandsregelung auszugehen.

b) Verhältnis zu besonderen Notstandsregelungen

Auch die besonderen Notstandsregelungen sind im weiteren Sinne gegenüber den Adressatenregelungen der allgemeinen Ordnungsgesetze spezielle Vorschriften. Anders als bei Standardbefugnissen im Vorfeld oder bei Vorliegen einer konkreten Gefahr lässt sich bei ihnen noch nicht im Voraus festlegen, für welche Maßnahmen sie gelten.[144] Es handelt sich gewissermaßen um allgemeine Vorschriften im speziellen Bereich. Statuiert der Gesetzgeber für ein Gesetz im besonderen Gefahrenabwehrrecht ein eigenes Adressatensystem, lässt sich mit hinreichender Sicherheit davon ausgehen, dass er damit die Anwendung des allgemeinen Adressatensystems des allgemeinen Ordnungsgesetzes ausschließen wollte. Etwas anderes lässt sich allenfalls in Betracht ziehen, wenn ein Adressatensystem im besonderen Gesetz zwar verschiedene Maßnahmen ergänzt, aber gleichwohl keinen umfassenden und abschließenden Charakter aufweist.

c) Verhältnis zur Allgemeinheit

Die Schwierigkeit und die Bedeutung der Unterscheidung zwischen dem Nichtstörer und der Allgemeinheit wurde bereits herausgearbeitet. Im Fokus stehen also Situationen, in denen eine meist in Form der Allgemeinverfügung getroffene[145] Maßnahme erlassen wird, die nicht in individualisierender Weise zwischen Störern und Unbeteiligten differenziert, sondern unabhängig von der Störer- oder Unbeteiligteneigenschaft eine Gruppe von Personen trifft, etwa Geschäftsinhaber, die von einer umfassenden Schließungsanordnung betroffen sind oder Personen, die sich an einem bestimmten Ort aufhalten. Im Ausgangspunkt gelten keine Besonderheiten. Enthält eine Befugnis keine abschließende Adressatenregelung, erfolgt eine ergänzende Anwendung der Vorschriften des allgemeinen Adressatensystems. Dabei stellt sich die Frage, ob die Voraussetzungen der Notstandsregelung bei einer Maßnahme gegenüber der Allgemeinheit Beachtung finden müssen oder die Vorschrift diesen Fall gar nicht regelt.

---

[144] S. zur Definition bereits § 2 I. 2. b) sowie zu möglichen gesetzgeberischen Intentionen noch § 4 II. 1. b).

[145] Auch Verordnungen können als generelle Maßnahmen gegen die Allgemeinheit gerichtet sein. Insoweit ist allerdings fraglich, ob die allgemeinen Adressatenregelungen auf Verordnungen angewendet werden können. Vgl. zu dieser Frage noch § 4 Fn. 407.

aa) Gegenmittelinhaberschaft

Zum Teil wird die Statthaftigkeit der Notstandsregelung aus dem Grund abgelehnt, dass der Nichtstörer sich im Gegensatz zur Allgemeinheit durch das Innehaben eines sogenannten Gegenmittels[146] auszeichne. Dieses wird teilweise sogar als abstrakter Legitimationsgrund der Inanspruchnahme eines Nichtstörers angeführt.[147] Da die bloße Fähigkeit zur Gefahrenabwehr aber keinen Aufschluss darüber gibt, warum die Fähigkeit zwingend auch für die Gefahrenabwehr eingesetzt werden muss, kommt die Gegenmittelinhaberschaft nicht als abstrakter Rechtsgrund, sondern lediglich als „ungeschriebene Rechtmäßigkeitsvoraussetzung" in Betracht.[148]

Das Kriterium der Gegenmittelinhaberschaft wirft allerdings insoweit Probleme auf, als zunächst einmal bestimmt werden muss, wann genau eine Person im Gegensatz zur Allgemeinheit über ein Gegenmittel verfügen soll. Entsprechende Begriffsdefinitionen wie „Überlegenheit zur Gefahrenabwehr"[149], „überlegene Eignung zur konkreten Gefahrenabwehr"[150] oder Gefahrenabwehrfähigkeit[151] werfen jedoch eher Fragen auf als Antworten zu geben, da sie nur unzureichend erkennen lassen, inwieweit ein Gegenmittel auch in einem Unterlassen oder Dulden einer Maßnahme zu sehen sein kann und wie das Zusammenwirken mehrerer Personen zu beurteilen ist. Nach *Lindner* ist die Gegenmittelinhaberschaft bei einer Person anzunehmen, die über die Fähigkeit verfügt,

> „entweder durch ein eigenes Tun oder Unterlassen eine Gefahr ganz oder teilweise abzuwehren bzw. eine gefahrträchtige Störung ganz oder teilweise zu unterbinden, oder ein entsprechendes Tun oder Unterlassen Dritter, sei es der Polizei, sei es eines anderen freiwillig oder aufgrund polizeilicher Verfügung handelnden Privaten, in rechtlicher oder auch tatsächlicher Hinsicht zu ermöglichen, zu dulden oder mindestens nicht zu beeinträchtigen."[152]

---

[146] Vgl. etwa *Kießling*, Jura 2016, 483 (485); *dies.*, JZ 2022, 53 (54); *Kral*, Die polizeilichen Vorfeldbefugnisse als Herausforderung für Dogmatik und Gesetzgebung des Polizeirechts, 2012, S. 63 f.; *Lindner*, Die verfassungsrechtliche Dimension der allgemeinen polizeirechtlichen Adressatenpflichten, 1997, S. 164. Die Begrifflichkeit der Gegenmittelinhaberschaft ist überdies bereits länger im Recht geläufig, vgl. nur *W. Jellinek*, Verwaltungsrecht, 3. Aufl. 1931, 1966, S. 445.

[147] In diese Richtung *Griesbeck*, Die materielle Polizeipflicht des Zustandsstörers und die Kostentragungspflicht nach unmittelbarer Ausführung und Ersatzvornahme, 1991, S. 52.

[148] *Lindner*, Die verfassungsrechtliche Dimension der allgemeinen polizeirechtlichen Adressatenpflichten, 1997, S. 164; *ders.*, in: Möstl/Schwabenbauer (Hrsg.), BeckOK Bayerisches Polizei- und Sicherheitsrecht, 2022, BayPAG, Art. 10 Rn. 31; in diese Richtung auch *Kral*, Die polizeilichen Vorfeldbefugnisse als Herausforderung für Dogmatik und Gesetzgebung des Polizeirechts, 2012, S. 63 f.

[149] *Kießling*, Jura 2016, 483 (485).

[150] *Kral*, Die polizeilichen Vorfeldbefugnisse als Herausforderung für Dogmatik und Gesetzgebung des Polizeirechts, 2012, S. 64.

[151] In diese Richtung *Schoch*, Jura 2007, 676.

[152] *Lindner*, Die verfassungsrechtliche Dimension der allgemeinen polizeirechtlichen Adressatenpflichten, 1997, S. 45.

Unklar bleibt vor diesem Hintergrund aber der dogmatische Anknüpfungspunkt für die Voraussetzung der Gegenmittelinhaberschaft. Soweit angeführt wird, dass die Heranziehung einer Person, die über kein Gegenmittel verfügt, zur Gefahrenabwehr nicht geeignet sei, fungiert der Verhältnismäßigkeitsgrundsatz als Einfallstor.[153] Allerdings ist der Verhältnismäßigkeitsgrundsatz im Rahmen der Nichtstörerinanspruchnahme ohnehin zwingend zu beachten.[154] Dann muss eine so verstandene Gegenmittelinhaberschaft aber nicht als ungeschriebenes Tatbestandsmerkmal eingefordert werden.

Allerdings legitimiert der Grundsatz der Verhältnismäßigkeit die Forderung nach einer Gegenmittelinhaberschaft im oben verstandenen Sinne unabhängig vom Prüfungsstandort nicht. In allgemeiner Anerkennung ist eine Maßnahme dann geeignet, wenn der verfolgte Zweck mit ihr erreicht oder sein Erreichen zumindest gefördert werden kann.[155] Weiß die Behörde nicht, von wem eine Gefahr ausgeht und erlässt sie daher eine Maßnahme gegen die Allgemeinheit, werden hiervon neben den Unbeteiligten auch die Störer erfasst. Maßnahmen gegen die Allgemeinheit können also ein Mittel sein, wenn unklar ist, von wem eine Gefahr ausgeht. Dass hierbei Personen betroffen sind, die sich auch ohne die Maßnahme rechtskonform verhalten hätten und insoweit – ein objektives Wissen unterstellt – nichts zur Gefahrenabwehr beitragen können, ändert nichts daran, dass eine Maßnahme gegen die Allgemeinheit aus der maßgeblichen Ex-ante-Sicht der handelnden Behörde[156] als zur Gefahrenabwehr geeignet einzustufen ist, weil mit ihr verlässlich auch die Personen erfasst werden, von denen die Gefahr ausgeht.

Zur Veranschaulichung lässt sich ein Urteil des OVG Münster heranziehen, das über die Rechtmäßigkeit einer auf die ordnungsbehördliche Generalklausel gestützten Allgemeinverfügung zu entscheiden hatte, durch die das Mitführen und die Benutzung von Glasbehältnissen im Kölner Straßenkarneval 2010 verboten wurden.[157] Das OVG Münster bestätigte die Allgemeinverfügung, wobei es offen ließ, ob die Adressaten, die „gefahrbringende Glasbehältnisse […] in den Bereich der Feiernden hinein verbrachten", als Störer anzusehen seien, weil jedenfalls die Voraussetzungen für die Inanspruchnahme nicht verantwortlicher Personen vorgelegen hätten.[158] Während die Entscheidung in der Literatur mit weitgehender Zustimmung aufgenommen wurde,[159] mahnte *Kießling* an, dass die

---

[153] *Kießling*, Jura 2016, 483 (485).

[154] S. zur nachgeschalteten Verhältnismäßigkeitsprüfung noch § 4 II. 2. e).

[155] BVerfGE 96, 10 (23); 156, 63 (116 Rn. 192); 158, 282 (336 Rn. 331); *Hufen*, Staatsrecht II, 10. Aufl. 2023, § 9 Rn. 20.

[156] VGH Mannheim, DVBl. 1987, 153 (154); *Graulich*, in: Lisken/Denninger/Bäcker et al. (Begr./Hrsg.), Handbuch des Polizeirechts, 7. Aufl. 2021, Kap. E Rn. 37; *Ossenbühl*, Jura 1997, 617 (618); *W.-R. Schenke*, Polizei- und Ordnungsrecht, 12. Aufl. 2023, Rn. 405.

[157] OVG Münster, NVwZ-RR 2012, 470 ff.

[158] OVG Münster, NVwZ-RR 2012, 470 (472).

[159] *Hebeler*, JA 2012, 798 (800); *Heckel*, NVwZ 2012, 88 (92); *Schoch*, Polizei- und Ordnungsrecht, in: ders. (Hrsg.), Besonderes Verwaltungsrecht, 2018, 1. Kap. Rn. 446.

friedlichen Personen, die gleichsam von dem Verbot betroffen wurden, über kein Gegenmittel verfügen würden und damit zwar Unbeteiligte, aber keine Nichtstörer seien.[160] Offen bleibt dann allerdings, ob und wie ein entsprechendes Vorgehen in diesen Fällen dennoch möglich ist. In antagonistischer Weise müsste die Heranziehung der friedlichen Personen – abgesehen vom Erlass einer Verordnung, der aber nicht immer möglich sein wird und bei dem ebenso die Einhaltung entsprechender Voraussetzungen diskutabel ist[161] – entweder versagt, oder ohne Beachtung der Notstandsregelung zugelassen werden. Der erste Lösungsansatz läuft aber dem Gedanken der effektiven Gefahrenabwehr zuwider, weil die Maßnahme, indem sie alle Personen adressiert, zur Abwehr der Gefahr geeignet ist. Mit dem zweiten Lösungsansatz ließe sich zwar die Gefahr abwehren, gleichzeitig würde die Allgemeinheit aber des Schutzstandards beraubt, der durch die Anwendung der Notstandsregelung gewährleistet wird. Denn auch die Allgemeinheit hat ein legitimes Interesse daran, nicht herangezogen zu werden, wenn sich die Gefahr auch durch ein Vorgehen gegen einen (bekannten) Störer beseitigen lässt. Von diesem Standpunkt aus betrachtet spricht wenig dafür, ein Vorgehen gegen die Allgemeinheit unter erleichterten Voraussetzungen zuzulassen. Jedenfalls das Erfordernis einer Gegenmittelinhaberschaft steht dem nicht entgegen, weil es weder aus dem Verhältnismäßigkeitsgrundsatz noch aus dem gesetzlichen Wortlaut der Vorschriften folgt.[162]

bb) Zielgerichtetheit der Maßnahme

Die Notstandsregelungen gelten ausweislich des Wortlauts der meisten Vorschriften für Maßnahmen, die die Behörden gegen andere Personen als die Verantwortlichen „richten". Daher lässt sich ihre Unstatthaftigkeit bei einer Betroffenheit der Allgemeinheit deshalb erwägen, weil es sich hierbei nicht um ein zielgerichtetes Vorgehen handelt. Zunächst muss also durch Auslegung ermittelt werden, wann eine Maßnahme gegen andere Personen gerichtet wird.[163] Die Ziel-

[160] Vgl. *Kießling*, Jura 2016, 483 (487 f.), die statt vieler auch darauf hinweist, dass bereits das Vorliegen einer konkreten Gefahr fraglich gewesen sei; umfassend zur Problematik der maßgeblichen Handlungsform *Krüper*, DVBl. 2017, 10 (12 ff.).

[161] Vgl. zur Anwendung der Voraussetzungen auf Verordnungen § 4 Fn. 407.

[162] In diese Richtung deuten lässt sich auch das Urteil des OVG Koblenz, NJW 2006, 1830 ff., das über die Rechtmäßigkeit von Personen- und Objektschutzmaßnahmen zugunsten eines Staatsanwalts zu entscheiden hatte, bei denen die Nachbarn Maßnahmen wie der ständigen Bewachung des Anwesens, der ständigen Präsenz eines Polizeibusses sowie Personenkontrollen ausgesetzt waren. Das OVG prüft die Rechtmäßigkeit der Maßnahmen „insgesamt danach, ob die Kl. als nicht verantwortliche Person" gemäß der Notstandsregelung „in Anspruch genommen werden darf". Auch in diesem Fall lässt sich hinsichtlich der friedlichen Nachbarn allerdings keine Überlegenheit zur Gefahrenabwehr feststellen.

[163] Nicht weiterführend sind dabei die Äußerungen des BVerfG, NJW 2022, 1583 (1611 Rn. 347). Danach sind der „gezielten Einbeziehung" Unbeteiligter in Überwachungsmaßnahmen zwar enge Grenzen gesetzt, nähere Erläuterungen zur Auslegung des Kriteriums unterbleiben aber.

gerichtetheit im Sinne der Finalität ist dabei aus der grundrechtsbezogenen allgemeinen Eingriffsdogmatik bekannt,[164] was bei der Auslegung des Begriffs berücksichtigt werden kann.

Der Wortlaut *richten* insinuiert, dass die Behörde zumindest das Bewusstsein über die Personen oder den Personenkreis hat, auf den sich die Maßnahme auswirkt. Unbeabsichtigte Nebenfolgen stellen also keine zielgerichtete Maßnahme dar, sodass über dieses Merkmal die Abgrenzung zwischen Nichtstörern und unbeteiligten Dritten erfolgt.[165] Erlässt die Behörde eine für die Allgemeinheit geltende Maßnahme, ist sie sich – anders als bei unbeteiligten Dritten – über den Kreis der betroffenen Personen oder die Kriterien, die jemand erfüllen muss, um diesem Kreis anzugehören, bewusst. Die mögliche Größe des Kreises ändert daran nichts.

Das Merkmal der Zielgerichtetheit lässt sich auch so verstehen, dass die Behörde sich der Betroffenheit eines bestimmten oder bestimmbaren Personenkreises nicht nur bewusst sein muss, sondern es ihr auf diese Betroffenheit gerade ankommt. Allerdings lässt sich auch dies bei einer Maßnahme gegen die Allgemeinheit annehmen, sodass die Auslegungsfrage erst bei der Behandlung der mitbetroffenen Dritten relevant wird.

Es verbleibt die Möglichkeit, eine zielgerichtete Maßnahme unabhängig von der Absicht nur dann anzunehmen, wenn der Adressat individuell und nicht nur generell als Teil einer bestimmten Gruppe betroffen ist. Besinnt man sich allerdings auf die Entstehungsgeschichte zurück, ist das Notstandsinstitut unter anderem auch aus einer Entscheidung hervorgegangen, in der über Schließungsanordnungen gegenüber dem Kreis der Betreiber von Schnapskneipen zu entscheiden war, bei der nur ein Vorgehen gegen alle Betreiber zu dem gewünschten Erfolg führen konnte.[166] Auch wenn zum damaligen Zeitpunkt noch kein gesetzlich so ausdifferenziertes System zwischen den rechtlichen Handlungsformen sowie der Regelung von Befugnissen und Adressaten wie heutzutage bestand, lässt sich die Konstellation – aufgrund des weitaus kleineren Betroffenenkreises allerdings nur zaghaft – mit den Schließungsanordnungen gegenüber Betrieben in der Corona-Pandemie vergleichen, bei denen vielfach davon ausgegangen wurde, dass es sich nicht um eine gezielte bzw. zielgerichtete Inanspruchnahme gehandelt habe.[167]

---

[164] Vgl. BVerfGE 105, 252 (273); *Murswiek*, NVwZ 2003, 1 (4); *Stern*, in: ders./Becker (Hrsg.), Grundrechte-Kommentar, 3. Aufl. 2019, Einl. Rn. 163; *Voßkuhle/Kaiser*, JuS 2009, 313.

[165] S. bereits § 2 I. 2. a) sowie nachfolgend noch § 2 II. 2. d).

[166] Vgl. PrOVG, PrVBl. 12 (1890/1891), S. 175 ff.; s. auch die Sachverhaltsschilderung in § 2 Fn. 1.

[167] BGHZ 233, 107 (130 f. Rn. 54); LG Heilbronn, NVwZ 2020, 975 (976 Rn. 21); LG Stuttgart, COVuR 2021, 551 (554 Rn. 35 ff.); *Kümper*, in: Kießling (Hrsg.), IfSG, 3. Aufl. 2022, § 65 Rn. 14; *Reschke*, DÖV 2020, 423 (426); *Shirvani*, NVwZ 2020, 1457 (1459) und *ders.*, DVBl. 2021, 158 (162); vergleichbar zur Ausgangssperre *U. Schröder*, JöR n.F. 69 (2021), 657 (671). S. zur Entscheidung auch noch § 4 II. 2. d) cc).

Gewichtiger spricht eine systematische Auslegung dafür, eine Maßnahme gegen die Allgemeinheit ohne spezialgesetzliche Bestimmung an den Notstandsregelungen zu messen. Das allgemeine Adressatensystem soll Befugnisse ergänzen, die gerade keine spezielle Regelung enthalten, womit den Anforderungen der Verhältnismäßigkeit, Klarheit und Bestimmtheit von Eingriffen bzw. Eingriffsbefugnissen gedient wird. Wollte man eine Maßnahme gegen die Allgemeinheit ohne Rückgriff auf die Notstandsregelung zulassen, würde dies bedeuten, dass zwar dezidierte Vorschriften zur Inanspruchnahme von Störern vorhanden sind, aber nicht zur bewussten und gewollten Heranziehung der Allgemeinheit, unter der sich regelmäßig zahlreiche unbeteiligte Personen befinden. Dies vermag in Ansehung der Schutzbedürftigkeit dieses Personenkreises nicht zu überzeugen, zumal teilweise auf die verfassungsrechtliche Notwendigkeit der Einschränkung des Kreises der Pflichtigen hingewiesen wird,[168] die anderenfalls fehlen würde.

Zugunsten der Anwendbarkeit auf die Allgemeinheit lassen sich schließlich Sinn und Zweck der Notstandsregelungen anführen. Diese verkörpern den Grundsatz gerechter Lastenverteilung, der einerseits Bezüge zum Verhältnis zu anderen Personen, andererseits aber auch zur generellen Verhältnismäßigkeit von Maßnahmen gegenüber unbeteiligten Personen aufweist. Bei Maßnahmen gegen die Allgemeinheit wird zwar niemand individuell aus einer größeren Gruppe herausgezogen, gleichwohl lässt sich auch der Gruppe das Interesse zuschreiben, nicht mit Rechtseingriffen belegt zu werden, wenn die Gefahr durch Inanspruchnahme eines Störers möglich ist. Die Notstandsregelungen können also auch im Hinblick auf die Allgemeinheit für einen Sicherheitsstandard sorgen, der die gefürchtete Nivellierung von Störern und Unbeteiligten verhindert.[169] Auf der anderen Seite droht auch nicht die Gefahr, dass die Anwendung der Notstandsregelung einer effektiven Gefahrenabwehr zuwiderläuft. Entweder lässt sich eine Gefahr bereits hinreichend durch Inanspruchnahme eines Störers abwehren, sodass die Allgemeinheit nicht herangezogen werden muss. Oder eine Maßnahme gegen einen Störer ist nicht möglich respektive nicht erfolgversprechend, weil dieser in der Masse der Allgemeinheit nicht erkennbar ist oder seine Heranziehung zur Gefahrenabwehr nicht ausreicht,[170] sodass ein Vorgehen gegen die Allgemeinheit auch unter Anwendung der Notstandsregelung in den beabsichtigten Fällen meist zulässig wäre. Liegen hingegen die anderen Voraussetzungen nicht vor, steht etwa nur die Abwehr einer Gefahr im Raum, die die

---

[168] BVerfGE 113, 348 (380 f.); *Kingreen/Poscher*, Polizei- und Ordnungsrecht, 12. Aufl. 2022, § 12 Rn. 15; *M. Müller/Schwabenbauer*, in: Lisken/Denninger/Bäcker et al. (Begr./Hrsg.), Handbuch des Polizeirechts, 7. Aufl. 2021, Kap. G Rn. 620; *V. Stein*, Versammlungsrecht, 2. Aufl. 2019, Rn. 106: „rechtsstaatlich gebotene Begrenzung des potentiellen Adressatenkreises polizeilicher Maßnahmen".

[169] S. zum Verbot der Nivellierung von Störern und Nichtstörern ohne sachlichen Grund bereits § 2 II. 1. c).

[170] S. zu den Merkmalen „nicht möglich" und „nicht erfolgversprechend" noch § 4 II. 2. b) bb) (1).

regelmäßig geforderte Erheblichkeitsschwelle nicht überschreitet, sind wenig Gründe ersichtlich, die Betroffenheit einer ganzen Gruppe von Unbeteiligten zuzulassen, wenn auch der einzelne Nichtstörer nicht herangezogen werden dürfte.[171]

Schließlich wird sich durch die Divergenz der beiden Regelungskomplexe und eine hierdurch beeinflusste Auslegung der teils angedeuteten Befürchtung entgegnen lassen,[172] dass bei einer Anwendung der Notstandsregelung sämtliche Schäden der Betroffenen über die Entschädigungsvorschrift für den Nichtstörer ausgeglichen werden müssten.[173]

cc) Konsequenzen für die Behandlung der Allgemeinheit

Maßnahmen gegen die Allgemeinheit sind dadurch gekennzeichnet, dass sie sich bewusst und gewollt auf einen bestimmten oder bestimmbaren Personenkreis auswirken, ohne dabei an eine Störer- bzw. Unbeteiligteneigenschaft anzuknüpfen. Aus gefahrenabwehrrechtlicher Sicht besteht weder das Bedürfnis noch die Notwendigkeit, bei einem Vorgehen gegen die Allgemeinheit auf die Voraussetzungen der jeweiligen Notstandsregelung zu verzichten. Die Gesetzgeber haben die Möglichkeit, für besondere tatbestandliche Situationen spezielle Regelungen zu schaffen und damit eine Ergänzung der Befugnis durch das allgemeine Adressatensystem auszuschließen. Insbesondere bei Maßnahmen, die auf Grundlage einer Generalklausel erlassen werden, lässt sich mit einer ergänzenden Anwendung der Notstandsregelung ein angemessener Ausgleich erreichen, um einerseits mit dem Vorgehen gegen die Allgemeinheit eine effektive Gefahrenabwehr zu ermöglichen, anderseits aber auch den vielen unbeteiligten Personen innerhalb der Allgemeinheit einen bestimmten Schutzstandard zu gewähren. Eine *Zielgerichtetheit* im Sinne der Notstandsregelungen kann angenommen werden, wenn die Auswirkungen bewusst und beabsichtigt die Allgemeinheit treffen sollen. Bei spezialgesetzlich normierten Befugnissen, mit denen entsprechende Maßnahmen intendiert werden, wird der verfolgte Zweck aber häufig zu einem Ausschluss der ergänzenden Anwendung führen, wenn die Betroffenheit der Allgemeinheit in der „Natur der Maßnahme" liegt, wie es etwa bei spezialgesetzlichen Befugnissen zur Videoüberwachung des öffentlichen Raums[174] oder zur automatisierten Kennzeichenerfassung[175] anzunehmen ist. Im Übrigen muss eine Einzelfallbetrachtung vorgenommen werden.

---

[171] Für eine solche Sichtweise sprechen auch Ausführungen, nach denen das Notstandsinstitut „auf dem Gedanken [beruhe], dass neben dem Störer prinzipiell jeder zur Gefahrenbeseitigung herangezogen werden kann", vgl. *Guckelberger*, Die Verjährung im Öffentlichen Recht, 2004, S. 230.

[172] In diese Richtung lassen sich Ausführungen deuten, die auf eine anderenfalls drohende Überforderung des öffentlichen Haushalts hinweisen, etwa BGHZ 233, 107 (133 f. Rn. 61).

[173] S. zur Thematik und insb. zu den unterschiedlichen Zwecken sowie den Ausgestaltungs- und Auslegungsmöglichkeiten der Entschädigungsregelungen § 4 II. 2. d).

[174] *Schoch*, Jura 2007, 676 (677); zur Maßnahme auch BVerfGK 10, 330 ff.

[175] *Barczak*, DV 49 (2016), 157 (168); zur Verfassungsmäßigkeit BVerfGE 120, 378 ff.

d) Verhältnis zum Dritten

Wird von der gegen einen Störer gerichteten Maßnahme gleichsam ein Dritter betroffen, lässt sich in Erwägung ziehen, dass gegenüber diesem die Voraussetzungen der jeweiligen Notstandsregelung Beachtung finden müssen.[176] Bei der Behandlung der Allgemeinheit hat sich bereits gezeigt, dass die Abgrenzung zwischen dem Nichtstörer und dem Dritten über das Kriterium des *zielgerichteten* Eingriffs erfolgt. Im Hinblick auf den *unbeteiligten* Dritten fehlt es sowohl an der Absicht als auch dem Bewusstsein über dessen Betroffenheit und mithin an einer gezielten Inanspruchnahme, die die Notstandsregelungen im Blick haben.[177]

Schwieriger gestaltet sich die Bewertung im Fall des *mitbetroffenen* Dritten, wenn die Behörde also eine Maßnahme ergreift, bei der es ihr zwar nicht auf die Auswirkung bei dem Dritten ankommt, sie sich dieser allerdings bewusst ist. Zunächst ist festzustellen, dass es sich dabei nicht um einen mittelbar-faktischen Eingriff handelt, bei dem fraglich wäre, ob es hinsichtlich der Betroffenheit des Dritten überhaupt einer Rechtsgrundlage bedarf.[178] Vielmehr handelt es sich um einen rechtfertigungsbedürftigen Eingriff, als dessen Grundlage sich häufig die gleiche Rechtsgrundlage wie für den Eingriff gegenüber dem Adressaten, auf den es der Behörde gerade ankam, oder alternativ die Generalklausel heranziehen lässt. Jedenfalls im letztgenannten Fall würde die Befugnis durch das allgemeine Adressatensystem ergänzt werden und es käme erneut zu der Frage, ob es sich um eine zielgerichtete Maßnahme handelt, wenn die Betroffenheit der Person der Behörde zwar bewusst ist, ihr es aber nicht auf diese ankommt.

Teilweise haben die gesetzlichen Vorschriften diese Situation im Blick und ordnen etwa für die Datenerhebung an, dass diese zur Abwehr einer Gefahr auch zulässig sein kann, „wenn Dritte unvermeidlich betroffen werden."[179] Eine derart gelagerte Bestimmung lässt sich als spezielle Adressatenmaßgabe auslegen, mit der die Anwendung der Notstandsregelung ausgeschlossen wird.

Problematisch sind also lediglich Konstellationen, in denen sich eine Maßnahme bewusst, aber nicht beabsichtigt auf einen Dritten auswirkt und die Betroffenheit des Dritten nicht gesetzlich gebilligt wird. Für eine Anwendung der Notstandsregelung und eine entsprechende Auslegung des Kriteriums der Zielgerichtetheit lässt sich anführen, dass es für den Dritten hinsichtlich der Auswirkungen keinen Unterschied macht, ob es der Behörde auf seine Betroffenheit ankam oder ihr diese lediglich bewusst war. Unter Umständen kann eine beab-

[176] Zur Umstrittenheit *Thiel*, Polizei- und Ordnungsrecht, 4. Aufl. 2020, § 8 Rn. 136.

[177] OLG Hamm, NJW 1988, 1096; *Thiel*, Polizei- und Ordnungsrecht, 4. Aufl. 2020, § 8 Rn. 136.

[178] Mittelbar-faktische Eingriffe sind vor allem aus Fällen staatlichen Informationshandelns bekannt, wenn das Verhalten von Privaten zwischen Staat und Betroffene tritt. Auch bei ihnen wird allerdings das Erfordernis einer Rechtsgrundlage angenommen, wenn die Belastung „intendiert oder […] zumindest vorhersehbar war und vom Staat billigend in Kauf genommen wurde", vgl. *Honer*, DÖV 2019, 940 (946) sowie *Voßkuhle/Kaiser*, JuS 2009, 313.

[179] Vgl. exemplarisch Art. 33 Abs. 7 BayPAG sowie § 64 Abs. 1 BKAG.

sichtigte Betroffenheit sogar vorteilhafter sein, wenn die Polizeigesetze dem Dritten keinen Ausgleichsanspruch zugestehen.[180] Dann wäre es aber widersprüchlich, die Anforderungen an die beabsichtigte Inanspruchnahme, bei der also ein Ausgleichsanspruch gewährt wird, höher anzusetzen als an die nicht beabsichtigte, aber bewusste Betroffenheit, bei der der Dritte unter Umständen auf erlittenen Schäden sitzen bleiben würde. Auch dem *mitbetroffenen* Dritten lässt sich daher insgesamt ein erhebliches Interesse daran zuschreiben, durch die Anwendung der Notstandsregelung vor seiner Betroffenheit geschützt zu werden. Die in der Vorschrift enthaltene Subsidiaritätsanforderung lässt sich dann so verstehen, dass die Maßnahme gegen den Störer nicht auch ohne Betroffenheit des Dritten möglich und erfolgversprechend sein darf.

Vor diesem Hintergrund lässt sich eine *zielgerichtete* Maßnahme im Sinne einer Notstandsregelung bereits dann annehmen, wenn die Behörde sich der unmittelbaren Betroffenheit des Dritten bewusst ist. Damit kann eine Notstandsregelung grundsätzlich auch die Rechtsgrundlage des Eingriffs bei einem *mitbetroffenen* Dritten ergänzen und begrenzen.[181] Dem können die Gesetzgeber aber durch eine spezielle Regelung im Zusammenhang mit der Befugnis für den Eingriff gegenüber der beabsichtigten Zielperson zuvorkommen.[182] Daneben wird man einen Ausschluss der Anwendung der Notstandsregelung annehmen müssen, wenn die Befugnisnorm dezidierte Voraussetzungen aufstellt und es – wie es auch im Kontext der Betroffenheit der Allgemeinheit möglich ist – in der „Natur der Maßnahme" liegt, dass Dritte von ihr betroffen werden.[183] Dies ist durch Auslegung im Einzelfall zu ermitteln.

e) Verhältnis zum Zweckveranlasser, Zusatzverantwortlichen und der nach § 323c Abs. 1 StGB hilfsverpflichteten Person

Anders als bei den vorangegangenen Konstellationen spielt sich die Abgrenzung vom Nichtstörer zu den Rechtsfiguren des Zweckveranlassers und des Zusatzverantwortlichen sowie der nach § 323c Abs. 1 StGB hilfsverpflichteten Person[184]

---

[180] In den anderen Bundesländern wird zwar überwiegend eine analoge Anwendung der an den Nichtstörer adressierten Entschädigungsregelung oder eine Lückenschließung über die ungeschriebenen Haftungsinstitute erwogen, vgl. *Will*, VerwArch 106 (2015), 55 (64 f.), m.w.N. Es wird allerdings für möglich gehalten, dass ein Spezialgesetz eine Entschädigung für gezielt herangezogene Personen bereithält, den Rückgriff auf Entschädigungsregelungen für den *unbeteiligten* Dritten aber sperrt, vgl. *Schoch*, Polizei- und Ordnungsrecht, in: ders. (Hrsg.), Besonderes Verwaltungsrecht, 2018, 1. Kap. Rn. 109.

[181] In diese Richtung auch *Barczak*, DV 49 (2016), 158 (168 f.), der auf Sondervorschriften für den mitbetroffenen Dritten hinweist, die einen „Rückgriff auf die Vorgaben des Notstands entbehrlich machen" würden. Ein Umkehrschluss deutet darauf hin, dass es ohne diese Sondervorschriften zur Anwendung der Notstandsregelung kommen muss.

[182] S. zu den legitimationsrechtlichen Anforderungen noch § 4 II. 1. b).

[183] *Schoch*, Jura 2007, 676 (677).

[184] Zur inhaltlichen Qualifizierung als Pflicht *Momsen*, Die Zumutbarkeit als Begrenzung strafrechtlicher Pflichten, 2006, S. 405; *Popp*, in: Cirener/Radtke/Rissing-van Saan et al. (Hrsg.), Leipziger Kommentar StGB, 18. Band, 13. Aufl. 2022, § 323c Rn. 2.

primär innerhalb des allgemeinen Adressatensystems ab. Der seit vielen Jahrzehnten in Literatur und Rechtsprechung bekannte Zweckveranlasser[185] nimmt eine Handlung vor, die isoliert betrachtet keine Gefährdung des Schutzguts bewirkt, aber einen Dritten zur Gefährdung der öffentlichen Sicherheit veranlasst.[186] Strenggenommen setzt der Zweckveranlasser im Sinne der herrschenden Zurechnungstheorie also nicht die letzte Ursache für die Gefahr, sondern veranlasst sie eben nur.[187] Obwohl er wohl überwiegend noch als Unterfall des Verhaltensverantwortlichen eingeordnet wird,[188] mehrt sich aus diesem Grund die Anzahl der Stimmen, die den Zweckveranlasser als Nichtstörer behandeln und seine Heranziehung nur unter den Voraussetzungen der Notstandsregelung zulassen wollen.[189] Wenn demgegenüber eine Einordnung des Zweckveranlassers als Störer erfolgt, wird die Theorie der unmittelbaren Verursachung zwar weiterhin angewendet, aber über eine wertende Betrachtung aufgeweicht. Dabei handelt es sich allerdings um ein Wertungsproblem,[190] für das die Kriterien der Gefahrenzurechnung maßgeblich sind,[191] die aber vor dem Anknüpfungspunkt dieser Arbeit liegen.[192] Ihm soll an dieser Stelle daher nicht weiter nachgegangen werden.

---

185 Vgl. bereits *W. Jellinek*, Gesetz, Gesetzesanwendung und Zweckmässigkeitserwägung, 1913, S. 310 ff. und *ders.* Verwaltungsrecht, 3. Aufl. 1931, 1966, S. 444 f. *Erbel*, JuS 1985, 257 f. führt *Jellinek* zunächst als Begründer der Figur des Zweckveranlassers an, relativiert dies aber noch dahingehend, dass *Jellinek* die als Störer haftende Person nicht als „Veranlasser“, sondern als „Mitverursacher“ eingeordnet und „lediglich die polizeirechtsdogmatische Konkretisierung und Präzisierung der sog. Zweckveranlasser-Lehre“ vorgenommen habe.

186 *Schoch*, Polizei- und Ordnungsrecht, in: ders. (Hrsg.), Besonderes Verwaltungsrecht, 2018, 1. Kap. Rn. 359.

187 *Kingreen/Poscher*, Polizei- und Ordnungsrecht, 12. Aufl. 2022, § 9 Rn. 31; *Schmelz*, BayVBl. 2001, 550 (551).

188 BVerwG, Beschl. v. 12.4.2006 – 7 B 30/06, juris, Rn. 4; OVG Münster, NVwZ-RR 2008, 12 (13); *Steenbuck*, NVwZ 2005, 656 (657); *Weidemann/Barthel*, VR 2007, 217 (218), m.w.N.

189 *Beaucamp/Seifert*, JA 2007, 577 (580); *Widder*, Die Polizeipflicht des Zweckveranlassers, 1997, S. 15 ff., 119; *Wobst/Ackermann*, JA 2013, 916 (918).

190 *Schoch*, Polizei- und Ordnungsrecht, in: ders. (Hrsg.), Besonderes Verwaltungsrecht, 2018, 1. Kap. Rn. 359; *Trute*, DV 32 (1999), 73 (81).

191 Teilweise wird für erforderlich gehalten, dass der Zweckveranlasser als „Hintermann“ die Überschreitung der Gefahrenschwelle durch den Dritten zumindest billigend in Kauf nimmt („subjektive Theorie“), vgl. BVerwG, Beschl. v. 12.4.2006 – 7 B 30/06, juris, Rn. 4; OVG Münster, NVwZ-RR 2008, 12; *Durner*, JA 2008, 238 f. Nach a.A. ist entscheidend, ob sich der Geschehenseintritt aus Sicht eines unbeteiligten Dritten typischerweise als Folge der Veranlassungshandlung darstellt („objektive Theorie“), vgl. OVG Lüneburg, NVwZ 1988, 638 (639); *Möller/Warg*, Allgemeines Polizei- und Ordnungsrecht, 6. Aufl. 2012, Rn. 133, die allerdings auf die Notwendigkeit eines einschränkenden Gebrauchs der objektiven Betrachtung hinweisen. Eine dritte Theorie verknüpft die subjektive und die objektive Theorie, vgl. VGH Mannheim, NVwZ-RR 1995, 663; *Deger*, in: Stephan/Deger, Polizeigesetz für Baden-Württemberg, 7. Aufl. 2014, § 6 Rn. 10; *Trurnit*, Jura 2012, 365 (368 f.). Die Theorie wird auch als „Kombinationstheorie“ bezeichnet, vgl. *Schoch*, Polizei- und Ordnungsrecht, in: ders. (Hrsg.), Besonderes Verwaltungsrecht, 2018, 1. Kap. Rn. 359.

192 Da die Beziehung zwischen Nichtstörer und Gefahr grundsätzlich unerheblich ist, der Zweckveranlasser aber zumindest einen – wenn auch i.S.d. unmittelbaren Verursachung un-

Die sogenannte Zusatzverantwortlichkeit betrifft Personen, die eine Gefahr nicht selbst verursacht haben, aber eine bestimmte rechtliche Nähe zu dem eigentlichen Störer aufweisen,[193] was etwa für die Aufsichtsperson eines Minderjährigen oder den Geschäftsherrn eines Verrichtungsgehilfen gilt.[194] Ebenso wie beim Nichtstörer fehlt es beim Zusatzverantwortlichen also an der Gefahrenverursachung.[195] Während der Nichtstörer aber prinzipiell für die Gefahrenverursachung von jedermann einstehen muss, betrifft die Einstandspflicht des Zusatzverantwortlichen lediglich einen eng begrenzten Personenkreis. Beim Zusatzverantwortlichen handelt es sich daher nicht um einen Nichtstörer,[196] sondern um eine eigene Adressatenform, bei der die Nähe zur gefahrenverursachenden Person eine grundsätzliche Unterscheidung vom Nichtstörer rechtfertigt.[197]

Auch das Verhältnis zwischen § 323c Abs. 1 StGB und dem gefahrenabwehrrechtlichen Notstandsinstitut betrifft partiell die Frage, unter welchen Kriterien die Gefahr einer Person zurechenbar ist. Anders als beim Zweckveranlasser und dem Zusatzverantwortlichen ist die Gefahrenzurechnung aber nicht der einzige Aspekt, der für die Auflösung des Konflikts herangezogen werden kann, sodass die Zielrichtung dieser Arbeit eine umfassende Behandlung des Problems ermöglicht. Hierfür müssen aber auch legitimationsrechtliche Erkenntnisse herangezogen werden, sodass die Abgrenzung in diesem Einzelfall ausgegliedert werden und gegen Ende der Arbeit besondere Aufmerksamkeit erfahren soll.[198]

bedeutenden – Beitrag zur Entstehung der Gefahr geleistet hat, wäre zumindest ein Differenzierungskriterium für die unterschiedliche Behandlung von Nichtstörer und Zweckveranlasser diskutabel. Es ließe sich daher wenigstens in Erwägung ziehen, eine eigenständige Adressatenregelung für den Zweckveranlasser im allgemeinen Adressatensystem zu etablieren. Weil dieser die Gefahr nur veranlasst und daher grundsätzlich einen geringeren Gefahrenbeitrag leistet als ein Verantwortlicher, wäre zwar auch hier eine Subsidiarität der Inanspruchnahme des Zweckveranlassers geboten. Aufgrund des Beitrags ließen sich Abweichungen vom Subsidiaritätsgrundsatz aber durchaus leichter legitimieren als beim Nichtstörer. Eine tiefgreifendere Behandlung dieses Ansatzes gebietet die auf den Nichtstörer zentrierte Arbeit allerdings nicht.

[193] *Trurnit*, in: Möstl/Trurnit (Hrsg.), BeckOK Polizeirecht Baden-Württemberg, 2023, BWPolG, § 6 Rn. 19.

[194] Vgl. exemplarisch die Regelungen in Art. 7 Abs. 2 und 3 BayPAG.

[195] *Steiner*, in: Schmidbauer/Steiner, BayPAG, 6. Aufl. 2023, Art. 7 Rn. 13.

[196] A.A. *Peine*, Die Zusatzverantwortlichkeit im Gefahrenabwehrrecht, 2012, S. 266.

[197] Eine andere Frage betrifft indes das Verhältnis vom Zusatzverantwortlichen zum Störer. Dieses soll sich zwar nach den allgemeinen Grundsätzen primär am Gedanken effektiver Gefahrenabwehr ausrichten, teilweise wird aber auf Besonderheiten im Fall eines Betreuungsverhältnisses hingewiesen, vgl. *Honnacker*, in: ders./Beinhofer/Hauser, BayPAG, 20. Aufl. 2014, Art. 7 Rn. 16; *Steiner*, in: Schmidbauer/Steiner, BayPAG, 6. Aufl. 2023, Art. 7 Rn. 13, 16.

[198] S. zur Abgrenzung noch § 5 I. 2.

III. Zusammenfassung

Passgenaue Begrifflichkeiten und ein sauber abgesteckter Anwendungsbereich bilden die Grundlagen eines jeden Rechtskonstrukts. In beiden Hinsichten hat sich das gefahrenabwehrrechtliche Notstandsinstitut als mängelbehaftet erwiesen, was in besonderer Weise für die undurchsichtige Abgrenzung des Nichtstörers zu anderen Formen unbeteiligter Personen gilt. Da die gefundenen Ergebnisse dem weiteren Verlauf der Arbeit zugrunde liegen, sollen diese nochmals und wie folgt zusammengefasst werden.

Das Rechtsinstitut des gefahrenabwehrrechtlichen Notstands eröffnet eine Gefahrenbeseitigungsmöglichkeit, wenn sich eine Gefahr weder durch Inanspruchnahme eines spezialgesetzlich bestimmten Adressaten oder eines Störers noch durch die Behörde selbst oder von ihr Beauftragte abwehren lässt. Die Notstandsregelung kommt ebenso wie die übrigen Vorschriften des allgemeinen Adressatensystems lediglich ergänzend zur Anwendung. Zunächst ist also durch Auslegung zu ermitteln, ob sich der Rechtsordnung für die konkrete Befugnis eine spezielle und abschließende Regelung des Adressatenkreises und der Heranziehungsvoraussetzungen extrahieren lässt. Ist dies nicht der Fall, kann eine Maßnahme, bei der sich die Behörde einer unmittelbaren Auswirkung auf unbeteiligte Personen bewusst ist, nur unter den Voraussetzungen der Notstandsregelung erfolgen, die insoweit einen weitgehenden Ausgleich zwischen Sicherheit und Freiheit gewährleistet. Soweit Maßnahmen gegen die Allgemeinheit gerichtet oder Dritte von Maßnahmen bewusst mitbetroffen werden, darf hierfür kein anderer Maßstab gelten und auch das Kriterium der zielgerichteten Maßnahme steht dem – anders als beim unwissentlich und unbeabsichtigt betroffenen unbeteiligten Dritten – nicht entgegen. Häufig lässt sich den speziellen Befugnissen aber eine abweichende Bestimmung entnehmen, wobei die Anforderungen an die Legitimation solcher Regelungen noch thematisiert, aus verschiedenen Gründen aber nicht so hoch angesetzt werden müssen.[199] Damit zeigt sich, dass die Gesetzgeber die Bedeutung ihrer Notstandsregelungen durch die Schaffung gesonderter und abschließender Adressatenbestimmungen zwar beeinflussen können. Da selbst Standardbefugnisse solche aber nicht notwendigerweise enthalten und Generalklauseln als grundsätzlich begrenzungsbedürftig einzustufen sind, muss dem gefahrenabwehrrechtlichen Notstandsinstitut mit dem aufgezeigten Anwendungsbereich eine heute wie auch in absehbarer Zukunft nicht zu unterschätzende Funktion im Adressatenrecht zugestanden werden.

[199] S. zu den divergierenden Anforderungen noch § 4 II. 1. b).

§ 3 Systematik und Charakteristik

Die Systematik des gefahrenabwehrrechtlichen Notstandsinstituts lässt sich in mehrfacher Hinsicht interpretieren. Sie betrifft zum einen die dogmatische Einordnung und Anwendungsweise einer Notstandsregelung mitsamt ihren Voraussetzungen, wobei grundlegend zwischen der internen Wechselbeziehung zwischen Befugnisnorm und Notstandsregelung sowie der externen Ergänzungsweise von spezialgesetzlichen Befugnissen zu differenzieren ist. Zum anderen lässt sich das Notstandsinstitut auf Grundlage der bis dato gewonnenen Erkenntnisse umfassend und systematisch im Lichte seiner verfassungsrechtlichen Bezüge charakterisieren, womit die Basis für seine anschließende Legitimation komplettiert wird.

I. Die Anwendungsdogmatik der Notstandsregelung

Sowohl die dogmatische Einordnung als auch die Ergänzungsweise in speziellen Materien des Gefahrenabwehrrechts knüpfen nicht exklusiv an die jeweilige Notstandsregelung an, sondern verkörpern eine Problematik des gesamten allgemeinen Adressatensystems. Da das rechtskonforme Verhalten des Nichtstörers aber abstrakt betrachtet zu einer höher anzusetzenden Eingriffsintensität führt[1] und die inhaltliche Ausgestaltung der Notstandsregelungen von Bund und Ländern – anders als die Vorschriften zu Verhaltens- und Zustandsverantwortlichen – beachtenswerten Schwankungen unterliegt,[2] muss diesen Aspekten im hiesigen Zusammenhang eine größere Bedeutung attestiert werden. Schließlich können sie im Einzelfallkontext wie bei der Behandlung des *unechten* Notstands im Versammlungsrecht Relevanz erfahren, sodass es sich auch deshalb der grundlegenden Dogmatik zu vergewissern gilt.

---

[1] Vgl. nur *Würtenberger/R. Schenke*, JZ 1999, 548 (553), wonach die Abwehr- und Schutzpflichtdimension der Grundrechte „an Gewicht" gewinnt, wenn „unbeteiligte Dritte" betroffen sind.

[2] Die Unterschiede werden bei der Untersuchung der verfassungsrechtlichen Vorgaben für die einfachgesetzliche Ausgestaltung näher beleuchtet (s. hierzu § 4 II. 2.).

1. Verhältnis zwischen Notstandsregelung und Befugnisnorm

Die Binnensystematik zwischen der Notstandsregelung respektive den allgemeinen Adressatenregelungen und der Befugnisnorm lässt sich zwar noch immer nicht als abschließend geklärt archivieren, unverkennbar ist gleichwohl die Abzeichnung eines klaren Trends. Prinzipiell möglich ist eine Qualifikation als eigenständige Ermächtigungsgrundlage oder alternativ als Regelung der Maßnahmerichtung, wobei die allgemeinen Adressatenregelungen im letztgenannten Fall als Teil der Ermächtigungsgrundlage oder als objektive Grenze des Ermessens kategorisierbar sind.

a) Problemrelevanz und Grundüberlegungen

Häufig lässt sich dem Streit schon deshalb keine signifikante Bedeutung beimessen, weil Problem und Resultat nicht dependieren. Es ließen sich jedoch bereits Zweifel aus der verfassungsrechtlichen Untiefe der hinreichenden Bestimmtheit schöpfen, wenn die Adressatenregelungen für sich allein genommen zu Eingriffen ermächtigen würden oder die Befugnisse im Kernbestand keine Begrenzung des Adressatenkreises enthalten. Demgegenüber mündet eine Einordnung als Bestandteil der Ermächtigungsgrundlage in das Problem der Analogiefähigkeit von Befugnissen der Eingriffsverwaltung und damit der partiellen Legitimität von Ergänzungen im speziellen Bereich, sofern eine solche in Betracht zu ziehen ist.[3] Mithin steht keine rechtstheoretische Thematik zur Debatte, sondern vielmehr ist jedem der annehmbaren Ergebnisse eine verfassungs- und verwaltungsrechtliche Folgerelevanz zuzuschreiben.

b) Eigenständige Befugnis vs. Maßnahmerichtungsregelung

Eine Charakterisierung als eigenständige Ermächtigungsgrundlage wurde nur vereinzelt unternommen, wobei *Kniesel* zwischen den Bestimmungen über die Verhaltens- und Zustandsverantwortlichkeit einerseits und der Notstandsregelung andererseits differenziert hat. Während die erstgenannten Vorschriften die Generalklausel ergänzen würden, spreche der Wortlaut „kann Maßnahmen […] treffen“ in den Notstandsregelungen für die Annahme einer eigenständigen Ermächtigungsgrundlage.[4] Dem Argument lässt sich zumindest ein Vergleich mit speziellen gefahrenabwehrrechtlichen Pflichten für Unbeteiligte zugutehalten. So beinhalten sämtliche der landesrechtlichen Katastrophenschutzgesetze eine Vorschrift über Hilfspflichten der Bevölkerung im Katastrophenfall, die überwiegend und weitgehend wie die Notstandsregelungen von Bund- und Ländern ausgestaltet sind.[5] Die Pflicht tritt nicht kraft Gesetzes ein, sondern knüpft an den

---

[3] S. zur Ergänzung spezieller Befugnisse noch § 3 I. 2.

[4] *Kniesel*, DÖV 1997, 905 (906 f.), m.w.N. für die Annahme einer selbstständigen Ermächtigungsgrundlage.

[5] So ist etwa nach § 13 Abs. 1 S. 1 BbgBKG jede über 18 Jahre alte Person auf Anordnung

Erlass eines Verwaltungsakts durch die Behörde an.[6] Überwiegend wird davon ausgegangen, dass es sich trotz der in Relation zu den allgemeinen Notstandsregelungen vergleichbaren Formulierungen[7] um Befugnisnormen handelt, die die Heranziehung einer Person ohne Rückgriff auf die allgemeinen oder teils vorhandenen katastrophenschutzrechtlichen Generalklauseln[8] legitimieren.[9] Eine Projektion der katastrophenschutzrechtlichen Ausgestaltung gelingt aber deshalb nicht, weil mit der Hilfeleistungspflicht im Katastrophenfall eine selbstständige Rechtsfolge getroffen wird und insoweit ein Unterschied zu den allgemeinen Notstandsregelungen auszumachen ist.[10] Schließlich lässt auch die Gesetzessystematik nur einen eindeutigen Schluss zu. Während sich die Vorschriften zur Verantwortlichkeit und Nichtverantwortlichkeit häufig in einem mit „Allgemeine Vorschriften" betitelten Abschnitt befinden,[11] sind die katastrophenschutzrechtlichen Hilfeleistungspflichten teils ausdrücklich im Abschnitt „Befugnisse" platziert.[12] Soweit sie daher als eigenständige Befugnisnormen eingeordnet werden, enthalten sie eine abschließende Adressatenregelung, mit der die Ergänzung

der Einsatzleitung im Rahmen ihrer Kenntnisse und Fähigkeiten zur Hilfeleistung verpflichtet, um von dem Einzelnen oder der Allgemeinheit eine unmittelbare Gefahr abzuwenden. Nach S. 2 kann die Hilfeleistung nur verweigern, wer durch sie eine erhebliche Gefährdung befürchten oder mindestens gleichrangige Pflichten verletzen müsste. Die Regelungen bleiben in Relation zu den allgemeinen Notstandsregelungen zwar typischerweise im Hinblick auf die verbrieften Subsidiaritätsanforderungen zurück. Allerdings fehlt es bei Naturkatastrophen im Regelfall an einem Störer und dürfte die Auferlegung einer Pflicht in Fällen, in denen die Aufgabe durch die Behörden wahrgenommen werden kann, als unverhältnismäßig einzuordnen sein, vgl. *Vögt/Vogt*, Katastrophenschutzgesetz für Baden-Württemberg, 2. Aufl. 1990, Vorb. zu §§ 25 bis 31 Rn. 3. Teilweise wird eine entsprechende Voraussetzung aber auch normiert, etwa in § 18 LKatSG MV, wobei anstelle der nicht existenten Störer vorhandene Helfer nicht ausreichen dürfen. Zur Einordnung des katastrophenschutzrechtlichen Helfers *Kloepfer*, VerwArch 98 (2007), 163 (184) und *ders.*, Handbuch des Katastrophenrechts, 2015, S. 257 ff. S. auch noch die Kritik an dem teils gewählten „Zumutbarkeitssystem" („kann [...] verweigern") bei § 4 II. 2. b) cc) (5).

[6] *Schulz/Ellmayer*, Bayerisches Katastrophenschutzgesetz, 2021, Art. 9 Rn. 1.1; *Vögt/Vogt*, Katastrophenschutzgesetz für Baden-Württemberg, 2. Aufl. 1990, Vorb. zu §§ 25 bis 31 Rn. 4 f. Zur Qualifizierung der Maßnahme auch *Diegmann/Lankau*, Hessisches Brand- und Katastrophenschutzrecht, 8. Aufl. 2010, S. 129.

[7] *Musil/Kirchner*, DV 39 (2006), 373 (386) weisen sogar explizit darauf hin, dass für die Heranziehung zur Hilfeleistung im Katastrophenfall „in der Regel dieselben Voraussetzungen vorliegen müssen" wie „für die Inanspruchnahme Nichtverantwortlicher nach Polizeirecht".

[8] Vgl. etwa § 11 Abs. 1 S. 1 BlnKatSG.

[9] *Gusy*, GSZ 2020, 101 (106); *Schulz/Ellmayer*, Bayerisches Katastrophenschutzgesetz, 2021, Art. 9 Rn. 1.1; *Vögt/Vogt*, Katastrophenschutzgesetz für Baden-Württemberg, 2. Aufl. 1990, Vorb. zu §§ 25 bis 31 Rn. 7.

[10] *Eiffler*, in: Baller/Eiffler/Tschisch, ASOG Berlin, 2004, § 16 Rn. 1. *Pewestorf*, in: ders./Söllner/Tölle, Praxishandbuch Polizei- und Ordnungsrecht, 2012, 1. Kap. Rn. 266.

[11] So lautet etwa der Titel des 1. Abschnitts im BayPAG.

[12] Vgl. den Titel des 4. Abschnitts im BayKSG: „Besondere Befugnisse gegenüber Dritten".

durch die allgemeinen Vorschriften ausgeschlossen wird.[13] Die allgemeinen Notstandsregelungen lassen sich demgegenüber nicht als eigenständige Ermächtigungsgrundlagen qualifizieren.[14]

c) Bestandteil der Befugnis vs. objektive Ermessensgrenze

Die Qualifikation einer Notstandsvorschrift sowie der Normen zur Verhaltens- und Zustandsverantwortlichkeit als Regelungen der Maßnahmerichtung tritt noch deutlicher hervor, wenn ausweislich des typischen gesetzlichen Wortlauts „Maßnahmen" gegen den Verursacher einer Gefahr oder den Inhaber der tatsächlichen Gewalt einer Sache „zu richten" sind.[15] Damit ist aber noch keine Entscheidung darüber getroffen, ob Regelungen über die Maßnahmerichtung als Ergänzung der Befugnisnorm und somit als Teil der Ermächtigungsgrundlage oder als bloße Grenze des Ermessens zu rubrizieren sind.

Diejenigen, die Adressatenregelungen als Teil der Ermächtigungsgrundlage einordnen, schreiben ihnen eine ermächtigungsbegrenzende Wirkung zu.[16] Da die Verantwortlichkeit mitentscheidend für die Reichweite der gesetzlichen Ermächtigung sei, partizipiere sie an der Ausprägung des Gesetzesvorbehalts[17] und müsse konsequenterweise als Teil der Ermächtigungsgrundlage eingeordnet werden.[18] Der Verweis auf die ermächtigungsbegrenzende Wirkung vermag für sich genommen aber noch nicht zu überzeugen, da eine solche auch von denjenigen, die Adressatenregelungen als objektive Ermessensgrenzen einordnen, nicht

---

[13] Dies gilt ausweislich des Wortlauts „jeder Person" auch für Art. 9 Abs. 1 S. 1 BayKSG, obwohl die Vorschrift sich insoweit von den Parallelnormen der anderen Bundesländer unterscheidet, als sie keine der in den Notstandsregelungen verbrieften Voraussetzungen enthält. Ob unbeteiligte Personen nur durch Anwendung des Verhältnismäßigkeitsgrundsatzes bei einer derart weitreichenden und unbestimmten Vorschrift hinreichend geschützt werden, scheint insgesamt zweifelhaft. Der Verzicht auf ausdrückliche Begrenzungen lässt sich nicht einmal durch die besondere Situation des Katastrophenfalls rechtfertigen und muss insgesamt als zu weitgehend und in dieser Reichweite nicht notwendig eingeordnet werden. Art. 9 Abs. 1 S. 1 BayKSG bedarf daher einer Reform, wobei sich eine Orientierung am System der Nichtstörerinanspruchnahme im allgemeinen Ordnungsrecht anbietet, damit sich im seltenen Fall der katastrophenrechtlichen Heranziehung Unbeteiligter zumindest auf den Erfahrungsschatz aus der Anwendung der allgemeinen Notstandsregelung zurückgreifen lässt.

[14] Etwas anderes lässt sich auch nicht für Gefahrerforschungs- und Störererforschungseingriffe annehmen, da auch für diese beiden Arten von Eingriffen die fehlende Anordnung einer selbstständigen Rechtsfolge sowie die systematische Platzierung der Regelung entgegenstehen. Soweit keine spezielle Ermächtigungsgrundlage vorhanden ist, muss hierfür die Generalklausel herhalten, vgl. *Barner-Gaedicke*, NuR 2018, 663 (666 f.); kritisch zur Heranziehung der Generalklausel allerdings *Petri*, DÖV 1996, 443 (446 ff.) sowie *Wapler*, DVBl. 2012, 86 (88).

[15] Vgl. etwa Art. 7 Abs. 1 und Art. 8 Abs. 1 BayPAG.

[16] *Barczak*, DV 49 (2016), 157 (174).

[17] *Schoch*, Polizei- und Ordnungsrecht, in: ders. (Hrsg.), Besonderes Verwaltungsrecht, 2018, 1. Kap. Rn. 339.

[18] *Beckermann*, DÖV 2020, 144 (146 f.).

ernsthaft bestritten wird. Sie nehmen vielmehr den zutreffenden Standpunkt ein, dass Befugnisse auch von außerhalb der Ermächtigungsgrundlage liegenden Regelungen begrenzt werden können.[19]

Es bietet sich aber ein weiterer Ansatzpunkt für die systematische Einordnung als Teil der Befugnisnorm an. Bereits mehrfach wurde angedeutet, dass eine weitgehende Begrenzung der Befugnisse und insbesondere der Generalklausel aus Gründen der Verhältnismäßigkeit sowie der Gebote der Normenklarheit und -bestimmtheit einzufordern ist, soweit dies nicht dem Zweck einer Regelung zuwiderläuft.[20] Die Verfassungsmäßigkeit von Befugnissen steht und fällt also maßgeblich mit ihrer hinreichenden Begrenzung. Während der Verhältnismäßigkeitsgrundsatz[21] seine Vorgaben bei der Abwägung zwischen Schwere des Eingriffs und dem Beitrag zum verfolgten Zweck entfaltet und bei der Frage nach der Notwendigkeit der ausdrücklichen Vergesetzlichung der Richtung der Maßnahme in den Hintergrund rückt, vermitteln die Grundsätze der Normenklarheit und -bestimmtheit Maßgaben darüber, „Was und Wie viel“ an Normierung erforderlich ist.[22] Sie dienen nach gefestigter Rechtsprechung des Bundesverfassungsgerichts nicht nur dazu, dass der Bürger die Rechtslage so erkennen kann, „dass er sein Verhalten danach auszurichten vermag“,[23] sondern auch dazu, „die Verwaltung zu binden und ihr Verhalten nach Inhalt, Zweck und Ausmaß“ zu begrenzen.[24]

---

[19] Vgl. *v. Mutius*, Jura 1983, 298 (299), nach dem die „rechtsnormative Begrenzung der behördlichen Eingriffsbefugnisse […] *nicht zum Tatbestand*“ gehört (Hervorhebung im Original).

[20] S. hierzu bereits § 2 II. 1. a) und § 2 II. 2. a) aa) sowie noch § 4 II. 1.

[21] Dem Verhältnismäßigkeitsgrundsatz wird zwar unbestritten Verfassungsrang zugeschrieben, kontrovers diskutiert wird aber seine Ableitung. Während das BVerfG in diesem Kontext das Rechtsstaatsprinzip heranzieht (BVerfGE 10, 89 [108 f.]; 23, 127 [133]; 29, 312 [316]; übereinst. *Bleckmann*, JuS 1994, 177 [178 f.]; *Grabitz*, AöR 98 [1973], 568 [585 f.]; *Sobota*, Das Prinzip Rechtsstaat, 1997, S. 253), erfolgt im Übrigen eine Ableitung aus Art. 1 GG (*Dechsling*, Das Verhältnismäßigkeitsgebot, 1989, S. 97 ff.), den Grundrechten (*Hillgruber*, JZ 2011, 861 [862]; *Kluth*, JA 1999, 606 [607], der die Möglichkeit eines subsidiären Rückgriffs auf das Rechtsstaatsprinzip betont; *Schnapp*, JuS 1983, 850 [852 f.]; unter besonderer Hervorhebung von Art. 3 Abs. 1 GG *Wittig*, DÖV 1968, 817 [818 ff.]), aus der Wesensgehaltsgarantie des Art. 19 Abs. 2 GG (*Häberle*, Die Wesensgehaltgarantie des Art. 19 Abs. 2 Grundgesetz, 3. Aufl. 1983, S. 236) und teilweise aus der Verbindung mehrerer Anknüpfungspunkte (*Jakobs*, Der Grundsatz der Verhältnismäßigkeit, 1985, S. 42 ff.). In dieser Arbeit wird zwar eine Ableitung aus dem Rechtsstaatsprinzip favorisiert, mangels relevanter Auswirkungen auf den weiteren Verlauf wird auf eine dezidierte Auseinandersetzung mit der Herleitung aber verzichtet.

[22] *Gassner*, ZG 11 (1996), 37 (39).

[23] BVerfGE 45, 400 (420); 83, 130 (145); 113, 348 (375 f.).

[24] BVerfGE 9, 137 (147); 56, 1 (12); 113, 348 (376). S. zu der hier vorgenommenen Unterscheidung zwischen dem Grundsatz der Normenklarheit und dem Grundsatz der Normenbestimmtheit bereits § 2 Fn. 82.

Obwohl das gebotene Maß stets im Einzelfall ermittelt werden muss,[25] lassen sich diese Vorgaben als Argument für eine Einordnung als Teil der Befugnisnorm fruchtbar machen. Zwar tritt eine Begrenzung für die Verwaltung auch dann ein, wenn die Vorgaben als Teil des Ermessens eingeordnet werden. Da Ermessensgrenzen aber in erster Linie an die Verwaltung gerichtet sind und dementsprechend die Lenkung des Verhaltens der Behörde intendieren, würde die vom Grundsatz der Normenklarheit eingeforderte bürgerbezogene Komponente durch diese Kategorisierung weitgehend in den Hintergrund gerückt werden. Ermächtigungsgrundlagen sind zwar auch an die Verwaltung adressiert, vermitteln aber einen stärkeren Bezug zum Bürger als dies bei objektiven Ermessensgrenzen der Fall ist. Dem lässt sich zwar noch entgegenhalten, dass trotz der unterschiedlichen Charakterisierung der systematische Gesetzesstandpunkt derselbe bleibt. Gleichwohl unterstreicht eine Einordnung als Teil der Ermächtigungsgrundlage den besonderen Charakter der Adressatenregelungen, was insbesondere im Hinblick auf die Inanspruchnahme des Nichtstörers nur begrüßenswert sein kann.[26] Insgesamt lässt sich aufgrund des gleichen Standorts zwar eine hinreichende Lenkungswirkung auch bei einer Einordnung als Ermessensgrenze noch annehmen. Da die ausschließliche Verortung auf Ermessensebene aber keinen Mehrwert verspricht, überwiegen mit Blick auf die Grundsätze der Normenklarheit und -bestimmtheit die Argumente für eine Partizipation der Adressatenregelungen an der Ermächtigungsgrundlage.[27]

2. *Implementationsdogmatik im besonderen Gefahrenabwehrrecht*

Die Voraussetzungen des gefahrenabwehrrechtlichen Notstands werden häufiger angewendet als die Notstandsregelungen selbst. Dieser vermeintliche Widerspruch löst sich auf, wenn sich über die verschiedenen Wege vergewissert wird, die in Literatur und Rechtsprechung für die Ergänzung spezialgesetzlicher Befugnisse eingeschlagen werden, wenn diese genauso wenig wie das entsprechende

[25] BVerfGE 49, 168 (181); 117, 71 (111); 131, 88 (123); *Grzeszick*, in: Dürig/Herzog/Scholz et al. (Begr./Hrsg.), GG, Art. 20 (Rechtsstaat) (2022) Rn. 59.

[26] Dagegen lassen sich die Begründungsanforderungen nach § 39 Abs. 1 S. 1 VwVfG nicht als Argument heranziehen, weil sich die Pflicht zur Mitteilung der wesentlichen tatsächlichen und rechtlichen Gründe für die Entscheidung auch auf die maßgeblichen Ermessensgesichtspunkte bezieht, vgl. hierzu sowie zum Verhältnis der Bestimmung mit der „Soll-Vorschrift" in S. 3 *Stuhlfauth*, in: Obermayer/Funke-Kaiser (Begr./Hrsg.), VwVfG, 6. Aufl. 2021, § 39 Rn. 29 f. Daher ist grundsätzlich darzulegen, warum die konkrete Person als Adressat ausgewählt wurde, unabhängig davon, ob man die Adressatenregelung als Teil der Rechtsgrundlage oder als Ermessensgrenze klassifiziert. Vgl. zu den Begründungsanforderungen bei der Inanspruchnahme eines Nichtstörers auch das Muster einer Wohnungsbeschlagnahmeverfügung bei *Huttner*, Die Unterbringung Obdachloser durch die Polizei- und Ordnungsbehörden, 2. Aufl. 2017, S. 181 f.

[27] S. zum nicht entgegenstehenden Analogieverbot bei der Ergänzung einer Befugnis aus einem besonderen Ordnungsgesetz durch die allgemeine Regelung noch § 3 I. 2. c) bb).

Gesetz über abschließende Adressatenbestimmungen verfügen. Teilweise erfolgt zwar ein unmittelbarer[28] oder analoger[29] Rückgriff auf das Adressatensystem des jeweiligen allgemeinen Ordnungsgesetzes, teilweise wird aber auch auf einen ungeschriebenen allgemeinen Rechtsgrundsatz bzw. Rechtsgedanken[30] zurückgegriffen,[31] der zu einer Anwendung der typischen Voraussetzungen ohne ausdrücklichen Rekurs auf die verbriefte Fassung führt. Das kaum vorhandene Problembewusstsein offenbart sich in den spärlichen Stellungnahmen zu dieser Thematik.

a) Problemrelevanz und Grundüberlegungen

Im Querschnittsvergleich divergieren die Notstandsregelungen des Bundes und der Länder stärker als die Regelungen zur Verhaltens- und Zustandsverantwortlichkeit, was naturgemäß aus der Anzahl der ausdrücklich verbrieften Anforderungen folgt. Sogar landesintern lassen sich verschiedene Diskrepanzen zwischen den Vorschriften des Polizeigesetzes sowie des allgemeinen Ordnungsgesetzes dokumentieren. Tendenziell variieren die Normen eher marginal,[32] gleichwohl gestatten unterschiedliche Inhalte auch unterschiedliche Ergebnisse, sodass die Zulässigkeit einer Maßnahme zumindest theoretisch von der anzuwendenden Vorschrift abhängig sein kann. Ein vergleichbares Konfliktpotenzial verbirgt sich bei der Heranziehung eines allgemeinen Rechtsgrundsatzes, da sich in Ansehung der unterschiedlichen Ausgestaltungsweisen des geschriebenen Rechts eine exakte Bestimmung des Inhalts als diffizil erweisen kann. Während das Vorgehen gegen unbeteiligte Personen ohnehin schon eine „Grenzlinie rechtsstaatlichen Polizeirechts" markieren soll,[33] lässt sich im Einzelfall also jedenfalls über die maßgeb-

---

[28] VGH Mannheim, NVwZ-RR 1996, 387 (388); VG Köln, NJW 1971, 210 (211 f.); VG Weimar, Urt. v. 28.4.2009 – 1 K 710/07, juris, Rn. 73 f.; *Hettich*, Versammlungsrecht in der Praxis, 3. Aufl. 2022, Rn. 165.

[29] VGH München, Beschl. v. 28.5.2001 – 1 ZB 01.664, juris, Rn. 5, der allerdings auf seine frühere Entscheidung verweist (NJW 1993, 81), in der er von einer Heranziehung „nach allgemeinen sicherheitsrechtlichen Grundsätzen" ausgeht, „die ihren Niederschlag in Art. 7 I, 8 I, II BayPAG, Art. 9 I 1, II 1, 2 BayLStVG gefunden" habe. Für eine analoge Anwendung auch *Pünder/Mattig/Gerlach*, JA 2016, 681 (685).

[30] *Drasdo*, npoR 2017, 7 (9); *Ewer/Mutschler-Siebert*, NJW 2016, 11 (14); *Tiedemann*, Die Einstandsverantwortlichkeit nach dem Bundes-Bodenschutzgesetz, 2003, S. 40.

[31] Die Begrifflichkeiten „Rechtsgrundsatz" und „Rechtsgedanken" lassen sich synonym verwenden, beinhalten bei einer jeweiligen Gegenüberstellung mit dem Zusatz „allgemein" allerdings den Ansatz einer Tautologie, vgl. *Weyreuther*, DÖV 1989, 321 (325 f.).

[32] Vgl. etwa Art. 10 Abs. 1 BayPAG und Art. 9 Abs. 3 BayLStVG. Art. 10 Abs. 1 BayPAG fordert eine gegenwärtige erhebliche Gefahr, Art. 9 Abs. 3 BayLStVG dagegen eine unmittelbar bevorstehende erhebliche Gefahr oder erhebliche Störung. Anders als in der Vorschrift des Polizeirechts wird in der Notstandsregelung des BayLStVG nicht ausdrücklich, sondern nur per normativem Verweis auf ein vorrangiges Tätigwerden der Behörde Bezug genommen. Auch die Aufopferungsgrenzen divergieren zwischen einer erheblichen eigenen Gefährdung im BayPAG und einer Gefährdung an Leben oder Gesundheit im BayLStVG. Dabei handelt es sich zwar teilweise, aber nicht durchgängig nur um sprachliche Differenzen.

[33] Vgl. zu dieser Aussage bereits die Nachweise unter § 1 Fn. 12.

liche Grenze streiten. Damit das Notstandsinstitut in Ansehung dieser obskuren Tatsache nicht die rechtsstaatliche Abseitslinie überschreitet, bedarf es einer umfassenden Behandlung der dogmatischen Ergänzungsweise.

Das Verhältnis zwischen geschriebenen Normen, Analogieschlüssen und allgemeinen Rechtsgrundsätzen konnektiert an folgende Grundüberlegung: Sowohl die analoge Anwendung von Vorschriften als auch die Bildung eines Rechtsgrundsatzes sind als „Instrument[e] der Lückenfüllung" zu begreifen.[34] Ihre Anwendung lässt sich mithin nur dort erwägen, wo eine Gesetzeslücke tatsächlich geschlossen werden muss. Sofern sich eine Adressatenregelung unmittelbar heranziehen lässt, gebührt diesem Weg der Vorrang. Ohne eine solche Möglichkeit entsteht hingegen eine Lücke, die sich durch eine Analogie oder einen Rechtsgrundsatz auffüllen lässt.

Die unmittelbare Anwendung einer Vorschrift ist jedenfalls dann realisierbar, wenn ein Gesetz bzw. der Teil eines Gesetzes als eine Art „allgemeines Gefahrenabwehrgesetz" interpretiert werden kann, sich als solches – wie etwa der allgemeine Teil des Bürgerlichen Gesetzbuchs[35] oder die Verwaltungsverfahrensgesetze von Bund und Ländern[36] – vor die sprichwörtliche Klammer ziehen lässt und insoweit zur Ergänzung besonderer Gesetze etwa im Bauordnungsrecht oder Versammlungsrecht erwogen werden muss. Aufgrund der verfassungsrechtlichen Kompetenzverteilung im Gefahrenabwehrrecht sind die Ausgangslagen auf Bundes- und Länderebene konträr, sodass zwischen ihnen zu differenzieren ist.[37]

b) Landesebene: Ordnungsgesetze als „AT-Gesetze"

Sowohl in der internen Gegenüberstellung zwischen Teilbereichen eines landesrechtlichen Gefahrenabwehrgesetzes als auch in der externen Gegenüberstellung zwischen verschiedenen landesrechtlichen Gefahrenabwehrgesetzen lässt sich kaum bezweifeln, dass eine Zuweisung der Prädikate „allgemein" und „besonders" möglich ist. Dies ergibt sich aus den Abschnittsbezeichnungen der Gesetze[38] und kommt eingehend in der Betitelung diverser literarischer Werke zum Ausdruck.[39] Vereinzelt lässt sich das Verständnis der Landesgesetzgeber auch anhand

---

[34] *F. Reimer*, Juristische Methodenlehre, 2. Aufl. 2020, Rn. 595.

[35] *Säcker*, in: ders./Rixecker/Oetker et al. (Hrsg.), Münchener Kommentar BGB, 1. Band, 9. Aufl. 2021, BGB, Einl. Rn. 29.

[36] Vgl. hierzu allerdings auch die Einschränkungen bei *Heribert Schmitz*, in: Stelkens/Bonk/Sachs et al. (Begr./Hrsg.), VwVfG, 10. Aufl. 2022, § 9 Rn. 1.

[37] Übereinst. *Beckermann*, DÖV 2020, 144 (149).

[38] Vgl. exemplarisch die Bezeichnung des 1. Abschnitts im BayPAG: „Allgemeine Vorschriften".

[39] Übereinst. *Beckermann*, DÖV 2020, 144; explizit zur Unterscheidung auch *Pünder*, in: Ehlers/Fehling/Pünder (Hrsg.), Besonderes Verwaltungsrecht, 3. Band, 4. Aufl. 2021, § 69 Rn. 70; *W.-R. Schenke*, Polizei- und Ordnungsrecht, 12. Aufl. 2023, Rn. 22; exemplarisch für die Betitelung *Götz/Geis*, Allgemeines Polizei- und Ordnungsrecht, 17. Aufl. 2022; *Möller/Warg*, Allgemeines Polizei- und Ordnungsrecht, 6. Aufl. 2012; *Prümm/Sigrist*, Allgemeines Sicherheits- und Ordnungsrecht, 2. Aufl. 2003.

der Gesetzeshistorie nachzeichnen. Während in § 1 Abs. 3 S. 2 HessSOG in der Fassung vom 26. Januar 1972 noch eine entsprechende Anwendung des Gesetzes determiniert wurde, wird mittlerweile in § 3 Abs. 1 S. 3 HessSOG die ergänzende Anwendung des Gesetzes angeordnet, soweit die besonderen Gesetze keine abschließenden Regelungen enthalten. Solche Modifikationen unterstreichen, dass die Landesgesetzgeber ihre Ordnungsgesetze immer mehr als eine Art „AT-Gesetz“[40] verstehen, die nicht nur unvollständige Ermächtigungsgrundlagen des gleichen Gesetzes ergänzen, sondern auch nicht abschließende Befugnisse der besonderen Gesetze auffüllen und daher als unmittelbarer Bestandteil der entsprechenden Regelungen anzusehen sind. Ausgeschlossen ist *e contrario* die unmittelbare Anwendung des jeweiligen Polizeigesetzes, sofern die Bundesländer insoweit eine Trennung vornehmen. Aus der Möglichkeit der unmittelbaren Anwendung der Vorschriften bei der Ergänzung von Landesrecht folgt die Konsequenz, dass eine Analogie oder die Bildung eines Rechtsgrundsatzes nicht nur als überflüssig, sondern sogar als unzulässig einzustufen ist, weil es an der im Normtext erforderlichen Lücke[41] fehlt.

c) Bundesebene: Diffuse Ausgangslage

Auf Bundesebene bewirkt die verfassungsrechtliche Gesetzgebungskompetenzverteilung eine andere Ausgangslage. Nach dem Grundsatz der Art. 30, 70 Abs. 1 GG ist das allgemeine Gefahrenabwehrrecht Ländersache,[42] sodass dem Bund nur für bereichsspezifische Gefahrenabwehrlagen Kompetenzen zukommen.[43] Die Begrenzung auf besondere Rechtsfelder nährt Zweifel daran, ob der Bundesgesetzgeber in einem seiner Gesetze einen allgemeinen Teil geschaffen hat, der andere Gefahrenabwehrgesetze unmittelbar ergänzt.

aa) Kein „AT-Gesetz“ des Bundes und Folgen

Als „AT-Gesetz“ des Bundes wird primär das Bundespolizeigesetz erwogen.[44] Als Indiz für die Schaffung ergänzungsfähiger Regelungen im Bundespolizeigesetz lässt sich die Vorschrift des § 14 Abs. 3 S. 2 BPolG in Erwägung ziehen, wonach der Bundespolizei die Befugnisse des Bundespolizeigesetzes eingeräumt werden, sofern andere Rechtsvorschriften des Bundes keine oder keine abschließenden Befugnisse enthalten. Zutreffend wird allerdings darauf hingewiesen, dass die Regelung nur für die fachgesetzlichen Befugnisse der Bundespolizei gilt und da-

---

[40] So die zutreffende Bezeichnung bei *Beckermann*, DÖV 2020, 144 (145).

[41] Vgl. hierzu *Gern*, NVwZ 1995, 1145 (1146).

[42] *E. Krüger*, JuS 2013, 985; *Möstl*, GSZ 2021, 89; *Waechter*, in: Möstl/Weiner (Hrsg.), BeckOK Polizei- und Ordnungsrecht Niedersachsen, 2023, NdsPOG, § 17c Rn. 8.

[43] BVerfGE 97, 198 (218 f.); *Uhle*, DÖV 2010, 989; *Wehr*, BPolG, 3. Aufl. 2021, Einl. Rn. 10.

[44] Vgl. *Beckermann*, DÖV 2020, 144 (145); *Gusy/Eichenhofer*, Polizei- und Ordnungsrecht, 11. Aufl. 2023, Rn. 15.

mit gerade keine ergänzende Anwendung des Gesetzes für andere bundesrechtliche Gefahrenabwehrgesetze anordnet.[45] Ferner lässt sich die Regelung des § 38 Abs. 1 S. 2 BKAG gegen ein „AT-Verständnis" des Bundesgesetzgebers anführen, da es der Anordnung einer entsprechenden Anwendung nicht bedürfte, wenn sich die Adressatenregelungen des Bundespolizeigesetzes unmittelbar heranziehen ließen.[46] Dem Bundesgesetzgeber war die Problematik um die anwendbaren Rechtsvorschriften zwar schon vor der Schaffung des Bundespolizeigesetzes als Nachfolger des Bundesgrenzschutzgesetzes[47] bekannt, was sich der zeitlich vorhergehenden Gesetzesbegründung zum Bundeswasserstraßengesetz entnehmen lässt.[48] Trotzdem wurde weder bei Erlass des Bundesgrenzschutzgesetzes noch bei Konstituierung des Bundespolizeigesetzes der Versuch unternommen, den genannten Gesetzen eine „AT-Rolle" zuzuweisen oder der Problematik durch eine Stellungnahme in den Begründungsmaterialien ein Ende zu bereiten.

Vor diesem Hintergrund lässt sich das Bundespolizeigesetz nach derzeitigem Stand nicht als „AT-Gesetz" begreifen,[49] sodass ihm keine unmittelbare Ergänzungsfunktion für andere Gefahrenabwehrgesetze des Bundes zu attestieren ist. Der Bundesgesetzgeber verfügt zwar über die Möglichkeit, das Gesetz als „AT-Gesetz" auszugestalten oder entsprechend umzuwidmen. Solange er dies aber nicht zu erkennen gibt, müssen entweder die landesrechtlichen Regelungen herangezogen oder die anderenfalls existierenden Lücken durch die Bildung einer Analogie oder eines Rechtsgrundsatzes geschlossen werden. Dabei gebietet sich eine Differenzierung danach, ob das Bundesgesetz auf einer ausschließlichen oder konkurrierenden Gesetzgebungskompetenz beruht.[50]

---

[45] *Beckermann*, DÖV 2020, 144 (149).

[46] Eine entsprechende Anwendung des BPolG wird gleichsam in § 53 Abs. 2 S. 1 ZFdG angeordnet. Laut der Begründung zu einer früheren Fassung des ZFdG wird mit der Klarstellung bezweckt, dass das „Zollkriminalamt […] allgemeine Grundsätze des Polizeirechts, wie sie auch in den §§ 15–20 BGSG normiert sind, zu beachten hat", vgl. BT-Drs. 14/8007, S. 35. Aus dieser Formulierung lässt sich aber nicht ableiten, dass der Gesetzgeber das BGSG als allgemeines Gesetz ansah, sondern nur, dass dieses bereits allgemeine Grundsätze des Polizeirechts aufgenommen hatte. Insoweit lässt sich die Begründung eher gegen ein Verständnis des BPolG als allgemeines Gesetz anführen.

[47] *Walter*, in: Drewes/Malmberg/Wagner et al., BPolG, 6. Aufl. 2019, § 1 Rn. 1.

[48] Vgl. BT-Drs. 5/352, S. 24, wonach die Adressatenregelungen in das WaStrG aufgenommen wurden, damit die Bundesbehörden nicht auf die „lebhaft umstrittene Anwendung von Landesrecht oder auf Gewohnheitsrecht angewiesen sind".

[49] Übereinst. *Kingreen/Poscher*, Polizei- und Ordnungsrecht, 12. Aufl. 2022, § 4 Rn. 2; a.A. *Beckermann*, DÖV 2020, 144 (150 f.) sowie *Gusy/Eichenhofer*, Polizei- und Ordnungsrecht, 11. Aufl. 2023, Rn. 15, nach denen das BPolG „immer mehr als allgemeines Polizeigesetz des Bundes" erscheint.

[50] In diese Richtung bereits *Peine*, Die Zusatzverantwortlichkeit im Gefahrenabwehrrecht, 2012, S. 255; vgl. auch *Beckermann*, DÖV 2020, 144 (149 ff.).

bb) Ausschließliche Gesetzgebungskompetenz: Analogieschluss vs. Rechtsgrundsatz

Basiert ein Bundesgesetz auf einer ausschließlichen Gesetzgebungskompetenz, fehlt den Ländern, die wegen Art. 83 GG auch diese Gesetze grundsätzlich ausführen, die Befugnis, entsprechende Gesetze durch ihre Adressatenregelungen zu ergänzen, sodass es einer Lückenfüllung bedarf. Für die Ermittlung des methodischen Weges muss zunächst das Verhältnis zwischen den hierfür in Erwägung zu ziehenden Instrumenten der Einzel- und Gesamtanalogie sowie der Rechtsgrundsatzbildung bestimmt werden.

Der Unterschied zwischen einem allgemeinen Rechtsgrundsatz und einer Gesamtanalogie offenbart sich darin, dass für die Ableitung eines Rechtsgrundsatzes eine einzige Norm genügen kann[51] und sich vollkommen neue Rechtsfolgen abschöpfen lassen,[52] worin sich „der besondere Reiz, die besondere Gefahr und die besondere Herausforderung eines Rechtsgrundsatzes" widerspiegelt.[53] Da die Inanspruchnahme eines Nichtstörers und das dahinterstehende Notstandsinstitut aufgrund der hohen Eingriffsintensität aber nach Rechtssicherheit verlangen, die Grenzziehung bei Anwendung eines Rechtsgrundsatzes jedoch nur schwer zu bestimmen ist und bei Berücksichtigung der vorhandenen Regelungen divergieren kann, vermittelt die Heranziehung eines Rechtsgrundsatzes schon von vornherein keine interessengerechte Lösung.

Obwohl sich der Inhalt einer Analogie einfacher bestimmen lässt als der eines Rechtsgrundsatzes, muss in Ansehung der vorgenommenen Einstufung der Adressatenregelungen als Teil der Rechtsgrundlage geprüft werden, ob nicht das selten angezweifelte, in seiner Reichweite aber nicht abschließend geklärte[54] Analogieverbot der Eingriffsverwaltung entgegenstehen könnte. Den durch die Partizipation der Adressatenregelungen an der Ermächtigungsgrundlage verursachten Bedenken lässt sich aber in zweierlei Hinsicht begegnen. Erstens bestimmen die Adressatenregelungen nicht den Inhalt, sondern die Richtung der staatlichen Maßnahme. Da grundsätzlich aber der Inhalt der Maßnahme über die Schwere des Eingriffs entscheidet, lässt sich der Adressatenregelung insoweit eine untergeordnete Rolle zuschreiben. Zweitens werden Analogieschlüsse in der Eingriffsverwaltung nicht umblickend,[55] sondern vor allem dann kritisch beäugt, wenn Befugnisse über den Wortlaut des Gesetzes[56] erweitert oder fehlende Befugnisse

---

[51] *Looschelders/Roth*, Juristische Methodik im Prozeß der Rechtsanwendung, 1996, S. 312, m.w.N.

[52] *Beaucamp*, DÖV 2013, 41 (42).

[53] *F. Reimer*, Juristische Methodenlehre, 2. Aufl. 2020, Rn. 596.

[54] Zum Streitstand *Bach*, Das Analogieverbot im Verwaltungsrecht, 2011, S. 35 ff. sowie *Konzak*, NVwZ, 1997, 872 f.

[55] *T. Schmidt*, VerwArch 97 (2006), 139 (155): „Im Verwaltungsrecht besteht weder ein umfassendes Analogieverbot vergleichbar dem Strafrecht noch wird der Analogieschluss nahezu uneingeschränkt anerkannt wie im Privatrecht".

[56] So bereits *Anschütz*, VerwArch 14 (1906), 315 (325 ff.); vgl. auch *Beaucamp*, AöR 134 (2009), 83 (88), m.w.N.

durch die analoge Anwendung anderer Gesetze substituiert[57] werden. Bei der analogen Anwendung einer Adressatenregelung schlägt aber keiner der Einwände durch. Einerseits wird die Eingriffsbefugnis nicht erweitert, sondern beschränkt,[58] sodass sie zugunsten des Bürgers wirkt.[59] Andererseits führt die Analogie nicht zur Ersetzung, sondern zur Vervollständigung einer bereits vorhandenen Befugnis.

Die Grenze zum Analogieverbot wird durch die Anwendung der Adressatenregelungen anderer Gesetze also nicht überschritten. Nach wie vor ist aber ungewiss, welche Vorschrift bzw. Vorschriften für die Analogie heranzuziehen sind. Da sich das Bundespolizeigesetz nicht als allgemeines Gefahrenabwehrgesetz des Bundes qualifizieren lässt,[60] müssen für eine Analogie prinzipiell auch Vorschriften wie § 26 WaStrG und § 3c SeeAufgG in Erwägung gezogen werden. Eine Strukturgleichheit der Vorschriften und ein gemeinsamer Grundgedanke sind zwar unverkennbar, sodass die Bildung einer Gesamtanalogie[61] aus den Vorschriften zwar nicht unmöglich scheint. Andererseits sind auch signifikante Unterschiede vorhanden,[62] was letztlich wie die Anwendung eines Rechtsgrundsatzes im Einzelfall eine gewisse Rechtsunsicherheit bedingen kann. Daher ist einer Einzelanalogie der Vorzug zu geben.

Für die Ergänzung von bundesrechtlichen Befugnissen im Bereich der ausschließlichen Gesetzgebungskompetenzen verbleibt somit die Notwendigkeit, sich für die Lückenschließung im Wege der Einzelanalogie auf eine Vorschrift zu limitieren. Dabei ist nicht nur eine *vergleichbare* Interessenlage im Verhältnis zwischen dem ungeregelten Sachverhalt und einer anderen Vorschrift zu prüfen. Aufgrund mehrerer für die Analogie erwägbarer Vorschriften gebietet sich eine selektive Untersuchung der *vergleichbarsten* Interessenlage. Nach diesem Maßstab wird in der Regel ein Rückgriff auf die Vorschriften des Bundespolizeigesetzes angezeigt sein, weil § 3c SeeAufgG und § 26 WaStrG für spezifische Anwendungsbereiche konzipiert sind, was sich für § 3c SeeAufgG auch aus der in

---

[57] *Gusy*, DÖV 1992, 461 (464).

[58] *Deusch*, Polizeiliche Gefahrenabwehr bei Sportgroßveranstaltungen, 2005, S. 166; *Wittmann*, in: Ridder/Breitbach/Deiseroth et al. (Begr./Hrsg.), Versammlungsrecht, 2. Aufl. 2020, VersG, § 15 Rn. 51, m.w.N.

[59] Auch im Steuerrecht sind Analogien zugunsten des Steuerpflichtigen regelmäßig als zulässig erachtet worden, vgl. *Konzak*, NVwZ, 1997, 872, m.w.N. Zur Zulässigkeit begünstigender Analogien auch *Beaucamp*, AöR 134 (2009), 83 (86 ff.). Ein Analogieverbot für die Zusatzverantwortlichkeit annehmend *Peine*, Die Zusatzverantwortlichkeit im Gefahrenabwehrrecht, 2012, S. 265.

[60] S. zur Ablehnung eines „AT-Charakters" des BPolG bereits § 3 I. 2. c) aa).

[61] Zur Gesamtanalogie und ihren Voraussetzungen *Looschelders/Roth*, Juristische Methodik im Prozeß der Rechtsanwendung, 1996, S. 311; *F. Reimer*, Juristische Methodenlehre, 2. Aufl. 2020, Rn. 586.

[62] Im Gegensatz zu den anderen beiden Vorschriften setzt § 26 Abs. 1 WaStrG keine die Erheblichkeitsschwelle überschreitende Gefahr voraus. Dabei ist auch keine verhältnismäßigkeitsgeleitete Korrektur angezeigt, wie bei § 4 II. 2. b) aa) (3) noch dargelegt wird.

ihrem zweiten Absatz (vermeintlich) geregelten besonderen Ausnahmesituation ergibt.[63] Obwohl § 26 WaStrG zwar eng an geltendes Polizeirecht angelehnt wurde,[64] beinhaltet die Vorschrift aufgrund ihrer Konzeption für die Strompolizei (vgl. § 24 Abs. 1 WaStrG) einen spezielleren Zuschnitt als das Bundespolizeigesetz, das vielfältigere Aufgaben streut (vgl. §§ 1 bis 13 BPolG). Schließlich verweist der Bundesgesetzgeber an verschiedenen Stellen selbst auf eine entsprechende Anwendung der Adressatenregelungen des Bundespolizeigesetzes.[65] Dieses lässt sich damit zwar nicht als *allgemeines*, von mehreren gefahrenabwehrrechtlichen Bundesgesetzen aber zumindest als *allgemeinstes* Gesetz einordnen. Im Bereich der ausschließlichen Gesetzgebungskompetenzen des Bundes sind daher seine Adressatenregelungen analog heranzuziehen.

cc) Konkurrierende Gesetzgebungskompetenz: Ergänzung durch Landesrecht

Zweifelhaft ist indes, ob eine analoge Anwendung der Adressatenregelungen des Bundespolizeigesetzes auch bei Bundesgesetzen angezeigt ist, die auf eine konkurrierende Gesetzgebungskompetenz gestützt werden. In diesen Kompetenzbereichen können die Länder nach Art. 72 Abs. 1 GG insoweit tätig werden, als der Bund keine entsprechenden abschließenden Regelungen getroffen hat, was durch das Fehlen allgemeiner bundesrechtlicher Adressatenbestimmungen augenscheinlich der Fall ist. Die allgemeinen Ordnungsgesetze der Länder beziehen sich auch nicht explizit nur auf landesrechtliche Vorschriften, sodass eine (unmittelbare) Ergänzung bundesrechtlicher Regelungen hierdurch nicht ausgeschlossen wird.

Verhindert werden könnte eine landesrechtliche Auffüllung allenfalls mit der Annahme einer Sperrwirkung im Sinne des Art. 72 Abs. 1 GG durch die Möglichkeit, eine bundesrechtliche Vorschrift analog heranzuziehen.[66] Aus dem Wortlaut des Art. 72 Abs. 1 GG ergibt sich, dass die Sperrwirkung eintritt, solange und soweit der Gesetzgeber von seiner Zuständigkeit durch Gesetz Gebrauch macht.[67] Ob ein Gebrauchmachen *durch Gesetz* angenommen werden kann, wenn lediglich die Möglichkeit einer analogen Anwendung einer Norm besteht, muss

---

[63] S. zum fragwürdigen Anwendungsbereich dieser vermeintlichen Ausnahme noch die Kritik unter § 4 Fn. 152.

[64] *Friesecke*, WaStrG, 7. Aufl. 2020, § 25 Rn. 1.

[65] Vgl. § 38 Abs. 1 S. 2 BKAG und § 53 Abs. 2 S. 1 ZFdG.

[66] Ebenso ließe sich diskutieren, ob ein allgemeiner Rechtsgrundsatz als abschließende bundesrechtliche Regelung gedeutet werden kann. Nachdem die analoge Heranziehung von Vorschriften im Bereich der Adressatenregelungen aber bereits als vorzugswürdig eingestuft wurde, soll sich im Folgenden auf diese Alternative beschränkt werden.

[67] Durch diese Formulierung sollte – zur Präzisierung der Vorgängerfassung – erreicht werden, dass entsprechende Anhaltspunkte in dem Bundesgesetz bestehen müssen, durch die auf ein abschließendes Gebrauchmachen des Bundesgesetzgebers geschlossen werden kann, vgl. BT-Drs. 12/6000, S. 33; ferner *Rybak/Hans Hofmann*, NVwZ 1995, 230, die allerdings unter Bezugnahme auf die Rechtsprechung des BVerfG darauf hinweisen, dass es dieser Anhaltspunkte bereits vor der Reform bedurfte.

an sich schon bezweifelt werden. Zwar kann der Eintritt einer Sperrwirkung auch durch ein beabsichtigtes Unterlassen ausgelöst werden.[68] Entscheidet sich der Bundesgesetzgeber aber bewusst gegen eine normative Bestimmung, lassen sich auf der Kehrseite mangels planwidriger Regelungslücke auch die Voraussetzungen für die analoge Anwendung einer anderen bundesrechtlichen Vorschrift kaum noch begründen. Schließlich muss aufgrund der kompetenzrechtlichen Regelzuweisung zugunsten der Länder im Zweifel vom Fehlen eines abschließenden Normenkomplexes ausgegangen werden.[69] Auch dies lässt sich in Ansehung der bei dem Bundesgesetzgeber liegenden Möglichkeit, mit einer klarstellenden Regelung die Anwendung bundesrechtlicher Vorschriften anzuordnen, gegen den Eintritt einer Sperrwirkung anführen.

Fehlen Adressatenbestimmungen in Bundesgesetzen, die auf einer konkurrierenden Gesetzgebungskompetenz basieren, sind folglich die Regelungen der allgemeinen Ordnungsgesetze der Länder unmittelbar zur Ergänzung heranzuziehen.[70] Dieses Ergebnis scheint in Ansehung des bereits vielfach angesprochenen, vor allem bei der Inanspruchnahme des Nichtstörers bestehenden Bedürfnisses nach Rechtssicherheit unbefriedigend, weil sich je nach Bundesland unterschiedliche Voraussetzungen ergeben können, obwohl der gleiche bundesrechtliche Rechtsgrundlagenteil für die Maßnahme herangezogen wird. Gleichwohl ist es das Ergebnis dogmatischer Konsequenz. Es obliegt dem Bundesgesetzgeber, entweder durch einen Verweis auf die Regelungen des Bundespolizeigesetzes oder durch dessen Etablierung als „AT-Gesetz“ des Bundes für eine diesbezügliche Abhilfe zu sorgen.

II. Die verfassungsrechtliche Charakteristik des Notstandsinstituts

Auf Basis der bisherigen Ausführungen lässt sich eine grundlegende charakteristische Kategorisierung des gefahrenabwehrrechtlichen Notstandsinstituts vornehmen, die es insbesondere im anschließenden Kapitel der Legitimation zur Bewertung verschiedener Aspekte aufzugreifen gilt. Dabei drängt sich der Schluss auf, dass es viel präziser typisiert werden kann als häufig durch eine Einordnung als „Konkretisierung“ des Verhältnismäßigkeitsgrundsatzes bzw. Übermaßverbots vermittelt wird.[71]

---

[68] BVerfGE 32, 319 (327 f.); 113, 348 (371); *Uhle*, in: Dürig/Herzog/Scholz et al. (Begr./Hrsg.), GG, Art. 72 (2015) Rn. 93.

[69] *Jarass*, NVwZ 1996, 1041 (1045); *Uhle*, in: Dürig/Herzog/Scholz et al. (Begr./Hrsg.), GG, Art. 72 (2015) Rn. 84.

[70] Im Ergebnis übereinst. *Beckermann*, DÖV 2020, 144 (150 f.) sowie *Giesberts/Gayger/Weyand*, NVwZ 2020, 417 (418); etwas undeutlicher („Regelungen […] aus dem allgemeinen Polizeirecht“) *Klafki*, Risiko und Recht, 2017, S. 307.

[71] Vgl. die Umschreibungen bei *Barczak*, DV 49 (2016), 157 (172, 202); *Kniesel*, DÖV 1997,

1. Ausprägung des Grundsatzes gerechter Lastenverteilung

Das gefahrenabwehrrechtliche Notstandsinstitut nimmt nicht nur Bezug auf die Verhältnismäßigkeit einer Maßnahme in Relation zwischen Nichtstörer und Staat, sondern bezieht sich zum Schutz vor einer gleichheitswidrigen Inanspruchnahme im Lichte des Art. 3 Abs. 1 GG auch auf das Verhältnis zum Störer und zu anderen Unbeteiligten. Insoweit lässt es sich insgesamt als Ausprägung des Grundsatzes gerechter Lastenverteilung begreifen.[72]

Dabei ist die Einordnung als „Konkretisierung" des Verhältnismäßigkeitsgrundsatzes aus dem Grund problematisch, dass eine solche den Eindruck vermittelt, als könnten die über der „Konkretisierung" stehenden Vorgaben außer Acht gelassen werden. Dementsprechend wird in der Literatur vereinzelt vertreten, dass eine über die Voraussetzungen der Notstandsregelung hinausgehende Prüfung des Entschließungsermessens nicht mehr vorgenommen werden müsse.[73] Darin liegt ein Irrtum, weil die Erfüllung der geschriebenen Voraussetzungen zwar in aller Regel, aber keineswegs immer zur Verhältnismäßigkeit des Tätigwerdens führt.[74] Vor diesem Hintergrund gestaltet sich eine Einordnung als „Ausprägung" des Verhältnismäßigkeitsgrundsatzes als passgenauer,[75] weil eine solche für die Inklusion atypischer Fälle empfänglicher ist.[76]

Das Verhältnis zwischen Staat und Nichtstörer kommt auch in den regelmäßig normativ gezogenen Aufopferungsgrenzen zum Ausdruck, wonach die Heranziehung unzulässig ist, wenn der Nichtstörer hierdurch erheblich gefährdet werden oder höherwertige Pflichten verletzen würde, wobei die Ausgestaltung im Detail variieren kann.[77] Diese Voraussetzungen können verfassungsrechtlich dem Zumutbarkeitsprinzip zugeordnet werden, dem teilweise gegenüber dem Verhältnismäßigkeitsgrundsatz ein eigenständiger Gehalt attestiert und daher von diesem separiert wird.[78] Soweit diese Einschätzung geteilt wird, lässt sich das gefah-

905 (906); generell für die allgemeinen Adressatenvorschriften *Ruthig*, LKRZ 2015, 481 (485); *Schloer*, DÖV 1991, 955 (960).

[72] S. zum Grundsatz gerechter Lastenverteilung bereits § 2 II. 1. c).

[73] Zu diesem Ergebnis gelangt *Pewestorf*, in: ders./Söllner/Tölle, Praxishandbuch Polizei- und Ordnungsrecht, 2012, 1. Kap. Rn. 287.

[74] S. hierzu noch die Ausführungen bei § 4 II. 2. b) dd) und § 4 II. 2. e).

[75] So auch die Formulierung bei *Enders*, Jura 1998, 365 (368).

[76] Dieses Ergebnis ergibt sich auch dann, wenn die Voraussetzungen einer Notstandsregelung als objektive Ermessensgrenzen eingeordnet werden. Diese würden dann lediglich die äußersten Grenzen des Entschließungsermessens, mit anderen Worten: die äußersten Grenzen der Verhältnismäßigkeit im Hinblick auf das „Ob" der Inanspruchnahme widerspiegeln, sodass es sich ebenfalls nicht um eine vollumfängliche Konkretisierung der Verhältnismäßigkeit handeln könnte.

[77] S. zu den Aufopferungsgrenzen und den verschiedenen Ausgestaltungsmöglichkeiten noch § 4 II. 2. b) cc).

[78] Zum Bild der Rechtsprechung *Ossenbühl*, Zumutbarkeit als Verfassungsmaßstab, in: Rüthers/Stern (Hrsg.), Freiheit und Verantwortung im Verfassungsstaat, 1984, S. 315 (316 ff.). Soweit das Zumutbarkeitsprinzip als eigenständige verfassungsrechtliche Kategorie

renabwehrrechtliche Notstandsinstitut nicht nur als Ausprägung des Verhältnismäßigkeitsgrundsatzes, sondern zugleich als Ausprägung des Zumutbarkeitsprinzips charakterisieren. Dabei werden gute Argumente dafür vorgebracht, dem Zumutbarkeitsprinzip zumindest einen eigenständigen Gehalt gegenüber dem Verhältnismäßigkeitsgrundsatz zuzuschreiben. Während es bei der Verhältnismäßigkeit um die Schaffung eines angemessenen Ausgleichs im Wege der Abwägung geht,[79] soll der Inhalt des Zumutbarkeitsprinzips darin bestehen, eine aus der „Sphäre des Betroffenen" stammende Überforderung zu verhindern.[80] Die Zumutbarkeit betrifft also stärker die Belange der von der Maßnahme adressierten Person,[81] ist aufgrund dieser individualisierenden Betrachtung aber genauso wie der Verhältnismäßigkeitsgrundsatz einer Abwägung zugänglich.[82] Das Zumutbarkeitsprinzip lässt sich daher als Teilaspekt einer umfassenden[83] Verhältnismäßigkeit begreifen.[84] Mit anderen Worten sind unzumutbare Maßnahmen immer unverhältnismäßig, zumutbare Maßnahmen aber nicht zwingend verhält-

---

betrachtet wird, ist die Ableitung genauso umstritten wie die des Verhältnismäßigkeitsgrundsatzes. Dabei werden weitgehend die gleichen Anknüpfungspunkte erwogen (vgl. auch *Tipke*, Steuerliche Betriebsprüfung im Rechtsstaat, 1968, S. 100, wonach Verhältnismäßigkeit und Zumutbarkeit der gleiche verfassungsrechtliche Bezugspunkt zukommt), namentlich das Rechtsstaatsprinzip (etwa *Steinberg*, BB 1968, 433 [436]) sowie die Grundrechte (in diese Richtung *Ossenbühl*, Zumutbarkeit als Verfassungsmaßstab, in: Rüthers/Stern [Hrsg.], Freiheit und Verantwortung im Verfassungsstaat, 1984, S. 315 [326 f.]), teilweise auch in Verbindung mit dem Sozialstaats- (*Schlegel*, SoSi 1969, 291 [296]; andeutungsweise auch *Herschel*, AuR 1968, 193 [196]) oder dem Menschenwürdeprinzip (*R. Albrecht*, Zumutbarkeit als Verfassungsmaßstab, 1995, S. 203 ff., 243).

[79] Vgl. nur den Titel von *Leisner*, Der Abwägungsstaat – Verhältnismäßigkeit als Gerechtigkeit?, 1997.

[80] *Tipke*, Steuerliche Betriebsprüfung im Rechtsstaat, 1968, S. 100. Eine Unterscheidung findet sich auch bei *Würtenberger/Heckmann/Tanneberger*, Polizeirecht in Baden-Württemberg, 7. Aufl. 2017, § 5 Rn. 330, wonach die regelmäßige Inanspruchnahme als „Blutspender" einer neben dem Krankenhaus wohnenden Person, die eine besonders seltene Blutgruppe hat, für sich genommen verhältnismäßig, dem Betroffenen jedoch unzumutbar ist. Inhaltlich ergibt sich allerdings kein Unterschied, wenn man den Zumutbarkeitsaspekt im Rahmen der Verhältnismäßigkeit behandelt und diese Maßnahme mithin auch als unverhältnismäßig einordnet.

[81] *R. Albrecht*, Zumutbarkeit als Verfassungsmaßstab, 1995, S. 241.

[82] *Ossenbühl*, Zumutbarkeit als Verfassungsmaßstab, in: Rüthers/Stern (Hrsg.), Freiheit und Verantwortung im Verfassungsstaat, 1984, S. 315 (324 f.); vgl. auch *Langheineken*, Der Grundsatz der Verhältnismäßigkeit, 1972, S. 19 f.; a.A. *Lücke*, Die (Un-)Zumutbarkeit als allgemeine Grenze öffentlich-rechtlicher Pflichten des Bürgers, 1973, S. 41 f. sowie *ders.*, DÖV 1974, 769 (771).

[83] Vgl. hierzu nur *W.-R. Schenke*, Polizei- und Ordnungsrecht, 12. Aufl. 2023, Rn. 410, wonach zur Verhältnismäßigkeit auch „die öffentlichen Interessen [gehören], die durch die Gefahrenabwehr geschützt werden".

[84] Vgl. auch *D. Merten*, in: ders./Papier (Hrsg.), Handbuch der Grundrechte, 3. Band, 2009, § 68 Rn. 75 f.; auf diese Sichtweise hindeutend auch *Ossenbühl*, Zumutbarkeit als Verfassungsmaßstab, in: Rüthers/Stern (Hrsg.), Freiheit und Verantwortung im Verfassungsstaat, 1984, S. 315 (326 f.).

nismäßig.[85] Insoweit genügt es aber, das Notstandsinstitut umfassend als Ausprägung des Grundsatzes gerechter Lastenverteilung bzw. in konkretisierter Form als Ausprägung des Verhältnismäßigkeitsgrundsatzes zu deklarieren.

2. *Verkörperung der Gebote der Normenklarheit und -bestimmtheit*

Wie bereits im Rahmen der tradierten Polizeirechtsdogmatik dargelegt wurde, liegt eine Funktion der Adressatenregelungen darin, insbesondere bei den gefahrenabwehrrechtlichen Generalklauseln für eine größtmögliche Klarheit und Bestimmtheit zu sorgen, ohne durch eine zu starke Begrenzung eine effektive Gefahrenabwehr zu gefährden.[86] Allerdings gibt die Verfassung und nicht das einfache Recht den Maßstab vor, sodass sich aus der typischen Ausgestaltung einer Notstandsregelung keineswegs ableiten lässt, dass die ausdrückliche Festschreibung sämtlicher Voraussetzungen zur Erfüllung der Grundsätze notwendig wäre. Vielmehr ist zunächst nur erforderlich, dass sich aus einer Vorschrift der Nichtstörer als potenzieller Adressat der Maßnahme ergibt. Insoweit ist auch die oben beschriebene Ergänzungsfunktion der allgemeinen Notstandsregelungen im besonderen Gefahrenabwehrrecht in engem Zusammenhang mit den Grundsätzen zur Klarheit und Bestimmtheit zu sehen, weil die Befugnisse, die den Adressatenkreis nicht näher begrenzen, ohne die Ergänzung regelmäßig als zu unbestimmt bzw. zu unklar eingeordnet werden müssten.

Ob und welche Voraussetzungen darüber hinaus ausdrücklich festzuschreiben sind, lässt sich nur im Einzelfall beantworten, wobei der hierfür entscheidende Maßstab noch ermittelt werden muss. Daraus ergibt sich, dass zwar die Existenz einer Notstandsregelung als Ausdruck oder Verkörperung der Grundsätze der Normenklarheit und -bestimmtheit zu werten ist, ihre einzelnen Voraussetzungen sind es aber nur insoweit, als die Verfassung in einem ersten Schritt als denknotwendige Anforderung zunächst ihre Ableitung und in einem zweiten Schritt auch ihre Vergesetzlichung gebietet.[87]

[85] Dies lässt sich anhand des folgenden Beispiels erläutern: Die Heranziehung eines Nichtstörers ist unverhältnismäßig, wenn mit ihr zwar der Schadenseintritt am Eigentum eines Dritten verhindert werden könnte, durch die Maßnahme aber ein höherer Schaden am Eigentum des Nichtstörers eintreten würde. Der Nichtstörer erhält für den Schaden an seinem Eigentum allerdings einen finanziellen Ausgleich, sodass er theoretisch nach der Maßnahme keine schlechtere Stellung innehat als vorher. Die Maßnahme lässt sich daher im Hinblick auf die Belange des Nichtstörers als zumutbar einordnen, bleibt insgesamt aber unverhältnismäßig.

[86] S. hierzu und zum Folgenden die Ausführungen und Nachweise bei § 2 II. 1. a).

[87] S. zum Prüfungsmaßstab § 4 II. 1. c).

III. Zusammenfassung

Die allgemeinen Notstandsregelungen lassen sich systematisch mit verfassungsrechtlichen Grundvorgaben in Relation setzen. Insoweit handelt es sich nicht um ein Institut am Rande der Rechtsstaatlichkeit, sondern um ein Institut, das gerade die Einhaltung rechtsstaatlicher Vorgaben sicherstellen soll, indem es erstens ergänzt und zweitens begrenzt. Während die konkreten Anforderungen an die Begrenzung dem nachfolgenden Kapitel der Legitimation zuzuordnen sind, ließ sich der dogmatische Weg der Ergänzung bereits abhandeln.

Notstandsregelungen partizipieren als Regelungen der Maßnahmerichtung an der Rechtsgrundlage. Während sie Befugnisse desselben Gesetzes unstreitig und unmittelbar ergänzen, werden die typischen Voraussetzungen zwar auch im besonderen Gefahrenabwehrrecht herangezogen, doch bleibt der dogmatische Weg dabei häufig unklar oder fragwürdig.

Richtigerweise sind die landesrechtlichen Ordnungsgesetze als „AT-Gesetze" zu begreifen, sodass ihre Adressatenregelungen auch im besonderen Gefahrenabwehrrecht der Länder unmittelbar herangezogen werden können. Selbiges gilt bei gefahrenabwehrrechtlichen Gesetzen des Bundes, sofern diese auf einer konkurrierenden Gesetzgebungskompetenz beruhen. Im Bereich der ausschließlichen Bundeskompetenz muss dieser Weg naturgemäß scheitern. Da sich nach derzeitigem Stand kein Bundesgesetz als „AT-Gesetz" einordnen lässt, entsteht eine Lücke, für deren Schließung sich eine analoge Anwendung der Adressatenregelungen des Bundespolizeigesetzes anbietet. Auf diesem Weg lässt sich die insbesondere im Kontext der Nichtstörerinanspruchnahme erstrebenswerte größtmögliche Klarheit und Bestimmtheit der Eingriffsbefugnis erreichen.

§ 4 Begründung und Begrenzung

Im Rechtsstaat ist jeder Eingriff in die bürgerlichen Freiheitsrechte begründungsbedürftig. Weil der Nichtstörer die Gefahr nicht verursacht hat und auch nicht die Herrschaft über eine gefährliche Sache besitzt, fehlt es offenkundig an einem mit der Inanspruchnahme von Störern vergleichbaren Rechtsgrund. Nicht erforderlich ist aber der Versuch, durch die Forderung nach einer Gegenmittelinhaberschaft ein Kriterium zu finden, das beim Nichtstörer ebenso wie beim Störer vorhanden sein muss. Ohnehin ließe sich die Eignung zur Bildung des abstrakten Rechtsgrunds leicht bezweifeln, weil die bloße Inhaberschaft eines Gegenmittels noch keinen Aufschluss darüber gibt, warum der Nichtstörer dieses auch einsetzen muss.[1] Da das Notstandsinstitut allerdings dem legislativen Grundkonzept widerspricht und damit Ausnahmerecht verkörpert, ist die Rechtsgrunddivergenz bei der Inanspruchnahme von Störern einerseits und von Nichtstörern andererseits nicht weiter dramatisch. Entscheidend ist allein, dass sich überhaupt ein Rechtsgrund anführen lässt.

Von dem abstrakten Rechtsgrund für die Inanspruchnahme des Nichtstörers, der das „Ob" der Legitimation betrifft, muss das „Wie" der Legitimation getrennt werden. Die abstrakte Zulässigkeit der Heranziehung Unbeteiligter zur Gefahrenabwehr beinhaltet nicht zwangsläufig auch eine finale Grenze, deren Übertritt die Illegalität einer Maßnahme bedingt. Diesbezügliche Erwägungen sind aber unerlässlich, weil sie Aufschluss darüber geben, welche Vorgaben die Gesetzgeber bei der Ausgestaltung ihres Notstandsinstituts zu beachten haben. Insbesondere in Ansehung der feststellbaren Unterschiede der Regelungen[2] sind diese wiederum maßgeblich für deren verfassungsmäßige Beurteilung.

Die abstrakte Begründung des Instituts bildet zusammen mit den verfassungsrechtlichen Anforderungen an seine konkrete Ausgestaltung die Basis der Legitimation. Deren Aufschlüsselung ist nicht nur für sich genommen erkenntnisreich. Vielmehr kann sie auch einen Teil zur Entschlüsselung verschiedener Einzelprobleme leisten.[3]

---

[1] S. zur Kritik am Kriterium der Gegenmittelinhaberschaft bereits § 2 II. 2. c) aa).

[2] Die Unterschiede der Regelungen werden bei der Beschreibung der Ausgangslage aufgezeigt, die zu Beginn der Untersuchung der jeweiligen Tatbestandsmerkmale erfolgt.

[3] S. hierzu noch die Ausführungen bei § 5 I.

I. Das „Ob“: Begründung der Legitimation

Das gefahrenabwehrrechtliche Notstandsinstitut führt zu zweierlei Konsequenzen. Es vermittelt auf der einen Seite die weitgehende Sicherheit, dass eine Gefahr bekämpft und der Eintritt eines Schadens verhindert werden kann, wenn auch nur irgendjemand hierzu in der Lage ist. Es verhindert aber auf der anderen Seite die Sicherheit, durch rechtskonformes Verhalten stets von gezielten Eingriffen der Gefahrenabwehrbehörden verschont bleiben zu können. Im Ausnahmefall darf der Einzelne also keine autonome Entscheidung mehr treffen, sondern muss sich zur Hilfeleistung verpflichten lassen. Hierfür bedarf es eines Rechtfertigungsgrundes, der nach den bisherigen Ausführungen weder in der Verantwortung für die Gefahrenentstehung noch in einer Gegenmittelinhaberschaft liegen kann.

1. Ausgangslage

Um den Rechtsgrund der Nichtstörerinanspruchnahme bestimmen zu können, muss auf Grundlagen zurückgegriffen werden, bei denen es in zweierlei Hinsicht scheint, als wären sie zu weit von einem Einfluss auf die abstrakte Legitimation entfernt. Dies betrifft mit den Staatszwecken bzw. Staatsaufgaben zum einen die Grundlagen der Staatstheorie, die deshalb zu weit von der abstrakten Legitimation entfernt scheinen, als man sie ohnehin als Ursprung und Grundlage des gesamten Gefahrenabwehrrechts einordnen könnte. Zum anderen betrifft dies die verschiedenen Interessenpositionen des Staates, von Unbeteiligten, deren Inanspruchnahme im Raum steht, sowie von etwaigen Dritten, deren Rechtsgüter mit der Maßnahme geschützt werden. Diese Aspekte scheinen insoweit von der abstrakten Legitimation entfernt, als entsprechende Belange jedenfalls bei der konkreten Ausgestaltung des Notstandsinstituts sowie der Anwendung im Einzelfall Beachtung finden müssen.

Gleichwohl sind die staatstheoretischen Grundlagen wie auch die Interessen aller Beteiligten elementar, um nach Vergewisserung dieser Ausgangslage von mehreren potenziellen Rechtsgründen auch den zutreffendsten zu bestimmen. Dieser Rechtsgrund darf anschließend nicht in Vergessenheit geraten, sondern vielmehr ist er als Baustein zu begreifen, der als solcher geeignet ist, auf die weitere Ausgestaltung, Auslegung und Anwendung des Notstandsinstituts Einfluss zu nehmen. Zu weitgehend ist daher die Auffassung, dass eine finale Entscheidung zur abstrakten Begründbarkeit der Nichtstörerinanspruchnahme dahinstehen könne, weil es sich um eine „verfassungsrechtliche Selbstverständlichkeit ohne weiteren Erkenntnisgewinn“ handele.[4]

[4] So aber *Lindner*, Die verfassungsrechtliche Dimension der allgemeinen polizeirechtlichen Adressatenpflichten, 1997, S. 58 – Hervorhebung im Original hier ausgelassen.

a) Staatstheoretische Grundlagen

Der Beginn der Suche nach einem Rechtsgrund zur Pflichtigkeit eines Unbeteiligten muss also im Beginn von Staatlichkeit, genauer gesagt in der Frage wurzeln, worin der Grund für die Existenz eines Staates liegt und wodurch die Rechtfertigung seiner Existenz begründet wird.[5] Rudimentäre Formen von Staatlichkeit reichen bis in die prähistorische Zeit zurück, in der sich Menschen zur Wahrnehmung gemeinsamer Aufgaben zusammenschlossen und dementsprechend die Akzeptanz bestimmter Verhaltensmaximen notwendig wurde.[6] Die maßgeblich von *Georg Jellinek* geprägten Wesensmerkmale eines Staates – Staatsvolk, Staatsgebiet und Staatsgewalt[7] – wurden zwar noch nicht erfüllt. Auch Vorläufer moderner Staatlichkeit zeichneten sich aber schon dadurch aus, dass mit dem Zusammenschluss ein bestimmter Zweck verfolgt wurde. Neben der Effektivierung von Arbeitsleistungen[8] standen bereits zu den Anfängen von Staatlichkeit sicherheitsrelevante Erwägungen im Fokus,[9] etwa bei der gemeinschaftlichen Verteidigung der Herrschaft über den Ackerboden.[10]

Nicht erst seit *Thomas Hobbes* ist Sicherheit also als eine der wesentlichen Aufgaben des Staates zu sehen.[11] Mit *Hobbes* rückte Sicherheit im 17. Jahrhundert aber an die Spitze der Legitimationsgründe und schien die Stellung eines kompromisslosen Staatszwecks einzunehmen.[12] So herrsche im naturgegebenen

---

[5] In diesem Abschnitt sollen nur die grundlegenden Eckpunkte sozialtheoretischer Entwicklungen dargestellt werden, denen für den weiteren Verlauf der Arbeit Relevanz zukommen kann. Vertiefend zum Zusammenhang zwischen Staatslegitimation, Staatszwecken und Sicherheit etwa *Berber*, Das Staatsideal im Wandel der Weltgeschichte, 2. Aufl. 1978; *Isensee*, Das Grundrecht auf Sicherheit, 1983; *Moos*, Staatszweck und Staatsaufgaben in den protestantischen Ethiken des 19. Jahrhunderts, 2005.

[6] So *Haller/Kölz/Gächter*, Allgemeines Staatsrecht, 6. Aufl. 2020, § 1 Rn. 1. Ab wann die Institution „Staat" aber wirklich existiert, hängt von ihrer Definition ab und ist dementsprechend umstritten. Teilweise wird Staatlichkeit daher erst auf die frühen Jahre des 19. Jahrhunderts datiert, vgl. *H. Krüger*, Allgemeine Staatslehre, 1964, S. 9 ff.

[7] *G. Jellinek*, Allgemeine Staatslehre, 3. Aufl. 1914, 1966, S. 394 ff.

[8] Dies soll etwa den Bereich der Wasserregulierung durch Nomaden betreffen, für deren Effizienz eine umsichtige Planung und wohlüberlegte Steuerung mit vielfältigen Aufgaben erforderlich gewesen sei, vgl. *Berber*, Das Staatsideal im Wandel der Weltgeschichte, 2. Aufl. 1978, S. 13 f.; zu sozialen Bindungen in einer Gemeinschaft auch *Schilling*, Geschichte der sozialen Ideen, 2. Aufl. 1966, S. 12 ff.

[9] Die Ursprünge von Staatlichkeit werden allerdings nicht ausschließlich auf ein Zusammenschlusserfordernis zwecks gemeinsamer Aufgabenwahrnehmung zurückgeführt. Teilweise werden die ersten Erscheinungsformen von Staatlichkeit auch aus herrschaftlicher Eroberung und Unterdrückung abgeleitet, vgl. *Berber*, Das Staatsideal im Wandel der Weltgeschichte, 2. Aufl. 1978, S. 13.

[10] *Haller/Kölz/Gächter*, Allgemeines Staatsrecht, 6. Aufl. 2020, § 1 Rn. 2.

[11] Vgl. *Isensee*, JZ 1999, 265 (266), der darauf hinweist, dass der Staat bereits für *Platon* „Sache des Lebenskampfes" gewesen sei.

[12] Vgl. *Isensee*, Das Grundrecht auf Sicherheit, 1983, S. 3 f.; *Middel*, Innere Sicherheit und präventive Terrorismusbekämpfung, 2007, S. 21.

Zustand Gesetzlosigkeit, ein Krieg aller gegen alle und nur ein Staat sei in der Lage, diesen Zustand sowie die Furcht des Einzelnen, von seinesgleichen getötet zu werden, zu bändigen.[13]

Veränderung erfuhr der ausgemachte Staatszweck mit *John Locke*, der im Naturzustand zwar einen Zustand der Freiheit,[14] aber zugleich ein natürliches Gesetz der Verpflichtung annahm, sich selbst und die übrige Menschheit zu erhalten,[15] womit die Gewährleistung von Freiheit neben den Staatszweck der Sicherheit trat.[16]

Mit den Vertretern des liberalen Staatsideals[17] wurde erneut die Sicherheit als alleiniger Staatszweck ausgemacht, allerdings dergestalt, dass nur die Sicherheit als Rechtfertigungsgrund für die Einschränkung individueller Freiheiten dienen könne.[18] Als Folge verschiedener Kritiken hieran entwickelte sich neben der Sicherheit und der Freiheit ein dritter Legitimationspfeiler auf sozialer Ebene. Der entstandene Rechtsstaat verlange zwar nach Abwägung zwischen Sicherheit und Freiheit, begründe aber nunmehr die Furcht vor wirtschaftlichen Gefahren und Existenznöten. Aus dem Rechtsstaat wurde zugleich ein Sozialstaat, der ein Mindestmaß sozialer Absicherung bezweckt.[19]

Sicherheit, Freiheit und soziale Absicherung können nach heutigem Verständnis als die drei Grundpfeiler des Staates betrachtet werden. Sicherheit und Freiheit schließen sich zwar nicht gegenseitig aus, sie können aber beide auch nicht in Gänze nebeneinander bestehen.[20] Im Mittelpunkt befindet sich vielmehr die ausbalancierte Vereinbarung von Sicherheit und Freiheit.[21] Dementsprechend muss

[13] *Hobbes*, Leviathan, 1651, Übersetzung J. Mayer, 2018, S. 151 ff.; vgl. auch *Isensee*, Das Grundrecht auf Sicherheit, 1983, S. 3 f.

[14] *Locke*, Zwei Abhandlungen über die Regierung, 1690, Übersetzung Hoffmann, 16. Aufl. 2020, S. 201, 278.

[15] *Locke*, Zwei Abhandlungen über die Regierung, 1690, Übersetzung Hoffmann, 16. Aufl. 2020, S. 203.

[16] Vgl. auch *Isensee*, Das Grundrecht auf Sicherheit, 1983, S. 5 ff. sowie *Hermes*, Das Grundrecht auf Schutz von Leben und Gesundheit, 1987, S. 153 f.

[17] Eine Übersicht der Vertreter bietet *v. Beyme*, Liberalismus, 2013, S. 21; vgl. ferner *Spitta*, Die Staatsidee Wilhelm von Humboldts, 2004, S. 35 f.

[18] Vgl. *Isensee*, Das Grundrecht auf Sicherheit, 1983, S. 10 ff. sowie *Petersen*, Wilhelm von Humboldts Rechtsphilosophie, 3. Aufl. 2016, S. 32: „Sicherheit als Gradmesser der Freiheit".

[19] Vgl. *Isensee*, Das Grundrecht auf Sicherheit, 1983, S. 17.

[20] Vgl. BVerfGE 115, 320 (358); *Papier*, Das Spannungsverhältnis von Freiheit und Sicherheit aus verfassungsrechtlicher Sicht, in: FS-Schenke, 2011, S. 263 (268). Das exakte Verhältnis von Freiheit und Sicherheit ist allerdings weiterhin streitig. Teilweise wird von einem grundsätzlichen Vorrang der Freiheit ausgegangen, vgl. etwa *Simon*, Präzeptoraler Sicherheitsstaat und Risikovorsorge, 2008, S. 24. Keinen grundsätzlichen Vorrang der Freiheit vor der Sicherheit sieht demgegenüber *N. Schneider*, Das Gebot der Trennung von Polizei und Nachrichtendiensten im Spannungsfeld von Freiheitsschutz und effektiver Gefahrenabwehr, 2019, S. 121 ff. Vgl. zum Ganzen auch *P.-A. Albrecht*, Die vergessene Freiheit, 2. Aufl. 2006, S. 21 ff.; *ders.*, Kriminologie, 4. Aufl. 2010, S. 102 f.; *Di Fabio*, NJW 2008, 421 ff.

[21] BVerfGE 115, 320 (358): „angemessene Balance"; *Schoch*, Der Staat 43 (2004), 347 (349).

der Staat in der Lage sein, die Freiheit zugunsten der Sicherheit beschränken zu können, sofern er dabei rechtsstaatliche Grenzen einhält. Weil sich die Möglichkeit zur Inanspruchnahme eines Nichtstörers als Ausdruck der staatlichen Sicherheitsgewährleistung einordnen lässt, ist es jedenfalls aus sozialethischen Gesichtspunkten nicht angezeigt, diese von vornherein zu verhindern. Vielmehr muss es im modernen Rechtsstaat primär die Aufgabe des freiheitsrechtlichen Legitimationspfeilers, mithin Aufgabe des Rechts sein, diese Möglichkeit angemessen zu begrenzen oder sogar vollständig zu nehmen. Die staatstheoretischen Grundlagen stehen der Heranziehung eines Unbeteiligten daher nicht entgegen. Andererseits sorgen sie auch noch nicht für eine hinreichende Legitimation.

b) Interessenpositionen von Staat und Bürgern

Für die Analyse der verschiedenen konkretisierten Legitimationsansätze ist weiterhin eine Kenntnis der verschiedenen Interessenpositionen erforderlich. Im Hinblick auf die Inanspruchnahme eines Nichtstörers droht die Gefahr, vorschnell die Freiheitsrechte des Unbeteiligten als maßgebliche Perspektive zu benennen. Zur Begründung der abstrakten Heranziehungsmöglichkeit muss jedoch ein anderer Blickwinkel eingenommen werden, weil die Freiheitsrechte des Unbeteiligten der Begrenzung eines staatlichen Rechts dienen und nicht dessen Schaffung. Während die freiheitsrechtliche Perspektive also beim „Wie“ der Legitimation in den Fokus rückt, muss das Hauptaugenmerk an dieser Stelle noch auf anderen Interessenpositionen liegen.

An dieser Stelle drängt sich das Verhältnis zwischen Staat und Dritten, die von der Gefahr betroffen sind, in den Vordergrund. Der Bürger hat oftmals nicht nur ein Interesse an der Abwehr oder Verringerung der Gefahr, sondern mitunter sogar einen Anspruch gegen den Staat auf dessen Tätigwerden. Insbesondere aus den Grundrechten auf Leben und körperliche Unversehrtheit aus Art. 2 Abs. 2 S. 1 GG, aber auch aus der Eigentumsgarantie des Art. 14 Abs. 1 GG, kann sich im Einzelfall als Teil der objektiven Gewährleistung der Grundrechte ein solcher Anspruch ergeben.[22] Obwohl sich eine „genuin staatliche Aufgabe der Gefahrenabwehr“[23] nicht absprechen lässt, kann nicht jeder mögliche Schadenseintritt einen aus den Grundrechten ableitbaren Anspruch des Bedrohten begründen, zumal die Abwehr einer Gefahr wiederum mit anderen Rechtsbeeinträchtigungen einhergehen kann. Wenngleich der Staat in Einzelfällen angehalten ist, seine Schutzpflichten gegenüber dem Bürger zu erfüllen, lässt sich dem noch keine

[22] Zur Ableitung staatlicher Schutzpflichten aus den Grundrechten BVerfGE 39, 1 (36 ff.) 46, 160 (164); 159, 223 (300 Rn. 174 ff.); *Boll*, Die Gebührenpflicht des Nichtstörers für polizeiliche Maßnahmen, 1998, S. 143 ff.; vgl. aber auch die kritischen Auseinandersetzungen bei *Hermes*, Das Grundrecht auf Schutz von Leben und Gesundheit, 1987, S. 61 ff. sowie bei *Simon*, Präzeptoraler Sicherheitsstaat und Risikovorsorge, 2008, S. 43 ff.; *Starke*, DVBl. 2018, 1469 (1473). Zur ideengeschichtlichen Argumentation bei der Begründung von Schutzpflichten *Cremer*, Freiheitsgrundrechte, 2003, S. 258 ff.

[23] *Pietzcker*, JZ 1985, 209 (210).

unmittelbare Wertung darüber abgewinnen, ob der Staat seinen Schutzpflichten überhaupt nachkommen kann, wenn er hierfür notwendigerweise in die Rechte anderer Bürger eingreifen muss.

Spiegelbildlich geht mit möglichen Ansprüchen Dritter auch das erste Interesse des Staates einher. Der Rechtsstaat würde seinem Charakter zuwiderlaufen, wenn er nicht willens und in der Lage wäre, die ihm obliegenden Aufgaben und die gegen ihn bestehenden Ansprüche zu erfüllen.[24]

Zugleich ist die lückenlose Gewährleistung einer angemessenen Sicherheitsfunktionalität vollkommen unmöglich. So führen etwa Personal-, aber auch Ressourcenknappheit zu prekären Sicherheitslagen und eröffnen damit Anwendungsfelder des gefahrenabwehrrechtlichen Notstandsinstituts. Zu denken ist an den häufig genannten Fall, dass ein Fahrzeugführer zum Ausleuchten einer Unfallstelle herangezogen wird,[25] während die Polizisten die Sicherung der Unfallstelle oder die Versorgung von Unfallopfern übernehmen. Nicht nur in dieser, sondern häufig auch in versammlungsrechtlichen Konstellationen fehlt es an personeller Kapazität,[26] um die Gefahr selbst effektiv bekämpfen zu können. Der in den vergangenen Jahren vielzitierte Stellenabbau bei der Polizei und anderen Sicherheitsbehörden[27] kann also eine Notstandslage bedingen oder jedenfalls mitursächlich für ihre Entstehung sein.[28] Gleichwohl hat der Staat ein Interesse daran, nicht dauerhaft (deutlich) mehr Personal als (meist) notwendig bereithalten zu müssen, nur um auch in selten auftretenden Situationen mit außergewöhnlich hohem Personalbedarf, der gegebenenfalls nur durch das Zusammentreffen mehrerer Großereignisse an einem Tag[29] entsteht, die Möglichkeit einer effektiven Gefahrenabwehr nicht an personellen Engpässen scheitern zu lassen. Denn zum einen wäre kaum zu beziffern, wie viele Sicherheitskräfte tatsächlich bereitzuhalten wären und selbst eine hoch angesetzte Anzahl personeller Kräfte könnte nicht ihr stetiges Ausreichen garantieren. Zum anderen würden einer derart hoch angesetzten Zahl von Personalkräften Erwägungen wirtschaftlicher Vernunft zu-

---

[24] Mittelbar ergibt sich dies aus der sog. Ehrenmanntheorie, nach der der Staat der gerichtlichen Feststellung eines Anspruchs grundsätzlich folgt, vgl. *Ogorek*, JuS 2009, 511 (513).

[25] Exemplarisch *Kugelmann*, Polizei- und Ordnungsrecht, 2. Aufl. 2012, 8. Kap. Rn. 84.

[26] Allerdings unterscheiden sich die beiden Konstellationen insoweit, als der Kapazitätsengpass in der ersten Situation der Plötzlichkeit der Gefahrenlage geschuldet ist, während sich die versammlungsrechtlichen Notstandslagen dadurch auszeichnen, dass der Personalmangel schon vorher bekannt, eine Behebung aber mangels ausreichend zur Anforderung verfügbarer Polizisten nicht möglich ist.

[27] Vgl. *Barczak*, DV (49) 2016, 157 (158), m.w.N. sowie *D. Müller*, NZV 2017, 19 (22).

[28] Bei den genannten Beispielen gilt dies wiederum nur für die versammlungsrechtliche Konstellation, während der Personalengpass in der Unfallsituation den Hintergrund hat, dass theoretisch mehr Beamte einsatzbereit wären, sich aber nicht am konkreten Einsatzort befinden.

[29] Vgl. auch *Barczak*, DV (49) 2016, 157 (158), der auf die „Konkurrenz" zwischen staatlichen Veranstaltungen, Demonstrationen, Fußballspielen und sonstigen kommerziellen Großveranstaltungen hinweist.

widerlaufen.[30] Pragmatisch ist vor diesem Hintergrund nur ein „gesunder Mittelweg", der damit zugleich das Interesse des Staates manifestiert, auch dann handlungsfähig zu sein, wenn ausreichend Personal gerade nicht zur Verfügung steht.

Obwohl die Interessen der Personen, deren Heranziehung im Raum steht einem bestehenden Rechtsgrund Grenzen setzen, statt einen solchen zu schaffen sollen auch diese benannt werden. Der Rechtsgrund muss nämlich in der Lage sein, diesen Interessen Stand zu halten und sich nicht vollständig von ihnen eingrenzen und damit einebnen zu lassen.

Grundlegend ist das Interesse, gar nicht mit einer Hilfeleistungspflicht belegt oder drastisch ausgedrückt: vom Staat in Ruhe gelassen zu werden, was durch die in Art. 2 Abs. 1 GG verankerte (negative) Handlungsfreiheit verfassungsrechtlich abgesichert wird.[31] Dies gilt nicht nur, wenn der Unbeteiligte zur Hilfeleistung nicht willens ist, sondern vor allem auch dann, wenn er zur Hilfeleistung gar nicht imstande ist. Notstandsmaßnahmen greifen häufig nicht nur in die subsidiäre Handlungsfreiheit ein, sondern betreffen regelmäßig auch spezielle Grundrechte, etwa mit der Beschlagnahme von Wohnraum zur Einweisung Obdachloser die Eigentumsgarantie aus Art. 14 Abs. 1 GG oder mit dem Verbot friedlicher Versammlungen die Versammlungsfreiheit aus Art. 8 Abs. 1 GG. Während das Schutzinteresse in diesen Fällen besonders ausgeprägt sein kann, sichert das Grundrecht auf Leben und körperliche Unversehrtheit aus Art. 2 Abs. 2 S. 1 GG das Interesse des Unbeteiligten ab, sich bei der Hilfeleistung nicht übermäßig selbst gefährden zu müssen. Schließlich ist mit Blick auf Art. 3 Abs. 1 GG das Interesse zu konstatieren, dass bei mehreren Unbeteiligten, die zur Gefahrenabwehr herangezogen werden könnten, eine ermessensfehlerfreie Entscheidung der Behörde erfolgt. Sobald der Nichtstörer zur Gefahrenabwehr verpflichtet wurde, verändert sich sein Interesse dahingehend, dass die Behörde das Fortdauern der Notstandslage regelmäßig überprüft und Handlungen zu deren Beseitigung vornimmt. Nach der Beendigung der Inpflichtnahme verbleibt das Interesse des Nichtstörers, etwaige Schäden ersetzt zu bekommen.

Diese verschiedenen Interessenpositionen bilden zusammen mit den staatstheoretischen Grundlagen die Basis, um nunmehr die unterschiedlichen Legitimationsansätze beurteilen und einen geeigneten Rechtsgrund für die abstrakte Zulässigkeit der Inanspruchnahme eines Nichtstörers bestimmen zu können.

---

[30] Zum Verhältnis von innerer Sicherheit und dem Wirtschaftlichkeitsgebot *Fratzky*, Ökonomisierung der polizeilichen Gefahrenabwehr, 2013, S. 130 ff. S. zu den Geboten der Wirtschaftlichkeit und Sparsamkeit auch die Ausführungen und Nachweise bei § 4 II. 2. b) bb) (6)

[31] Vgl. auch *Ritter*, Das Erfordernis der genügenden Bestimmtheit, 1994, S. 54, der insoweit zutreffend davon spricht, dass die Maßnahme für den Unbeteiligten „eine Menge Ärger, Zeitverlust und Beschränkung der persönlichen Entfaltung" mit sich bringen kann, „selbst wenn sie völlig rechtmäßig vorgenommen wurde".

2. Legitimationsansätze

Die in der Literatur vorhandenen Legitimationsansätze werden teils separat vorgebracht, teils aber auch miteinander kombiniert bzw. nebeneinander angeführt. Neben einem Rekurs auf die staatliche Aufgabe der Sicherheitsgewährleistung reichen die verfassungsrechtlichen Anknüpfungspunkte dabei von der Menschenwürde über die Grundrechte Dritter bis zum Sozialstaatsprinzip. Sie führen augenscheinlich zu dem übereinstimmenden Ergebnis, dass den Unbeteiligten die Pflicht treffen kann, eine Hilfeleistung erbringen zu müssen. Je nach gewähltem Anknüpfungspunkt kann sich allerdings ein anderer Umfang der Hilfeleistungspflicht ergeben.

a) Sicherheit als Staatsaufgabe

Zwar wurde bereits 1794 in § 10 II 17 des Allgemeinen Landrechts für die Preußischen Staaten (PrALR) die Aufgabe der Gefahrenabwehr gesetzlich manifestiert,[32] doch regelte die Norm eher Organisationsfragen und unternahm keinerlei Trennung zwischen Wohlfahrtspflege und Gefahrenabwehr.[33] Sicherheitspolizeiliche Maßnahmen sollten bereits durch den vorgebrachten Staatszweck der Sicherheitsgewährleistung legitimiert sein und keinen weiteren bzw. im Hinblick auf die weit gefassten Generalklauseln allenfalls geringfügigen Anforderungen unterworfen sein, während es bei Maßnahmen der Wohlfahrtspflege „einer besonderen ‚Einwilligung'"[34] bedurft habe (sogenannte Zweistufigkeit staatlicher Eingriffsermächtigungen).[35]

---

[32] § 10 II 17 PrALR lautet: „Die nöthigen Anstalten zur Erhaltung der öffentlichen Ruhe, Sicherheit, und Ordnung, und zur Abwendung der dem Publico, oder einzelnen Mitgliedern desselben, bevorstehenden Gefahr zu treffen, ist das Amt der Polizey".

[33] *Würtenberger/Heckmann/Tanneberger*, Polizeirecht in Baden-Württemberg, 7. Aufl. 2017, § 1 Rn. 6.

[34] *Vogel*, Über die Herkunft des Polizeirechts aus der liberalen Staatstheorie, in: FS-Wacke, 1972, S. 375 (380).

[35] Der im Hinblick auf die „Zweistufigkeit" staatlicher Eingriffsermächtigungen klärungsbedürftige Aspekt, ob die Inanspruchnahme eines Nichtstörers überhaupt Ausfluss der Sicherheitsgewährleistung ist, stellt sich im modernen Rechtsstaat heutiger Zeit nicht mehr. Relevant war dieser Streitpunkt hinsichtlich der Frage, ob die Inanspruchnahme des Nichtstörers einer besonderen Ermächtigungsgrundlage bedurfte. Weil der Verstoß gegen das Verbot, andere zu schädigen (sog. neminem laedere), für die Heranziehung einer Person als ausreichend erachtet wurde, ließ sich im Umkehrschluss annehmen, dass eine Maßnahme außerhalb der Verletzung dieses Gebots polizeilichen Eingriffen entzogen und ein „Notstandsrecht" daher abzulehnen ist, vgl. *Kühnbach*, Solidaritätspflichten Unbeteiligter, 2007, S. 125; *Melcher*, Geschichte der Polizei, 1926, S. 72. Das PrOVG stellte durch die Billigung der Heranziehung von Unbeteiligten aber klar, dass sich eine Verpflichtbarkeit nicht ausschließlich aus der Verletzung des *neminem laedere* ergeben kann, vgl. *Fleiner*, Institutionen des Deutschen Verwaltungsrechts, 8. Aufl. 1928, S. 402 ff. sowie *Kühnbach*, Solidaritätspflichten Unbeteiligter, 2007, S. 128 ff., m.w.N.

Im Rechtsstaat heutiger Zeit ist die Rechtfertigung einer Maßnahme über die bloße Staatsaufgabe der Gewährleistung von Sicherheit undenkbar.[36] Zweifellos bedarf es bei Eingriffen in die Rechte des Bürgers einer gesetzlichen Grundlage, die weitergehenden Anforderungen wie den Geboten der Normenklarheit und -bestimmtheit sowie dem Verhältnismäßigkeitsgrundsatz genügen muss. Das führt aber keineswegs dazu, dass die vormals propagierten Überlegungen zur Zweistufigkeit staatlicher Eingriffsermächtigungen nicht fruchtbar gemacht werden könnten. Vielmehr lässt sich die Aufgabe der Sicherheitsgewährleistung sehr wohl als Basis in Betracht ziehen, die aufgrund ihrer vagen Züge einer Konkretisierung per gesetzlicher Ausgestaltung bedarf. Weil sie insbesondere nicht den zwingenden Schluss darauf zulassen müsste, dass auch Unbeteiligte zur Gefahrenabwehr verpflichtet werden können, muss sie zur abstrakten Legitimation des Notstandsinstituts aber ergänzt werden, wofür sich die Heranziehung der anderen vorgebrachten Rechtfertigungsgründe erwägen lässt. Die staatliche Aufgabe der Sicherheitsgewährleistung kann also lediglich einen Teil des Legitimationsgedankens bilden.[37]

b) Grundrechte Dritter und staatliche Schutzpflichten

Wenn der Staat in bestimmten Fällen zum Schutz des Bürgers verpflichtet ist, liegt es durchaus nahe, ihm zur Erfüllung dieser Aufgabe auch einen Rückgriff auf Unbeteiligte zu gestatten.[38] Die Inanspruchnahme eines Nichtstörers könnte sich mithin aus den Grundrechten Dritter bzw. aus den hieraus im Einzelfall resultierenden staatlichen Schutzpflichten rechtfertigen.[39] Als Konsequenz entstünden allerdings Restriktionen bei der konkreten Ausgestaltung der Notstandsregelung, spätestens aber bei der Ausübung der Befugnis im Einzelfall, weil die Heranziehung des Nichtstörers stets nur dann legitimiert wäre, wenn sich im entsprechenden Fall ein Schutzanspruch eines Dritten ergäbe oder zumindest die

---

[36] Vgl. umfassend zur Gewährleistung von Sicherheit als Staatsaufgabe *Thiel*, Die „Entgrenzung“ der Gefahrenabwehr, 2011, S. 149 ff., m.w.N.

[37] Im Ergebnis übereinst. *Barczak*, DV 49 (2016), 157 (166); *Malmberg*, in: Drewes/Malmberg/Wagner et al., BPolG, 6. Aufl. 2019, § 20 Rn. 1, 3; in eine andere Richtung *Möller-Bierth*, Polizeiliche Inanspruchnahme im Grenzbereich zwischen Störerhaftung und polizeilichem Notstand, 1997, S. 30, wonach der „absolute Auftrag, Störungen und Gefahren abzuwehren“, die Inanspruchnahme eines Nichtstörers rechtfertige, „wenn auch unter erschwerten Voraussetzungen“.

[38] Vgl. im Hinblick auf die Hilfeleistungspflicht aus § 323c Abs. 1 StGB *Haubrich*, Die unterlassene Hilfeleistung, 2001, S. 148 f., m.w.N.; ähnlich interpretieren lassen sich die Ausführungen von *Wassermann*, DRiZ 1986, 291 (295), der auf die Verpflichtung des Staates verweist, Lebensunwillige (denen die „natürliche Einsichtsfähigkeit“ fehlt) vor dem Suizid zu schützen und der diesen Zweck auch durch § 323c Abs. 1 StGB verfolgt sieht; explizit zum gefahrenabwehrrechtlichen Notstandsinstitut *Fratzky*, Ökonomisierung der polizeilichen Gefahrenabwehr, 2013, S. 222.

[39] Zumindest auf Grundrechte Dritter bezugnehmend *Lindner*, in: Möstl/Schwabenbauer (Hrsg.), BeckOK Polizei- und Sicherheitsrecht Bayern, 2023, BayPAG, Art. 10 Rn. 5.

Grundrechte Dritter berührt würden. Da zumindest die Schutzpflichten aber relativ eng umgrenzt sind[40] und sich nur ausnahmsweise zu einem ganz konkreten behördlichen Handlungsgebot verdichten,[41] hätte dies eine deutliche Reduktion von Maßnahmen zur Folge, die regelmäßig nur bei einer erheblichen Gefahr für Leib, Leben, Freiheit oder Eigentum eines Dritten zulässig wären. In anderen Fällen wäre die Heranziehung eines Unbeteiligten auch unzulässig, wenn dieser mit verschwindend geringem Aufwand und ohne eigene Gefährdung effektiv bei der Gefahrenabwehr zugunsten eines anderen bedeutsamen Rechtsguts tätig werden könnte. Wenngleich sich der Rechtsstaat bewusst „Fesseln einer effektiven Gefahrenabwehr" leistet,[42] würde die auf diese Weise und im Voraus vorgenommene Beschränkung die Balance zwischen effektiver Gefahrenabwehr und Freiheitsgewährleistung eher aus dem Lot als ins Gleichgewicht bringen. Diese Destabilisierung ließe sich nur verhindern, wenn andere Konstellationen über einen anderen Rechtsgrund legitimiert würden.[43] Wenn dann aber unterschiedliche Rechtsgründe zur Legitimation einschlägig wären, könnten hieraus divergierende Anforderungen im Hinblick auf die Ausgestaltung und Anwendung des Notstandsinstituts folgen.

In der Gesamtschau erweist sich die Heranziehung von Grundrechten Dritter zur abstrakten Legitimation des gefahrenabwehrrechtlichen Notstandsinstituts entweder als nicht interessengerecht, oder sie müsste als unvollständig sowie ergänzungsbedürftig eingeordnet werden, was wiederum eine gewisse Undurchsichtigkeit zur Folge hätte. Vor diesem Hintergrund überwiegen die Argumente, die Möglichkeit zur Verpflichtung von unbeteiligten Personen auf einem anderen Weg zu begründen.

c) Verfassungsrechtliche und verfassungsrechtlich gerechtfertigte Hilfspflicht

Auch außerhalb der Grundrechte können verfassungsrechtliche Anknüpfungspunkte ausgemacht werden, mit denen sich die Ableitung von Hilfeleistungspflichten erwägen lässt. Allerdings wird die Existenz sogenannter Grundpflichten, die im Allgemeinen als verfassungsrechtlich begründete Pflichten des Ein-

---

[40] *Robbers*, Sicherheit als Menschenrecht, 1987, S. 144 ff.

[41] *Jaeckel*, Gefahrenabwehrrecht und Risikodogmatik, 2010, S. 105.

[42] *Hoffmann-Riem*, JZ 1978, 335.

[43] *Haubrich*, Die unterlassene Hilfeleistung, 2001, S. 149 weist im Rahmen von § 323c Abs. 1 StGB darauf hin, dass in der Literatur nicht erörtert werde, ob § 323c Abs. 1 StGB auch im Hinblick auf andere Rechtsgüter als das menschliche Leben Ausdruck einer staatlichen Schutzpflicht ist. Eine diesbezügliche Aufklärung scheint aber erforderlich, wenn hierin der Rechtsgrund der strafrechtlich verankerten Hilfeleistungspflicht verortet wird, da bei Unglücksfällen oder einer gemeinen Gefahr oder Not auch andere Rechtsgüter bedroht sein können. Allerdings ist aufgrund der weitgehenden Vergleichbarkeit mit dem gefahrenabwehrrechtlichen Notstandsinstitut (s. zum Zusammenspiel bei der Gefahrenabwehr noch § 5 I. 2.) wohl eine parallele Bestimmung des Legitimationsgrundes geboten, womit sich das Problem nicht stellt, weil im Ergebnis kein Rückgriff auf die staatliche Schutzpflicht erfolgt.

zelnen gegenüber dem Staat verstanden werden,[44] auf Ebene der Bundesverfassung nicht vollumfänglich anerkannt.[45] Demgegenüber sprechen die Landesverfassungen Grundpflichten häufig explizit an[46] und statuieren teilweise sogar eine Hilfeleistungspflicht für Notlagen. So bestimmt Art. 122 BayVerf: „Bei Unglücksfällen, Notständen und Naturkatastrophen und im nachbarlichen Verkehr sind alle nach Maßgabe der Gesetze zur gegenseitigen Hilfe verpflichtet."[47] Allerdings lassen sich daraus keine unmittelbaren (landes-)verfassungsrechtlichen Pflichten zur Hilfeleistung in Notfällen herleiten, was sich aus dem insoweit eindeutigen Gesetzeswortlaut („nach Maßgabe der Gesetze") ergibt. Vielmehr bedarf es hierfür einer einfachgesetzlichen Konkretisierung.[48] Soweit derartige Regelungen in den Landesverfassungen vorhanden sind, ließe sich auf Landesebene dementsprechend ein abstrakter Rechtsgrund für die Verpflichtbarkeit von Unbeteiligten annehmen, der sodann lediglich noch einer konkreten und verfassungskonformen Ausgestaltung bedürfte, um die Basis für die Heranziehung im Einzelfall zu bilden.

Mangels ausdrücklicher Anerkennung lassen sich diese Erwägungen aber nicht unmittelbar auf Bundesebene übertragen. Das Grundgesetz enthält zwar Regelungen wie die elterliche Pflege- und Erziehungspflicht aus Art. 6 Abs. 2 S. 1 GG oder die in Art. 12a GG beschriebenen Dienstleistungsverpflichtungen, bei denen die Ableitung eines gewissen Pflichtgehalts naheliegend scheint,[49] sodass

[44] Vgl. exemplarisch *D. Merten*, BayVBl. 1978, 554 f.; *Stober*, NVwZ 1982, 473, m.w.N.

[45] Ablehnend etwa *Henke*, Grundrechte und Grundpflichten, in: v. Beckerath/Bente/Brinkmann (Hrsg.), Handwörterbuch der Sozialwissenschaften, 4. Band, 1965, S. 688 (692). Von einer allgemeinen Anerkennung spricht *Aulehner*, Polizeiliche Gefahren- und Informationsvorsorge, 1998, S. 431; überblicksweise *Thurn*, Welcher Sozialstaat?, 2013, S. 467 ff., m.w.N.

[46] Vgl. nur die Bezeichnung des zweiten Hauptteils in der Landesverfassung Bayerns: „Grundrechte und Grundpflichten".

[47] Die ausdrückliche Statuierung verfassungsrechtlicher Grundpflichten kennt jedoch nicht erst die Landesverfassung Bayerns. Bereits die Weimarer Reichsverfassung enthielt, so die amtliche Überschrift des zweiten Hauptteils, Grundrechte und Grundpflichten. Ähnliche Regelungen enthalten etwa die Landesverfassungen in Brandenburg (Art. 46), Bremen (Art. 10) und im Saarland (Art. 19 Abs. 1). In Berlin findet sich ein Hinweis auf eine entsprechende Pflicht als Grundrechtsschranke des Rechts auf Freizügigkeit (Art. 17), vgl. den Hinweis bei *Geis*, in: Brocker/Droege/Jutzi (Hrsg.), Verfassung für Rheinland-Pfalz, 2. Aufl. 2022, Art. 22 Rn. 2. Eingehend zur Wirkungsweise der Regelungen sowie zu ihren Gemeinsamkeiten und Unterschieden im Ländervergleich *Badura*, DVBl. 1982, 861 (867 f.) sowie *T. Schmidt*, Grundpflichten, 1999, S. 233 ff.

[48] Es soll sich um einen Programmsatz handeln, der gar eine gesetzgeberische Pflicht zur einfachgesetzlichen Ausgestaltung enthalte, vgl. *Holzner*, Verfassung des Freistaates Bayern, 2014, Art. 122 Rn. 4. Konsequenterweise werden die Notstandsregelungen des bayerischen Landesrechts als „gesetzliche Konkretisierung der gegenseitigen Einstandspflicht des Art. 122 BV" eingeordnet, vgl. *Lindner*, in: Möstl/Schwabenbauer (Hrsg.), BeckOK Polizei- und Sicherheitsrecht Bayern, 2023, BayPAG, Art. 10 Rn. 6, m.w.N. Bemerkenswert ist daneben die Qualifizierung als „staatsethischer Appell" bei *Luchterhandt*, Grundpflichten als Verfassungsproblem in Deutschland, 1988, S. 381.

[49] Vgl. zu elterlichen Rechten und Pflichten auch BVerfGE 108, 82 (102): „Art. 6 Abs. 2

sich ein Schluss auf die prinzipielle Existenz von Grundpflichten auch auf Bundesebene aufdrängt. Im Hinblick auf die Annahme einer verfassungsrechtlichen Pflicht zur Hilfeleistung jedermanns bei der Gefahrenabwehr wird allerdings angemerkt, dass es diesbezüglich „an einem nach Begriff und Funktion der Grundpflichten gemäß dem Freiheitsprinzip des Verfassungsstaates unerläßlichen verfassungsgesetzlichen Anknüpfungspunkt“ fehle.[50] Andererseits wird es auch als ausreichend eingeordnet, wenn Grundpflichten von der Verfassung zwar nicht ausdrücklich vorgesehen, aber „sachnotwendig vorausgesetzt“, „stillschweigend mitgeschrieben“ oder auf anderem Weg „mittelbar statuiert“ wurden und so aus der Verfassung ableitbar sind.[51] Als ebensolche Anknüpfungspunkte lassen sich die Menschenwürde aus Art. 1 Abs. 1 GG und das Sozialstaatsprinzip aus Art. 20 Abs. 1 GG, das daneben auch in Art. 28 Abs. 1 S. 1 GG verankert ist, erwägen.[52]

Im Hinblick auf einen Rekurs auf die Menschenwürde drängt sich allerdings, sofern diese nicht ohnehin schon als Grundrecht klassifiziert wird,[53] der gleiche Gedankengang auf, der bereits den Rückgriff auf Grundrechte Dritter in Frage gestellt hat. Art. 1 Abs. 1 S. 2 GG ordnet zwar ausdrücklich an, dass sich die Achtung und der Schutz der Menschenwürde als Verpflichtung aller staatlichen Gewalt erweist und die Möglichkeit zur Heranziehung von Unbeteiligten insoweit als Ausdruck der staatlichen Verpflichtung, Dritte vor menschenunwürdigen Situationen zu schützen, verstanden werden könnte. Indem der Menschen-

---

Satz 1 GG schließt ein Elternrecht ohne Pflichtentragung gegenüber dem Kind aus. […] Wer das Elternrecht für sich beansprucht, kann nicht nur Rechte gegenüber dem Kind einfordern, sondern muss auch Pflichten tragen.“ *H. Schmidt*, Auf der Suche nach einer öffentlichen Moral, 1998, S. 177 hält Grundpflichten dagegen lediglich für ableitbar aus Art. 1 Abs. 1 GG und Art. 2 Abs. 1 GG. Zu weiteren möglichen Grundpflichten *Bethge*, NJW 1982, 2145 (2146) sowie *Stober*, Grundpflichten und Grundgesetz, 1979, S. 27 ff.

[50] So *Hasso Hofmann*, in: Isensee/Kirchhof (Hrsg.), Handbuch des Staatsrechts, 9. Band, 3. Aufl. 2011, § 195 Rn. 24, der die Aussage zwar auf die Hilfeleistungspflicht aus § 323c Abs. 1 StGB bezieht, doch dürfte sie auf die Inanspruchnahme im gefahrenabwehrrechtlichen Notstand übertragbar sein.

[51] *Bethge*, JA 1985, 249 (256); ebenso *Luchterhandt*, Grundpflichten als Verfassungsproblem in Deutschland, 1988, S. 51, der dies mit Verweis auf die grundgesetzlich nicht explizit existierenden Rechtsgehorsams- und Friedenspflichten begründet.

[52] Daneben ließe sich bei Eingriffen in das Eigentum eines Nichtstörers die Sozialpflichtigkeitsklausel aus Art. 14 Abs. 2 GG als Rechtsgrund für die abstrakte Verpflichtbarkeit erwägen. Allerdings wird nicht nur darauf hingewiesen, dass diese zu unbestimmt sei, um unmittelbare Rechtsfolgen zu erzeugen (*D. Merten*, BayVBl. 1978, 554 [558]). Es wäre auch wenig überzeugend, für zwei Maßnahmen, bei der eine die Eigentumsgarantie und eine ein Grundrecht betrifft, das keine der Sozialpflichtigkeitsklausel vergleichbare Maßgabe enthält, vollkommen andere Rechtsgründe für die abstrakte Legitimation der Nichtstörerinanspruchnahme anzuführen.

[53] Gegen die Qualifizierung der Menschenwürde als Grundrecht wird etwa der Wortlaut von Art. 1 Abs. 3 GG („Die nachfolgenden Grundrechte“) angeführt. Die Einordnung bleibt an dieser Stelle allerdings ohne Konsequenz, sodass sie nicht näher diskutiert werden muss. Überblicksweise zum Streitstand *Hufen*, JuS 2010, 1 f.; *Linke*, JuS 2016, 888.

würde ein interpersoneller Wertegehalt mit dem Inhalt zugesprochen wird, „niemandes Menschenwürde zu beeinträchtigen",[54] ließe sich nicht nur eine Pflicht zum Unterlassen eines menschenwürdeverletzenden aktiven Tuns ableiten, sondern zugleich eine Pflicht, anderen Menschen aktiv aus einer menschenunwürdigen Situation heraus zu verhelfen.[55] Erneut würde aber für die Ausgestaltung des Notstandsinstituts und seine Anwendung das Dilemma entstehen, dass es nur dann eingreifen könnte, wenn dies zum Schutz der Würde eines anderen Menschen angezeigt ist.[56]

Schließlich müsste dieser Aspekt auch Beachtung finden, wenn der Gesetzgeber spezielle Adressatenbestimmungen vornimmt, mit denen er unter Ausschluss der Notstandsregelung das Vorgehen gegen einen Jedermann legitimieren möchte. Denn die Tatsache, dass eine Person die Gefahr nicht verursacht hat, lässt sich auch durch ihre einfachgesetzliche Benennung als Adressat nicht relativieren. Eine solche Begrenzung lässt sich aber weder dem geltenden Regelwerk entnehmen, noch liegt eine derart tiefgreifende und im Voraus eintretende Beschränkung möglicher Befugnisse im Sinne einer effektiven Gefahrenabwehr. Konsequenterweise wird sie vor diesem Hintergrund auch nicht ernsthaft befürwortet. Im Gegenzug lassen sich umfassende verfassungsrechtliche Hilfeleistungspflichten aber auch nicht über die Menschenwürde anderer Personen begründen.

Damit verbleibt das Sozialstaatsprinzip aus Art. 20 Abs. 1, 28 Abs. 1 S. 1 GG, um neben der staatlichen Aufgabe zur Sicherheitsgewährleistung die verfassungsrechtliche Basis für die Heranziehung des Nichtstörers zu bilden. Die Herstellung bzw. Aufrechterhaltung des Sozialstaats entspricht einem verfassungsrechtlichen Handlungsauftrag, der mit einem weiten gesetzgeberischen Einschätzungsspielraum flankiert wird.[57]

Aufgrund der konturenlosen Ausgestaltung unterliegt die Begründung einer verfassungsrechtlichen Grundpflicht des Bürgers über das Sozialstaatsprinzip allerdings Zweifeln und aufgrund der Wirkung zulasten des Bürgers größeren Bedenken als die Begründung subjektiver Rechte,[58] wobei selbst diese vom Bundesverfassungsgericht nur in Einzelfällen vorgenommen wurde.[59] Es muss aber

---

[54] *Hans Hofmann*, in: Schmidt-Bleibtreu/Hofmann/Henneke (Begr./Hrsg.), GG, 15. Aufl. 2022, Art. 1 Rn. 14.

[55] *Luchterhandt*, Grundpflichten als Verfassungsproblem in Deutschland, 1988, S. 452 ff.

[56] Daher überzeugt es nicht, die Menschenwürde als Legitimationsgrund für das Verbot einer friedlichen Versammlung im *unechten* Notstand anzuführen (so aber *Knape*, Die Polizei 2001, 100 [106]). S. explizit zur Legitimation des *unechten* Notstands noch § 4 II. 2. b) bb) (4).

[57] Vgl. BVerfGE 1, 97 (105); 82, 60 (80); *Grzeszick*, in: Dürig/Herzog/Scholz et al. (Begr./Hrsg.), GG, Art. 20 (Sozialstaat) (2022) Rn. 18; *Janda*, ZRP 2021, 149 (151); *Saensawatt*, Die verfassungsrechtlichen Grundentscheidungen des Grundgesetzes, 2022, S. 303.

[58] Eine verfassungsrechtliche Grundpflicht zur Mithilfe bei der Gefahrenabwehr dementsprechend ablehnend *Hasso Hofmann*, in: Isensee/Kirchhof (Hrsg.), Handbuch des Staatsrechts, 9. Band, 3. Aufl. 2011, § 195 Rn. 24; *Hollands*, Gefahrenzurechnung im Polizeirecht, 2004, S. 117.

[59] Vgl. BVerfGE 27, 253 (283); 39, 302 (315); 41, 126 (153 f.); 82, 60 (80 f.); 94, 241 (263 f.);

nicht der zwanghafte Versuch unternommen werden, eine Grundpflicht zur Hilfeleistung unmittelbar aus dem Verfassungsrecht abzuleiten, weil das Sozialstaatsprinzip auch Grundrechtseingriffe rechtfertigen kann, die der „Verwirklichung sozialer Gerechtigkeit“ dienen.[60] Dass der Hilfeleistung im Notstand ein sozialer Gehalt attestiert wird, insinuieren bereits in der Literatur verwendete Bezeichnungen wie „Solidaritätspflicht“[61], „Menschenpflicht“[62] oder „Nächstenpflicht“[63]. Gleichzeitig erwecken sie den Eindruck, als handele es sich um eine Pflicht, die der Nichtstörer gegenüber seinen Mitmenschen erbringt. Auch das Sozialstaatsprinzip entfaltet seine Wirkung aber grundsätzlich im Verhältnis zwischen Staat und Bürger[64] und nicht unmittelbar im interpersonalen Verhältnis zwischen den Bürgern. Daher besteht die Hilfeleistungspflicht im gefahrenabwehrrechtlichen Notstand auch nicht unmittelbar gegenüber dem Mitmenschen, sondern gegenüber dem Staat, wenn dieser im Einzelfall die ihm obliegende Aufgabe der Gefahrenabwehr nicht erbringen kann.[65] Auf diese Weise kann die Inanspruchnahme eines Nichtstörers auch zulässig sein, wenn kein Dritter durch die Handlung begünstigt wird. Liegt der Beitrag des unbescholtenen Bürgers zur Gefahrenabwehr also grundsätzlich in der Finanzierung durch das Zahlen von Steuern, muss er zwar ausnahmsweise als „verlängerter Arm“[66] des zur Sicherheitsgewährleistung verpflichteten Staates tätig werden, erhält im Gegenzug aber eine Entschädigung von staatlicher Seite im Schadensfall. *Hollands* schildert dies eindrucksvoll:

110, 412 (445); *Heusch*, Freiheitseinbußen durch staatliche Leistungen, in: FS-Papier, 2013, S. 251 (253).

[60] BVerfGE 27, 253 (292); vgl. auch *Zacher*, in: Isensee/Kirchhof (Hrsg.), Handbuch des Staatsrechts, 2. Band, 3. Aufl. 2004, § 28 Rn. 120. Auch *Saffert*, Geschichte der Grundpflichten, 1959, S. 7 filtert Pflichten, die erst durch besonderen Akt entstehen, nochmals explizit von den Grundpflichten aus. Die Pflicht zum Tätigwerden aufgrund einer im Notstand ergangenen Anordnung dürfte hierunter zu subsumieren sein.

[61] *H. Martens*, in: Heesen/Hönle/Peilert et al. (Hrsg.), BPolG, 5. Aufl. 2012, § 51 Rn. 2; ähnlich *Pewestorf*, in: ders./Söllner/Tölle, Polizei- und Ordnungsrecht, 3. Aufl. 2022, § 16 Rn. 2; *Schmidt am Busch*, in: Meder/Brechmann (Begr./Hrsg.), Die Verfassung des Freistaates Bayern, 6. Aufl. 2020, Art. 122 Rn. 2.

[62] *Hasso Hofmann*, VVDStRL 41 (1983), 42 (75); *Marcic*, Menschenpflichten, in: FS-Verdross, 1971, S. 221.

[63] In diese Richtung *Zacher*, in: Nawiasky/Schweiger/Knöpfle et al. (Begr./Hrsg.), Die Verfassung des Freistaates Bayern, Art. 122 (1970) Rn. 2: „den einzelnen [...] für jeden Nächsten in die Pflicht zu nehmen“.

[64] Vgl. *Glombik*, VR 2019, 184 (186); *Voßkuhle*, SGb 2011, 181 (182 ff.).

[65] *Hollands*, Gefahrenzurechnung im Polizeirecht, 2004, S. 118; im Rahmen der Legitimation des § 323c Abs. 1 StGB *Pawlik*, GA 1995, 360 (370 ff.).

[66] *Honnacker*, in: ders./Beinhofer/Hauser, BayPAG, 20. Aufl. 2014, Art. 10 Rn. 2; *Lindner*, in: Möstl/Schwabenbauer (Hrsg.), BeckOK Polizei- und Sicherheitsrecht Bayern, 2023, BayPAG, Art. 10 Rn. 7.

„Während im Normalfall der Bürger zahlt (Steuerpflicht) und der Staat Gefahren abwehrt (Schutzpflicht), liegen die Dinge im Notstand genau umgekehrt: Der Bürger sorgt für Sicherheit, der Staat zahlt dem Bürger Entschädigung.“[67]

Weil die Leistung gegenüber dem Staat im Vordergrund steht und der Mitbürger nur mittelbarer Nutznießer ist, erweisen sich Bezeichnungen wie „Solidaritätspflicht“, „Menschenpflicht“ oder „Nächstenpflicht“ allerdings als unpassend.[68] Besonders die häufig bemühte „Solidaritätspflicht“ wirft Fragen auf. So ist nach wie vor ungeklärt, was Solidarität im Allgemeinen oder im Rechtssinne überhaupt bedeutet. Wird Solidarität als ein „unbedingtes Zusammenhalten mit jemandem aufgrund gleicher Anschauungen und Ziele“ oder eine „auf das Zusammengehörigkeitsgefühl und das Eintreten füreinander sich gründende Unterstützung“[69] definiert,[70] lässt sich konstatieren, dass Solidarität im Verhältnis der Bürger untereinander stattfindet und von subjektiven Komponenten geprägt ist, die der Staat allenfalls beeinflussen, aber nicht herstellen kann. Entscheidend ist für den Staat allerdings auch gar nicht die subjektive Einstellung, sondern das objektive Verhalten des Verpflichteten, das zur Gefahrenabwehr führt. Wenn der Staat aber nur auf das objektive Verhalten einwirken kann, lässt sich nur schwer von einer solidarischen Handlung sprechen, sofern der Bürger nicht durch seine innere Einstellung bedingt, sondern lediglich zur Erfüllung der Verpflichtung agiert. Der Begriff der „Solidaritätspflicht“ verkörpert daher ein Oxymoron, weil

[67] *Hollands*, Gefahrenzurechnung im Polizeirecht, 2004, S. 118 – Hervorhebung im Original hier ausgelassen.

[68] *Kühnbach*, Solidaritätspflichten Unbeteiligter, 2007, S. 135 hält allerdings auch eine „Solidarität“ gegenüber dem Staat für möglich, indem sie über die Ableitung des Staates aus dem Rechtsverhältnis der Bürger untereinander darauf verweist, dass es sich im Verhältnis zwischen Bürger und Staat um das Verhältnis zwischen Bürger und Bürger handele. Daneben lässt sich auch Art. 80 AEUV mit seinem „Grundsatz der Solidarität“ dafür anführen, dass Solidarität nicht immer im Verhältnis der Bürger stattfindet. Da Art. 80 AEUV zu Pflichten zwischen den Mitgliedsstaaten führen soll (vgl. *Glöckle/Guillard*, Jura 2019, 1198 [1205]), stellt sich das folgende Problem der Begriffsparadoxität einer „Solidaritätspflicht“ aber auch in diesem Zusammenhang.

[69] So lautet die Definition im Duden, Stichwort: Solidarität, abrufbar unter: https://www.duden.de/rechtschreibung/Solidaritaet (zuletzt abgerufen am 15.6.2023).

[70] Darüber hinaus lassen sich vor allem im philosophischen Bereich zahlreiche andere Definitionsversuche finden. *Wildt*, Solidarität, in: Bayertz (Hrsg.), Solidarität, S. 202 (213 f.) legt für die Erfüllung seines Solidaritätsverständnisses neun Kriterien fest, davon sechs auf Seiten des „Akteurs“ und drei auf Seiten des „Rezipienten“, die allesamt eine subjektive Komponente aufweisen. *Prainsack/Buyx*, Solidarität, in: Greif/Weiss (Eds.), Ethics, Society, Politics, S. 575 (582 f.) differenzieren dagegen drei Ebenen der Solidarität und sehen auf dritter Ebene vertragliche und rechtliche Erscheinungsformen vor, die allerdings eine „solidarische Praxis“ voraussetzen, die durch „rechtliche und vertragliche Regeln gestützt wird“, sodass sich insoweit das Definitionsproblem auf die Vorfrage verlagert, wann eine solche Praxis solidarischer Natur entstammt. Bereits die Divergenz dieser Definitionsversuche zeigt die Problematik der Bestimmung und damit auch der Heranziehung des Solidaritätsbegriffs.

sich eine solidarische Handlung dadurch auszeichnet, dass sie aus eigenem Antrieb und gerade ohne bestehende Verpflichtung vorgenommen wird.[71]

Die Hilfeleistungspflicht in Notstandslagen wird also nicht unmittelbar aus der Verfassung, sondern einfachgesetzlich begründet und rechtfertigt sich neben der staatlichen Pflicht zur Sicherheitsgewährleistung aus dem Sozialstaatsprinzip, weil die Handlung, obwohl sie primär gegenüber dem Staat erbracht wird, regelmäßig auch gegenüber einem Dritten wirkt und insoweit einen sozialen Gehalt aufweist. Diese zweipolige Ableitung[72] verhindert, dass ein angemessener „Ausgleich divergierender Interessen“[73] durch eine zu weitreichende Beschränkung des Anwendungsbereichs des Notstandsinstituts misslingt. Auf der anderen Seite erweist sich die Annahme einer Pflicht, die primär gegenüber dem Staat besteht, für den Nichtstörer als potenziell vorteilhaft, weil hierdurch die zwingende Gewährleistung eines Ausgleichs für durch die Heranziehung erlittene Schäden naheliegt.[74]

II. Das „Wie“: Begrenzung der Legitimation

Notstandssituationen sind keine Alltagssituationen. Anderenfalls würde es sich nicht um ein „Ausnahmeinstitut“[75] und begrifflich kaum um ein „Notstandsinstitut“ handeln. Es sichert dem Staat auch dann eine gewisse Handlungsfähigkeit, wenn eine Gefahr weder durch Heranziehung eines Störers bekämpft werden kann und auch der Staat selbst zur Gefahrenabwehr außerstande ist. Insoweit wird ihm eine „Reservefunktion“[76] bzw. „Abrundungskompetenz“[77] zugeschrieben. Die fast schon an sich unerträglich anmutende Tatsache, dass der

[71] Kritisch gegenüber der Verwendung des Solidaritätsbegriffs auch *Lindner*, ZRP 2022, 159 (160); partiell in eine andere Richtung *Steinvorth*, Kann Solidarität erzwingbar sein?, in: Bayertz (Hrsg.), Solidarität, S. 54 ff.

[72] Die Wahl mehrerer Anknüpfungspunkte zur Legitimation des Notstandsinstituts ist nicht unüblich, vgl. nur *Barczak*, DV 49 (2016), 157 (166) sowie *Malmberg*, in: Drewes/Malmberg/Wagner et al., BPolG, 6. Aufl. 2019, § 20 Rn. 1, 3.

[73] *Möller-Bierth*, Polizeiliche Inanspruchnahme im Grenzbereich zwischen Störerhaftung und polizeilichem Notstand, 1997, S. 30; *Schoch*, Polizei- und Ordnungsrecht, in: ders. (Hrsg.), Besonderes Verwaltungsrecht, 2018, 1. Kap. Rn. 439; in diese Richtung bereits *Friauf*, in: Schmidt-Aßmann (Hrsg.), Besonderes Verwaltungsrecht, 10. Aufl. 1995, 2. Abschnitt, Rn. 107.

[74] S. zur Frage der verfassungsrechtlichen Notwendigkeit aber noch § 4 II. 2. d) aa).

[75] Den Begriff „Ausnahmerecht“ verwendend *Barczak*, DV 49 (2016), 157 (173); *Pappermann*, JZ 1970, 283 (286); auf eine „Ausnahmesituation“ hinweisend *W. Martens*, in: Drews/Wacke/Vogel et al., Gefahrenabwehr, 9. Aufl. 1986, S. 332; *Tegtmeyer/Vahle*, PolG NRW, 13. Aufl. 2022, § 6 Rn. 1; *Kathrin Weber*, Die Sicherung rechtsstaatlicher Standards im modernen Polizeirecht, 2011, S. 34.

[76] *Guckelberger*, Die Verjährung im Öffentlichen Recht, 2004, S. 230; *W.-R. Schenke/Ruthig*, VerwArch 87 (1996), 329 (360).

[77] *Barczak*, DV 49 (2016), 157 (165), m.w.N.

Staat ohne eine entsprechende Befugnis zu einer weitgehenden Handlungsunfähigkeit verdammt sein könnte, gewinnt an weiterer Brisanz, wenn man sich vor Augen führt, dass in den entsprechenden Konstellationen zwar nicht zwingend, aber regelmäßig hochrangige Rechtsgüter bedroht sind.[78] Wenig überraschen konnte vor diesem Hintergrund das im vorherigen Abschnitt gefundene Ergebnis, dass die Heranziehung von unbeteiligten Personen nicht von vornherein auszuschließen ist.

Andererseits überrascht es auch nicht, dass die Heranziehung des Nichtstörers durch die Gefahrenabwehrbehörden nicht zum Regelfall werden darf und daher der Rechtsrahmen für entsprechende Maßnahmen abgesteckt werden muss. Es ist daher zu untersuchen, ob und welche Vorgaben aus dem Verfassungsrecht für die Ausgestaltung des Notstandsinstituts folgen, um eine geeignete konkrete Grundlage für die Heranziehung des Nichtstörers im Einzelfall zu schaffen. Damit ist eine Reihe verschiedener Fragestellungen mit unterschiedlichen praktischen Auswirkungen betroffen. Weil die meisten Notstandsregelungen vergleichbare Grundvoraussetzungen enthalten, lassen diese sich daraufhin überprüfen, ob sie im Einklang mit den ermittelten verfassungsrechtlichen Anforderungen stehen. Divergieren die Regelungen im Hinblick auf die Ausgestaltung einer Voraussetzung, können die gefundenen Ergebnisse Aufschluss darüber geben, ob eine Korrektur anderslautender Tatbestandsmerkmale auf dem Auslegungsweg anzuvisieren ist, ob unterschiedliche Anforderungen hingenommen werden können oder ob die Regelung gegen eine entsprechende verfassungsrechtliche Vorgabe verstößt.

Die Untersuchung der einzelnen Anforderungen wird in die drei Phasen der Nichtstörerinanspruchnahme unterteilt, weil die Interessenlage[79] und die verfassungsrechtlichen Maßgaben je nach Zeitpunkt divergieren.[80] Die erste Phase betrifft den Zeitraum vor der Heranziehung, die zweite Phase den Zeitraum während der Aufrechterhaltung und die dritte Phase den Zeitraum nach Beendigung der Maßnahme. Bevor diese Unterteilung vorgenommen werden kann, bedarf es zunächst einer Festlegung von Kriterien und Maßstäben, die eine rechtliche Orientierungslinie für die Prüfung vorgeben.

1. Maßstabsbildung

Da sich sowohl die im vorangegangenen Abschnitt hervorgetretenen abstrakten Legitimationsgedanken als auch die im vorherigen Kapitel erfolgte charakteristische Einordnung des Notstandsinstituts auf die Bewertung einzelner Anfor-

[78] Zu denken ist insb. an die Versammlungsfreiheit aus Art. 8 Abs. 1 GG beim Verbot einer Versammlung sowie die Eigentumsgarantie aus Art. 14 Abs. 1 GG bei der Beschlagnahme von Wohnraum.

[79] S. zu der Interessenlage in den jeweiligen Phasen § 4 I. 1. b).

[80] Dies wird sich insb. im Kontext der zweiten Phase im Hinblick auf ein mögliches Vergesetzlichungsgebot auswirken (s. hierzu noch § 4 II. 2. c) ee)).

derungen auswirken können, müssen beide Aspekte bei der Festlegung des Maßstabs bzw. der hierauf basierenden Prüfung Berücksichtigung finden. Sinnvoll und zweckmäßig scheint daneben ein struktureller Vergleich mit anderen Konstellationen, in denen Unbeteiligte von gefahrenabwehrrechtlichen Maßnahmen betroffen sind. Nur unter Vergewisserung der Unterschiede nicht nur in tatsächlicher, sondern auch in legitimationsrechtlicher Hinsicht, lassen sich die grundsätzlichen verfassungsrechtlichen Anforderungen in den jeweiligen Konstellationen herausarbeiten und lässt sich schlussendlich auch ein feinjustierter Prüfungsmaßstab für das gefahrenabwehrrechtliche Notstandsinstitut abstrahieren.

a) Grundüberlegungen

Die allgemeinen Vorschriften zur Verantwortlichkeit ergänzen die Befugnisse, die keine (abschließende) Regelung zum Adressaten enthalten. Die Bestimmung des Adressatenkreises wird dabei nicht ohne Grund schon aus verfassungsrechtlicher Sicht gefordert.[81] Dies gilt insbesondere im Rahmen der Generalklauseln, weil das bloße Erfordernis einer konkreten Gefahr[82] dem rechtsstaatlichen Bedürfnis nach einer hinreichenden Begrenzung kaum genügen würde.[83]

Obwohl sich insbesondere die Notstandsregelung zwar als Ausprägung des Grundsatzes gerechter Lastenverteilung charakterisieren lässt, kann ein Gebot zu ihrer gesetzlichen Determinierung allein hieraus nicht folgen. Denn angenommen die Gesetzgeber hätten die Regelung zur Inanspruchnahme des Nichtstörers in Parallele zu den Vorschriften zu den Verantwortlichen ausgestaltet und damit keinen ausdrücklichen Bezug auf eine besondere Gefahrenlage, auf das Verhältnis zu anderweitigen Gefahrenabwehrmöglichkeiten sowie auf die Grenzen der Aufopferung genommen, würde eine Begrenzung der staatlichen Befugnis über den unabhängig hiervon zu achtenden Verhältnismäßigkeitsgrundsatz erfolgen. Auch auf diesem Weg würde abgesichert werden, dass der Staat Maßnahmen, die zum Erreichen oder der Förderung eines legitimen Zwecks führen (Geeignetheit), nur dann ergreifen kann, wenn sich der Zweck nicht mit weniger eingriffsintensiven Mitteln erreichen lässt (Erforderlichkeit) und der Nutzen der Maßnahme zum Erreichen des Zwecks nicht außer Verhältnis zum Eingriffsgewicht steht (Angemessenheit bzw. Verhältnismäßigkeit im engeren Sinne).[84] Wenngleich eine

---

[81] BVerfG, NJW 2022, 1583 (1610 Rn. 337, 1611 Rn. 345, 1612 Rn. 349 ff., 1613 Rn. 360); BVerfGE 113, 348 (380 f.); *Kingreen/Poscher*, Polizei- und Ordnungsrecht, 12. Aufl. 2022, § 12 Rn. 15; *M. Müller/Schwabenbauer*, in: Lisken/Denninger/Bäcker et al. (Begr./Hrsg.), Handbuch des Polizeirechts, 7. Aufl. 2021, Kap. G Rn. 620; *V. Stein*, Versammlungsrecht, 2. Aufl. 2019, Rn. 106.

[82] Gleichwohl übernimmt die konkrete Gefahr „auch" die „Funktion der Eingrenzung", vgl. *Kugelmann*, DÖV 2003, 781 (783).

[83] S. zu den Hintergründen der Notwendigkeit der Begrenzung bereits § 2 II. 1. a).

[84] Zu den Verhältnismäßigkeitsanforderungen an dieser Stelle nur überblicksweise *Grzeszick*, in: Dürig/Herzog/Scholz et al. (Begr./Hrsg.), GG, Art. 20 (Rechtsstaat) (2022) Rn. 112 ff.

verhältnismäßige Ausübung der Befugnis damit theoretisch möglich wäre, verblieben doch erhebliche praktische Probleme. Nicht nur der Bürger könnte kaum noch nachvollziehen, unter welchen Voraussetzungen er trotz rechtskonformen Verhaltens ausnahmsweise zur Mithilfe bei der Gefahrenabwehr verpflichtet ist. Vor allem aber würden dem Rechtsanwender die großen Herausforderungen aufgebürdet werden, verfassungsrechtlich gebotene Abweichungen von Grundzügen, die aus dem Vorgehen gegen die Verantwortlichen bekannt sind, ohne gesetzlichen Hinweis hierauf zu erkennen und praktisch umzusetzen.

An dieser Stelle greifen die rechtsstaatlichen Sicherungsmechanismen der Gebote der Normenklarheit und -bestimmtheit, die exakt diese Unsicherheiten verhindern sollen.[85] Aus diesem Grund ist die Notstandsregelung nicht nur als Ausprägung des Verhältnismäßigkeitsgrundsatzes, sondern zugleich als Verkörperung der genannten Gebote charakterisiert worden, wobei dies für die einzelnen Voraussetzungen nur insoweit gelten kann, als ihre Vergesetzlichung auch tatsächlich erforderlich ist.[86] Ob eine aus dem Verhältnismäßigkeitsgrundsatz inhaltlich folgende Voraussetzung auch der gesetzlichen Normierung bedarf, ist daher eine Frage der Gebote der Normenklarheit und -bestimmtheit. Mit anderen Worten: Die Wertungen der Grundrechte mitsamt der Anwendung des Verhältnismäßigkeitsgrundsatzes verrechtlichen, die Grundsätze zur Normenklarheit und -bestimmtheit vergesetzlichen.

b) Nichtstörer und andere Unbeteiligte: Legitimationsrechtlicher Vergleich

Einer Befugnis muss sich also zunächst zumindest durch Auslegung entnehmen lassen, dass sie das Vorgehen gegen einen Nichtstörer prinzipiell nicht ausschließt. Ob und welche Voraussetzungen darüber hinaus einer Normierung bedürfen, ist hingegen auch eine Frage des Zwecks und des Wesens einer Notstandsregelung. Da an dieser Stelle Unterschiede zu anderen Unbeteiligtenkonstellationen deutlich werden, bietet sich zunächst eine Vergewisserung der legitimationsrechtlichen Divergenzen an, bevor ein abschließender Prüfungsmaßstab resümiert wird.

Dem Verfassungsrecht lässt sich kein zwingendes Gebot entnehmen, dass gefahrenabwehrrechtliche Maßnahmen unweigerlich an die Eingriffsschwelle der konkreten Gefahr oder an einen Gefahrenverantwortlichen anknüpfen müssen,[87]

---

[85] Vgl. zum engen Zusammenspiel zwischen dem Verhältnismäßigkeitsgrundsatz und den Geboten der Normenklarheit und -bestimmtheit *Becker*, NVwZ 2015, 1335 (1336 f.): „Die Überprüfung der Verhältnismäßigkeit erfordert eine hinreichende Bestimmtheit der Eingriffsvoraussetzungen, um den Abwägungsprozess vollziehen zu können".

[86] S. hierzu bereits § 3 II. 2.

[87] Vgl. BVerfGE 141, 220 (272 Rn. 112); *Bäcker*, Kriminalpräventionsrecht, 2015, S. 434 ff.; *Baldus*, DV 47 (2014), 1 (16); *Götz*, NVwZ 1984, 211 (214 f.); *Masing*, JZ 2011, 753 (757); *C. Möllers*, NVwZ 2000, 382 (386); *Trurnit*, Jura 2019, 258 (259 ff.); *Trute*, DV 35 (2003), 501 (519); zweifelnd dagegen *Castillon*, Dogmatik und Verfassungsmäßigkeit neuer Befugnisse zu verdachts- und anlassunabhängigen Polizeikontrollen, 2003, S. 174 f., nach der die „Rechtfertigung des Eingriffs grundsätzlich eines Zurechnungsgrundes" bedürfe.

sodass ihm insbesondere auch Regelungen im Bereich des Gefahrenvorfelds nicht per se verschlossen sind.[88] Danach besteht im Grundsatz die Möglichkeit, durch eine spezielle Bestimmung das Vorgehen gegen eine unbeteiligte Person zuzulassen, die ohne diese Regelung nur als Nichtstörer unter den Notstandsvoraussetzungen in Anspruch genommen werden könnte. Ob eine derartige Vorschrift mit den Grundsätzen der Normenklarheit und -bestimmtheit und insbesondere dem Verhältnismäßigkeitsgrundsatz vereinbar ist, muss dann wiederum gesondert ermittelt werden.

Im Hinblick auf die Legitimation vermag schnell der Eindruck entstehen, als würde bei einer Nichtstörerinanspruchnahme und einer Jedermann-Maßnahme mit zweierlei Maß gemessen, weil im Rahmen des Notstandsinstituts regelmäßig strenge Anforderungen betont werden,[89] während bei einer speziellen Adressatenregelung die Wahrung „verfassungsrechtlicher Mindestanforderungen" genüge.[90] Wenn die Heranziehung eines Nichtstörers aber nur zur Abwehr einer erheblichen Gefahr zulässig sein sollte, müsste man sich in der Tat die Frage stellen, warum bei Jedermann-Maßnahmen auf dieses Erfordernis verzichtet werden kann.

Allerdings lassen sich sowohl intentionale als auch wirkungsbezogene Unterschiede feststellen, die schließlich auf die legitimationsrechtlichen Anforderungen durchschlagen. So visiert der Gesetzgeber bei einer Jedermann-Maßnahme eine spezielle tatbestandliche Situation an, in der er mitunter ein besonderes Gefahrenpotenzial erkannt hat und daher, gegebenenfalls schon im Vorfeld einer Gefahr, sicherheitsrechtliche Maßnahmen ermöglichen möchte. Ferner kann sich die tatbestandliche Situation so besonders gestalten, dass eine Abweichung vom allgemeinen Adressatensystem sinnvoll erscheint. Es liegt also eine andere Intention zugrunde als bei einer Notstandsregelung, die unter anderem auch die Generalklausel ergänzt, bei der der Inhalt der Maßnahme weitgehend offen ist und die mitunter auch schwerwiegende Eingriffe legitimieren soll.[91] Sie muss also in der Lage sein, die mangelnde tatbestandliche Begrenzung angemessen auszugleichen. Daher sind die Anforderungen an die Begrenzung im Rahmen der Adressatenbestimmungen hoch anzusetzen.

Möchte der Gesetzgeber ein Vorgehen gegen Unbeteiligte außerhalb der Notstandsregelung zulassen, so kann er zwar die Eingriffsschwelle absenken. Auf der

---

[88] BVerfGE 100, 313 (389 ff.); *Horn*, BayVBl. 2003, 545 (547); *ders.*, DÖV 2003, 746 (751).

[89] Dies zeigt sich etwa, wenn eine restriktive Anwendung und Auslegung der Voraussetzungen gefordert werden (s. hierzu noch die Ausführungen bei § 4 II. 2. b) bb) (1) und die Nachweise unter § 4 Fn. 157).

[90] *Barczak*, DV 49 (2016), 157 (168); *Schoch*, Jura 2007, 676 (678).

[91] Die Regelung wiederkehrender und schwerwiegender Maßnahmen ist zwar ein Hauptzweck der sog. Standardbefugnisse, doch lässt sich dies aufgrund der Vielfältigkeit des notwendig werdenden polizeilichen Handelns nicht immer realisieren. Bei neu auftretenden Herausforderungen kann es auch übergangsweise einer Ausnahme bedürfen, vgl. *Mann/Fontana*, JA 2013, 734 (735).

anderen Seite ist dann aber grundsätzlich zu fordern, dass er auf andere Weise für einen Schutz des Adressaten sorgt.[92] Eine solche Begrenzung ist umso mehr geboten, je weitreichender die möglichen Folgen der Befugnis sein können.[93]

Dabei sind Beschränkungen spezieller Befugnisse auf anderen Wegen als über Regelungen der Maßnahmerichtung möglich. Der Gesetzgeber kann eine exakte Festlegung des Maßnahmeinhalts treffen (z.B. Überwachung und Aufzeichnung der Telekommunikation[94]), eine besondere tatbestandliche Situation benennen (z.B. Gefahr für ein bedeutendes Rechtsgut[95]) oder eine besondere (diskriminierungsfreie[96]) Eigenschaft des Adressaten fordern (z.B. den Aufenthalt an einem bestimmten Ort[97]). Insoweit lässt sich kaum davon sprechen, dass durch die Verlagerung von Befugnissen in das Gefahrenvorfeld der „polizeiliche Notstand [. . .] zum Regelfall" wird.[98] Wenn der Umfang der notwendigen Begrenzung auch von den Folgen der Befugnis abhängt, können die Anforderungen also auch sehr niedrig anzusetzen sein, wenn eine Befugnis nur geringfügige Eingriffe erwarten lässt.[99]

---

[92] *Mann/Fontana*, JA 2013, 734; *Masing*, JZ 2011, 753 (757); *Möstl*, BayVBl. 2018, 156 (159); *Trute*, DV 36 (2003), 501 (519). Normative Eingrenzungen werden auch dann gefordert, wenn Maßnahmen sich gegen einen Straftäter richten, hierbei aber auch Kontakt- und Begleitpersonen „Maßnahmeadressaten" sind, vgl. *Shirvani*, VerwArch 101 (2010), 86 (100); übereinst. *Lepsius*, Jura 2006, 929 (936); vgl. aber auch *Schnekenburger*, BayVBl. 2001, 129 (133), wonach eine Gefahr, die allerdings auf verschiedene Weise bestimmt werden könne, das „polizeiliche Mindesttatbestandsmerkmal" sei; vgl. ferner *Schulze-Fielitz*, Nach dem 11. September: An den Leistungsgrenzen eines verfassungsstaatlichen Polizeirechts, in: FS-Glaeser, 2003, S. 407 (422 f.).

[93] Vgl. hierzu BVerfGE 100, 313 (376); *Shirvani*, VerwArch 101 (2010), 86 (103).

[94] So ist etwa § 51 Abs. 1 BKAG konzipiert, der durch die nachfolgenden Absätze weiter konkretisiert wird.

[95] Vgl. die Befugnisse des BayPAG zur drohenden Gefahr, etwa Art. 16 Abs. 1 S. 1 Nr. 2, wobei das bedeutende Rechtsgut durch Art. 11a Abs. 2 BayPAG konkretisiert wird.

[96] *Ogorek*, in: Möstl/Kugelmann (Hrsg.), BeckOK Polizei- und Ordnungsrecht NRW, 2023, PolG NRW, § 12 Rn. 20.

[97] So liegt es etwa bei der Möglichkeit zur Identitätsfeststellung einer Person, wenn sie sich an einem Ort befindet, an dem Personen der Prostitution nachgehen, vgl. exemplarisch Art. 13 Abs. 1 Nr. 2 lit. b) BayPAG.

[98] So aber *Roggan*, NVwZ 2001, 134 (140).

[99] Kritisch gestalten sich vor diesem Hintergrund „Vorfeldgeneralklauseln". Soweit eine solche wie eine originäre Generalklausel ausgestaltet wird, statt einer konkreten aber eine „drohende" Gefahr genügen lässt, dürfte die hierdurch erfolgende Herabsetzung der Eingriffsschwelle (vgl. *Waechter*, NVwZ 2018, 458 [459]) kaum mit verfassungsrechtlichen Vorgaben zu vereinbaren sein. In Bayern wurde zwar auf die Kritik einer ersten Fassung reagiert und mit der Reduzierung von bedeutenden Gütern, zu deren Schutz bereits bei einer drohenden Gefahr eingeschritten werden darf, sowie mit den weiteren in Art. 11a Abs. 1 BayPAG getroffenen Einschränkungen ein verengter Rahmen geschaffen, doch bleibt die Verfassungskonformität zweifelhaft, vgl. *Enders*, DÖV 2019, 205 (207 ff.); *Löffelmann*, BayVBl. 2018, 145 (146 ff.); *Pieroth*, GSZ 2018, 133 (135); *Shirvani*, DVBl. 2018, 1393 (1396 f.); *Weinrich*, NVwZ 2018, 1680 (1681 ff.); *Welzel/Ellner*, DÖV 2019, 211 (217 ff.); die Verfassungskonformität bejahend *Holzner*, DÖV 2018, 946 (948 ff.); *Leisner-Egensperger*, DÖV 2018, 677 (681 ff.);

Den Notstandsregelungen ist hingegen insoweit ein Auffangcharakter zuzuschreiben, als die über sie getroffenen Maßnahmen im Hinblick auf ihren Inhalt nicht von vornherein feststehen (können). Weil sie aber auch für eine hinreichende Begrenzung derjenigen Maßnahmen sorgen müssen, bei denen, abgesehen von einer konkreten Gefahr, keine weiteren tatbestandlichen Einschränkungen vorgenommen werden (können), muss dementsprechend ein anderer und grundsätzlich auch strengerer Prüfungsmaßstab als bei speziellen Adressatenregelungen angelegt werden.

c) Maßstabsfixierung

Aus den unterschiedlichen Legitimationsanforderungen lassen sich allerdings noch keine finalen Konsequenzen für den Prüfungsmaßstab schlussfolgern. Hieraus hat sich lediglich ergeben, dass die Notstandsregelungen aufgrund ihres weiten und unbestimmten Anwendungsbereichs für Begrenzungen sorgen müssen, die in anderen Unbeteiligtenkonstellationen auch im Tatbestand der speziellen Befugnisse erfolgen können. Andererseits sind auch die typischerweise vergesetzlichten Voraussetzungen der Notstandsregelungen nicht abschließend. Vielmehr lassen sich insbesondere dem Verhältnismäßigkeitsgrundsatz in mannigfaltiger Weise Anforderungen entnehmen, deren Normierung bereits sachlogisch wenig ergiebig wäre.

Bereits oben wurde auf die gängige Rechtsprechung des Bundesverfassungsgerichts verwiesen, wonach die Grundsätze der Normenklarheit und -bestimmtheit vor allem dazu dienen, dem Bürger die Rechtslage aufzuzeigen sowie die Verwaltung zu binden und deren Verhalten zu begrenzen, wobei das gebotene Maß im Einzelfall ermittelt werden muss.[100] Ob eine bestimmte Hürde gesetzlich festgelegt werden muss oder ihre Beachtung im Rahmen allgemeiner Anforderungen des Verhältnismäßigkeitsgrundsatzes genügt, ist dementsprechend für jede Voraussetzung gesondert überprüfbar.

Zwar müssen auch Störer vor unverhältnismäßigen Belastungen geschützt werden, was weitgehend der Anwendung allgemeiner Voraussetzungen des Verhältnismäßigkeitsgrundsatzes überlassen wird.[101] Aufgrund der fehlenden Verantwortlichkeit für die Entstehung der Gefahr ist für die Inanspruchnahme eines Nichtstörers aber einerseits ein strengerer Maßstab für die Einhaltung entsprechender Anforderungen zu stellen als für die Heranziehung eines Störers. Andererseits ist sich im Rahmen dieser Einzelfallbetrachtung auf die weiteren Ausführungen zur Charakterisierung des Notstandsinstituts zurückzubesinnen. Die

Ogorek, JZ 2019, 63 (68 ff.); ohne „prinzipielle Bedenken“ *Möstl*, DVBl. 2020, 160 (165 f.); *B. Müller*, BayVBl. 2018, 109 (112 ff.); *Petri*, ZD 2018, 453 (454 f.).

[100] S. zu den Geboten der Normenklarheit und -bestimmtheit bereits § 3 I. 1. c); vgl. zur Unterscheidung der Grundsätze § 2 Fn. 82.

[101] *Lindner*, in: Möstl/Schwabenbauer (Hrsg.), BeckOK Polizei- und Sicherheitsrecht Bayern, 2023, BayPAG, Art. 7 Rn. 58 und Art. 8 Rn. 27.

Vorschriften haben sich dabei vor allem auch als Ausprägung des Grundsatzes gerechter Lastenverteilung erwiesen und sollen nicht nur vor der Auferlegung unverhältnismäßiger Belastungen im Verhältnis zum Staat, sondern auch vor der Auferlegung gleichheitswidriger Belastungen im Verhältnis zu anderen Bürgern schützen.[102] Weil sich die Inanspruchnahme des Nichtstörers insoweit erheblich von der üblichen Adressatenwahl abhebt, bei der der Grundsatz der effektiven Gefahrenabwehr als leitender Gedanke heranzuziehen ist,[103] muss die Vergesetzlichung einer Voraussetzung zur Inanspruchnahme des Nichtstörers als umso eher geboten eingeordnet werden, je stärker sie sich auf die Subsidiarität der Nichtstörerinanspruchnahme bezieht und je wichtiger sie sich in diesem Zusammenhang gestaltet.

Weil die erstmalige Heranziehung relational betrachtet eingriffsintensiver wirkt als die Aufrechterhaltung, muss ferner beachtet werden, in welcher Phase der Maßnahme eine Voraussetzung wirkt. Schließlich ist die ausdrückliche Normierung einer Anforderung umso wichtiger, je eher ohne sie die Gefahr besteht, dass das Erfordernis verkannt und die entsprechende Hürde niedriger angesetzt wird.[104]

2. Verfassungsrecht und einfaches Recht: Die Ausgestaltung des Notstandsinstituts

Nachdem sich über die grundlegenden Maßgaben vergewissert wurde, lassen sich nunmehr die einzelnen Voraussetzungen der Inanspruchnahme eines Nichtstörers verfassungsrechtlich intendiert untersuchen. Insoweit resultiert hieraus nicht nur eine Art „vertikaler Rechtsvergleich“ zwischen Verfassungsrecht und einfachem Recht, sondern aufgrund der teils unterschiedlichen Ausgestaltungen zugleich eine Art „horizontaler Rechtsvergleich“ zwischen den einzelnen Notstandsregelungen von Bund und Ländern.

a) Untersuchungsmethodik

Vor dem Hintergrund des verfassungsrechtlichen Prüfungsmaßstabs bietet sich für die Untersuchung die folgende Vorgehensweise an, die sich wegen der Eigenart der jeweiligen Voraussetzungen allerdings nicht bedingungslos durchziehen lässt, sondern leichteren Variationen unterliegt. Im Ausgangspunkt werden die drei Phasen der Nichtstörerinanspruchnahme differenziert. Die hierzu typi-

---

[102] S. zum Grundsatz gerechter Lastenverteilung bereits § 2 II. 1. c) und § 3 II. 1.

[103] S. hierzu bereits die Ausführungen bei § 2 II. 1. c) und die Nachweise unter § 2 Fn. 115.

[104] Dieser Aspekt wäre etwa dann zu bedenken, wenn aus Verhältnismäßigkeitserwägungen folgen würde, dass der Nichtstörer nur bei einer erheblichen Gefahr herangezogen werden darf. Dann bestünde ohne Aufnahme des Kriteriums der Erheblichkeit das begründete Risiko, dass die Behörde bereits eine einfache Gefahr für ausreichend erachtet. S. zu dieser Problematik aber noch § 4 II. 2. b) aa) (3).

scherweise normierten Voraussetzungen werden, teilweise nach der Erläuterung verständnisbezogener Grundfragen, einer gesonderten Betrachtung unterzogen. Dabei wird der *status quo* überprüft und festgestellt, inwieweit sich beachtenswerte Divergenzen zwischen den verschiedenen Vorschriften auf Bundes- und Landesebene finden lassen. Daneben bzw. darauf basierend erfolgt eine Untersuchung, ob die Regelungen lediglich den verfassungsrechtlichen Wertungen des allgemeinen Gleichheitssatzes und der allgemeinen Anforderungen der Verhältnismäßigkeit entsprechen, ob sie ein „Mehr" statuieren und die ermittelten verfassungsrechtlichen Wertungen insoweit vorteilhaft für den Nichtstörer modifizieren, oder ob sie gegebenenfalls einen Eingriff unter einem „Weniger" zulassen und damit als verfassungswidrig einzustufen sind. Auch ungeschriebene Anforderungen werden in den jeweiligen Phasen thematisiert, wenngleich diese naturgemäß nicht abschließend aufgezählt werden können. In einem finalen Schritt wird zu jeder Phase gesondert geprüft, ob sich die ausdrückliche Normierung der jeweiligen Voraussetzungen zur Wahrung der Gebote der Normenklarheit und -bestimmtheit als verfassungsrechtlich notwendig erweist oder spiegelbildlich der Gestaltungsprärogative des Gesetzgebers unterliegt.

b) Erste Phase: Vorsorgefunktion

Die erste Phase betrifft die Voraussetzungen, unter denen die Inanspruchnahme des Nichtstörers erstmalig erfolgen darf. Ihnen kommt eine Vorsorgefunktion zu, weil sie vor einer ungerechtfertigten Heranziehung und damit dem erstmaligen Eintritt von Eingriffsbelastungen bewahren sollen. Dementsprechend muss ihnen eine grundlegende Bedeutung beigemessen werden. Wenig verwunderlich beziehen sich die Regelungsgehalte der Notstandsvorschriften in erster Linie auf diese Phase. Konsequenterweise liegt auch der Schwerpunkt der verfassungsrechtlichen Untersuchung in diesem Bereich.

aa) Gefahrenqualität

Als erste Voraussetzung nehmen die Notstandsregelungen typischerweise Bezug auf die Gefahrenqualität, der sich insgesamt drei Komponenten zuschreiben lassen. Dem folgt die hiesige Untersuchung und differenziert zwischen der sachlagenbezogenen Komponente („Störung"/„Gefahr"), der zeitbezogenen Komponente („unmittelbar bevorstehend"/„gegenwärtig") und der rechtsgutsbezogenen Komponente („erheblich").[105]

(1) Ausgangslage und Auslegungsfragen

Bei einer Gegenüberstellung der Regelungen auf Bundes- und auf Länderebene zeigen sich jedenfalls begriffliche Divergenzen. So wird eine „Störung"[106], eine

---

[105] Zur komponentenbezogenen Differenzierung auch *Barczak*, DV 49 (2016), 157 (177).
[106] Vgl. § 10 Abs. 1 HmbSOG; § 71 Abs. 1 SOG MV.

„unmittelbar bevorstehende Störung“[107], eine „unmittelbar bevorstehende Gefahr“[108], eine „unmittelbar bevorstehende erhebliche Gefahr“[109], eine „gegenwärtige Gefahr“[110] oder eine „gegenwärtige erhebliche Gefahr“[111] von den Vorschriften eingefordert.

Die Abweichungen in der sachlagenbezogenen sowie der zeitbezogenen Komponente lassen sich allerdings weitgehend auf einen Nenner bringen. Da eine Störung einen bereits eingetretenen Schaden voraussetzt,[112] die Gefahrenabwehrbehörden aber nur zu präventivem und nicht zu repressivem Handeln befugt sind, können nur solche Störungen gefahrenabwehrrechtlich relevant sein, aus denen heraus der Eintritt eines neuerlichen Schadens droht. Daher muss die „bevorstehende Störung“ als sprachlich widersprüchlich und die parallele Normierung der „Gefahr“ und der „Beseitigung einer Störung“ als Tautologie eingeordnet werden.[113]

Ähnlich verhält es sich bei einer Gegenüberstellung der zeitbezogenen Begriffsmerkmale „gegenwärtig“ und „unmittelbar bevorstehend“, die teilweise ebenfalls synonym verwendet werden.[114] Dem ist aus praktischer Sicht zwar zuzustimmen, theoretisch ist allerdings zu differenzieren. Die gegenwärtige Gefahr wird von den Polizei- bzw. Ordnungsgesetzen der Bundesländer Bremen,[115] Niedersachen[116] und Sachsen-Anhalt[117] nahezu wortlautgleich als eine Sachlage bzw. eine Gefahr definiert, „bei der die Entwicklung des schädigenden Ereignisses bereits begonnen hat oder bei der diese Entwicklung unmittelbar oder in allernächster Zeit mit einer an Sicherheit grenzenden Wahrscheinlichkeit bevorsteht“. Damit werden von dem Begriff der gegenwärtigen Gefahr einheitlich sowohl Situationen erfasst, in denen es noch zu keiner Rechtsgutsverletzung gekommen ist, als auch Situationen, in denen bereits ein Schaden vorliegt, dessen gefährliche Wirkung jedoch noch anhält oder gar eine Weiterentwicklung droht.[118] Eine unmittelbar bevorstehende Gefahr hingegen erfasst rein begrifflich einen bereits

[107] Vgl. § 9 Abs. 1 BWPolG.

[108] Vgl. § 10 Abs. 1 HmbSOG.

[109] Vgl. Art. 9 Abs. 3 S. 1 BayLStVG.

[110] Vgl. § 71 SOG MV; § 220 Abs. 1 SchlHLVwG.

[111] Vgl. § 16 Abs. 1 Nr. 1 ASOG Bln; § 18 Abs. 1 Nr. 1 BbgOBG; § 7 Abs. 1 Nr. 1 BremPolG; § 9 Abs. 1 Nr. 1 HessSOG; § 8 Abs. 1 Nr. 1 NdsPOG; § 6 Abs. 1 Nr. 1 PolG NRW; § 7 Abs. 1 Nr. 1 RhPfPOG; § 6 Abs. 1 Nr. 1 SaarlPolG; § 17 Abs. 1 Nr. 1 SächsPBG; § 10 Abs. 1 Nr. 1 SOG LSA; § 13 Abs. 1 Nr. 1 ThürOBG.

[112] Vgl. *Kraft*, in: Bengl/Berner/Emmerig (Begr.), LStVG, 1. Band, § 6 (2018) Rn. 32.

[113] *Sander*, in: Belz/Mußmann/Kahlert et al., Polizeigesetz für Baden-Württemberg, 9. Aufl. 2022, § 1 Rn. 50.

[114] OLG Braunschweig, NVwZ 2018, 1742 Rn. 7; *Borsdorff*, in: M. Möllers (Hrsg.), Wörterbuch der Polizei, 3. Aufl. 2018, Stichwort: „Gefahr“.

[115] Vgl. § 2 Nr. 3 lit. b) BremPolG.

[116] Vgl. § 2 Nr. 1 lit. b) NdsPOG.

[117] Vgl. § 3 Nr. 3 lit. b) SOG LSA.

[118] *Lindner*, in: Möstl/Schwabenbauer (Hrsg.), BeckOK Polizei- und Sicherheitsrecht Bayern, 2023, BayPAG, Art. 10 Rn. 18.

eingetretenen Schaden nicht.[119] Hält die gefährliche Wirkung des Schadens noch an oder droht gar eine Weiterentwicklung, ergibt sich hieraus aber eine neue unmittelbar bevorstehende Gefahr. Während die gegenwärtige Gefahr eine solche Situation einheitlich erfasst, besteht sie bei der unmittelbar bevorstehenden Gefahr also aus separaten Teilen.[120] Zu einer Ausweitung oder Begrenzung der Befugnisse durch die Wahl der einen oder anderen Möglichkeit kommt es gleichwohl nicht, sodass die begrifflichen und theoretischen Divergenzen bei der zeitlichen Komponente außer Acht gelassen werden können.

Anders verhält es sich bei der intensitätsbezogenen Komponente, bei der die Regelungen entweder das Überschreiten einer bestimmten Erheblichkeitsschwelle fordern oder darauf verzichten.[121] Allenfalls über eine entsprechende Auslegung oder Anwendung des Verhältnismäßigkeitsgrundsatzes kann eine Angleichung erwogen werden, was hinsichtlich der Zulässigkeit und der Notwendigkeit eine genauere Betrachtung erfordert.

Während die sachlagenbezogene Komponente der (konkreten) Gefahr grundsätzlich schon von der jeweiligen Befugnisnorm eingefordert wird[122] und daher keine nähere Erläuterung erforderlich ist, muss das Augenmerk auf die zeitlichen und rechtsgutsbezogenen Gefahrenqualifikationen gelegt und untersucht werden, ob es dieser aus verfassungsrechtlicher Sicht überhaupt bedarf.

(2) Zeitliche Komponente

Indem die Notstandsregelungen die geforderte Gefahr durchgängig um eine strengere zeitbezogene Komponente anreichern, setzen sie voraus, dass der zum Schadenseintritt führende Kausalverlauf bereits begonnen hat.[123] Eigentlich müsste diese Qualifikation nach der Subsidiaritätsanforderung untersucht werden, weil sich ihr Zweck auch in der Absicherung der nachrangigen Inanspruchnahme des Nichtstörers widerspiegelt. Denn würden die Vorschriften lediglich an eine konkrete Gefahr anknüpfen, bestünde das Risiko, dass ein Nichtstörer herangezogen wird, obwohl in der Zeit zwischen der Absehbarkeit des Schadenseintritts und dem Beginn des zum Schaden führenden Kausalverlaufs doch noch ein Störer zu Tage treten oder doch noch eine Gefahrenbeseitigung durch die Behörde möglich werden könnte. Weil mit Blick auf die Ausprägungen des Grundsatzes gerechter Lastenverteilung hohe Anforderungen an die Subsidiarität der

---

[119] Vgl. auch *W.-R. Schenke*, Polizei- und Ordnungsrecht, 12. Aufl. 2023, Rn. 83.

[120] Ähnlich *Graulich*, in: Lisken/Denninger/Bäcker et al. (Begr./Hrsg.), Handbuch des Polizeirechts, 7. Aufl. 2021, Kap. E Rn. 147, der davon spricht, dass der Gebrauch von „unmittelbar bevorstehender Gefahr" und „gegenwärtiger Gefahr" ineinander übergeht.

[121] Auf dieses Erfordernis verzichten etwa § 9 Abs. 1 BWPolG; § 10 Abs. 1 HmbSOG; § 71 Abs. 1 SOG MV; § 220 Abs. 1 SchlHLVwG. Im Übrigen wird die Erheblichkeit der Gefahr weit überwiegend eingefordert.

[122] Zum Erfordernis im Kontext der polizeilichen Generalklausel *Schmidbauer/Holzner*, Bayerisches Polizei- und Sicherheitsrecht, 2019, Rn. 387.

[123] Vgl. *W.-R. Schenke*, Polizei- und Ordnungsrecht, 12. Aufl. 2023, Rn. 83.

Nichtstörerinanspruchnahme gestellt werden müssen,[124] erfordert dies spiegelbildlich eine Erhöhung der Anforderungen an die zeitliche Nähe zum Schadenseintritt, weil damit abgesichert wird, dass die Subsidiaritätsanforderungen auch eingehalten werden. Aus diesem Grund handelt es sich bei der zeitlichen Gefahrenqualifikation nicht um eine vorteilhafte Modifikation, sondern um eine verfassungsrechtliche Notwendigkeit.

(3) Intensitätsbezogene Komponente

Fordern die Notstandsregelungen die Erheblichkeit einer Gefahr ein, darf die Inanspruchnahme des Nichtstörers nur bei einer Gefährdung bedeutsamer Rechtsgüter erfolgen, worunter der Bestand des Staates, Leib und Leben, Gesundheit, Freiheit, nicht unwesentliche Vermögenswerte und andere strafrechtlich geschützte Güter von vergleichbarem Gewicht oder wesentlicher Bedeutung für die Allgemeinheit fallen sollen.[125] Sind hingegen nur geringfügige Schäden zu befürchten,[126] scheidet seine Heranziehung nach dieser Maßgabe aus.

Auch im Hinblick auf die Regelungen, die ausweislich ihres Wortlauts keine erhöhten Anforderungen an das gefährdete Rechtsgut stellen, wird teilweise unter Hinweis auf den Grundsatz der Verhältnismäßigkeit eine Gefahr für ein bedeutsames Rechtsgut eingefordert,[127] wobei der dahinterstehende dogmatische Weg nicht näher erläutert wird. Es müsste sich dabei aber nicht zwingenderweise um die „Postulation“ einer Anforderung *contra legem* handeln.[128] Vielmehr ließe sich das Ergebnis auch darüber begründen, dass zur Erfüllung der Voraussetzungen einer entsprechenden Notstandsregelung zwar auch eine unter der Erheblichkeitsschwelle liegende Gefahr ausreicht, in diesen Fällen die Heranziehung eines Nichtstörers in Anbetracht der Geringwertigkeit des gefährdeten Rechtsguts aber im Übrigen stets unverhältnismäßig ist, was der Statuierung einer erhebli-

---

[124] S. hierzu noch die Untersuchung der Subsidiaritätsanforderungen bei § 4 II. 2. b) bb).

[125] *Graulich*, in: Lisken/Denninger/Bäcker et al. (Begr./Hrsg.), Handbuch des Polizeirechts, 7. Aufl. 2021, Kap. E Rn. 150; *E. Krüger*, JuS 2013, 985 (988), m.w.N.; vgl. auch die Legaldefinitionen in § 14 Abs. 2 S. 2 BPolG, § 2 Nr. 3 lit. c) BremPolG, § 2 Nr. 3 NdsPOG und § 3 Nr. 3 lit. c) SOG LSA, wobei die beiden letztgenannten Vorschriften andere strafrechtlich geschützte Güter von vergleichbarem Gewicht nicht aufzählen.

[126] *Malmberg*, in: Drewes/Malmberg/Wagner et al., BPolG, 6. Aufl. 2019, § 20 Rn. 7.

[127] So *W. Martens*, in: Drews/Wacke/Vogel et al., 9. Aufl. 1986, S. 333; *W.-R. Schenke*, Polizei- und Ordnungsrecht, 12. Aufl. 2023, Rn. 386; nach a.A. bedarf es einer solchen hingegen nicht, vgl. *Barczak*, DV 49 (2016), 157 (177); *Schoch*, Polizei- und Ordnungsrecht, in: ders. (Hrsg.), Besonderes Verwaltungsrecht, 2018, 1. Kap. Rn. 448.

[128] So aber *Schoch*, Polizei- und Ordnungsrecht, in: ders. (Hrsg.), Besonderes Verwaltungsrecht, 2018, 1. Kap. Rn. 448; ebenso *Barczak*, DV 49 (2016), 157 (177). Näher zum Judizieren *contra legem Suhr*, Richtlinienkonforme Auslegung im Privatrecht und nationale Auslegungsmethodik, 2011, S. 293 ff.

chen Gefahr *contra legem* zwar im Ergebnis gleichkommen, eine solche methodisch und dogmatisch aber nicht zwingend darstellen würde.[129] Auf die verfassungsrechtliche Zulässigkeit einer „Normkorrektur" über den Verhältnismäßigkeitsgrundsatz würde es daher nicht ankommen.[130]

Andererseits lässt sich bezweifeln, dass es aus verfassungsrechtlicher Sicht bereits auf tatbestandlicher Ebene der Statuierung einer erheblichen Gefahr bedarf. Zunächst entfaltet das Kriterium keine Wirkung im Verhältnis zu anderen Bürgern, sondern es erhöht schlichtweg die Anforderungen im Verhältnis zwischen Bürger und Staat. Das Interesse der Sicherheitsbehörden, den Eintritt eines Schadens durch die Heranziehung eines Nichtstörers zu verhindern, ist aber unabhängig von der Bedeutsamkeit eines Rechtsguts umso stärker zu gewichten, je geringer sich der Aufwand und die Belastung für den Nichtstörer gestalten. Das bedingungslose Einfordern einer erheblichen Gefahr bedeutet, dass man die Verpflichtung eines Nichtstörers zur Abwehr einer Gefahr für ein unter der Bedeutsamkeitsschwelle liegendes Rechtsgut selbst dann als unverhältnismäßig ansieht, wenn der Nichtstörer hierfür nur einen kurzen, ungefährlichen und insgesamt äußerst geringen Beitrag leisten muss. Dies ist aber wenig nachvollziehbar, weil die Belastung des Nichtstörers in dieser Situation viel geringere Auswirkungen hat als ein Schadenseintritt bei dem Rechtsgut, das durch seine Verpflichtung geschützt werden soll. Daher kann die Inanspruchnahme eines Nichtstörers auch dann im Einklang mit allgemeinen Verhältnismäßigkeitserwägungen stehen, wenn ein unter der Erheblichkeitsschwelle liegendes Rechtsgut gefährdet wird.[131] Sind auch die anderen geschriebenen Anforderungen der Notstandsregelung erfüllt, muss dann aber umso strenger im Rahmen der nachgeschalteten Verhältnismäßigkeitsprüfung kontrolliert werden, ob die Belastung nicht außer Verhältnis zum Schutz des entsprechenden Rechtsguts steht.[132] Danach dürfte die Heranziehung eines Nichtstörers zur Abwehr eines unter der Bedeutsamkeitsschwelle liegenden Rechtsguts regelmäßig ausscheiden, sobald dieser nicht nur unwesentlich gefährdet wird oder einen nicht nur unerheblichen Aufwand betreiben müsste. Hierüber können aber letztlich nur die Umstände des Einzelfalls entscheiden.

Aus verfassungsrechtlicher Sicht sind die Gesetzgeber also nicht zwingend dazu angehalten, Notstandsmaßnahmen von vornherein auf bedeutsame Rechtsgüter zu begrenzen. Dementsprechend bedürfen die Notstandsregelungen, die keine erhebliche Gefahr fordern, auch keiner Korrektur. Im Sinne eines angemessenen Ausgleichs zwischen effektiver Gefahrenabwehr und dem Schutz

---

[129] Dieser methodische Weg klingt auch an bei *Pünder*, in: Ehlers/Fehling/Pünder (Hrsg.), Besonderes Verwaltungsrecht, 3. Band, 4. Aufl. 2021, § 59 Rn. 147.

[130] Zur Zulässigkeit und Handhabung von Korrekturen über den Verhältnismäßigkeitsgrundsatz in Literatur und Rechtsprechung *Barczak*, VerwArch 105 (2014), 142 ff.

[131] Im Ergebnis übereinst. *Barczak*, DV 49 (2016), 157 (177), nach dem „die Stellung des Nichtstörers ausreichend durch die sonstigen Eingriffsvoraussetzungen abgesichert wird".

[132] S. zu dieser nachgeschalteten Prüfung noch § 4 II. 2. b) dd) sowie § 4 II. 2. e).

des Unbeteiligten lassen sich diesem Weg sogar Vorteile zuschreiben, weil mehr Maßnahmen ermöglicht werden und in Relation zum gefährdeten Rechtsgut unverhältnismäßige Belastungen in einer nachgeschalteten Prüfung gesondert herausgefiltert werden können. Selbstverständlich ist es den Gesetzgebern aber auch nicht verwehrt, eine erhebliche Gefahr gesetzlich zu statuieren und damit die tatbestandlichen Hürden zugunsten des Nichtstörers höher zu legen, als dies vor dem Hintergrund allgemeiner Verhältnismäßigkeitserwägungen erforderlich wäre.

bb) Subsidiaritätsgrundsatz

Der Subsidiaritätsgrundsatz wurde nun an mehreren Stellen bereits namentlich erwähnt und beschrieben. Sein Kerngehalt besteht aus der Anordnung eines grundsätzlich strengen Nachrangs der Nichtstörerinanspruchnahme hinter den spezialgesetzlich bestimmten Adressaten, den Störern sowie der Gefahrenabwehrtätigkeit durch die Behörde, die sowohl in Form der unmittelbaren Ausführung einer Maßnahme als auch durch die Beauftragung externer Personen tätig werden kann. Der Subsidiaritätsgrundsatz steht sinnbildlich für das Notstandsinstitut und lässt sich als wichtigste Ausprägung begreifen, die aus dem Grundsatz gerechter Lastenverteilung für die Heranziehung des Nichtstörers folgt.[133] Dabei kann sowohl die von Art. 3 Abs. 1 GG erfasste interpersonale Komponente betroffen sein, als auch die im Rahmen des einschlägigen Freiheitsgrundrechts aus den Anforderungen des Verhältnismäßigkeitsgrundsatzes folgende Schranke, die ihre Wirkung im Verhältnis zwischen Nichtstörer und Staat entfaltet.[134]

(1) Ausgangslage und Auslegungsfragen

Sämtliche Regelungen von Bund und Ländern beziehen sich auf die geschilderte Subsidiarität, wenngleich sich die Formulierungen teilweise unterscheiden. Im Hinblick auf den Heranziehungsvorrang der Verantwortlichen wird überwiegend zwischen der „nicht" und „nicht rechtzeitig" möglichen sowie der „nicht erfolgversprechenden" Inanspruchnahme der Störer differenziert.[135] Andere Vorschriften verweisen schlichtweg auf das Erfordernis, dass eine Gefahrenabwehr nicht „auf andere Weise" möglich sein darf.[136] Auch auf die Vorrangigkeit des behördlichen Tätigwerdens wird ausnahmslos Bezug genommen.

---

[133] Vgl. auch *Hoffmeyer*, Die Polizei 2007, 51 (53): „Die Voraussetzung [...] charakterisiert das Wesentliche des polizeilichen Notstandes".

[134] S. zum Grundsatz gerechter Lastenverteilung und seinen Ausprägungen bereits die Ausführungen bei § 2 II. 1. c) und § 3 II. 1.

[135] Vgl. etwa Art. 10 Abs. 1 Nr. 2 BayPAG; § 16 Abs. 1 Nr. 2 ASOG Bln; § 18 Abs. 1 Nr. 2 BbgOBG; § 7 Abs. 1 Nr. 2 BremPolG.

[136] Vgl. etwa § 9 BWPolG; § 10 HmbSOG.

Allerdings ist im Hinblick auf drei Aspekte unklar, ob sie im Kontext der Subsidiaritätsanforderungen Berücksichtigung finden können. Dies betrifft erstens die Frage, ob ein Nichtstörer auch dann herangezogen werden kann, wenn die Gefahrenabwehr durch die Inanspruchnahme des Verantwortlichen oder durch die Behörde selbst zwar möglich ist, sich dabei aber ein anderweitiger Schaden realisieren könnte („Ausnahmen zugunsten der Allgemeinheit"). Dies betrifft zweitens die Frage, ob ein Nichtstörer auch dann herangezogen werden kann, wenn die Gefahrenabwehr durch die Inanspruchnahme des Verantwortlichen oder durch die Behörde selbst zwar möglich ist, der Nichtstörer die Gefahr aber effektiver beseitigen kann („Ausnahmen aus Effektivitätsgründen"). Und schließlich betrifft dies die Frage, ob ein Nichtstörer auch dann herangezogen werden kann, wenn die Gefahrenabwehr durch die Inanspruchnahme des Verantwortlichen oder durch die Behörde selbst zwar möglich ist, die Heranziehung des Nichtstörers aber mit geringeren Kosten verbunden wäre („Ausnahmen aus wirtschaftlichen Gründen"[137]).

Die Unklarheiten beziehen sich dabei nicht nur auf die Frage, ob entsprechende Maßnahmen gegen den Nichtstörer aus verfassungsrechtlicher Sicht legitimierbar sind. Vielmehr ist bereits zweifelhaft, ob die genannten Erwägungen nach der aktuellen Ausgestaltung der verschiedenen Notstandsregelungen überhaupt Berücksichtigung finden können. Daher soll zunächst beurteilt werden, welchen Gehalt die Vorschriften *de lege lata* aufweisen. Sofern sie nicht von den Normen bereits erfasst werden, soll sich dem eine Bewertung anschließen, ob sich die Möglichkeit zur Beachtung der entsprechenden Aspekte *de lege ferenda* etablieren ließe, ohne dass dies verfassungsrechtlichen Vorgaben zuwiderlaufen würde.

Es bedarf also zunächst einer Bestimmung der überwiegend vorzufindenden Tatbestandsmerkmale, wann eine Maßnahme „nicht möglich", „nicht rechtzeitig möglich" oder „nicht erfolgversprechend" ist. Soweit Vorschriften die Heranziehung des Nichtstörers unter die Voraussetzung stellen, dass der Eintritt eines Schadens nicht „auf andere Weise" verhindert werden kann, werden grundsätzlich alle der genannten einzelnen Voraussetzungen von diesem Merkmal erfasst.[138]

---

[137] An dieser Stelle ließe sich auch von „Ausnahmen aus Effizienzgründen" sprechen, sofern der Effizienzbegriff kostenbezogen verstanden wird (so *Fehling*, VerwArch 95 [2004], 443; *Klafki*, Risiko und Recht, 2017, S. 54, m.w.N.). Da sich die Effizienz aber auch weiter fassen lässt und sich dann nicht mehr exklusiv auf das Kostenverhältnis bezieht, sondern auch Umstände wie die möglichst gute Verwirklichung zeitlicher oder quantitativer Aspekte erfassen kann (vgl. *Giesberts*, Die gerechte Lastenverteilung unter mehreren Störern, 1990, S. 42; *Leisner*, Effizienz als Rechtsprinzip, 1971, S. 6 ff.), wird hier auf die Verwendung des Begriffs verzichtet.

[138] Dies betrifft in erster Linie § 9 BWPolG und § 10 HmbSOG; vgl. auch *Reinhardt*, in: Möstl/Trurnit (Hrsg.), BeckOK Polizeirecht Baden-Württemberg, 2023, BWPolG, § 9 Rn. 13.

Nicht möglich ist eine Maßnahme gegen einen Verantwortlichen, wenn ein solcher nicht vorhanden bzw. nicht bekannt ist (tatsächliche Unmöglichkeit) oder ein Verantwortlicher zwar vorhanden und bekannt ist, die Maßnahme aber unzulässig wäre (rechtliche Unmöglichkeit).[139] Als nicht rechtzeitig möglich ist eine Maßnahme einzustufen, wenn der Verantwortliche für die gefahrabwendende Handlung so viel Zeit benötigen würde, dass bis dahin die Realisierung des Schadens zu erwarten wäre.[140] Keinen Erfolg verspricht eine Maßnahme gegen den Verantwortlichen, wenn dieser „nicht in der Lage ist, die Gefahr wirksam zu bekämpfen“[141] bzw. wenn die Gefahr hierdurch „nicht vollständig abgewehrt“[142] werden könnte. Allerdings lässt sich das Merkmal nur als einschlägig einordnen, wenn der Verantwortliche überhaupt einen Beitrag zur Gefahrenabwehr leisten kann, weil seine Heranziehung anderenfalls ungeeignet, damit unverhältnismäßig[143] und folglich bereits rechtlich nicht möglich wäre.

Vergleichbar gestalten sich die Tatbestandsmerkmale im Hinblick auf die Gefahrenabwehr durch die Behörde bzw. durch Beauftragte. Die eigene Gefahrenabwehr ist nicht möglich, wenn die Polizei zu ihr nicht in der Lage ist, etwa weil es an einer entsprechenden personellen oder technischen Ausstattung fehlt. Auch durch eine Beauftragung, der ein freiwillig geschlossener Vertrag und keine hoheitliche Verpflichtung zugrunde liegt,[144] darf die Gefahr nicht abwendbar sein.[145] Wie bei der Maßnahme gegen den Verantwortlichen gilt auch hier, dass es zur Erfüllung der Subsidiaritätsanforderungen genügt, wenn die Handlung durch die Behörde oder Beauftragte nicht rechtzeitig erfolgen würde.

Hinsichtlich der Merkmale „nicht rechtzeitig“ und „nicht erfolgversprechend“ ist unklar, ob diese objektiv oder subjektiv bestimmt werden müssen. In Ansehung der mittlerweile meist subjektiv vorgenommenen Bestimmung des

---

[139] *Honnacker*, in: ders./Beinhofer/Hauser, BayPAG, 20. Aufl. 2014, Art. 10 Rn. 8; *W.-R. Schenke*, in: ders./Graulich/Ruthig (Hrsg.), Sicherheitsrecht des Bundes, 2. Aufl. 2019, BPolG, § 20 Rn. 7; *Schmidbauer*, in: ders./Steiner, BayPAG, 6. Aufl. 2023, Art. 10 Rn. 14. Speziell zum unbekannten Verantwortlichen OVG Koblenz, NJW 2006, 1830 f.

[140] *Honnacker*, in: ders./Beinhofer/Hauser, BayPAG, 20. Aufl. 2014, Art. 10 Rn. 8; *Schmidbauer*, in: ders./Steiner, BayPAG, 6. Aufl. 2023, Art. 10 Rn. 15. Alternativ ließe sich in dieser Konstellation die „Rechtzeitigkeit“ der Maßnahme annehmen, wenn der Zugang der Verfügung den Maßstab bildet. Dann müsste die zeitlich nicht mehr genügende Handlung des Verantwortlichen entweder als nicht erfolgversprechend eingeordnet werden (in diese Richtung wohl *Schoch*, Jura 2007, 676 [679]) oder die Maßnahme gegen den Verantwortlichen wäre als ungeeignet und damit unverhältnismäßig einzustufen, sodass der Fall bereits unter die rechtliche Unmöglichkeit fallen würde.

[141] *W.-R. Schenke*, in: ders./Graulich/Ruthig (Hrsg.), Sicherheitsrecht des Bundes, 2. Aufl. 2019, BPolG, § 20 Rn. 9.

[142] *Honnacker*, in: ders./Beinhofer/Hauser, BayPAG, 20. Aufl. 2014, Art. 10 Rn. 8.

[143] Vgl. *Lindner*, in: Möstl/Schwabenbauer (Hrsg.), BeckOK Polizei- und Sicherheitsrecht Bayern, 2023, BayPAG, Art. 7 Rn. 15.

[144] *Schmidbauer*, in: ders./Steiner, BayPAG, 6. Aufl. 2023, Art. 10 Rn. 17.

[145] Vgl. auch das Beispiel bei *Honnacker*, in: ders./Beinhofer/Hauser, BayPAG, 20. Aufl. 2014, Art. 10 Rn. 9.

Gefahrenbegriffs[146] scheint eine subjektive Bestimmung konsequent. Daneben wird insbesondere die gesetzliche Nennung des Merkmals „Erfolg versprechen" für eine subjektive Bestimmung angeführt.[147] Weil nicht mögliche und nicht rechtzeitig mögliche Maßnahmen aber auch immer keinen Erfolg versprechen,[148] würde die objektive Bestimmung der erstgenannten Merkmale keinen Mehrwert schaffen, sodass für alle drei Merkmale eine subjektive Bestimmung vorzunehmen ist.[149] Folglich kommt es für die Rechtmäßigkeit der Maßnahme darauf an, ob aus Sicht eines Durchschnittsbeamten anderweitige Maßnahmen als nicht (rechtzeitig) möglich bzw. nicht erfolgversprechend einzuschätzen sind.[150]

Der Behörde ist dementsprechend ein Prognose- und Einschätzungsspielraum zu gewähren, der durch verschiedene Umstände wie das bedrohte Rechtsgut oder das Ausmaß des drohenden Schadens beeinflusst werden kann.[151] Je gewichtiger das bedrohte Rechtsgut einzuordnen ist und je größer sich das drohende Schadensausmaß gestaltet, desto eher muss der Behörde zugestanden werden, dass sie den hinreichenden Erfolg einer Maßnahme gegen den Verantwortlichen als nicht gegeben ansehen und stattdessen den Nichtstörer in Anspruch nehmen darf, wenn sich bei dessen Heranziehung ein entsprechender Erfolg prognostizieren lässt.[152] Damit können nach der gesetzlichen Ausgestaltung der Regelungen ge-

---

[146] Vgl. nur *Kingreen/Poscher*, Polizei- und Ordnungsrecht, 12. Aufl. 2022, § 8 Rn. 48, wonach „der objektive Gefahrbegriff im Lauf der letzten beiden Jahrzehnte in Rechtsprechung und Schrifttum einem subjektiven Gefahrbegriff Platz gemacht" hat. Zur Kritik am objektiven Gefahrbegriff auch *Meyer*, Jura 2017, 1259 (1261 ff.); *O. Schneider*, DVBl. 1980, 406 (407 f.).

[147] *Wittreck/Barczak*, in: Möstl/Kugelmann (Hrsg.), BeckOK Polizei- und Ordnungsrecht NRW, 2023, PolG NRW, § 6 Rn. 13.

[148] *Honnacker*, in: ders./Beinhofer/Hauser, BayPAG, 20. Aufl. 2014, Art. 10 Rn. 8.

[149] Vgl. auch OVG Saarlouis, DÖV 1973, 863 (864); *W.-R. Schenke*, Polizei- und Ordnungsrecht, 12. Aufl. 2023, Rn. 387.

[150] Zu den Voraussetzungen bei der subjektiven Bestimmung der Gefahr BVerwGE 45, 51 (57 f.); 49, 36 (42 ff.); *Kingreen/Poscher*, Polizei- und Ordnungsrecht, 12. Aufl. 2022, § 8 Rn. 48, m.w.N.

[151] *Pewestorf*, in: ders./Söllner/Tölle, Praxishandbuch Polizei- und Ordnungsrecht, 2012, 1. Kap. Rn. 277.

[152] Dies hat der Bundesgesetzgeber bei der Gestaltung des § 3c Abs. 2 SeeAufgG verkannt. Abs. 1 beinhaltet eine (besondere) Notstandsregelung, die sich in ihrer Ausgestaltung in den Kreis der bekannten polizei- und ordnungsrechtlichen Vorschriften einfügt. Allerdings bestimmt Abs. 2, dass die Inanspruchnahme eines Nichtstörers bei „Unfällen mit Öl-, Gas- und Chemikalientankern, die eine erhebliche Umweltverschmutzung zur Folge haben können", auch dann zulässig ist, wenn die in Abs. 1 in üblicher Weise geregelten Subsidiaritätsanforderungen nicht erfüllt sind. Der Behörde soll damit ein Wahlrecht eingeräumt werden (vgl. *Barczak*, DV 49 [2016], 157 [185]), welches sich ausweislich der Gesetzesbegründung aus den besonderen Gefahrenlagen rechtfertigen soll, in denen „es gilt, durch schnellstmögliches Handeln und unter Zuhilfenahme aller verfügbaren Mittel eine Umweltkatastrophe abzuwenden" (BT-Drs. 10/969, S. 8; vgl. auch *Ehlers*, Seeaufgabengesetz, 5. Aufl. 2021, § 3c Rn. 2). Ferner müsse sichergestellt werden, dass „bei Gefahr im Verzuge verfügbare Bergungs- oder Leichterschiffe nach pflichtgemäßem Ermessen der zuständigen Behörde zu sofortiger Hil-

wisse Effektivitätserwägungen im Hinblick auf die „primäre“ Gefahr bei der Bewertung der Notstandslage berücksichtigt werden.

Schwieriger gestaltet sich die Lage im Hinblick auf die tatbestandliche Erfassung von „sekundären“ Gefahren oder Folgen, die erst durch das Vorgehen gegen den Verantwortlichen eintreten oder zu befürchten sind. Es muss zwar als plausibel eingeordnet werden, wenn die Polizei statt ihres neuen Dienstwagens die alten Holzpaletten eines Dritten verwendet, um einen Geiselnehmer aufzuhalten.[153] Die Abwehr der „primären“ Gefahr wäre aber genauso rechtzeitig möglich und erfolgversprechend gewesen, wenn die Polizei statt der Holzpaletten das Auto zur Blockade genutzt hätte. Bei strenger Auslegung der Tatbestandsmerkmale steht die vorgenommene Ausgestaltung der Notstandsregelungen also der Inanspruchnahme des Eigentümers als Nichtstörer entgegen.

Um finanzielle Folgen oder Belastungen für die Allgemeinheit umfassend berücksichtigen zu können, müsste also eine erweiterte Auslegung eines der vorhandenen Tatbestandsmerkmale vorgenommen werden, wobei sich am ehesten noch eine Anknüpfung an das „wertende Element“[154] des Kriteriums „nicht erfolgversprechend“ erwägen lässt. Dabei könnte angenommen werden, dass eine

---

feleistung angewiesen werden können, auch wenn diese noch oder noch nicht in Verhandlungen mit Kapitän oder Reederei stehen.“ Damit werde vermieden, dass „wertvolle Zeit durch die oft aus taktischen Gründen hinausgezögerten Verhandlungen über privatrechtliche Bergungsverträge zwischen den Beteiligten verlorengeht.“ In derartigen Fällen wird die Behörde allerdings in Ansehung der Gefahrenlage, die häufig durch den Austritt von Schadstoffen und damit durch einen stetigen Anstieg des Schadensausmaßes bestimmt wird, regelmäßig die Prognose anstellen können, dass insb. Maßnahmen gegen den Eigentümer oder den Inhaber der tatsächlichen Gewalt des havarierten Schiffs durch die erwartbaren Verzögerungen infolge der privatrechtlichen Verhandlungen nicht zu einem hinreichenden Gefahrenabwehrerfolg führen werden, sodass die Subsidiaritätsanforderungen des Abs. 1 erfüllt sind. Vor diesem Hintergrund muss bezweifelt werden, ob für die vermeintliche Ausnahmebestimmung des § 3c Abs. 2 SeeAufgG überhaupt ein Anwendungsbereich verbleibt.

Sofern ein solcher angenommen wird, muss der Vorschrift des § 3c SeeAufgG in einem anderen Punkt eine missglückte Ausgestaltung vorgeworfen werden. Nach Abs. 3 dürfen Maßnahmen nach den ersten beiden Absätzen „nur so lange und so weit getroffen und aufrechterhalten werden, als nicht andere Maßnahmen“ zur Abwehr der Gefahr möglich sind. Die Gesetzesbegründung verweist darauf, dass es sich um eine in den bestehenden Polizeigesetzen „übliche Bestimmung“ handele (BT-Drs. 10/969, S. 8). Soweit dem Abs. 2 aber eine eigenständige Bedeutung zugestanden wird, müssten über ihn getroffene Maßnahmen nach Abs. 3 strenggenommen sofort wieder aufgehoben werden, weil im Anwendungsbereich des Abs. 2 nach der gesetzgeberischen Vorstellung gerade auch andere Maßnahmen zur Abwehr der Gefahr möglich sind. Soweit die Subsidiarität der Nichtstörerinanspruchnahme durch Abs. 2 aufgehoben wird, müsste Abs. 3 also unberücksichtigt bleiben. Die Aufrechterhaltung der Maßnahme würde dann durch die Anwendung des Verhältnismäßigkeitsgrundsatzes begrenzt werden.

[153] Beispiel nach *Würtenberger/Heckmann/Tanneberger*, Polizeirecht in Baden-Württemberg, 7. Aufl. 2017, § 5 Rn. 329.

[154] So zum Merkmal „nicht rechtzeitig möglich“ *Wittreck/Barczak*, in: Möstl/Kugelmann (Hrsg.), BeckOK Polizei- und Ordnungsrecht NRW, 2023, PolG NRW, § 6 Rn. 11.

Maßnahme nur dann Erfolg verspricht, wenn im Vergleich zur Inanspruchnahme eines Nichtstörers keine völlig irrationalen Kosten verursacht werden oder wenn durch die (an und für sich zulässige) Maßnahme keine Folgen für die Allgemeinheit eintreten, die außer Verhältnis zu den Belastungen stehen, die der Nichtstörer bei seiner Heranziehung tragen müsste.[155] Der Erfolg einer Maßnahme würde sich dementsprechend nicht nur auf das Verhältnis zwischen Staat, Störer und Gefahr beziehen, sondern zugleich einen umfassenden Bezug auf Dritte und die Allgemeinheit herstellen. Nur auf diese Weise würde nicht bereits der Wortlaut der Voraussetzungen die Berücksichtigung entsprechender Belange verhindern.[156]

Andererseits wird regelmäßig auf das Erfordernis einer engen Auslegung und restriktiven Handhabung der Voraussetzungen des Notstandsinstituts hingewiesen.[157] Führt man sich vor Augen, dass die gefahrbezogenen Merkmale im Hinblick auf ihre Auslegung bereits durch das übrige Polizei- und Ordnungsrecht beeinflusst werden und in der überwiegenden Anzahl der Vorschriften anschließend nur noch Grenzen der Aufopferung bestimmt werden,[158] müsste man sich die ernsthafte Frage stellen, an welcher Stelle der Notstandsregelung eine restriktive Auslegung vorgenommen werden soll, wenn nicht im Rahmen der Subsidiaritätsanforderungen, damit sich der vielzitierte Passus nicht zu einer leeren Floskel wandelt. Zwar ergibt sich bereits aus der verfassungsrechtlich begrün-

---

[155] In diese Richtung VG Schleswig, NVwZ 2020, 464 (465).

[156] Zu diesem Ergebnis gelangt im Rahmen der Auslegung des § 9 Abs. 1 BWPolG auch *Fratzky*, Ökonomisierung der polizeilichen Gefahrenabwehr, 2013, S. 228 f., wenngleich seine Begründung nicht überzeugt. Wenn die aufzuwendenden Mittel für andere Zwecke benötigt werden, ist die Beseitigung durch die Polizei im konkreten Fall schlichtweg nicht möglich. Dann haben wirtschaftliche und organisatorische Erwägungen den Notstand zwar herbeigeführt, dies ändert aber nichts daran, dass die Maßnahme wegen fehlender Mittel nicht vorgenommen werden kann und der Nichtstörer nicht wegen eines unmittelbaren finanziellen Missverhältnisses herangezogen wird.

[157] Vgl. Nr. 9.6 der VollzBek. zum BayLStVG; BVerfGE 141, 220 (289 Rn. 159); OVG Münster, Beschl. v. 30.12.2016 – 15 B 1525/16, juris, Rn. 9; VG Köln, NJW 1971, 210 (212); *Barczak*, DV 49 (2016), 157 (175); *Kral*, Die polizeilichen Vorfeldbefugnisse als Herausforderung für Dogmatik und Gesetzgebung des Polizeirechts, 2012, S. 63 f.; *W. Martens*, in: Drews/Wacke/Vogel et al., Gefahrenabwehr, 9. Aufl. 1986, S. 332; *Möller-Bierth*, Polizeiliche Inanspruchnahme im Grenzbereich zwischen Störerhaftung und polizeilichem Notstand, 1997, S. 30; *Müller-Eiselt*, VR 2014, 85 (90); in diese Richtung auch *Friauf*, in: Schmidt-Aßmann (Hrsg.), Besonderes Verwaltungsrecht, 10. Aufl. 1995, 2. Abschnitt, Rn. 108, wonach die Voraussetzungen „in keinem Fall extensiv interpretiert und angewandt werden" dürften. *Guckelberger*, Die Verjährung im Öffentlichen Recht, 2004, S. 230 führt zwar eine „weite Interpretation" an, doch bezieht sie dies eher auf den Anwendungsbereich des Notstandsinstituts und nicht auf dessen Voraussetzungen.

[158] S. zu den Aufopferungsgrenzen und den unterschiedlichen Ausgestaltungsmöglichkeiten noch § 4 II. 2. b) cc).

deten Möglichkeit des Verzichts auf die Einforderung der „Erheblichkeit“ einer Gefahr, dass die Auslegung der Voraussetzungen nicht so restriktiv gehandhabt werden muss, wie durch verallgemeinerte Aussagen häufig insinuiert wird.[159] Eher ist zu betonen, dass das Notstandsinstitut durch die Gesetzgeber bereits restriktiv ausgestaltet wurde, sodass die Anwendung der Voraussetzungen nicht mehr ganz so streng erfolgen muss. Der Ausnahmecharakter der Nichtstörerinanspruchnahme und die Auffang- und Ergänzungsfunktion der Notstandsregelung sprechen aber gleichwohl dafür, Auslegungszweifel zulasten der staatlichen Befugnis zu werten.[160]

Ferner lässt sich auch die systematische Gegenüberstellung der Tatbestandsmerkmale „nicht“ und „nicht rechtzeitig“ dafür anführen, dass die zulässigen, aber im Missverhältnis zur Inanspruchnahme des Nichtstörers stehenden Belastungen der Allgemeinheit nicht von den Vorschriften angesprochen werden. Denn im Hinblick auf den Zweck der Gefahrenabwehr ließe sich annehmen, dass eine „nicht rechtzeitig“ erfolgende Handlung bereits unter den Fall subsumiert werden kann, dass eine Maßnahme „nicht“ möglich ist. Dass die Gesetzgeber sich gleichwohl zu einer expliziten Deklarierung beider Alternativen entschieden haben, stützt die Annahme eines engen Begriffsverständnisses.[161] Obwohl die Erfassung entsprechender Erwägungen im Lichte einer ausgewogenen Gefahrenabwehr durchaus sinnvoll wäre, müssen sie aufgrund der aktuellen Ausgestaltung der Vorschriften unberücksichtigt bleiben, was sich auch nicht durch eine

[159] Insoweit zuzustimmen ist *Rosenkranz*, Jura 2015, 783 ff., der den vielfach vorzufindenden Hinweis auf die enge Auslegung von Ausnahmevorschriften im Generellen kritisiert.

[160] Vgl. zu der getroffenen Zweifelswertung auch *Pewestorf*, in: ders./Söllner/Tölle, Praxishandbuch Polizei- und Ordnungsrecht, 2012, 1. Kap. Rn. 277. Eine verfassungskonforme Auslegung, die vereinzelt im Zusammenhang mit dem *unechten* Notstand erwogen wird (so *Waechter*, Polizei- und Ordnungsrecht, 2000, Rn. 394), ist in der Problematik nicht angezeigt, weil diese den Zweck hat, einer Auslegungsweise den Vorzug zu gewähren, wenn von mehreren Möglichkeiten eine dem Verfassungsrecht zuwiderläuft (vgl. zum Ziel der verfassungskonformen Auslegung die Nachweise unter § 2 Fn. 124). Allerdings steht auch die restriktive Auslegungsweise mit verfassungsrechtlichen Vorgaben im Einklang. Wenn der Staat, etwa aufgrund seiner Schutzverpflichtungen (die sich diesbezüglich und insoweit anders als zur abstrakten Legitimation vollumfänglich anführen ließen), Ausnahmen zugunsten der Allgemeinheit zulassen müsste, könnte ihm zwar ein schuldhaftes Unterlassen vorgeworfen werden, die Verfassungswidrigkeit der Notstandsregelung würde hieraus aber nicht folgen. Letztgenannter Aspekt könnte daher allenfalls als Argument bei der Auslegung herangezogen werden, er kann die dargelegten Zweifel aber nicht überwiegen.

[161] Anders läge es auch nicht, wenn sich „nicht rechtzeitig“ auf den Zeitpunkt des Zugangs der Verfügung beziehen würde. Dann ließe sich annehmen, dass „nicht rechtzeitig“ zugehende Verfügungen als „nicht möglich“ i.S.d. Normen einzuordnen sind.

analoge Anwendung der Notstandsregelung korrigieren lässt.[162] *De lege lata* lässt sich mit Baden-Württemberg lediglich in einem Bundesland ein anderes Ergebnis begründen.[163]

(2) Existenz und Behandlung des unechten *Notstands*

Nach § 9 Abs. 1 BWPolG ist das Subsidiaritätserfordernis auch dann erfüllt, wenn durch Maßnahmen gegen einen Verantwortlichen oder durch die unmittelbare Ausführung einer Maßnahme durch die Polizei „ein Schaden herbeigeführt würde, der erkennbar außer Verhältnis zu dem beabsichtigten Erfolg steht."[164] Dabei wird zwar nicht ausdrücklich Bezug genommen auf das Missverhältnis zwischen den Belastungen für die Allgemeinheit einerseits und den Belastungen des Nichtstörers andererseits. Wären allerdings unverhältnismäßige Belastungen im Verhältnis zwischen der Maßnahme gegen den Verantwortlichen und hieraus resultierenden Gefahren für die Allgemeinheit gemeint, wäre die Maßnahme gegen den Verantwortlichen bereits rechtlich nicht möglich und es läge ein *echter* Notstand vor. Daher kann der Gesetzgeber die unverhältnismäßigen Belastungen nur auf das Verhältnis zwischen Allgemeinheit und Nicht-

[162] Weder eine Anwendung des methodischen Instruments der Analogie (so aber etwa *H. Martens*, in: Heesen/Hönle/Peilert et al. [Hrsg.], BPolG, 5. Aufl. 2012, § 20 Rn. 2) noch des Mittels der teleologischen Reduktion können überzeugen. Eine Analogie ist nicht einschlägig, weil nicht die Anwendung der Notstandsregelung auf die Konstellation des *unechten* Notstands erfolgt, sondern lediglich eine der genannten Voraussetzungen nicht angewendet werden soll. Ferner würde die Analogie in diesem Fall befugniserweiternd wirken, was aus rechtsstaatlicher Sicht nicht unproblematisch wäre (s. hierzu bereits die Ausführungen und Nachweise bei § 3 I. 2. c) bb)). Auch eine teleologische Reduktion ist nicht zielführend, weil die vorgesehene Rechtsfolge verbleiben soll.

[163] Im Übrigen wird darauf verwiesen, dass eine Subsumtion des *unechten* unter den *echten* Notstand allenfalls „vorübergehend zur Schließung gravierender [...] Schutzlücken" gerechtfertigt werden könne, vgl. *Barczak*, DV 49 (2016), 157 (191). Allerdings dürfte die Schutzlücke kaum als gravierend genug einzuschätzen sein, weil unverhältnismäßige Belastungen der Allgemeinheit eben auch im Rahmen der Maßnahme gegen den Verantwortlichen berücksichtigt werden müssen. Im Hinblick auf das zeitliche Element muss beachtet werden, dass die Gesetzgeber selbst die Möglichkeit zu einer entsprechenden Regelung oder einer anderweitigen Äußerung zu dieser Konstellation hatten, die nach wie vor aber nicht wahrgenommen wurde.

[164] Ähnlich bereits PrOVGE 78, 272 (277); VGH Stuttgart, DÖV 1954, 221; *Schmid*, Der Notstand im Polizeirecht, 1940, S. 76 ff. Der Begriff des *unechten* Notstands wird dabei allerdings noch nicht angeführt. Ungenau ist die Beschreibung von *Drosdzol*, JuS 1983, 409 (414 f.), der lediglich von einem „Nachteil für den Störer" spricht.

störer bezogen haben.[165] Diese missverständliche Ausdrucksweise erklärt, warum der *unechte* Notstand[166] häufig als nicht existent eingeordnet wird.[167]

In § 9 Abs. 1 BWPolG konkretisiert der genannte Passus („insbesondere“) die Frage, wann keine anderweitige Gefahrenabwehr möglich ist und bestimmt hierdurch die Auslegung der Norm. Eine vergleichbare Regelung enthielt der mittlerweile außer Kraft getretene § 7 Abs. 1 SächsPolG. Danach war die Heranziehung des Nichtstörers möglich, wenn die Gefahr nicht „auf andere Weise“ beseitigt werden konnte (Nr. 1) *oder* durch Maßnahmen gegen die Verantwortlichen bzw. die unmittelbare Ausführung einer Maßnahme ein „außer Verhältnis zu dem beabsichtigten Erfolg“ stehender Schaden herbeigeführt worden wäre (Nr. 2). Durch die Formulierung „oder“ brachte der sächsische Gesetzgeber also zum Ausdruck, dass er die Berücksichtigung der genannten Erwägungen – insoweit im Einklang mit der oben vorgenommenen Auslegung – gerade nicht als vom Grundtatbestand erfasst angesehen hat. Während der baden-württembergische Gesetzgeber also auf die Auslegung einwirkt, wurde vom sächsischen Gesetzgeber eine zweite Alternative geschaffen. Kurioserweise existiert der *unechte* Notstand damit in Baden-Württemberg strenggenommen nicht, weil keine alternative Ausgestaltung vorgenommen, sondern ein anderes Verständnis der Notstandslage angeordnet wurde.

Beide Ausgestaltungsmöglichkeiten führen aber zu dem gleichen Ergebnis, dass sich – durch die zulässige Primärmaßnahme geschaffene – Sekundärgefahren und -folgen berücksichtigen lassen, was im Hinblick auf finanzielle Folgen zumindest dann gilt, sofern sich diese unter den Begriff des Schadens subsumieren lassen. Allerdings hat der sächsische Gesetzgeber seine Notstandsregelungen

---

[165] So auch VG München, Urt. v. 29.1.2003 – M 7 K 02.4251, juris, Rn. 30 f. – unklar dagegen in der Nachinstanz VGH München, Urt. v. 13.1.2004 – 24 BV 03.1301, juris, Rn. 30, der sich in Anlehnung an die gesetzlichen Formulierungen auf das „Verhältnis zum angestrebten Erfolg“ bezieht; eindeutig das Verhältnis zwischen Allgemeinheit und Nichtstörer benennend auch VG Braunschweig, Urt. v. 29.6.2004 – 5 A 528/03, juris, Rn. 51; VG Berlin, Urt. v. 8.3.2006 – 1 A 132.04, juris, Rn. 17; VG Oldenburg, Beschl. v. 2.4.2007 – 2 B 1144/07, juris, Rn. 40; *Elzermann/Schwier*, Polizeigesetz des Freistaates Sachsen, 5. Aufl. 2014, § 7 Rn. 8; *Knape*, Die Polizei 2001, 100 (106); *Ullrich*, DVBl. 2012, 666 (668); *ders.*, in: Möstl/Weiner (Hrsg.), BeckOK Polizei- und Ordnungsrecht Niedersachsen, 2023, NdsPOG, § 8 Rn. 26. Bezieht man das Missverhältnis in § 9 Abs. 1 BWPolG hingegen auf die Belastungen des Störers, handelt es sich um eine wenig gewinnbringende Klarstellung, was zur Folge hätte, dass der *unechte* Notstand von keiner einzigen Vorschrift der Polizei- sowie der allgemeinen Ordnungsgesetze umfasst wird. Dann würden die nachfolgenden Ausführungen gleichsam für die Notstandsregelung Baden-Württembergs gelten.

[166] Vereinzelt werden der *echte* und der *unechte* Notstand auch als *absoluter* und *relativer* Notstand bezeichnet, etwa bei *R. Krüger*, DÖV 1997, 13 (16).

[167] Unzutreffend z.B. *Brenneisen*, DÖV 2000, 275 (279 f.); *Götz/Geis*, Allgemeines Polizei- und Ordnungsrecht, 17. Aufl. 2022, § 14 Rn. 7; *Rühl*, NVwZ 1988, 577 (583); *W.-R. Schenke*, Polizei- und Ordnungsrecht, 12. Aufl. 2023, Rn. 388; *Schoch*, Polizei- und Ordnungsrecht, in: ders. (Hrsg.), Besonderes Verwaltungsrecht, 2018, 1. Kap. Rn. 440; *Thiel*, Polizei- und Ordnungsrecht, 4. Aufl. 2020, § 8 Rn. 137, der diese Auffassung zudem als herrschend einordnet.

im Zuge der Neustrukturierung seines Polizei- und Ordnungsrechts[168] an die überwiegende Anzahl der Bundesländer angepasst, ohne dabei eine nachvollziehbare Begründung zur Streichung der Passage geliefert zu haben.[169]

Obwohl die Frage nach der Existenz des *unechten* Notstands damit eigentlich bereits beantwortet ist, seien zur Verdeutlichung noch folgende Beispiele genannt:

Nach einem Fußballspiel zweier rivalisierender Mannschaften hat sich vor dem Ausgang der Gästefans eine große Anzahl aufgebrachter Fans der unterlegenen Heimmannschaft versammelt, darunter auch zahlreiche Hooligans. Die Polizei ist in ausreichender Stärke vorhanden, um erfolgreich gegen die störenden Fans vorgehen zu können. Gleichwohl untersagt sie den friedlichen Gästefans bis zur Beruhigung bzw. Zerstreuung der Menge vor dem Ausgang das Verlassen des Stadions, weil ein Vorgehen gegen die Störer zu einer Gefährdung von Unbeteiligten führen würde, was in einem extremen Missverhältnis zu den Nachteilen stünde, die in Form des Abwartens bei den Nichtstörern eintreten.[170]

Ähnlich verhält es sich, wenn eine Menschenmenge ein Haus zu stürmen droht, weil sie sich an einer (an sich zulässigen) Flagge stört, die der Hauseigentümer aus dem Fenster gehängt hat. Da die Flagge nicht verboten ist, kann der Hauseigentümer nicht als Verhaltensstörer qualifiziert werden und insbesondere scheitert auch eine Einordnung als Zweckveranlasser.[171] Verfügt die Polizei über ausreichende Personal- bzw. Sachmittel, ist ein Vorgehen gegen die störende Menschenmenge zwar möglich. Sobald hierdurch aber Auseinandersetzungen mit erheblichen Gefahren für Unbeteiligte oder in engen Grenzen auch für die Polizeibeamten[172] zu erwarten wären, würde ein solches in einem deutlichen Missverhältnis zu den Nachteilen stehen, die der Hauseigentümer erleidet, wenn er als herangezogener Nichtstörer die Flagge abhängen muss.[173]

---

[168] Umfassend zur Reform *Hundert/Lippmann*, SächsVBl. 2019, 305 ff.; *Tüshaus*, SächsVBl. 2019, 273 ff.

[169] In der Gesetzesbegründung zu § 9 SächsPVDG und § 17 SächsPBG (vgl. SächsLT-Drs. 6/14791, S. 158 und S. 241) wird jeweils ausgeführt, dass der Teil gestrichen wurde, weil er sich nur auf das Verhältnis zwischen der Maßnahme gegen den Verantwortlichen und den beabsichtigten Erfolg bezogen habe, „nicht aber auch einen möglicherweise eintretenden Schaden bei dem unbeteiligten Dritten berücksichtigte." Gerade dies ließ sich aber durch Auslegung annehmen, weil der Teil der Vorschrift anderenfalls wenig Sinn ergeben hätte. Zudem fragt sich, warum der Gesetzgeber diesen Passus dann ersatzlos gestrichen hat, weil der Beachtung der Relation zwischen den Belastungen der Allgemeinheit und den Belastungen des Nichtstörers nach der jetzigen Ausgestaltung eine Absage erteilt werden muss. Vor diesem Hintergrund scheint zweifelhaft, ob die Konstellation des *unechten* Notstands hinreichend verstanden wurde.

[170] Beispiel nach *Ullrich/Weiner/Brüggemann*, Niedersächsisches Polizeirecht, 2012, Rn. 77.

[171] Vgl. hierzu den Fall bei *Müller-Eiselt*, VR 2014, 85 (89 f.); zu Flaggen als „Gefahr für die öffentliche Ordnung" auch *Lange*, NVwZ 2022, 1258 (1260 ff.).

[172] S. zur Berücksichtigung der Belange von Polizeibeamten noch § 4 II. 2. b) bb) (4).

[173] Beispiel nach *Deger*, in: Stephan/Deger, Polizeigesetz für Baden-Württemberg, 7. Aufl. 2014, § 9 Rn. 13.

Daneben finden sich *unechte* Notstandslagen vor allem im Versammlungsrecht wieder. Eine solche wurde etwa basierend auf der Erwartung angenommen, dass gewaltbereite Störer aus dem Schutz der Versammlung heraus Straftaten begehen, in die sie sich dann wieder zurückziehen, und Maßnahmen gegen die Störer aufgrund der Auswirkungen auf Unbeteiligte in einem extremen Missverhältnis zu den Nachteilen stünden, die beim Vorgehen gegen die friedliche Versammlung eintreten.[174]

Anhand dieser Beispiele wird deutlich, dass das Institut des *unechten* Notstands nicht das Ziel verfolgt, die Behörde zu entlasten und ihr ein Mittel an die Hand zu geben, mit dem sie sich trotz eines heranziehbaren Verantwortlichen an den Nichtstörer halten kann, weil dieser eine Gefahr effektiver beseitigen kann als der Störer oder weil sie viel weniger personelle, finanzielle oder sachliche Mittel aufwenden müsste.[175] Vielmehr bezieht sich der *unechte* Notstand auf Situationen, in denen ein Vorgehen gegen den Verantwortlichen tatsächlich und rechtlich möglich ist, diese Maßnahme aber Folgen für Dritte oder die Allgemeinheit befürchten lässt, die in einem Missverhältnis zu den Belastungen stehen, die der Nichtstörer bei seiner Inanspruchnahme auferlegt bekommt. Im Kern geht es beim *unechten* Notstand also um eine Abwägung zwischen etwaigen Belastungen des Nichtstörers und der Allgemeinheit.

Damit lässt sich die Existenz von Konstellationen des *unechten* Notstands zwar grundsätzlich anerkennen. Allerdings hat die Auslegung der Tatbestandsmerkmale ergeben, dass eine Heranziehung des Nichtstörers im *unechten* Notstand – und sei sie noch so nachvollziehbar – nach der aktuellen Ausgestaltung der meisten Notstandsregelungen als unzulässig einzustufen ist. Die nachfolgende verfassungsrechtliche Prüfung hat also in zweierlei Hinsicht Bedeutung. Im Hinblick auf § 9 Abs. 1 BWPolG steht nicht weniger als die Verfassungsmäßigkeit der Vorschrift im Raum. Im Hinblick auf die überwiegende Anzahl der Vorschriften entscheiden die Ausführungen über eine mögliche künftige Ausgestaltung der Normen.

(3) Lastenverteilungsgrundsatz und Profitrichtung als Weichenstellung

Werden Ausnahmen von der vorrangigen Inanspruchnahme der Verantwortlichen einerseits sowie der vorrangigen Tätigkeit der Behörden thematisiert, lassen sich dabei kaum Differenzierungen ausmachen. Da aber an unterschiedliche Ausprägungen des Grundsatzes gerechter Lastenverteilung angeknüpft wird, muss durchaus ein unterschiedlicher Maßstab an die Bewertung von Ausnahmen angelegt werden.[176]

---

[174] Vgl. VG München, Urt. v. 29.1.2003 – M 7 K 02.4251, juris, Rn. 31. S. zur umfassenden Bewertung des *unechten* Notstands im Versammlungsrecht noch § 5 I. 1.

[175] *Deger*, in: Stephan/Deger, Polizeigesetz für Baden-Württemberg, 7. Aufl. 2014, § 9 Rn. 13.

[176] Diese Annahme wird auch durch die innerhalb des Art. 3 Abs. 1 GG differenzierten

Ist die Inanspruchnahme eines Verantwortlichen möglich, muss die vorrangige Heranziehung des Nichtstörers nicht nur im Lichte des einschlägigen Freiheitsgrundrechts, sondern auch mit Blick auf Art. 3 Abs. 1 GG bewertet werden. Da die zu bildende Vergleichsgruppe aber nur aus Personen bestehen kann, die die Gefahr auch abwehren können, bevor sich der Schadenseintritt realisiert, tritt dieser verfassungsrechtliche Anknüpfungspunkt zurück, wenn eine Gefahrenabwehr durch Heranziehung eines Verantwortlichen nicht möglich ist. Art. 3 Abs. 1 GG muss dann nur noch bei der Auswahl zwischen mehreren zur Gefahrenabwehr fähigen Unbeteiligten Beachtung finden.[177]

Ist demgegenüber die Gefahrenabwehr nicht durch einen Verantwortlichen möglich, wohl aber durch die Behörde bzw. von ihr Beauftragte, muss die Durchbrechung des Subsidiaritätsgrundsatzes im Lichte des speziellen Freiheitsgrundrechts bewertet werden. Indes bedeutet die Bewertung einer Ausnahme im Einflussbereich von nur einem Grundrecht nicht, dass Ausnahmen einfacher zu rechtfertigen wären. Vielmehr erhöhen sich die Anforderungen im Kontext des jeweiligen Freiheitsgrundrechts, weil nicht nur der Eingriff als solcher, sondern damit zusammenhängend die Ausnahme vom Subsidiaritätserfordernis gerechtfertigt werden muss.

Eng mit dem verfassungsrechtlichen Anknüpfungspunkt bei der Bewertung von Ausnahmen hängt zusammen, wer von der vorrangigen Heranziehung des Nichtstörers profitiert. Dies kann der Verantwortliche sein, weil er die Gefahr nicht selbst beseitigen muss und insoweit keinen arbeitsbezogenen Aufwand hat. Er kann aber auch in finanzieller Hinsicht profitieren, wenn bei der Maßnahme gegen den Nichtstörer geringere Kosten anfallen als bei seinem eigenen Tätigwerden oder der Handlung durch die Behörde, die anschließend bei ihm Regress nehmen kann.[178] In vielen Fällen scheidet der Rückgriff aber aus, weil ein Verantwortlicher nicht vorhanden, nicht identifizierbar oder nicht zahlungsfähig ist,

---

Maßstäbe zwischen bloßer Willkürkontrolle und einer an Verhältnismäßigkeitsgesichtspunkten orientierten Prüfung gestützt. Überblicksweise zum jeweiligen Prüfungsmaßstab *Kirchhof*, in: Dürig/Herzog/Scholz et al. (Begr./Hrsg.), GG, Art. 3 Abs. 1 (2015) Rn. 264 ff.

[177] Das Auswahlermessen zwischen mehreren Nichtstörern wird wie die Auswahl zwischen mehreren Störern (vgl. hierzu bereits die Nachweise unter § 2 Fn. 115) vom Grundsatz der effektiven Gefahrenabwehr geprägt, mit dem die durch die Heranziehung des einen Nichtstörers erfolgende Ungleichbehandlung gerechtfertigt werden kann. Divergenzen im Vergleich zum Auswahlermessen zwischen den Verantwortlichen müssen insoweit angenommen werden, als sich Umstände „wie der Verursachungsbeitrag" oder der „Grad des Verschuldens" bei den Nichtstörern naturgemäß nicht zur Differenzierung heranziehen lassen, vgl. hierzu sowie insgesamt zum Auswahlermessen zwischen mehreren Nichtstörern *Reitzig*, Die polizeirechtliche Beschlagnahme von Wohnraum zur Unterbringung Obdachloser, 2004, S. 147 ff.; ferner *Sander*, in: Belz/Mußmann/Kahlert et al., Polizeigesetz für Baden-Württemberg, 9. Aufl. 2022, § 9 Rn. 9 sowie *Wieser*, Die polizeiliche Wiedereinweisung des Räumungsschuldners, 1999, S. 63 ff.

[178] Vom Verantwortlichen können Kosten für die unmittelbare Ausführung einer Maßnahme erhoben werden, worunter auch finanzielle Aufwendungen für Beauftragte fallen, vgl. exemplarisch Art. 9 Abs. 2 BayPAG.

oder es können nicht alle angefallenen Kosten zurückverlangt werden. In diesem Fall profitiert der Staat von der Heranziehung des Nichtstörers ebenso, wie wenn kein Verantwortlicher vorhanden ist und er durch die Heranziehung des Nichtstörers Arbeitsaufwand oder Kosten einspart.

Mit dem Staat profitiert mittelbar auch die Allgemeinheit, weil diese den Sicherheitsapparat finanzieren muss.[179] Die Allgemeinheit kann aber ebenso wie ein einzelner Dritter auch unmittelbar profitieren, wenn der Nichtstörer herangezogen wird, um die Entstehung anderweitiger Gefahrensituationen zu verhindern. In diesem Fall wird wiederum nicht nur die Allgemeinheit, sondern mittelbar zugleich der Verantwortliche begünstigt, weil dieser von seiner Inpflichtnahme verschont bleibt.

Die Profitrichtung der jeweiligen Ausnahme wirkt sich insoweit auf die Bewertung aus, als die Verantwortlichkeit des Störers dazu führt, dass dieser im Verhältnis zu den Unbeteiligten aus der Gruppe der Allgemeinheit die Erlangung eines Vorteils weniger verdient. Gleiches lässt sich in Relation zum Staat annehmen, weil dessen Begünstigung zumindest theoretisch auch der Allgemeinheit zugutekommt. Im Umkehrschluss führt dies dazu, dass sich Ausnahmen umso schwieriger rechtfertigen lassen, je eher (ausschließlich) die für die Gefahrenentstehung verantwortliche Person profitiert.

(4) Strenge Subsidiarität vs. unmittelbare Begünstigung der Allgemeinheit

Die Allgemeinheit kann aus verschiedenen Gründen von der vorrangigen Heranziehung des Nichtstörers begünstigt werden. Zurückgestellt werden soll an dieser Stelle noch der Fall, dass die Allgemeinheit mittelbar durch staatliche Ersparnisse profitiert. Im Mittelpunkt dieser Ausführungen stehen vielmehr Gefahren zu Lasten anderer Personen als der Verantwortlichen, deren Entstehung zu befürchten wäre, wenn der Staat in zulässiger Weise gegen den oder die Störer einschreiten würde. Der Fokus liegt also auf der verfassungsrechtlichen Legitimation der oben beschriebenen Konstellationen, die unter dem Begriff des *unechten* Notstands bekannt sind.[180]

Den Ausgangspunkt zur verfassungsrechtlichen Rechtfertigung dieser Konstellationen muss die folgende Überlegung bilden, wobei drohende Schäden für einschreitende Sicherheitskräfte noch ausgeklammert werden sollen. In der Gefahrenlage stehen der Gefahrenabwehrbehörde sowohl der potenzielle Nichtstörer, durch dessen Inanspruchnahme die Gefahr abgewendet werden kann, als auch sonstige Dritte, die bei einem Vorgehen gegen den Störer gefährdet würden, zunächst gleichsam als Unbeteiligte gegenüber. Prinzipiell hat die Behörde nun mehrere Verfahrensmöglichkeiten. Sie kann gar nicht einschreiten mit der Folge, dass die Gefahr sich mit hinreichender Wahrscheinlichkeit realisieren wird. Sie kann gegen den Störer vorgehen mit der Folge, dass dadurch die Realisierung

[179] *Hollands*, Gefahrenzurechnung im Polizeirecht, 2004, S. 117.
[180] S. bereits § 4 II. 2. b) bb) (1) und (2).

eines anderweitigen Schadens droht. Schließlich könnte ein Vorgehen gegen den Nichtstörer zugelassen werden, was zur Folge hätte, dass sich weder der durch den Störer drohende Schadenseintritt realisiert noch Dritte durch ein Vorgehen gegen den Störer gefährdet werden, dafür aber der Nichtstörer, entgegen der Subsidiarität seiner Heranziehung, mit der Folge eines eintretenden Nachteils belastet wird.

Die Konsequenz ist also in jedem Fall, dass Personen mit Nachteilen belastet werden, die nicht für die Gefahr verantwortlich sind. Ohne polizeiliches Einschreiten sind es diejenigen Personen, die von der „primären" Gefahr bedroht sind. Mit dem polizeilichen Einschreiten ist es entweder der Nichtstörer durch seine unmittelbare Heranziehung, oder es sind die unbeteiligten Dritten, bei denen sich eine durch das Einschreiten gegen die Verantwortlichen neu entstehende Gefahr realisieren kann.

Die Zulassung des *unechten* Notstands betrifft also die Frage, welche Belange wie zu gewichten sind und ob der Staat mithin eher die primär bedrohten Personen, den Nichtstörer vor seiner Heranziehung oder unbeteiligte Dritte vor neuen Gefahren bewahren muss.

Zunächst wäre es kaum mit der staatlichen Schutzgewährleistungspflicht vereinbar, wenn der Staat das Verhalten des Störers und die Realisierung der Gefahr sehenden Auges dulden müsste, was teilweise auch über einen Rekurs auf das Untermaßverbot begründet wird.[181] Die staatliche Aufgabe der Sicherheitsgewährleistung und die Wertungen des Sozialstaatsprinzips rechtfertigen es, dass die Behörde tätig werden darf, auch wenn dabei entweder die Allgemeinheit oder ein Nichtstörer belastet werden. Die entscheidende Frage liegt darin, wie groß sich der jeweilige Unterschied gestalten muss, damit die Belastung einer anderen Person bzw. Personengruppe legitimierbar ist.

Darf die Behörde gegen einen Verantwortlichen vorgehen, muss die Allgemeinheit hieraus resultierende Belastungen hinnehmen. Wie stark die Belastung der Allgemeinheit sein darf, wird also maßgeblich durch die rechtliche Zulässigkeit der Maßnahme gegen den Verantwortlichen bestimmt. Schwieriger zu beurteilen ist das Verhältnis zwischen dem Nichtstörer und den unbeteiligten Personen der Allgemeinheit. Obwohl weder unbeteiligte Dritte noch der Nichtstörer die primäre Gefahr zu verantworten haben, verbietet sich aus verfassungsrechtlicher Sicht eine einfache Abwägung zwischen den jeweils drohenden Nachteilen. Vielmehr ist zugunsten des Nichtstörers erstens zu beachten, dass die Behörde rechtlich zulässig gegen den Verantwortlichen vorgehen könnte und sich insoweit die daraus resultierenden Gefahren für die Allgemeinheit – soweit sie im Verhältnis zum angestrebten Erfolg stehen – als Ausdruck eines allgemeinen Lebensri-

[181] So *Ullrich*, NdsVersG, 2. Aufl. 2018, § 8 Rn. 131, der zudem die Legitimation des *unechten* Notstands – auf den Anwendungsbereich des Versammlungsrechts bezogen – ähnlich begründet. Zur Anerkennung sowie der Anwendung des Untermaßverbotes BVerfGE 88, 203 (254); *D. Merten*, in: ders./Papier (Hrsg.), Handbuch der Grundrechte, 3. Band, 2009, § 68 Rn. 81 ff.; *Störring*, Das Untermaßverbot in der Diskussion, 2009, insb. S. 38 ff., 123 ff.

sikos kategorisieren ließen. Mit der Heranziehung des Nichtstörers durchbricht die Behörde also den eigentlich durch das Subsidiaritätsprinzip intendierten Kausalverlauf. Zweitens handelt es sich bei den Folgen für die Allgemeinheit zwar um bewusste, aber um nicht beabsichtigte Nebenfolgen, deren Realisierung zudem nicht immer sicher vorhergesagt werden kann, während der Nichtstörer gezielt in Anspruch genommen wird und zumindest die der Inanspruchnahme immanente Belastung sicher eintritt.

Damit ist die Inanspruchnahme eines Nichtstörers in Konstellationen des *unechten* Notstands abstrakt betrachtet zwar legitimierbar. Weil seine Interessen aus den genannten Gründen im Ausgangspunkt aber höher zu gewichten sind, ist ein ersichtliches Missverhältnis zwischen den Belastungen der Allgemeinheit und den Belastungen des Nichtstörers erforderlich, um die Durchbrechung des Subsidiaritätsgrundsatzes zu rechtfertigen.

Ferner stellt sich die Frage, ob Ausnahmen vom Subsidiaritätsgrundsatz zugunsten des Schutzes von Polizeibeamten verfassungsrechtlich legitimierbar sind, etwa wenn diese sich in eine Versammlung begeben müssten, aus der heraus bereits Straftaten gegen sie begangen worden sind. Zwar müssen Polizeibeamte aufgrund ihrer beruflichen Stellung besondere Risiken tragen,[182] mögliche Straftaten gegen sie stellen aber gleichwohl eine Gefahr für die öffentliche Sicherheit dar[183] und tangieren aus diesem Grund zugleich das Interesse der Allgemeinheit. Trotz möglicher anderweitiger Maßnahmen ist eine vorrangige Heranziehung des Nichtstörers aus diesem Grund daher verfassungsrechtlich legitimierbar. Wenn aber schon die Allgemeinheit höhere Belastungen hinzunehmen hat als der Nichtstörer, muss dies aufgrund der beruflichen Stellung erst recht für Polizeibeamte gelten. Unabhängig von den Belastungen des Nichtstörers werden Ausnahmen daher frühestens bei konkreten Gefahren für nicht nur unerhebliche Körperverletzungen zu legitimieren sein.

Allerdings muss, und dies gilt insbesondere auch im Kontext der Gefahren für Polizeibeamte, die bei lebensnaher Betrachtung besonders häufig beim Vorgehen gegen störende Teilnehmer von Versammlungen drohen, stets auch die Eigenart des jeweils maßgeblichen Freiheitsgrundrechts zu weiteren Einschränkungen führen. Je gewichtiger sich die einschlägige Grundrechtskonstellation auf Seiten des Nichtstörers gestaltet, umso schwieriger ist seine vorrangige Heranziehung trotz anderweitiger Gefahrenabwehrmöglichkeiten zu rechtfertigen. Insbesondere mit versammlungsrechtlichem Hintergrund sind Maßnahmen im *unechten* Notstand daher nur in Ausnahmefällen legitimierbar.[184] Zwar ist auch anderen

---

[182] Die Pflicht zur Aufnahme besonderer Risiken ergibt sich dabei auch aus der Wertung des § 35 Abs. 1 S. 2 Hs. 1 StGB, vgl. *Barczak*, NVwZ 2011, 852 (855). Vgl. zur Annahme eines besonderen Rechtsverhältnisses i.S.d. § 35 Abs. 1 S. 2 Hs. 1 StGB bei Polizeibeamten auch BT-Drs. IV/650, S. 161.

[183] BVerfG-K, NJW 2000, 3053 (3055); *Barczak*, DV 49 (2016), 157 (182), m.w.N.

[184] So auch *Brenneisen*, DÖV 2000, 275 (280); *Schmidt-Jortzig*, JuS 1970, 507 (510). Mittelbar ergibt sich dies auch aus den Hinweisen des BVerfG, wonach das Verbot einer Ver-

Grundrechten wie der Eigentumsgarantie aus Art. 14 Abs. 1 GG ein erhebliches Gewicht beizumessen.[185] Während Eingriffe in das Eigentum aber regelmäßig durch eine Entschädigungsleistung ausgeglichen werden können,[186] kann etwa beim Verbot einer friedlichen Versammlung kein adäquater Ersatz geleistet werden, weil es den Beteiligten gerade auf das untersagte Verhalten ankommt.

Insgesamt lässt sich festhalten, dass Maßnahmen im *unechten* Notstand zwar verfassungsrechtlich legitimierbar sind, im Einzelfall aber ein ersichtliches Missverhältnis zwischen den Belangen der Allgemeinheit und den Belangen des Nichtstörers bestehen muss, damit die Heranziehung des Letztgenannten zulässig ist. In die Beurteilung des Missverhältnisses müssen verschiedene Umstände einfließen, wobei es insbesondere einer Berücksichtigung der jeweils einschlägigen Grundrechtskonstellation bedarf. Allerdings ändert die prinzipielle verfassungsrechtliche Legitimierbarkeit nichts daran, dass entsprechende Ausnahmen vom Subsidiaritätsgrundsatz – abgesehen von Baden-Württemberg, wo die Ausnahme durch die gewählte Ausgestaltung zum Regelfall ernannt wurde[187] – von keinem Bundesland vorgesehen sind und es damit an einer geeigneten Ermächtigungsgrundlage für entsprechende Eingriffe fehlt.[188]

(5) Strenge Subsidiarität vs. Effektivität der Gefahrenabwehr

Während sich der *unechte* Notstand auf Nebenfolgen bezieht, die aus einer Maßnahme gegen den Verantwortlichen resultieren, knüpfen mögliche Ausnahmen aus Effektivitätsgründen an die Beseitigung der Ausgangsgefahr an. Insbesondere über die Merkmale „nicht rechtzeitig möglich" und „nicht erfolgversprechend" lassen sich, aufgrund der angezeigten subjektiven Bestimmung, Effektivitätserwägungen berücksichtigen, wenn die Behörde die Prognose anstellen muss, wie schnell und wie erfolgreich die Gefahr durch die Inanspruchnahme des Verantwortlichen beseitigt werden kann.[189] Dies ist verfassungsrechtlich im Hinblick auf die Notwendigkeit einer hinreichenden Gefahrenabwehrmaßnahme ebenso wenig zu beanstanden wie etwa die subjektive Bestimmung einer Gefahr. Hieraus resultierende Nachteile müssen unter Umständen aber auf Kosten- und Entschädigungsebene Beachtung finden.[190]

sammlung „ultima ratio" ist (vgl. nur BVerfGE 69, 315 [353]; BVerfG, NJW 2001, 2069 [2071]). Wenn im *unechten* Notstand, bei dem ein Vorgehen gegen die Verantwortlichen ja gerade tatsächlich und rechtlich möglich wäre, hiervon eine Ausnahme gemacht wird, müssen die Anforderungen entsprechend hoch angesetzt werden.

[185] Zur Bedeutung der Eigentumsgarantie *Böckenförde*, Staat, Gesellschaft, Freiheit, 1976, S. 318.

[186] S. zur Funktion der Entschädigungsregelung auch noch § 4 II. 2. d) aa).

[187] Dies folgt aus der Bezeichnung „insbesondere" (s. hierzu bereits § 4 II. 2. b) bb) (2)).

[188] Im Ergebnis übereinst. *Barczak*, DV 49 (2016), 157 (183, 190 ff.).

[189] S. zur Bestimmung der Merkmale und der hieraus folgenden grundsätzlichen Möglichkeit zur Beachtung gewisser Effektivitätserwägungen bereits § 4 II. 2. b) bb) (1).

[190] *Kingreen/Poscher*, Polizei- und Ordnungsrecht, 12. Aufl. 2022, § 8 Rn. 67, m.w.N.;

Während die Berücksichtigung von Effektivitätserwägungen in den soeben beschriebenen Konstellationen im Hinblick auf eine erfolgreiche Gefahrenabwehr erfolgt, kann sich die Effektivität einer Maßnahme auch auf andere Umstände beziehen, etwa auf die Frage, wer den geringsten Arbeitsaufwand betreiben muss. Bloße Arbeitserleichterungen müssen aber anders beurteilt werden als Maßnahmen zur erfolgreichen Gefahrenabwehr, weil der Schutz der öffentlichen Sicherheit und Ordnung auch im allgemeinen Interesse liegt. Im Übrigen muss derjenige, der die Gefahr geschaffen hat, grundsätzlich auch für ihre Beseitigung aufkommen und darf nicht erwarten, dass eine andere Person für sie einspringt. Der Umstand der Verantwortlichkeit führt daher dazu, dass eine vorrangige Heranziehung des Nichtstörers im Hinblick auf Art. 3 Abs. 1 GG nicht zu rechtfertigen ist, wenn der Verantwortliche die Gefahr ebenfalls erfolgversprechend beseitigen kann, hierfür aber einen höheren Aufwand als der Nichtstörer betreiben muss.

Dies führt indes nicht dazu, dass sich dem Verantwortlichen jede Aufgabe auferlegen lässt, solange er nur für die hinreichende Beseitigung der Gefahr sorgen kann. Vielmehr werden die Grenzen der Maßnahme durch den Verhältnismäßigkeitsgrundsatz bestimmt. Erst wenn die Inanspruchnahme des Störers nach diesem Maßstab unzulässig ist, kann eine Heranziehung des Nichtstörers erwogen werden. Dann liegt aber keine Ausnahme vom Subsidiaritätsgrundsatz mehr vor, weil die Maßnahme gegen den Störer rechtlich unmöglich ist.

Ähnlich fällt die verfassungsrechtliche Beurteilung aus, wenn Maßnahmen zwar nicht gegen einen Verantwortlichen möglich sind, dafür aber durch den Staat bzw. von ihm Beauftragte, der Nichtstörer die Gefahr allerdings mit einem geringeren Aufwand beseitigen könnte. Der Bürger hat mit seinem Beitrag zur Finanzierung der Sicherheitsstrukturen bereits den von ihm zu erbringenden Teil geleistet,[191] sodass er im Ausgangspunkt von weiteren Verpflichtungen verschont bleiben muss und im Verhältnis zwischen Staat und Nichtstörer erst herangezogen werden darf, wenn die Behörde die Gefahr nicht selbst hinreichend abwehren kann. Unabhängig vom betroffenen Freiheitsgrundrecht sind Ausnahmen zur bloßen Arbeitserleichterung daher kaum einer Rechtfertigung zugänglich. Gehen mit der Arbeitsbelastung allerdings hohe finanzielle Konsequenzen einher oder führt sie dazu, dass Einsatzkräfte an anderen Orten nicht eingesetzt werden können, entstehen damit „Sekundärfolgen“, durch die sich eine andere Bewertung ergeben kann.

(6) Strenge Subsidiarität vs. Wirtschaftlichkeit der Gefahrenabwehr

Der vorrangigen Heranziehung eines Nichtstörers aus wirtschaftlichen Gründen wird meist eine klare Absage erteilt.[192] Dies gilt insbesondere im Hinblick auf die

---

Meyer, Jura 2017, 1259 (1263 f.); vgl. auch *W.-R. Schenke/Ruthig*, VerwArch 87 (1996), 329 (335), m.w.N.

[191] *Hollands*, Gefahrenzurechnung im Polizeirecht, 2004, S. 117.

[192] OVG Münster, OVGE 8, 212 (215); VG Köln, NJW 1971, 210 (212); NVwZ-RR 1990,

mitunter immensen Kosten, wenn zahlreiche Sicherheitskräfte, gegebenenfalls im Wege der Amtshilfe, zum Schutz einer Versammlung mobilisiert werden müssen.[193] Ebenso können bei der Unterbringung von Obdachlosen oder Flüchtlingen extreme Kosten für das Anmieten oder den Bau von Unterkünften anfallen.[194] Allerdings lässt sich auch im Hinblick auf die Kosten ein differenzierender Maßstab anlegen.

Im Verhältnis zwischen Störer und Nichtstörer müssen wirtschaftliche Erwägungen grundsätzlich unberücksichtigt bleiben, wobei auch hierfür auf den Umstand der Verantwortlichkeit verwiesen werden kann, der Eingriffe in Art. 3 Abs. 1 GG zur unmittelbaren finanziellen Begünstigung des Störers, ebenso wenig wie zur bloßen Arbeitserleichterung, kaum zu rechtfertigen vermag. Nur wenn die finanzielle Belastung zur Unverhältnismäßigkeit der Maßnahme im Verhältnis zwischen Staat und Störer führt,[195] kann aufgrund der rechtlichen Unmöglichkeit eine Inanspruchnahme des Nichtstörers erwogen werden, wobei es sich auch dann nicht mehr um eine Ausnahme vom Subsidiaritätsgrundsatz handelt.

Anders gestaltet sich zumindest die Ausgangslage, wenn nicht der Störer von der Heranziehung des Nichtstörers in wirtschaftlicher Hinsicht profitiert, sondern der Staat. Weil die Staatsaufgabe der Gefahrenabwehr durch die Allgemeinheit finanziert wird, führt jede Gefahrenabwehrmaßnahme, für die dem Staat zusätzliche Kosten entstehen, prinzipiell auch zu einer Belastung der Allgemeinheit. Auch aus diesem Grund unterliegt der Staat den haushaltsrechtlichen Geboten der Wirtschaftlichkeit und Sparsamkeit.[196] Dabei muss der oben bereits angesprochene Aspekt beachtet werden, dass es häufig an einer (umfassenden) Regressmöglichkeit bei dem oder den Verantwortlichen mangelt. Aus verfassungsrechtlicher Sicht lassen sich vor diesem Hintergrund Ausnahmen vom Subsidiaritätsgrundsatz erwägen, wenn die Inanspruchnahme des Nichtstörers viel

414; *Ewer/Mutschler-Siebert*, NJW 2016, 11 (14); *Friauf*, in: Schmidt-Aßmann (Hrsg.), Besonderes Verwaltungsrecht, 10. Aufl. 1995, 2. Abschnitt, Rn. 111; *W. Martens*, in: Drews/Wacke/Vogel et al., Gefahrenabwehr, 9. Aufl. 1986, S. 333: „niemals zu rechtfertigen"; *Ruder/Pöltl*, Polizeirecht Baden-Württemberg, 9. Aufl. 2021, § 5 Rn. 50; *Schmidt-Jortzig*, JuS 1970, 507 (509); zur generellen Tabuisierung von Wirtschaftlichkeitserwägungen im Gefahrenabwehrrecht *A. Peters*, DÖV 2001, 749 (759 ff.), m.w.N.; zur Einbeziehung der Wirtschaftlichkeit in Ermessensentscheidungen aber auch *Gröpl*, VerwArch 93 (2002), 459 (480 ff.); *Kirchhof*, NVwZ 1983, 505 (511 f.) sowie *Pünder*, DV 45 (2012), 1 (10 ff.).

[193] Zu diesem Erfordernis umfassend *Beckermann*, DVBl. 2019, 407 ff.

[194] Vgl. *Günther/Traumann*, NVwZ 1993, 130 (133) sowie *Reitzig*, Die polizeirechtliche Beschlagnahme von Wohnraum zur Unterbringung Obdachloser, 2004, S. 122.

[195] Die potenzielle Begrenzung einer Maßnahme gegen den (Zustands-)Verantwortlichen aus Kostengründen ist bereits aus den Altlastenfällen bekannt (vgl. etwa BVerfGE 102, 1 [23 f.]), wenngleich die Heranziehung eines Nichtstörers anstelle des Zustandsverantwortlichen in diesen Konstellationen nahezu ausgeschlossen sein dürfte.

[196] Eingehend zu den Geboten der Wirtschaftlichkeit und Sparsamkeit *Tholund*, Die gerichtliche Kontrolle der Haushaltsgrundsätze „Wirtschaftlichkeit" und „Sparsamkeit", 1991, S. 13 ff., 43 ff. sowie *v. Hoyningen-Huene*, BB 1991, 1345 ff.

kostengünstiger wäre als anderweitige Maßnahmen und der Staat hierdurch finanziell profitieren kann.

Diese Annahme wird auch von folgender Überlegung gestützt, die bereits im Rahmen der staatlichen Interessenpositionen angedeutet wurde. Eine Notstandslage wird häufig dadurch bedingt, dass die Ressourcen bei Personal und Sachmitteln knapp bemessen sind, was in der Regel auf eine in der Verwaltungsorganisation vorgenommene Abwägung zwischen Nutzen und Kosten zurückzuführen ist. Es wäre allerdings nicht nur unmöglich, sondern widerspräche jeglicher wirtschaftlichen Vernunft, vom Staat zu verlangen, dauerhaft (deutlich) mehr Personal und Sachmittel als (meist) notwendig bereithalten zu müssen, damit die Möglichkeit zur Gefahrenabwehr auch in seltensten Ausnahmesituationen nicht durch personelle oder sachliche Engpässe verhindert wird.[197] Wenn auf „Vorbereitungsebene“ aber wirtschaftliche Eingeständnisse zulässig sind, lässt sich eine Berücksichtigung der Gebote der Wirtschaftlichkeit und Sparsamkeit auch aus diesem Grund auf „Heranziehungsebene“ erwägen.[198]

Konsequenterweise wird der Beachtung finanzieller Aspekte im Rahmen des Notstandsinstituts immer weniger eine klare Absage erteilt und werden finanzielle Erwägungen nur noch als „grundsätzlich“[199] unbeachtlich eingeordnet oder ihre Berücksichtigung sogar ausdrücklich gebilligt[200] und mit eindrucksvollen Beispielen unterlegt. So leuchtet es in der bereits angesprochenen Konstellation ein, dass die Polizei ihren neuen Dienstwagen nicht dem Auto eines Geiselnehmers in den Weg stellen muss, wenn sie hierzu auch alte Holzpaletten vom Grundstück eines Dritten benutzen kann.[201]

Zu Recht besteht allerdings Einigkeit darüber, dass die jeweils anfallenden Kosten keiner ausbalancierten Abwägung unterliegen, sondern ein finanzielles Ungleichgewicht die vorrangige Inanspruchnahme des Nichtstörers nur im absoluten Ausnahmefall bei einem ersichtlichen Missverhältnis rechtfertigen kann.[202] Ob ein solches Missverhältnis anzunehmen ist, unterliegt der Einzelfallbetrachtung, wobei Zweifel aufgrund des Ausnahmecharakters des Notstandsinstituts zulasten der Behörde gehen müssen.

---

[197] S. hierzu bereits die Interessenlage auf staatlicher Seite bei § 4 I. 1. b).

[198] Im Ergebnis übereinst. *Schoch*, Jura 2007, 676 (680).

[199] *Sander*, in: Belz/Mußmann/Kahlert et al., Polizeigesetz für Baden-Württemberg, 9. Aufl. 2022, § 9 Rn. 6; *W.-R. Schenke*, Polizei- und Ordnungsrecht, 12. Aufl. 2023, Rn. 389.

[200] VG Bremen, NVwZ 1991, 706 (707); *Fratzky*, Ökonomisierung der polizeilichen Gefahrenabwehr, 2013, S. 225 ff.; *Günther/Traumann*, NVwZ 1993, 130 (133 f.); *Reitzig*, Die polizeirechtliche Beschlagnahme von Wohnraum zur Unterbringung Obdachloser, 2004, S. 123.

[201] Beispiel nach *Würtenberger/Heckmann/Tanneberger*, Polizeirecht in Baden-Württemberg, 7. Aufl. 2017, § 5 Rn. 329, vgl. ferner das ebenda in Fn. 680 genannte Beispiel.

[202] VG Bremen, NVwZ 1991, 706 (707): „extrem hohe Kosten“; *Reitzig*, Die polizeirechtliche Beschlagnahme von Wohnraum zur Unterbringung Obdachloser, 2004, S. 123: „wenn [die Kosten] ein wirtschaftlich vertretbares Maß in jeder Hinsicht übersteigen“; *Würtenberger/Heckmann/Tanneberger*, Polizeirecht in Baden-Württemberg, 7. Aufl. 2017, § 5 Rn. 329: „offensichtliches Missverhältnis“.

Aus verfassungsrechtlicher Sicht sind Ausnahmen vom Subsidiaritätsgrundsatz aus Wirtschaftlichkeitserwägungen damit zwar grundsätzlich nicht ausgeschlossen, allerdings müssen auch hier je nach Eigenart des Grundrechts weitere Einschränkungen vorgenommen werden.[203] Hieraus folgt, dass die Rechtfertigung des Verbots einer friedlichen Versammlung[204] durch die Gebote der Wirtschaftlichkeit und Sparsamkeit selbst bei einem extremen Missverhältnis zwischen den finanziellen Folgen ausgeschlossen sein dürfte. Insbesondere bei Eingriffen in die Eigentumsgarantie aus Art. 14 Abs. 1 GG lassen sich Ausnahmen demgegenüber häufig einfacher legitimieren, weil mit Entschädigungsleistungen regelmäßig für einen adäquaten Ersatz gesorgt werden kann.

(7) Weitere Anforderungen und Konsequenzen

Während die Berücksichtigung gewisser Effektivitätserwägungen der Prognostizierung einer Notstandslage immanent sind, lassen sich „echte" Ausnahmen vom Subsidiaritätsgrundsatz durch das Auftreten von Sekundärgefahren und -folgen in verfassungskonformer Weise in den Notstandsregelungen etablieren. Weil die Belange des Nichtstörers aber grundsätzlich höher zu gewichten sind als die der Allgemeinheit, ist eine schonende Anwendung im Einzelfall zwingend angezeigt, wobei insbesondere die zugrunde liegende Grundrechtskonstellation in die Bewertung des erforderlichen Missverhältnisses einfließen muss.

Aus der grundsätzlichen Legitimierbarkeit von Ausnahmen darf keinesfalls folgen, dass die Behörde nur zaghafte Versuche unternehmen muss, um eine Notstandslage oder eine Situation mit einem entsprechenden Missverhältnis zu verhindern. Erst recht gilt dies, wenn die Notstandslage vorsätzlich herbeigeführt wird.[205] Generell obliegt es der Behörde, das Vorliegen einer entsprechenden tatbestandlichen Situation nachzuweisen, wobei die Anforderungen hieran mit dem Eingriffsgewicht ansteigen. Zu Recht wird darauf hingewiesen, dass eine Behörde beim Verbot einer friedlichen Versammlung konkret darlegen muss, wie groß der Bedarf an Einsatzkräften wäre und warum ein solcher nicht zur Verfügung steht und auch über Amtshilfeersuchen beim Bund sowie den anderen Ländern nicht zu beschaffen ist.[206] Vergleichbare Darlegungspflichten sind konsequenterweise

---

[203] S. zur Relevanz der einschlägigen Grundrechtskonstellation schon § 4 II. 2. b) bb) (4).

[204] Vgl. zur Bedeutung nur BVerfGE 69, 315 (344), wonach die Versammlungsfreiheit „zu den unentbehrlichen Funktionselementen eines demokratischen Gemeinwesens" gehört; ferner *Schaks*, Versammlungsfreiheit, in: Stern/Sodan/Möstl (Hrsg.), Das Staatsrecht der Bundesrepublik Deutschland, 2. Aufl. 2022, § 115 Rn. 1.

[205] OVG Berlin-Brandenburg, Urt. v. 20.11.2008 – OVG 1 B 5.06, juris, Rn. 38 f., vgl. dort aber auch Rn. 42 zu Fehleinschätzungen der Behörde; VG Hannover, Urt. v. 21.12.2011 – 10 A 3507/10, juris, Rn. 28; *Hoffmann-Riem*, NVwZ 2002, 257 (263); *Ullrich*, Das Demonstrationsrecht, 2015, S. 291, m.w.N.

[206] BVerfG, NJW 2001, 2069 (2072); vgl. auch *Barczak*, DV 49 (2016), 157 (196), der ferner die hohen Anforderungen für das Amtshilfeersuchen herausstellt unter Verweis auf OVG Hamburg, Beschl. v. 11.9.2015 – 4 Bs 192/15, juris, Rn. 22; *W. Peters/Janz*, NWVBl. 2022, 269

zu fordern, wenn die Behörde sich darauf beruft, dass eine Maßnahme gegen einen Verantwortlichen Belastungen der Allgemeinheit herbeigeführt hätte, bei denen ein ersichtliches Missverhältnis zu den Belastungen des Nichtstörers anzunehmen gewesen wäre.

Da der *unechte* Notstand mit Ausnahme der Vorschrift in Baden-Württemberg aber nicht von den Notstandsregelungen erfasst wird, müssten die Gesetzgeber in dieser Hinsicht zunächst für Nachbesserung sorgen. Andererseits fehlt es an einem zwingenden Anlass, weil die Gerichte den *unechten* Notstand regelmäßig anerkennen, ohne dessen Erfassung plausibel darzulegen.[207] Im diesbezüglich besonders relevanten Bereich des Versammlungsrechts wird sich allerdings noch ein anderer Weg erwägen lassen, über den Maßnahmen im *unechten* Notstand möglicherweise auch außerhalb von Baden-Württemberg als zulässig eingeordnet werden können.[208]

Im Hinblick auf den häufig ausdrücklich betonten Ultima-ratio-Gedanken[209] lässt sich resümieren, dass die Inanspruchnahme eines Nichtstörers aus verfassungsrechtlicher Sicht zwar nicht *ultima ratio* sein müsste, aus einfachgesetzlicher Sicht aber *ultima ratio* ist, im Einzelfall aber nicht als *ultima ratio* angewendet wird. Wenn in der Praxis folglich etwas gewollt wird, was zwar verfassungsrechtlich, aber nicht einfachgesetzlich möglich ist, bedarf es in der Konsequenz einer normativen Anpassung.

cc) Aufopferungsgrenzen

Zweifellos darf dem Nichtstörer eine Hilfeleistungspflicht nicht um jeden Preis auferlegt werden. Wenn selbst der Heranziehung eines Verantwortlichen Grenzen gezogen werden, muss dies erst recht für die Inanspruchnahme des Nichtstörers gelten. Jedenfalls bei Störern rechtfertigt der Umstand der Verantwortlichkeit die Auferlegung eines gewissen Grades eigener Gefährdung. Das Fehlen eines Zurechnungszusammenhangs im Notstand darf demgegenüber nicht ohne Konsequenzen bleiben, sondern muss verfassungsrechtlich geboten zu einer Verschiebung der Opfergrenzen führen. Diesen Eindruck vermitteln die meisten Gesetzgeber auch insoweit, als sie hierzu eine explizite Bestimmung in ihre Notstandsregelungen aufgenommen haben, während solche in den Vorschriften zur Verhaltens- und Zustandsverantwortlichkeit ausnahmslos fehlen[210] und entspre-

---

(272). Eingehend zum Verhältnis von Amtshilfeersuchen und Notstandslage *Beckermann*, DVBl. 2019, 407 ff.

[207] Vgl. hierzu noch die Nachweise aus der Rechtsprechung zum *unechten* Notstand im Versammlungsrecht, insb. unter § 5 Fn. 2.

[208] S. hierzu noch die Ausführungen bei § 5 I. 1.

[209] Exemplarisch *Elzermann/Schwier*, Polizeigesetz des Freistaates Sachsen, 5. Aufl. 2014, § 7 Rn. 1; *Heckel*, NVwZ 2012, 88 (91); *Fratzky*, Ökonomisierung der polizeilichen Gefahrenabwehr, 2013, S. 223; *Malmberg*, in: Drewes/Malmberg/Wagner et al., BPolG, 6. Aufl. 2019, § 20 Rn. 3; *W. Peters/Janz*, LKV 2016, 193 (195).

[210] Andererseits könnte man diesen Unterschied auch unter Heranziehung der Grundsätze

chende Grenzen dort lediglich aus dem Verhältnismäßigkeitsgrundsatz abgeleitet werden können.[211] Besonders bei der Heranziehung eines Nichtstörers sind die verfassungsrechtlichen Grenzen des Zumutbaren ebenso unklar, wie die diesbezügliche Ausgestaltung der verschiedenen Notstandsregelungen. Es werden sich – auch im Querschnittsvergleich zur Regelung des § 323c Abs. 1 StGB – verschiedene „Zumutbarkeitssysteme" offenbaren.

(1) Ausgangslage und Auslegungsfragen

Die Heranziehung eines Nichtstörers ist nach ausdrücklicher Maßgabe der meisten Notstandsregelungen nur zulässig, wenn die Person ohne erhebliche eigene Gefährdung in Anspruch genommen werden kann.[212] Daneben statuiert die überwiegende Anzahl der Gesetze eine weitere Grenze, indem sie die Heranziehung des Nichtstörers nicht zulassen, wenn dieser dadurch höherwertige Pflichten verletzen würde.[213] Beide Aspekte lassen sich zwar auch als Teil einer gemeinsamen Opfergrenze verstehen,[214] können und müssen aber jeweils auch für sich genommen betrachtet werden.

Nicht nur im verfassungsrechtlichen Sinne, sondern auch im Kontext der Notstandsregelungen wird sich vielfach des Begriffs der „Zumutbarkeit" bedient. Diese Begrifflichkeit passt im Hinblick auf die typischerweise vorgenommene einfachgesetzliche Ausgestaltung allerdings nur bedingt, da Zumutbarkeit im Rechtssinne nicht nur aus den Aspekten der Eigengefährdung und der Pflichtenkollision besteht. Diesem Verständnis liegt auch die Formulierung in § 323c Abs. 1 StGB zugrunde, nach der eine Hilfeleistung „insbesondere" dann nicht

der Normenklarheit und -bestimmtheit begründen, indem man eine ausdrückliche Normierung der Opfergrenzen aufgrund des grundrechtsintensiveren Eingriffspotenzials bei der Heranziehung eines Nichtstörers lediglich im Rahmen der Notstandsregelung als geboten erachtet.

[211] Zu den Grenzen der Inanspruchnahme des Handlungsstörers *Lindner*, in: Möstl/Schwabenbauer (Hrsg.), BeckOK Polizei- und Sicherheitsrecht Bayern, 2023, BayPAG, Art. 7 Rn. 58 ff. Dass eine Begrenzung der Verhaltensverantwortlichkeit nach dem Grundsatz der Verhältnismäßigkeit in Betracht kommt, bestätigt auch *Trurnit*, in: Möstl/Trurnit (Hrsg.), BeckOK Polizeirecht Baden-Württemberg, 2023, BWPolG, § 6 Rn. 30. Dies lässt sich auch aus den in den Polizei- und Ordnungsgesetzen einfachgesetzlich wiedergegebenen Verhältnismäßigkeitsanforderungen ableiten: So darf eine Maßnahme etwa nach Art. 4 Abs. 2 BayPAG nicht zu einem Nachteil führen, der zu dem erstrebten Erfolg erkennbar außer Verhältnis steht. Hierzu kann es selbstverständlich auch bei einem Vorgehen gegen den Verantwortlichen kommen.

[212] Exemplarisch Art. 10 Abs. 1 Nr. 4 BayPAG; § 16 Abs. 1 Nr. 4 ASOG Bln; § 7 Abs. 1 Nr. 4 BremPolG.

[213] Lediglich vereinzelt und nur im Bereich der katastrophenrechtlichen Hilfeleistungspflichten ist im Kontext der Zumutbarkeit von „gleichrangigen" Pflichten die Rede, so etwa in § 13 Abs. 1 BbgBKG. S. zu den entsprechenden verfassungsrechtlichen Anforderungen noch § 4 II. 2. b) cc) (3).

[214] Vgl. *Schoch*, Polizei- und Ordnungsrecht, in: ders. (Hrsg.), Besonderes Verwaltungsrecht, 2018, 1. Kap. Rn. 474.

zumutbar ist, wenn sie nicht „ohne erhebliche eigene Gefahr und ohne Verletzung anderer wichtiger Pflichten“ erbracht werden kann.[215] Die Verwendung des Wortes „insbesondere“ verdeutlicht, dass der Gesetzgeber von der Existenz weiterer Zumutbarkeitsausprägungen ausgeht oder solche zumindest für möglich erachtet.[216] Während bei der Hilfeleistungspflicht aus § 323c Abs. 1 StGB also eine Gesamtabwägung verschiedener Umstände maßgeblich ist,[217] lässt sich die Zumutbarkeit der Hilfspflicht des Nichtstörers gerade nicht allein anhand der niedergeschriebenen Anforderungen bestimmen. Insoweit sollte man sich im Zusammenhang mit den vergesetzlichten Notstandsvoraussetzungen mit dem Begriff der Zumutbarkeit konsequenterweise in Vorsicht üben. Vielmehr werden lediglich – nicht abschließende – Grenzen der Zumutbarkeit normiert. Anders gesagt: Kann der Nichtstörer nur mit erheblicher eigener Gefährdung mit der Hilfeleistungspflicht belegt werden oder würde er dabei höherwertige Pflichten verletzen, ist ihm die Inanspruchnahme unzumutbar. Kann er hingegen ohne erhebliche eigene Gefährdung und ohne Verletzung höherwertiger Pflichten mit der Hilfeleistungspflicht belegt werden, bedeutet dies noch nicht, dass ihm die Inanspruchnahme auch zwingend zumutbar ist. Vor diesem Hintergrund ist es passender, nicht von der Zumutbarkeit,[218] sondern von Aufopferungs-, Opfer- oder Zumutbarkeitsgrenzen[219] zu sprechen. Zutreffend ist es auch, die Normierung der beiden Grenzen als eine (dann allerdings nicht abschließende) Konkretisierung[220] oder passender: als eine Ausprägung[221] des Zumutbarkeitsgedankens einzuordnen.

Auf die beiden verbrieften Zumutbarkeitsgrenzen lässt sich die grundlegend anvisierte Untersuchungsweise transferieren. Danach gilt es erstens zu ermitteln, welche Anforderungen hinsichtlich eigener Gefährdungen und der Kollision von Pflichten aus verfassungsrechtlichen Vorgaben folgen, wobei das Zumutbarkeits-

---

[215] Zur Schwierigkeit der Bestimmung des Begriffs der Zumutbarkeit *W. Weber*, JurJb. 3 (1962/63), 212 ff. Auf das Vorhandensein des Zumutbarkeitsgedankens im „Recht früherer Zeiten“ hinweisend bereits *Gribbohm*, SchlHA 1964, 155 sowie *Henkel*, Zumutbarkeit und Unzumutbarkeit als regulatives Rechtsprinzip, in: FS-Mezger, 1954, S. 249 (260 ff.).

[216] *Freund/Koch*, in: Erb/Schäfer (Hrsg.), Münchener Kommentar StGB, 6. Band, 4. Aufl. 2022, § 323c Rn. 91; *Lackner/Kühl/Heger*, StGB, 30. Aufl. 2023, § 323c Rn. 7.

[217] *Frey*, Die Zumutbarkeit im Strafrecht, 1961, S. 47; *Gaede*, in: Kindhäuser/Neumann/Paeffgen et al. (Hrsg.), StGB, 6. Aufl. 2023, § 323c Rn. 11; *Spendel*, Zum Vergehen der unterlassenen Hilfeleistung, in: FS-Seebode, 2008, S. 377 (385). Zu anderen bei der Zumutbarkeitsabwägung möglicherweise relevant werdenden Aspekten *Frellesen*, Die Zumutbarkeit der Hilfeleistung, 1980, S. 170 ff.

[218] Ungenau etwa *Tegtmeyer/Vahle*, PolG NRW, 13. Aufl. 2022, § 6 Rn. 6.

[219] So *Kingreen/Poscher*, Polizei- und Ordnungsrecht, 12. Aufl. 2022, § 9 Rn. 75; im Kontext der Zumutbarkeit nach § 323c StGB *Barthel*, Die (Un-)Zumutbarkeit des erfolgsabwendenden Tuns, 2004, S. 97.

[220] So etwa *Götz/Geis*, Allgemeines Polizei- und Ordnungsrecht, 17. Aufl. 2022, § 14 Rn. 5 und *W.-R. Schenke*, in: ders./Graulich/Ruthig (Hrsg.), Sicherheitsrecht des Bundes, 2. Aufl. 2019, BPolG, § 20 Rn. 11.

[221] So *W. Martens*, in: Drews/Wacke/Vogel et al., Gefahrenabwehr, 9. Aufl. 1986, S. 335.

prinzip diesbezüglich als Bestandteil der Verhältnismäßigkeit qualifiziert wird.[222] Es muss also untersucht werden, welche Grenzen das Verfassungsrecht für Eigengefahren und die Pflichtenkollision bereithalten würde, wenn solche nicht in den Notstandsregelungen verankert wären.

Dabei kann häufig auf Erwägungen zur Zumutbarkeit aus anderen Rechtsgebieten, insbesondere aus dem Strafrecht, zurückgegriffen werden. Zwar sind gesetzliche Abwägungsvorgaben im Strafrecht besonders wichtig, weil die Regelungen zwar allgemeinen verfassungsrechtlichen Schranken unterliegen,[223] es allerdings an einem hoheitlichen Einzelakt fehlt, der seinerseits ebenfalls entsprechenden Schranken unterworfen wäre, sodass es an einer Abwägungsalternative mangelt. Weil die Zumutbarkeit einer strafrechtlich und die Zumutbarkeit einer gefahrenabwehrrechtlich begründeten Pflicht den gleichen verfassungsrechtlichen Bezugspunkt aufweisen, ist ein weitgehender Vergleich aber legitim. Das gilt aufgrund der auch im Übrigen bestehenden hohen Vergleichbarkeit insbesondere im Verhältnis zur Zumutbarkeit im Sinne des § 323c Abs. 1 StGB.[224]

Der Vergleich der verfassungsrechtlich abgeleiteten Erkenntnisse mit der Ausgestaltung im einfachen Recht gibt Aufschluss über die Verfassungsmäßigkeit der Vorschriften sowie die Existenz alternativer Regelungskonzepte. Solche lassen sich ferner auch anderen Rechtsbereichen entnehmen, was im Hinblick auf die Optimierbarkeit der Normgestaltung kurz thematisiert werden soll.

(2) Grenze der Eigengefährdung

Verfassungsrechtliche Vorgaben hinsichtlich des zulässigen Grades an Eigengefährdung lassen sich ohne konkreten Einzelfall nur schwer verallgemeinern. Möglich ist allerdings eine behutsame Annäherung von außen, weil sich eine weitgehende Einigkeit über eine absolute Grenze bei der Gefährdung des eigenen Lebens als verfassungsrechtlicher „Höchstwert"[225] ausmachen lässt, was im Gefahrenabwehrrecht genauso wie im Strafrecht Geltung erlangen muss.[226] Selbst wenn eine Vielzahl anderer Leben gerettet werden könnte, wird die verfassungsrechtliche Grenze des Zumutbaren überschritten, wenn die betroffene Person hierfür ihr eigenes Leben aufs Spiel setzen müsste. Insoweit fließt nicht nur das

---

[222] S. zur Einordnung des Zumutbarkeitsprinzips bereits § 3 II. 1.

[223] Eingehend zur Verhältnismäßigkeit als Schranke bei der Gesetzgebung *Seedorf*, Der Grundsatz der Verhältnismäßigkeit bei der Gesetzgebung, in: Jestaedt/Lepsius (Hrsg.), Verhältnismäßigkeit, 2015, S. 129 (136 ff.).

[224] S. zum Verhältnis der Regelungen noch § 5 I. 2.

[225] BVerfGE 39, 1 (42); vgl. auch *H. Schneider*, Die Güterabwägung des Bundesverfassungsgerichts bei Grundrechtskonflikten, 1979, S. 75 sowie *Zimmermann*, Rettungstötungen, 2009, S. 34.

[226] Zur Gefährdung des Lebens als absolute Zumutbarkeitsgrenze im Strafrecht *Archangelskij*, Das Problem des Lebensnotstandes am Beispiel des Abschusses eines von Terroristen entführten Flugzeugs, 2005, S. 38 ff.; *Otto*, Pflichtenkollision und Rechtswidrigkeitsurteil, 3. Aufl. 1978, S. 80.

Recht auf Leben aus Art. 2 Abs. 2 S. 1 GG in die Konturierung des Zumutbarkeitsprinzips ein, sondern zugleich die (Verbindung mit der) Menschenwürde aus Art. 1 Abs. 1 GG, sofern hieraus ein Abwägungsverbot für den Staat hinsichtlich der Leben seiner Bürger abzuleiten ist.[227]

Schwieriger gestaltet sich die verfassungsrechtliche Bewertung, wenn die Hilfeleistung zwar keine Gefahr für das Leben, wohl aber für die körperliche Unversehrtheit oder andere Rechtsgüter bedingt. Dabei wird nicht nur das Ausmaß des drohenden Schadens beim Nichtstörer relevant, sondern zugleich die Frage, in welchem Verhältnis das Rechtsgut zu der Wahrscheinlichkeit, d.h. der Risikogröße steht, mit der sich der Schaden beim Nichtstörer realisieren wird.

Auch bei der Abwägung im Rahmen des strafrechtlichen Instituts des rechtfertigenden Notstands ist dieser Aspekt zu berücksichtigen. Dort wird insoweit vom Grad der drohenden Gefahren gesprochen.[228] Interessengerechte Ergebnisse für den Einzelfall lassen sich dabei, ähnlich wie bei der Prüfung einer konkreten Gefahr,[229] nur über die Anwendung einer Je-desto-Formel erzielen. Je größer das Ausmaß des Schadens sowie die Wahrscheinlichkeit seines Eintritts beim Hilfeleistungsbegünstigten und je geringer das Ausmaß des Schadens und die Wahrscheinlichkeit seines Eintritts beim Hilfeleistungsverpflichteten, desto eher wird die Hilfeleistung als zumutbar qualifiziert und umgekehrt.[230] Insgesamt liegt es

---

[227] Es ließe sich insoweit darauf abstellen, dass der Nichtstörer als „verlängerter Arm“ der Gefahrenabwehrbehörde zum Objekt staatlichen Handelns wird, indem dieser sein Leben riskiert, um andere Leben zu retten. *Erb*, in: ders./Schäfer (Hrsg.), Münchener Kommentar StGB, 1. Band, 4. Aufl. 2020, § 34 Rn. 144 Fn. 268 macht darauf aufmerksam, dass gegen die Unabwägbarkeit des Lebens angeführt werden könnte, dass die Zahl der getöteten oder geretteten Menschen für andere strafrechtliche Fragestellungen sehr wohl relevant wäre (so auch *Mitsch*, „Nantucket Sleighride“, in: FS-Weber, 2004, S. 49 [63 ff.] sowie *Merkel*, JZ 2007, 373 [380 f.]). Der Unterschied zu diesen Fragestellungen liegt aber darin, dass es dort lediglich um objektive Wertungen und nicht um die subjektive Anknüpfung an die Belange einer konkreten Person geht, sodass zwischen beiden Konstellationen zu differenzieren ist. Dem Staat wird zwar ein weitgehendes Abwägungsverbot zwischen den Leben seiner Bürger zu attestieren sein, gleichwohl ist die geäußerte Kritik an der vielzitierten Formel „keine Abwägung Leben gegen Leben“ zutreffend und das Abwägungsverbot nicht in Gänze bestandsfest. Das zeigt sich etwa beim sog. finalen Rettungsschuss oder auch bei der Entscheidung des BVerfG zum Luftsicherheitsgesetz, wonach Waffengewalt gegen ein Luftfahrzeug weder gegen das Grundrecht auf Leben noch gegen die Menschenwürde verstößt, wenn lediglich Personen betroffen sind, die das Luftfahrzeug als Tatwaffe gegen das Leben von Menschen einsetzen, vgl. BVerfGE 115, 118 (140, 152 ff.). In beiden Fällen tritt das Leben des Angreifers oder der Angreifer zurück, was letztlich das Resultat einer Abwägung ist. Vgl. hierzu und zu weiteren Beispielen *Merkel*, JZ 2007, 373 (380 f.).

[228] Vgl. *Hoyer*, in: Wolter (Hrsg.), SK-StGB, 1. Band, 9. Aufl. 2017, § 34 Rn. 13.

[229] BVerwG, NJW 1974, 807 (810); BVerwGE 142, 205 (216 Rn. 32); *Graulich*, in: Lisken/Denninger/Bäcker et al. (Begr./Hrsg.), Handbuch des Polizeirechts, 7. Aufl. 2021, Kap. E Rn. 135.

[230] *Freund/Koch*, in: Erb/Schäfer (Hrsg.), Münchener Kommentar StGB, 6. Band, 4. Aufl. 2022, § 323c Rn. 93, *Renzikowski*, in: Matt/Renzikowski, StGB, 2. Aufl. 2020, § 323c Rn. 20; *Pawlik*, GA 1995, 360 (371 f.); *Seelmann*, JuS 1995, 281 (285 f.).

nahe, dass diese strafrechtliche Handhabung dem verfassungsrechtlichen Zumutbarkeitsprinzip entspricht, weil § 35 Abs. 1 S. 2 StGB zwar konkretisiert, wann die Hinnahme einer Gefahr regelmäßig[231] zumutbar ist, andererseits aber keine näheren Anhaltspunkte über die Unzumutbarkeit bestimmt und insoweit verfassungsrechtliche Wertungen Einzug in die Begriffsauslegung nehmen.

Daraus ergibt sich, dass dem Nichtstörer aus verfassungsrechtlicher Sicht die Gefahr des Eintritts einer (leichteren) Beeinträchtigung der körperlichen Integrität durchaus zugemutet werden kann, vor allem, wenn das Risiko zwar vorhanden, aber eher als gering einzuschätzen ist. Weil der Nichtstörer aber erstens für die Entstehung der Gefahr keine Verantwortlichkeit aufweist und zweitens die Behörde mit seiner Inanspruchnahme den Kausalverlauf gezielt unterbricht und den Nichtstörer bewusst mit einem Risiko belegt, müssen die Schäden, die mit seiner Heranziehung verhindert werden sollen, das Risiko in nicht nur unerheblicher Weise überwiegen. Dies führt dazu, dass dem Nichtstörer auch die Gefahr einer schweren, möglicherweise sogar irreparablen Körperverletzung in aller Regel nicht zumutbar ist und Ausnahmen hiervon allenfalls im absoluten Ausnahmefall zum Schutz unmittelbar und konkret gefährdeter Menschenleben verfassungsrechtlich legitimiert sein können, wobei für diese Annahme auch der Wahrscheinlichkeitsgrad des Schadenseintritts auf beiden Seiten zu berücksichtigen ist.[232]

Dem Nichtstörer kann eine Hilfeleistungspflicht ferner auch unzumutbar sein, wenn andere Rechtsgüter als sein Leben oder seine körperliche Unversehrtheit betroffen sind, wobei es im Kontext des Notstandsinstituts häufig zu Eigentumsbeeinträchtigungen kommt. Prinzipiell verlangt das verfassungsrechtliche Zumutbarkeitsprinzip auch dabei nach einer Abwägung, wobei am Beispiel des Eigentums deutlich wird, dass die Zumutbarkeit in gewisser Hinsicht von staatlicher Seite beeinflusst werden kann,[233] weil sich diesbezügliche Beeinträchtigungen regelmäßig mit einer finanziellen Entschädigung ausgleichen lassen, sodass die Grenze des Zumutbaren zugunsten einer Ausweitung der staatlichen Eingriffsbefugnis partiell, aber verfassungskonform verschoben wird.[234]

---

[231] Auch bei Verursachung der Gefahr oder bei Existenz eines besonderen Rechtsverhältnisses wird dem Täter die Exkulpationsmöglichkeit nicht von vornherein genommen, vgl. nur *Neumann*, in: Kindhäuser/Neumann/Paeffgen et al. (Hrsg.), StGB, 6. Aufl. 2023, § 35 Rn. 30, m.w.N.

[232] Daher kann die Bildung eines künstlichen Staus im Einzelfall verfassungsrechtlich legitimierbar sein (in diese Richtung auch LG Bückeburg, NJW 2005, 3014 [3015 f.]), wobei insb. das erwartbare Verhalten des Flüchtigen Berücksichtigung erfahren muss. Bei einer absolut gezogenen einfachgesetzlichen Grenze – hierzu noch sogleich – dürften die Anforderungen im konkreten Einzelfall aber kaum zu erfüllen sein (ähnlich *Müller-Rath*, Der künstliche Stau, 2009, S. 157 f.).

[233] *Manssen*, Staatsrecht II, 19. Aufl. 2022, Rn. 228; ferner *D. Merten*, in: ders./Papier (Hrsg.), Handbuch der Grundrechte, 3. Band, 2009, § 68 Rn. 73.

[234] Vgl. auch *Grzeszick*, Rechte und Ansprüche, 2002, S. 437 ff. S. zur Ausgleichsfunktion der Entschädigungsvorschriften noch § 4 II. 2. d) aa).

Für die Heranziehung des Nichtstörers lässt sich eine verfassungsrechtliche Grenze also auf oberster Stufe bei einer Gefährdung seines Lebens ziehen. Unterhalb dieser Stufe ist das verfassungsrechtlich Zumutbare aus einer Abwägung zu ermitteln, bei der sowohl auf Seiten des Nichtstörers als auch auf Seiten des Hilfeleistungsbegünstigten das Gewicht des drohenden Schadens und die Realisierungswahrscheinlichkeit zu berücksichtigen sind. Sofern der Nichtstörer bei seiner Heranziehung in seiner körperlichen Integrität gefährdet wird, müssen die Belange auf der anderen Seite in nicht nur unerheblicher Weise überwiegen, wobei das notwendige Maß des Überwiegens aus den Einzelfallumständen ermittelt werden muss.

Werden diese Grundlagen der Zumutbarkeit mit den gesetzlichen Regelungen in Relation gesetzt, wird deutlich, dass die meisten Gesetzgeber ein „System“ etabliert haben, das von dem verfassungsrechtlichen Zumutbarkeitsprinzip divergiert. Ausweislich des Wortlauts der Vorschriften wird die erste Grenze des Zumutbaren überwiegend bei einer erheblichen eigenen Gefährdung gezogen. Dabei ließe sich zwar prinzipiell an das Merkmal der Erheblichkeit anknüpfen und für dessen Bestimmung eine Abwägung vornehmen,[235] die dem verfassungsrechtlichen Prinzip entspricht. Allerdings wird auch bei der Bestimmung der erheblichen Gefahr, die von denselben Normen meist gefordert wird, eine vergleichbare Abwägung nicht vorgenommen,[236] sodass eine solche zur Bestimmung der erheblichen Eigengefährdung aus systematischer Sicht fragwürdig scheint.[237] Ferner spricht auch der Wortlaut „erhebliche eigene Gefährdung“ gegen eine Abwägung, weil damit in erster Linie ein Anknüpfen an die Belange des Nichtstörers vermittelt und kein Bezug auf den drohenden Schaden auf der Gegenseite genommen wird.

Noch deutlicher positioniert sich zunächst der bayerische Gesetzgeber, der in seinem allgemeinen Ordnungsgesetz, damit allerdings anders als in seinem Polizeigesetz, die Inanspruchnahme des Nichtstörers ausschließt, wenn dieser dadurch an Leben oder Gesundheit gefährdet werden würde.[238] In der hierzu vom bayerischen Innenministerium erlassenen Vollzugsbekanntmachung wird darauf hingewiesen, dass die Gefährdung hinsichtlich des Rechtsguts der körperlichen Unversehrtheit wenigstens die Schwelle der Geringfügigkeit überschreiten muss.[239] Für eine Abwägung mit dem drohenden Schaden lassen sich hier noch

[235] So *Gusy/Eichenhofer*, Polizei- und Ordnungsrecht, 11. Aufl. 2023, Rn. 383.

[236] S. zur Bestimmung der erheblichen Gefahr bereits § 4 II. 2. b) aa) (3).

[237] Zwar wird die gleiche Begrifflichkeit im selben Gesetz teilweise unterschiedlich ausgelegt, was etwa die (abstrakte und konkrete) Gefahr betreffen kann. Vor dem Hintergrund der Grundsätze der Normenklarheit und -bestimmtheit scheint eine unterschiedliche Auslegung jedenfalls in der Notstandsregelung aber nicht angezeigt, zumal sich hierfür kein durchgreifendes Bedürfnis anführen lässt. Die Abwägung lässt sich auch auf anderem Wege herbeiführen, wie sich sogleich noch zeigen wird.

[238] Vgl. Art. 9 Abs. 3 S. 1 BayLStVG.

[239] Vgl. Nr. 9.7 der VollzBek. zum BayLStVG.

keinerlei Anhaltspunkte entnehmen. In der Vollzugsbekanntmachung zum Polizeigesetz, das die typische Festlegung der Grenze der „erheblichen eigenen Gefährdung" enthält, wird hingegen angeordnet, dass eine „Gefahr für das Vermögen des Nichtstörers" aufgrund des existenten Entschädigungsanspruchs „nur dann als erheblich im Sinn des Art. 10 Abs. 1 Nr. 4 [BayPAG] anzusehen ist, wenn es sich um nicht ersetzbare Vermögensgüter handelt oder die Vermögensgefährdung im Einzelfall außer Verhältnis zu der abzuwehrenden Gefahr steht."

Während nicht ersetzbare Vermögensgüter also ebenfalls und unabhängig von ihrem Wert einer Abwägung entzogen sein sollen, wird die Gefährdung von dem verbleibenden ersetzbaren Vermögen einer Abwägung mit der abzuwehrenden Gefahr untergeordnet. Dem muss allerdings entgegengehalten werden, dass die geschriebene Regelung an eine „eigene" Gefährdung des Nichtstörers anknüpft und damit einen Bezug auf die unmittelbare Beeinträchtigung der Person herstellt, sodass eine Gefährdung von Sachen, die im Eigentum des Nichtstörers stehen, nicht als erfasst angesehen werden kann.[240] Das bedeutet nicht, dass drohende Schäden am Eigentum des Nichtstörers nicht zur Unzumutbarkeit der Maßnahme führen können. Es handelt sich allerdings um einen Aspekt, der nach dem eindeutigen Wortlaut regelmäßig nicht im Rahmen der in den Notstandsregelungen normierten Grenzen, sondern im Kontext der nachgeschalteten Verhältnismäßigkeitsprüfung Berücksichtigung finden muss,[241] bei der es zweifellos auf eine Abwägung hinausläuft.[242]

Verbleibt es für die regelmäßig festgelegte Grenze der erheblichen Eigengefährdung bei unmittelbar an den Nichtstörer anknüpfenden Rechtsgutsbeeinträchtigungen, vor allem also Gefährdungen der körperlichen Integrität und des Lebens, sprechen insgesamt die besseren Gründe dafür, dass die einfachgesetzlichen Grenzen absolut zu verstehen sind und die Maßnahme zu versagen ist, sobald die nicht ganz fernliegende Gefahr einer nicht nur unerheblichen Gesundheitsbeeinträchtigung beim Nichtstörer besteht,[243] ohne dass das Schadensausmaß und die Eintrittswahrscheinlichkeit der zu beseitigenden Gefahr berücksichtigt werden können. Ob die Maßnahme unterhalb dieser absoluten Grenzen weiterhin zumutbar bleibt, muss sodann in einer nachgeschalteten Prüfung ermittelt werden.

[240] In diese Richtung auch *Thiel*, Polizei- und Ordnungsrecht, 4. Aufl. 2020, § 8 Rn. 141. Die h.M. bewertet dies bisweilen anders, ohne jedoch auf den entgegenstehenden Wortlaut einzugehen, vgl. nur *Lindner*, in: Möstl/Schwabenbauer (Hrsg.), BeckOK Polizei- und Sicherheitsrecht Bayern, 2023, BayPAG, Art. 10 Rn. 25 f.; *Reitzig*, Die polizeirechtliche Beschlagnahme von Wohnraum zur Unterbringung Obdachloser, 2004, S. 133; *Tegtmeyer/Vahle*, PolG NRW, 13. Aufl. 2022, § 6 Rn. 6.

[241] So auch *Thiel*, Polizei- und Ordnungsrecht, 4. Aufl. 2020, § 8 Rn. 141.

[242] S. zur Abwägung auch noch § 4 II. 2. b) cc) (4).

[243] In diese Richtung auch *Mühl/Mattias Fischer*, in: Möstl/Bäuerle (Hrsg.), BeckOK Polizei- und Ordnungsrecht Hessen, 2023, HSOG, § 9 Rn. 9, wonach „eine gewisse Wahrscheinlichkeit erforderlich" ist.

Während die meisten Notstandsregelungen also für eine Verschärfung der verfassungsrechtlichen Zumutbarkeitsanforderungen zugunsten des Nichtstörers sorgen, schlagen die Vorschriften aus Hamburg[244] und Baden-Württemberg[245] einen Sonderweg ein, indem sie sich nicht ausdrücklich zu Gefährdungen des Nichtstörers bei seiner Heranziehung äußern. Keinesfalls bedeutet dies, dass dem Nichtstörer Unzumutbares abverlangt werden könnte, denn dann würden die Vorschriften gegen die im verfassungsrechtlichen Verhältnismäßigkeitsgrundsatz enthaltenen Vorgaben des Zumutbarkeitsprinzips verstoßen und müssten schlichtweg als verfassungswidrig eingestuft werden. Vielmehr müssen entsprechende Zumutbarkeitsbelange dann ebenso wie die Gefahren für andere Rechtsgüter des Nichtstörers nicht im tatbestandlichen Rahmen der Notstandsregelung, sondern bei der nachgeschalteten Verhältnismäßigkeitsprüfung berücksichtigt werden.[246] Weil damit aber keine Verschärfung des verfassungsrechtlichen Zumutbarkeitsprinzips vorgenommen wird, kann dem Nichtstörer nach den gesetzlichen Regelungen in Baden-Württemberg und Hamburg, wohlgemerkt in absoluten Ausnahmefällen und die Verfassungskonformität des ausdrücklichen Regelungsverzichts vorausgesetzt,[247] mehr zumutbar sein als in anderen Bundesländern.

(3) Grenze der Pflichtenkollision

Trifft den Nichtstörer bereits eine andere Pflicht, die er durch eine Heranziehung nicht mehr erfüllen könnte, bedingt die auftretende Kollision unter Umständen die Unzumutbarkeit seiner Inanspruchnahme. Dabei ist, unabhängig von der Anknüpfung an den Verhältnismäßigkeitsgrundsatz oder ein darin enthaltenes Zumutbarkeitsprinzip, eine Abwägung zwischen den Pflichten verfassungsrecht-

---

[244] Vgl. § 10 Abs. 1 HmbSOG.

[245] Vgl. § 9 Abs. 1 BWPolG.

[246] Vgl. nur *Deger*, in: Stephan/Deger, Polizeigesetz für Baden-Württemberg, 7. Aufl. 2014, § 9 Rn. 18; *Zeitler/Trurnit*, Polizeirecht für Baden-Württemberg, 4. Aufl. 2022, Rn. 285. Einem Fehlverständnis unterliegt dabei möglicherweise der sächsische Gesetzgeber. Nachdem der mittlerweile außer Kraft getretene § 7 Abs. 1 SächsPolG ebenfalls keine ausdrücklichen Zumutbarkeitsgrenzen enthielt, führte er zu den Neufassungen der Notstandsregelungen im SächsPVDG sowie dem SächsPBG aus, dass die explizit aufgenommene Zumutbarkeitsgrenze neu regelt, „dass der Nichtverantwortliche nur ohne erhebliche eigene Gefährdung in Anspruch genommen werden kann“ (vgl. SächsLT-Drs. 6/14791, S. 158 und S. 241). Allerdings konnten und mussten entsprechende Erwägungen bereits nach alter Rechtslage berücksichtigt werden, sodass die Heranziehung bei einer erheblichen eigenen Gefährdung auch vormals in aller Regel unzulässig war. Die Regelung ist aber insoweit „neu“, als nunmehr eine absolute Grenze gilt, sodass erhebliche eigene Gefährdungen auch im Ausnahmefall nicht mehr zumutbar sind.

[247] Zu pauschalisierend *Deger*, in: Stephan/Deger, Polizeigesetz für Baden-Württemberg, 7. Aufl. 2014, § 9 Rn. 18 sowie *Sander*, in: Belz/Mußmann/Kahlert et al., Polizeigesetz für Baden-Württemberg, 9. Aufl. 2022, § 9 Rn. 8. S. zur möglichen Gebotenheit einer ausdrücklichen Bezugnahme auf die Zumutbarkeit noch § 4 II. 2. b) ee).

lich geboten.[248] Dabei genügt der konkrete Inhalt der Hilfeleistungspflicht noch nicht, um den für die Abwägung maßgeblichen Rang der Pflicht zu ermitteln. Vielmehr muss auch das Ziel der Tätigkeit für die Gewichtung in den Blick genommen werden und dabei insbesondere das drohende Schadensausmaß Berücksichtigung erfahren.

Während insbesondere der Umstand der Verantwortlichkeit bei einer Eigengefährdung dazu führt, dass die Belange des Nichtstörers in nicht nur unerheblicher Weise überwogen werden müssen, spielt es bei zwei gleichrangigen Pflichten für den Nichtstörer keine Rolle, welche der beiden Pflichten er erfüllt. Dies gilt jedenfalls dann, wenn die Pflichten aus seiner Sicht bestimmt und etwaige Interessen seinerseits mitberücksichtigt werden. Mit einer solchen Bestimmungsweise bestehen keine verfassungsrechtlichen Bedenken, wenn die Notstandsregelungen die Inanspruchnahme trotz Kollision mit einer *gleichrangigen* Pflicht zulassen. Würden die Vorschriften hingegen fordern, dass die Notstandspflicht höher zu gewichten sein muss, würde dies eine Verschärfung gegenüber den verfassungsrechtlichen Anforderungen bedeuten.[249] Insoweit lässt sich aber bereits an dieser Stelle festhalten, dass die Vorschriften im Hinblick auf die Zumutbarkeitsgrenze der Pflichtenkollision schlichtweg den verfassungsrechtlichen Maßstab wiedergeben und sich mithin – abgesehen vom Prüfungsstandort – auch keine Besonderheiten zu den Bundesländern ergeben, in denen keine ausdrückliche Regelung vorgenommen wurde.

Schwierig gestaltet sich allerdings die Einschätzung, nach welchen Anforderungen die bereits bestehenden Pflichten zu bewerten und zu gewichten sind. Während die Eigengefährdung immer die „Aufopferung eigener Belange" betrifft, bezieht sich die bereits bestehende Pflicht häufig auf eine „Aufopferung fremder Belange".[250] Gleichwohl ist die Bestimmung aus Sicht des Nichtstörers wichtig, weil er selbst ein nicht unerhebliches eigenes Interesse an der existierenden Pflicht haben kann. An dieser Stelle muss sich die fehlende Verantwortung des Nichtstörers insoweit niederschlagen, als sich das objektiv nachvollziehbare

[248] Im Kontext des Notstandsinstituts *Ewer/v. Detten*, NJW 1995, 353 (356); mit strafrechtlichem Bezug *Frellesen*, Die Zumutbarkeit der Hilfeleistung, 1980, S. 180 sowie *Vermander*, Unfallsituation und Hilfspflicht im Rahmen des § 330c StGB, 1969, S. 94.

[249] In den aktuellen Notstandsregelungen der Polizei- sowie der allgemeinen Ordnungsgesetze ist hierfür kein Beispiel ersichtlich. Hingewiesen sei aber auf die Ausgestaltung in § 13 Abs. 1 S. 2 BbgBKG, wonach die brand- und katastrophenschutzrechtliche Hilfeleistungspflicht in Brandenburg verweigert werden kann, wenn der Betroffene hierdurch „mindestens gleichrangige Pflichten verletzen müsste." Die Inanspruchnahme ist im Umkehrschluss nur zulässig, wenn die hinzutretende Pflicht höher zu gewichten ist. S. zu den divergierenden „Zumutbarkeitssystemen" auch noch § 4 II. 2. b) cc) (5).

[250] *Frellesen*, Die Zumutbarkeit der Hilfeleistung, 1980, S. 181. Zu einer normativen Unterscheidung zwischen der Eigengefährdung und der Pflichtenkollision *Schöne*, Unterlassene Erfolgsabwendungen und Strafgesetz, 1974, S. 98 ff.

Interesse des Nichtstörers an einer Pflicht bei deren Gewichtung auswirken muss.[251] Während die fehlende Verantwortung bei der Grenze der erheblichen Eigengefährdung also nicht die Gewichtung der Belange, sondern die Abwägung beeinflusst, verhält es sich bei der Grenze der Pflichtenkollision genau umgekehrt.

Wenngleich aus verfassungsrechtlicher Sicht eine Bestimmung der Zumutbarkeit mit Blick auf die Belange des Nichtstörers zu fordern ist, so ist es letztlich die Behörde, die die Entscheidung trifft. Sie muss demnach abschätzen, wie im Zeitpunkt des Erlasses der Maßnahme die Pflicht mit Rücksicht auf die Belange des Nichtstörers zu gewichten ist.[252] Dementsprechend kann aber der Fall eintreten, dass die Behörde einer Pflicht ein Gewicht beimisst, ohne dabei die Bedeutung der Pflicht für den Nichtstörer zu kennen.[253] Sofern ihr dabei nicht der Vorwurf mangelnder Aufklärung gemacht werden kann, muss die Maßnahme zunächst als rechtmäßig eingeordnet werden. Weist der Nichtstörer die Behörde allerdings auf Umstände hin, die dazu führen, dass die Behörde die Gewichtung der Pflichten anders vorzunehmen hat und geht damit die Folge einher, dass die Maßnahme nunmehr als unzumutbar einzustufen ist, muss dem Nichtstörer ein Anspruch auf die Aufhebung der Maßnahme zugestanden werden.[254] Ferner muss der Nichtstörer keine strafrechtlichen Nachteile befürchten, wenn er der – nur für ihn erkennbar unzumutbaren – Hilfspflicht nicht nachkommt. Zwar kann die Verweigerung der Tätigkeit eine Strafbarkeit nach § 323c Abs. 1 StGB nach sich ziehen,[255] allerdings ist auch hierfür die Zumutbarkeit der Hilfeleistung erforderlich, die in Ansehung des Zwecks der Strafverfolgung selbstverständlich der

---

[251] *Frellesen*, Die Zumutbarkeit der Hilfeleistung, 1980, S. 181. Daher ist einem guten Schwimmer die Rettung eines mit hoher Wahrscheinlichkeit Ertrinkenden nicht zumutbar, wenn er hierfür die Aufsichtspflicht gegenüber seinen Kleinkindern missachten und diese dadurch selbst in Verletzungsgefahr bringen würde, auch wenn die diesbezügliche Eintrittswahrscheinlichkeit deutlich geringer einzuschätzen ist (Beispiel im Kontext des § 323c Abs. 1 StGB nach *Geilen*, Jura 1983, 138 [147], das übertragbar ist, wenn die Hilfeleistung behördlich auferlegt wird. S. zur dann relevanten Abgrenzung zwischen der Notstandsregelung und § 323c Abs. 1 StGB noch § 5 I. 2.).

[252] A.A. *Malmberg*, in: Drewes/Malmberg/Wagner et al., BPolG, 6. Aufl. 2019, § 20 Rn. 11: „aus Sicht eines objektiven Betrachters“.

[253] So kann es etwa liegen, wenn die Behörde einen Arzt zur Hilfeleistung auffordert, der gerade zu einem Notfallpatienten mit Herzinfarkt gerufen wurde. Indes kann in vergleichbaren Fällen auch das Merkmal der „erheblichen Gefährdung“ betroffen sein, etwa wenn die Behörde eine körperlich anstrengende Tätigkeit von einer herzkranken Person einfordert und dieser Umstand vorher nicht ersichtlich oder aufklärbar war (beide Beispiele nach *H. Martens*, in: Heesen/Hönle/Peilert et al. [Hrsg.], BPolG, 5. Aufl. 2012, § 20 Rn. 7). Häufig wird sich ein solcher Umstand aber bereits vor der Heranziehung aufklären.

[254] Vgl. zur Aufhebungspflicht *W.-R. Schenke*, Polizei- und Ordnungsrecht, 12. Aufl. 2023, Rn. 410. S. zur Abgrenzung zwischen Rücknahme und Widerruf noch die Ausführungen bei § 4 II. 2. b) c) cc) und insb. die Nachweise unter § 4 Fn. 294.

[255] S. zur möglichen Strafbarkeit der Hilfspflichtverweigerung noch § 5 I. 2. a) und c).

nachträglichen Aufklärung und Bewertung unterliegt,[256] sodass der Tatbestand[257] der Vorschrift in solchen Fällen nicht erfüllt wird.

(4) Konsequenz: Abwägungs- vs. Stufenmodell

Die überwiegende Anzahl der Notstandsregelungen statuiert einerseits Zumutbarkeitsgrenzen bei einer erheblichen eigenen Gefährdung, womit sie die verfassungsrechtlichen Vorgaben leicht modifizieren. Andererseits nehmen sie Bezug auf die Zumutbarkeitsgrenze bei der Kollision von Pflichten, wobei sie dort den verfassungsrechtlichen Maßstab lediglich wiedergeben. Gleichzeitig können damit aber nicht alle Umstände erfasst sein, die im verfassungsrechtlichen Sinne zur Unzumutbarkeit einer Maßnahme führen können. Auch wenn alle geschriebenen Voraussetzungen der Notstandsregelung erfüllt sind, muss sich hieran eine Prüfung der Verhältnismäßigkeit anschließen, in der die unberücksichtigten Aspekte noch Beachtung finden können. Überflüssig gestalten sich daher hin und wieder vorzufindende Versuche, bestimmte Belange auf kaum noch mit dem Wortlaut der Regelungen zu vereinbarender Weise unter eine der explizit aufgenommenen Grenzen zu subsumieren. Dies betrifft etwa die Gefährdung von Eigentum des Nichtstörers oder die Gefährdung einer nahestehenden Person, sofern dieser gegenüber keine Schutzpflicht besteht.[258] Die Gesetzgeber haben lediglich Grenzen normiert, nicht aber die vollumfängliche Prüfung der Zumutbarkeit und Verhältnismäßigkeit ersetzt.

Während das verfassungsrechtliche Zumutbarkeitsprinzip, abgesehen von der absoluten Grenze der Lebensgefahr, ein „Abwägungssystem" vorgibt, enthält die überwiegende Anzahl der Notstandsregelungen also eine Art „Stufensystem", bei dem auf erster, explizit normierter Stufe geprüft werden muss, ob der Nichtstörer durch seine Heranziehung erheblich gefährdet werden oder eine höherrangige Pflicht verletzen würde. Während die kollidierenden Pflichten dem Verfassungsprinzip entsprechend in Relation gesetzt werden müssen, muss hinsichtlich der Eigengefährdung in den meisten Notstandsregelungen eine starre Grenze gesehen werden.[259] Wird eine der normierten Grenzen überschritten, scheidet eine

---

[256] Vgl. zu den Untersuchungsanforderungen im Strafprozess *Krehl*, in: Hannich (Hrsg.), KK-StPO, 9. Aufl. 2023, StPO, § 244 Rn. 28, m.w.N.

[257] Zur (nicht unumstrittenen) Einordnung der Zumutbarkeit als Tatbestandsmerkmal *Freund/Koch*, in: Erb/Schäfer (Hrsg.), Münchener Kommentar StGB, 6. Band, 4. Aufl. 2022, § 323c Rn. 90, m.w.N.

[258] A.A. *Malmberg*, in: Drewes/Malmberg/Wagner et al., BPolG, 6. Aufl. 2019, § 20 Rn. 11, wonach als höherwertig einzustufende Verpflichtung auch „die begründete Sorge um das Wohl einer nahestehenden Person" in Betracht kommt. Dieser Umstand kann zwar zur Unzumutbarkeit der Hilfeleistung führen. Da ein bloßes Verwandtschafts- oder Näheverhältnis aber noch keine „Pflicht" i.S.d. Norm begründet, lässt er sich häufig erst auf der Ebene der nachgeschalteten Verhältnismäßigkeitsprüfung berücksichtigen.

[259] Unklar die Formulierung bei *Reitzig*, Die polizeirechtliche Beschlagnahme von Wohnraum zur Unterbringung Obdachloser, 2004, S. 127. So enthalte § 6 Abs. 1 Nr. 4 MEPolG „keine starre Grenze der Unzumutbarkeit", obwohl in zutreffender Weise zuvor eine Ab-

Heranziehung bereits auf dieser ersten Stufe aus. Sofern die Grenzen nicht erreicht werden, muss im Rahmen einer nachgeschalteten Verhältnismäßigkeitsprüfung auf zweiter Stufe eine Abwägung erfolgen, die dem verfassungsrechtlichen Prinzip entspricht. Unberücksichtigt bleiben können dabei grundsätzlich die bereits geprüften Grenzen der Eigengefährdung und der Pflichtenkollision, sofern sie nicht erst mit anderen Aspekten kumulativ zusammenwirkend die Unzumutbarkeit bedingen.

Sofern die Notstandsregelungen keine Zumutbarkeitsgrenzen benennen, entfällt die Prüfung auf erster Stufe und es müssen sämtliche Umstände auf der zweiten Stufe berücksichtigt werden, sodass der Zumutbarkeit der Maßnahme in diesen Fällen das aus dem Verfassungsprinzip bekannte Abwägungssystem zugrunde liegt.

Aus verfassungsrechtlicher Sicht ist das Stufensystem grundsätzlich unbedenklich, weil es die Hürden der Inanspruchnahme zugunsten des Nichtstörers modifiziert. Im Hinblick auf die Länder, die auf eine Regelung verzichtet haben, wird hingegen noch zu untersuchen sein, ob es mit verfassungsrechtlichen Vorgaben vereinbar ist, die Inanspruchnahme des Nichtstörers nicht ausdrücklich unter einen Zumutbarkeitsvorbehalt zu stellen, selbst wenn dann exakt die verfassungsrechtlichen Vorgaben zum Tragen kommen.[260]

(5) Regelungsalternativen: Katastrophenschutzrecht und § 323c Abs. 1 StGB

Den Gesetzgebern muss im Rahmen der verfassungsrechtlichen Grenzen zweifellos ein Gestaltungsspielraum zugestanden werden, ob und auf welche Weise sie zu der Zumutbarkeit bzw. ihren Grenzen gesetzlich Stellung beziehen. Dass zwischen dem Stufensystem der meisten Notstandsregelungen sowie dem implizit herbeigeführten Abwägungssystem Alternativen existieren, zeigt ein Querschnittsvergleich mit anderen Rechtsgebieten, wobei sich namentlich die Vorschriften über die Strafbarkeit der unterlassenen Hilfeleistung aus § 323c Abs. 1 StGB sowie die katastrophenschutzrechtlichen Hilfeleistungspflichten aufdrängen. Aufgrund der gesetzgeberischen Gestaltungsprärogative lassen sich zwar keine unmittelbaren verfassungsrechtlichen Erkenntnisse für die Notstandsregelungen ableiten. Ein „Blick über den Tellerrand“ lohnt sich im Hinblick auf eine normoptimierte Ausgestaltung des Notstandsinstituts aber allemal.

Die strafrechtliche Pflicht nach § 323c Abs. 1 StGB besteht für die betroffene Person nur, soweit ihr die Hilfeleistung „den Umständen nach zuzumuten, insbesondere ohne erhebliche eigene Gefahr und ohne Verletzung anderer wichtiger

wägung im Rahmen des Begriffs der Erheblichkeit abgelehnt wurde. Man muss die Formulierung wohl in dem – dann wiederum zutreffenden – Sinne verstehen, dass die Notstandsregelung die Zumutbarkeit nicht abschließend regelt. Sehr wohl handelt es sich aber jedenfalls bei der Eigengefährdung – diese wird ja zunächst abwägungsfrei auf der ersten Stufe geprüft – nach der zumeist anzutreffenden gesetzgeberischen Normgestaltung um eine starre Grenze.

[260] S. zu einem möglichen Vergesetzlichungsgebot § 4 II. 2. b) ee).

Pflichten möglich ist". Auch dabei handelt es sich prinzipiell um ein Stufensystem, weil die Vorschrift mit der erheblichen eigenen Gefährdung und der Kollision von Pflichten zwei Grenzen des Zumutbaren benennt.[261] Darüber hinaus kann die Zumutbarkeit aber auch aus anderen Gründen entfallen, wie die Wahl des Wortes „insbesondere" zeigt. Sofern die normierten Grenzen nicht erreicht sind, ist also eine umfassende Abwägung vorzunehmen.[262]

Die explizite Statuierung der „Zumutbarkeit" als Voraussetzung mit der nicht abschließenden Benennung zweier Grenzen wäre auch im Kontext der Notstandsregelungen möglich gewesen. Obwohl es sich im Ergebnis um die zwei gleichen Stufen handelt, wäre eine solche Ausgestaltung durchaus sinnvoll, weil damit der nicht abschließende Charakter der Zumutbarkeit ersichtlich wird und bereits auf tatbestandlicher Ebene Überlegungen angestellt werden könnten, die anderenfalls erst im Kontext der nicht immer bedachten nachgeschalteten Prüfung zu berücksichtigen sind. Zudem ließe sich die Rechtsprechung aus dem Strafrecht besser auf gefahrenabwehrrechtliche Konstellationen übertragen. Wenn die Zumutbarkeit andererseits nur an die Belange des Nichtstörers anknüpft, würde eine solche Ausgestaltung keinesfalls davon befreien, auf nachgeschalteter Ebene die verbleibenden Aspekte der Verhältnismäßigkeit zu prüfen. Die Gefahr, dass entsprechende Umstände übersehen werden könnten, würde also auch auf diese Art und Weise nicht vollständig gebannt werden.

Ein vollkommen anderes System beinhalten einige landesrechtliche Vorschriften zu den Hilfeleistungspflichten im Katastrophenfall.[263] Nach ihnen „kann" oder „darf" die Hilfeleistung „verweigert werden", wenn der Inanspruchgenommene einem bestimmten Grad eigener Gefährdung ausgesetzt werden oder höherwertige respektive andere wichtige Pflichten[264] verletzen würde. Dem Wortlaut nach muss man die Vorschriften so verstehen, dass die Prüfung der Zumutbarkeit und entgegenstehender Pflichten nicht der Katastrophenschutzbehörde obliegt, sondern dem Inanspruchgenommenen. Anders ausgedrückt: Eine erhebliche eigene Gefährdung oder kollidierende Pflichten stehen der durch Verwaltungsakt erfolgenden[265] Heranziehung bei einer solchen Auslegung, anders als nach den polizei- und ordnungsrechtlichen Notstandsregelungen, nicht entgegen. Vielmehr würde dem Betroffenen lediglich ein Verweigerungsrecht eingeräumt werden mit der Folge, dass Anordnungen selbst dann rechtmäßig sein

[261] Vgl. *Popp*, in: Cirener/Radtke/Rissing-van Saan et al. (Hrsg.), Leipziger Kommentar StGB, 18. Band, 13. Aufl. 2022, § 323c Rn. 94.

[262] Vgl. BGHZ 197, 225 (232 f. Rn. 16); *Pawlik*, GA 1995, 360 (371 f.); *Renzikowski*, in: Matt/Renzikowski, StGB, 2. Aufl. 2020, § 323c Rn. 20, m.w.N.

[263] Teilweise beziehen sich die entsprechenden Gesetze bzw. die in ihr enthaltenen Hilfeleistungspflichten nicht nur auf den Katastrophenfall, sondern auch auf Brände oder andere Unglücksfälle. In anderen Bundesländern existieren spezielle Feuerwehrgesetze, in denen vergleichbare Pflichten vorgesehen sind (vgl. etwa Art. 23 BayFwG).

[264] So § 18 LKatSG MV, der insoweit anders als die meisten anderen Vorschriften nicht voraussetzt, dass die kollidierenden Pflichten miteinander abgewogen werden.

[265] Vgl. hierzu bereits die Nachweise unter § 3 Fn. 6.

könnten, wenn der Betroffene bei ihrer Erfüllung einer erheblichen Gefährdung ausgesetzt oder höherwertige Pflichten verletzen würde.[266]

Der Verhältnismäßigkeitsgrundsatz und das hierin enthaltene Zumutbarkeitsprinzip sind allerdings verfassungsrechtlich verankert und erfordern eine Bindung der Eingriffsverwaltung schon vor der Heranziehung. Der Bürger muss und darf davon ausgehen, dass diese Prüfung nicht auf ihn abgewälzt wird, was selbst die mitunter außergewöhnliche Gefahrenlage im Katastrophenfall[267] nicht zu rechtfertigen vermag. Auch in dieser speziellen Sachlage knüpft die Heranziehung einer Person also an die Zumutbarkeit an, was von der Behörde geprüft werden muss. Ein so verstandenes „Verweigerungssystem“ stellt folglich keine Alternative für die polizei- und ordnungsrechtlichen Notstandsregelungen dar, weil es nicht mit verfassungsrechtlichen Vorgaben in Einklang zu bringen ist.[268]

---

[266] In diese Richtung hinsichtlich der vergleichbaren Hilfeleistungspflicht im Anwendungsbereich des BWFwG aber offenbar *A. Ernst*, Feuerwehrgesetz für Baden-Württemberg, 9. Aufl. 2018, § 30 Rn. 7, wonach bei Vorliegen eines Ablehnungsgrundes die Dienstleistungspflicht nur entfallen soll, „wenn sich der Herangezogene darauf beruft“.

[267] Vgl. nur Art. 1 Abs. 2 BayKSG, wonach eine Katastrophe eine Sachlage voraussetzt, bei der „Leben oder Gesundheit einer Vielzahl von Menschen oder die natürlichen Lebensgrundlagen oder bedeutende Sachwerte in ungewöhnlichem Ausmaß gefährdet oder geschädigt werden“.

[268] Um die genannten katastrophenschutzrechtlichen Vorschriften als verfassungskonform einordnen zu können, ließe sich darauf verweisen, dass die Behörde verfassungsrechtlich an die Verhältnismäßigkeit gebunden ist, die dementsprechend auch bei der Heranziehung Beachtung finden muss. Insoweit wären sie wie diejenigen Notstandsregelungen der Polizei- bzw. der allgemeinen Ordnungsgesetze zu bewerten, die sich nicht zu den Aufopferungsgrenzen äußern. Der Hinweis auf die Möglichkeit zur Verweigerung wäre dann überflüssig, weil die Behörde schon gar keine unzumutbaren Maßnahmen treffen darf. Alternativ könnte ein verbleibender Zweck noch für solche Fälle gesehen werden, in denen ein Umstand, der zur Unzumutbarkeit der Hilfeleistung führt, für die Behörde nicht erkennbar war, sodass die Maßnahme grundsätzlich rechtmäßig getroffen wurde (s. zur maßgeblichen Sichtweise bereits § 4 II. 2. b) bb) (1)). Insoweit würde es sich um einen Hinweis handeln, dass der rechtmäßigen Maßnahme nicht nachgekommen werden muss. Da die Behörde bei Erlangung entsprechender Kenntnisse, die zur Unzumutbarkeit führen, die Maßnahme gegen den Verpflichteten aber aufheben muss (s. zur Aufhebungspflicht noch § 4 II. 2. c) cc)) und zumindest die strafrechtliche Zumutbarkeit i.S.d. § 323c Abs. 1 StGB entfällt, muss eine dies interdierende gesetzliche Angabe wohl eher als überflüssig eingeordnet werden. Obwohl sich die entsprechenden Regelungen daher noch verfassungskonform interpretieren lassen, beherbergen sie einen gewissen Unsicherheitsfaktor und unterstreichen, dass die katastrophenschutzrechtlichen Gesetze auch in diesem Bereich angepasst werden sollten. Zum generellen Reformbedarf im Katastrophenschutzrecht bzw. dessen Wandel *Eisenmenger*, NVwZ 2021, 1415 ff.; *Gusy*, Katastrophenschutzrecht, in: Lange/Endreß/Wendekamm (Hrsg.), Versicherheitlichung des Bevölkerungsschutzes, 2013, S. 207 ff.; *Kloepfer*, DVBl. 2017, 141 ff.; *Walus*, LKV 2010, 152 ff.

dd) Weitere Anforderungen an die Heranziehung

Wenn bestimmte Anforderungen der Verhältnismäßigkeit bzw. Zumutbarkeit von den ausdrücklich benannten Voraussetzungen nicht angesprochen werden, bedeutet das nicht, dass sie für die Heranziehung des Nichtstörers nicht erfüllt sein müssten. Sie werden zwar dann nicht tatbestandlich von den Notstandsregelungen erfasst. Weil die Behörden aber immer an den verfassungsrechtlichen bzw. den in den Gesetzen einfachrechtlich inhaltsgleich wiedergegebenen[269] Grundsatz der Verhältnismäßigkeit gebunden sind, können hieraus weitere Anforderungen folgen, die sich nur bedingt abschließend festhalten lassen und in Ausnahmefällen zur Unzulässigkeit der Maßnahme führen können, obwohl die geschriebenen Voraussetzungen der Notstandsregelung erfüllt sind.

Für die erste Phase betrifft dies zunächst die Prüfung der Zumutbarkeit der Maßnahme, der je nach Ausgestaltung der Notstandsregelung eine unterschiedliche Bedeutung zukommt. Äußert sich eine Regelung gar nicht zur Zumutbarkeit, muss eine vollumfängliche Prüfung vorgenommen werden. Enthalten die Notstandsregelungen tatbestandliche Grenzen der Aufopferung, so ist zu differenzieren. Erfordern die Regelungen eine erhebliche Gefahr und ist gleichzeitig die Grenze der erheblichen Eigengefährdung nicht überschritten, wird die Zumutbarkeit in dieser Hinsicht grundsätzlich anzunehmen sein. Anders kann sich die Bewertung gestalten, wenn eine Vorschrift nicht an eine Gefahr für ein erhebliches Rechtsgut anknüpft, sondern die Heranziehung des Nichtstörers auch zum Schutz von unterhalb der Bedeutsamkeitsschwelle liegenden Rechtsgütern zulässt. Verfassungsrechtlich ist dies zwar nicht zu beanstanden.[270] Weil die Zumutbarkeit aber eine Abwägungsentscheidung ist, wird ein Tätigwerden des Nichtstörers zum Schutz eines unter der Bedeutsamkeitsschwelle liegenden Rechtsguts häufig nicht eingefordert werden können, wenn dieser dabei einer Eigengefährdung ausgesetzt wird, die unter der Erheblichkeitsschwelle liegt.

Daneben muss auch im Hinblick auf andere Zumutbarkeitsaspekte, die tatbestandlich nicht erfasst werden, eine umfassende Berücksichtigung vorgenommen werden. So kann es dem Nichtstörer unter Umständen nicht zumutbar sein, bei seiner Abwehrhandlung einen Angehörigen[271] oder eine ihm nahestehende Person[272] auch nur in leichter Form zu gefährden. Wenn allerdings eine Betreuungspflicht herrscht, handelt es sich um einen Fall der regelmäßig normierten Pflichtenkollision.

[269] Vgl. *Kingreen/Poscher*, Polizei- und Ordnungsrecht, 12. Aufl. 2022, § 10 Rn. 16.

[270] S. zur Verfassungskonformität entsprechender Regelungen bereits § 4 II. 2. b) aa) (3).

[271] Der Angehörige lässt sich dabei nach § 20 Abs. 5 VwVfG bzw. den gleichlautenden Vorschriften der entsprechenden Landesgesetze bestimmen.

[272] Die nahestehende Person kann angelehnt an § 35 Abs. 1 S. 1 StGB bestimmt werden. Nach *Müssig*, in: Erb/Schäfer (Hrsg.), Münchener Kommentar StGB, 1. Band, 4. Aufl. 2020, § 35 Rn. 19 fallen hierunter etwa feste Liebesverhältnisse, enge Freundschaften, nichteheliche und nicht eingetragene Lebensgemeinschaften sowie Mitbewohner aus langjährigen Wohngemeinschaften.

Als praktisch wesentlich relevanter gestalten sich Gefahren für im Eigentum des Nichtstörers befindliche Sachen, die sich ebenso wenig unter die „eigene Gefährdung" subsumieren lassen. Im Hinblick auf die Zumutbarkeit ist aber zu beachten, dass der Nichtstörer einen Ausgleichsanspruch erhält, der Beeinträchtigungen am Eigentum kompensieren kann.[273] Sofern es sich daher um ersetzbares Eigentum handelt, entsteht dem Nichtstörer hierdurch grundsätzlich kein Nachteil, sodass seine Heranziehung in diesen Fällen meist nicht an der Zumutbarkeit der Maßnahme scheitert.[274]

ee) Verfassungsrechtliches Vergesetzlichungsgebot

Damit lässt sich nunmehr der Frage nachgehen, welche Voraussetzungen der ersten Phase explizit in der Notstandsregelung zu normieren sind.[275] Weil der Verhältnismäßigkeitsgrundsatz nicht dazu führt, dass die Inanspruchnahme des Nichtstörers alternativlos unter den Vorbehalt der Erheblichkeit einer Gefahr gestellt werden muss, bedarf es naturgemäß auch keiner normativen Bezugnahme auf dieses Kriterium. Etwas anderes gilt nur, wenn die Gesetzgeber die allgemeinen Wertungen verschärfen wollen, was für ein ausgewogenes Verhältnis zwischen effektiver Gefahrenabwehr und Freiheitssicherung aber nicht unbedingt erforderlich ist.

Anders muss die Bewertung bezüglich der erhöhten Anforderungen an die zeitliche Komponente der Gefahr ausfallen. Erstens bezwecken diese die Absicherung der Subsidiarität sowohl im Verhältnis zum Verantwortlichen als auch im Verhältnis zu staatlichem Handeln, sodass ihnen im Hinblick auf den Schutz des Nichtstörers eine besondere Bedeutung beizumessen ist. Daneben ist eine Normierung auch deshalb als geboten anzusehen, weil die Generalklausel sowie ergänzungsbedürftige Standardbefugnisse meist an eine konkrete Gefahr anknüpfen. Daher muss der rechtsanwendenden Behörde aufgezeigt werden, dass an die zeitliche Nähe des Schadenseintritts höhere Anforderungen zu stellen sind als in anderen und üblichen Fällen im Kontext der jeweiligen Befugnis. Eine Notstandsregelung kann also nur dann für eine hinreichend bestimmte und klare Eingriffsermächtigung zur Heranziehung des Nichtstörers sorgen, wenn sie ausdrücklich auf die erhöhten zeitlichen Anforderungen hinweist, etwa indem eine „gegenwärtige" oder „unmittelbar bevorstehende" Gefahr angesetzt wird.

Vor diesem Hintergrund muss ein verfassungsrechtliches Normierungsgebot auch für die Subsidiaritätsanforderungen gelten. Keinesfalls darf der Eindruck vermittelt werden, als stünde der Behörde das im Kontext der Verhaltens- und Zustandsverantwortlichkeit übliche und primär an der Effektivität der Gefah-

---

[273] S. zur Ausgleichsfunktion der Entschädigung auch noch § 4 II. 2. d) aa).

[274] Eine umfassende Unverhältnismäßigkeit der Maßnahme ist aber dann in Erwägung zu ziehen, wenn der Schaden, für den der Nichtstörer zu entschädigen ist, höher liegt als der Wert der zu schützenden Sache. S. hierzu bereits das Beispiel unter § 3 Fn. 85.

[275] S. zum Prüfungsmaßstab bereits § 4 II. 1. c).

renabwehr orientierte[276] Auswahlermessen zu. Der Nichtstörer ist also nicht nur durch die erhöhten zeitlichen Anforderungen an die Gefahrenlage vor einer verfrühten Heranziehung zu schützen, sondern durch die Statuierung des Subsidiaritätsgrundsatzes auch vor der generellen Inanspruchnahme. Sollen in Situationen, die von einem Missverhältnis gekennzeichnet sind, hiervon wiederum Ausnahmen im Einzelfall zugelassen werden, bedarf auch dies der ausdrücklichen Zulassung, wobei der Grund hierfür schlichtweg daraus resultiert, dass die Rechtsanwendung anderenfalls *contra legem* praktiziert werden würde.

Im Hinblick auf die gezogenen Aufopferungsgrenzen lässt sich hingegen ein anderes Ergebnis begründen. Erstens entfalten diese ihre Wirkung primär im Verhältnis zum Staat und sind nicht erforderlich, um gleichheitswidrige Belastungen zu verhindern. Es entspricht auch gerade der präsentesten Aufgabe des Verhältnismäßigkeitsgrundsatzes, Anstrengungen des Adressaten zu verhindern, die außer Verhältnis zum erwartbaren Erfolg der Maßnahme stehen. Da ohnehin eine nachgeschaltete Verhältnismäßigkeitsprüfung mitsamt Kontrolle der Zumutbarkeit vorgenommen werden muss,[277] besteht prinzipiell auch nur ein begrenztes Risiko, dass der Nichtstörer unzumutbaren Belastungen ausgesetzt wird. Daher ist es für eine hinreichende Begrenzung der Eingriffsbefugnis grundsätzlich nicht erforderlich, dass ausdrücklich zur Zumutbarkeit der Maßnahme Stellung genommen wird. In erster Linie ist eine explizite Bezugnahme auf Aufopferungsgrenzen dann sinnvoll, wenn ein Gesetzgeber die verfassungsrechtlichen Anforderungen verschärfen will und den Nichtstörer, wenngleich dies ohnehin nur in vereinzelten Fällen verfassungsrechtlich zulässig wäre, auch ausnahmsweise nicht der Gefahr einer über der Erheblichkeitsschwelle liegenden Gefährdung aussetzen möchte.

c) Zweite Phase: Fürsorgefunktion

Die zweite Phase der Nichtstörerinanspruchnahme beginnt grundsätzlich im Zeitpunkt der (rechtmäßigen) Heranziehung und dauert bis zu ihrer Beendigung an. Während dementsprechend die Phase und die dort auftretenden Pflichten bei sich typischerweise kurzfristig erledigenden Maßnahmen weitgehend eingeebnet werden, steigt ihre Bedeutung mit der zeitlichen Länge an und ist insbesondere bei sogenannten Dauermaßnahmen hoch anzusetzen. Mit der Beschlagnahme von Wohnraum rückt an dieser Stelle einer der Hauptanwendungsfälle[278] des gefahrenabwehrrechtlichen Notstandsinstituts in den Mittelpunkt.[279] Aber auch für andere Konstellationen lassen sich verfassungsrechtlich bestimmte behörd-

---

[276] S. hierzu bereits die Ausführungen bei § 2 II. 1. c) und die Nachweise unter § 2 Fn. 115.

[277] S. zum Erfordernis dieser nachgeschalteten Prüfung bereits § 4 II. 2. b) dd).

[278] Vgl. zur heutigen Relevanz der Maßnahme bereits die Nachweise unter § 1 Fn. 20.

[279] Zur Qualifizierung als Dauermaßnahme *Lübbe*, Wohnraumbeschaffung durch Zwangsmaßnahmen, 1993, S. 50; *Peppersack*, Rechtsprobleme der Unterbringung Obdachloser in Räumlichkeiten Privater, 1999, S. 83.

liche Pflichten begründen, die mit der einfachgesetzlichen Ausgestaltung der verschiedenen Notstandsregelungen in Relation gesetzt werden können.

Die überwiegende Anzahl der Regelungen ist so ausgestaltet, dass in einem ersten Absatz die Voraussetzungen für die Heranziehung genannt werden und in einem zweiten Absatz vorgegeben wird, dass Maßnahmen nur aufrechterhalten werden dürfen, „solange die Abwehr der Gefahr nicht auf andere Weise möglich ist“[280] oder „solange die Voraussetzungen des Absatzes 1 vorliegen“[281]. Mit dem gleichen Effekt wird teilweise die Inanspruchnahme bereits im ersten Absatz nur für zulässig erklärt, „soweit und solange“ die entsprechenden Voraussetzungen erfüllt sind.[282] Sofern eine Äußerung in den Vorschriften zur zweiten Phase nicht gänzlich unterbleibt,[283] kann ihnen also nur ein Aufrechterhaltungsrecht entnommen werden, das spiegelbildlich zu einer Aufhebungspflicht beim Entfall der Voraussetzungen führt. Andere Pflichten lassen sich nur aus allgemeinen Anforderungen des Verhältnismäßigkeitsgrundsatzes ableiten, der in der zweiten Phase der Maßnahme damit einen wesentlichen Faktor verkörpert.

Für die Herleitung von Pflichten neben der Aufhebungspflicht muss die Überlegung am Anfang stehen, dass der Eingriff gegen den Nichtstörer, wenn dieser trotz seines rechtskonformen Verhaltens zur Gefahrenabwehr herangezogen werden darf, zumindest so gering wie sinnvollerweise möglich zu halten ist. Dies entspricht dem im Verhältnismäßigkeitsgrundsatz abgesicherten Prinzip des geringstmöglichen Eingriffs.[284] Ferner muss sich ein Eingriff nicht nur zu Beginn, sondern über die gesamte Dauer als zumutbar und angemessen gestalten. Wenn aus dem Verhältnismäßigkeitsgrundsatz die Pflicht folgt, einen andauernden Eingriff so gering wie möglich, zumutbar und angemessen zu halten, müssen hieraus zugleich Pflichten abgeleitet werden, die zur Einhaltung und Absicherung dieser Prinzipien notwendig sind.

aa) Beobachtungspflicht

Am Anfang der Kette steht eine „begleitende Beobachtungspflicht“[285] der Behörde, die bei einer anhaltenden Maßnahme zur regelmäßigen Prüfung der Sach- und Rechtslage verpflichtet ist.[286] Die Beobachtungspflicht bildet die Basis für

---

[280] Hierbei handelt es sich um die überwiegend vorzufindende Ausgestaltung, vgl. exemplarisch Art. 10 Abs. 2 BayPAG; § 16 Abs. 2 ASOG Bln; § 7 Abs. 2 BbgPolG; § 9 Abs. 2 HessSOG.

[281] Vgl. etwa § 9 Abs. 1 BWPolG; § 17 Abs. 2 SächsPBG; § 9 Abs. 2 SächsPVDG.

[282] Vgl. etwa § 71 Abs. 1 SOG MV.

[283] So etwa in Art. 9 Abs. 3 BayLStVG und § 10 HmbSOG.

[284] Vgl. nur *W.-R. Schenke*, Polizei- und Ordnungsrecht, 12. Aufl. 2023, Rn. 407.

[285] *Lindner*, in: Möstl/Schwabenbauer (Hrsg.), BeckOK Polizei- und Sicherheitsrecht Bayern, 2023, BayPAG, Art. 10 Rn. 30.1.

[286] Noch strenger *Malmberg*, in: Drewes/Malmberg/Wagner et al., BPolG, 6. Aufl. 2019, § 20 Rn. 14: „permanent zu überprüfen“. Die Anforderungen an die Überprüfung müssen sich allerdings auch an den tatsächlichen Möglichkeiten sowie der Eigenart der Maßnahme orientieren und hängen daher vom Einzelfall ab.

das weitere Vorgehen. Auf ihrer Grundlage muss nicht nur entschieden werden, ob die Voraussetzungen zur Aufrechterhaltung der Maßnahme noch vorliegen, sondern auch, ob Handlungen vorgenommen werden müssen, um in eine Position zu kommen, eine Gefahr auf andere Weise abwehren zu können. Die Beobachtungspflicht bezieht sich also nicht nur auf eine Beseitigungspflicht, sondern zugleich auf ein verbindliches Tätigwerden, das sich als Abwendungspflicht bezeichnen lässt.

bb) Abwendungspflicht

Während sich eine Beseitigungspflicht auf die vorrangige Gefahrenabwehrtätigkeit durch die Behörde bezieht und die Aufhebungspflicht greift, wenn eine der Voraussetzungen der Inanspruchnahme bereits entfallen ist, betrifft die Abwendungspflicht die Problematik, ob und mit welcher Intensität die Behörde Handlungen vornehmen muss, um eine anderweitige Gefahrenabwehr doch noch zu ermöglichen, obwohl der Nichtstörer bereits in Anspruch genommen wurde. Grundsätzlich müssen solche Anstrengungen aus Verhältnismäßigkeitsgründen abverlangt werden. Denn genauso wie die Behörde vor der erstmaligen Heranziehung grundsätzlich Vorbereitungshandlungen vornehmen muss, um erwartbare Gefahren auf andere Weise abwehren zu können,[287] so kann der bereits erfolgte Eingriff nur dann so gering wie möglich gehalten werden, wenn die Behörde nach der Inanspruchnahme versucht, doch noch in eine Lage zu kommen, in der sie die Gefahr durch Heranziehung eines Verantwortlichen oder durch eigene Mittel bekämpfen kann.[288]

Zwangsläufig entsteht das Problem, welchen Aufwand die Behörde betreiben muss, um für eine anderweitige Gefahrenabwehr sorgen zu können. Es versteht sich von selbst, dass diese Frage nur im Einzelfall unter Einbeziehung verschiedener Aspekte wie der Eingriffsintensität oder der voraussichtlichen Dauer der Maßnahme exakt beantwortet werden kann. Im Hinblick auf das verfassungsrechtlich einzufordernde Maß lassen sich aber insbesondere die Ausführungen zur Subsidiarität der Nichtstörerinanspruchnahme wertungsmäßig heranziehen. Dort wurde festgestellt, dass Ausnahmen vom Subsidiaritätsgrundsatz auf dem Boden der Verfassung zugelassen werden könnten, wenn die Belastungen der

---

[287] So muss grundsätzlich versucht werden, dem Verbot einer friedlichen Versammlung durch eine landes- bzw. bundesweite Mobilisierung einer ausreichenden Anzahl von Polizeikräften für ein Vorgehen gegen die störende Versammlung zuvorzukommen, vgl. BVerfG, Beschl. v. 11.9.2015 – 1 BvR 2211/15, juris, Rn. 3; *Kniesel*, NJW 2000, 2857 (2864), m.w.N. Demgegenüber ist streitig, inwieweit eine Pflicht zur Schaffung von Obdachlosenunterkünften anzunehmen ist, wenn keine akute Notstandslage herrscht, vgl. hierzu *Reitzig*, Die polizeirechtliche Beschlagnahme von Wohnraum zur Unterbringung Obdachloser, 2004, S. 113 ff., m.w.N.

[288] Diese Pflicht wird durch Nr. 10.5 der VollzBek. zum BayPAG bestätigt, wonach die Polizei durch die Anordnung gegen den Nichtstörer nicht davon befreit wird, „die zur Gefahrenabwehr notwendigen Kräfte und Mittel selbst bereitzustellen“.

Allgemeinheit, die aus einem Vorgehen gegen den Verantwortlichen resultieren, in einem ersichtlichen Missverhältnis zu den Nachteilen stehen, die ein Nichtstörer bei seiner Heranziehung erleiden würde, wobei auch finanzielle Folgen einen entsprechenden Nachteil begründen können.[289] Hieraus folgt für die Abwendungspflicht, dass von der Behörde aus verfassungsrechtlichen Wertungen keine Anstrengungen verlangt werden können, die in einem ersichtlichen Missverhältnis zu den Nachteilen stehen, die der Nichtstörer durch die Aufrechterhaltung der Maßnahme erleidet. Dafür spricht auch, dass sich die Eingriffsintensität bei der Aufrechterhaltung einer Maßnahme zwar prinzipiell weiter erhöht, allerdings nicht proportional zu dem Eingriffsgewicht, das bei der erstmaligen Heranziehung entsteht.

Vor diesem Hintergrund kann verfassungsrechtlich nicht verlangt werden, dass eine Gemeinde für eine innerhalb von zwölf Wochen realisierbare Aufstellung und Beziehung eines Wohncontainers sorgt, um damit die Beschlagnahme einer Wohnung aufzuheben, wenn die eingewiesene Person zwei Wochen nach der hypothetischen Bezugsfähigkeit des Containers in eine andere Wohnung einziehen könnte. Die Behörde könnte zwar eine Abwendungsmaßnahme ergreifen, um die Gefahr doch noch selbst beseitigen zu können, womit sie zugleich zur Aufhebung der Maßnahme gegenüber dem Nichtstörer verpflichtet wäre. Die hierfür erforderlichen Aufwendungen stehen aber in einem ersichtlichen Missverhältnis zu den Belastungen, die der Nichtstörer bei der Aufrechterhaltung der Maßnahme erleidet, zumal er hierfür eine Entschädigung enthält. Nach den jeweiligen Umständen des Einzelfalls können aber andere Abwendungsmaßnahmen mit niedrigeren Aufwendungen geboten sein. So könnte die Behörde etwa versuchen, über privatrechtliche Verträge mit Hoteliers, Pensionsinhabern oder anderen Wohnungseigentümern eine anderweitige Gefahrenabwehr zu ermöglichen.[290]

Auch im Kontext einer Abwendungspflicht genügt wegen der grundsätzlichen Lastenverteilung keinesfalls ein einfaches Überwiegen der erforderlichen Aufwendungen, sondern vielmehr muss zwischen diesen und den Belastungen des Nichtstörers ein ersichtliches Missverhältnis liegen. Ein solches wird häufig anzunehmen sein, wenn ein Ende der Notstandslage absehbar ist und in nicht allzu ferner Zukunft bevorsteht. Dementsprechend kann verfassungsrechtlich zwar eine grundsätzliche, aber keine umfassende Gefahrenabwendungspflicht begründet werden.

Weil die einfachgesetzlichen Notstandsregelungen zwar zur Aufhebungspflicht, nicht aber zur Abwendungspflicht ausdrücklich Stellung beziehen, verschärfen sie die verfassungsrechtlichen Vorgaben nicht. Insoweit lässt sich eine

[289] S. zu den Ausnahmen vom Subsidiaritätsgrundsatz bereits § 4 II. 2. b) bb) (4) bis (6)

[290] Zu entsprechenden Möglichkeiten vor der Heranziehung OVG Saarlouis, Beschl. v. 14.4.2014 – 1 B 213/14, juris, Rn. 15; *Mattias Fischer*, NVwZ 2015, 1644 (1646); umfassend *Reitzig*, Die polizeirechtliche Beschlagnahme von Wohnraum zur Unterbringung Obdachloser, 2004, S. 112 ff.

andere Ausgangslage als bei den Subsidiaritätsanforderungen auf Heranziehungsebene annehmen, bei denen die angezeigte Auslegung meist zu höheren Anforderungen zugunsten des Nichtstörers geführt hat.[291] Während die überwiegende Anzahl der Vorschriften Ausnahmen vom Subsidiaritätsgrundsatz bei der erstmaligen Inanspruchnahme also nicht zulässt, sind Ausnahmen von dem Grundsatz, dass die Behörde auch in der Phase der Aufrechterhaltung Anstrengungen unternehmen muss, um eine anderweitige Gefahrenabwehr zu ermöglichen, überall auch nach der einfachgesetzlichen Ausgestaltung möglich.

cc) Aufhebungspflicht

Demgegenüber zielen die meisten Notstandsregelungen ausdrücklich auf eine Aufhebungspflicht ab. Aus verfassungsrechtlicher Sicht lässt sich diese allerdings nicht auf den Fall beschränken, dass eine anderweitige Gefahrenabwehr möglich geworden ist, wie es die meisten Vorschriften durch die gewählte Formulierung vermitteln.[292] Die Aufhebungspflicht muss sich ebenso auf die anderen Voraussetzungen beziehen[293] und grundsätzlich auch dann eingreifen, wenn neue Erkenntnisse zu einer anderen Einschätzung der Gefahrenlage führen oder eine andere Beurteilung des Gefährdungsgrades des Nichtstörers bedingen. Weil die Eingriffsintensität einer Maßnahme mit ihrem Andauern ansteigt, kann auch die bloße Aufrechterhaltung einer Maßnahme dazu führen, dass sie ab einem bestimmten Punkt als unzumutbar bzw. unverhältnismäßig einzustufen ist. Je nach entfallender Voraussetzung wird der verfassungsrechtliche Anknüpfungspunkt der Aufhebungspflicht also meist in den Verhältnismäßigkeitsausprägungen der Erforderlichkeit oder der Zumutbarkeit bzw. Angemessenheit liegen.

Unabhängig von der hierfür heranzuziehenden einfachgesetzlichen Ermächtigung[294] ergibt sich der Grundsatz, dass eine Maßnahme gegen den Nichtstörer aufzuheben ist, sobald eine der Voraussetzungen der Inanspruchnahme entfällt.

---

[291] S. zum Vergleich der verfassungsrechtlichen und einfachgesetzlichen Anforderungen hinsichtlich des Subsidiaritätsgrundsatzes auf Heranziehungsebene § 4 II. 2. b) bb).

[292] Zur verfassungsrechtlichen Gebotenheit der Aufhebung auch *Kugelmann*, Polizei- und Ordnungsrecht, 2. Aufl. 2012, 8. Kap. Rn. 92.

[293] So auch *H. Martens*, in: Heesen/Hönle/Peilert et al. (Hrsg.), BPolG, 5. Aufl. 2012, § 20 Rn. 8.

[294] Für die Aufhebung der Maßnahme kommen primär die §§ 48, 49 VwVfG bzw. die entsprechenden landesrechtlichen Parallelnormen in Betracht. Dabei ist umstritten, ob für einen Verwaltungsakt, der rechtmäßig erlassen und erst nachträglich rechtswidrig geworden ist, die Vorschrift zur Rücknahme rechtswidriger oder die Vorschrift zum Widerruf rechtmäßiger Verwaltungsakte heranzuziehen ist. Zu einer Rücknahme tendierend BVerwGE 84, 111 (113 f.); *W.-R. Schenke*, DVBl. 1989, 433 (434 ff.); *ders.*, Die materiell-rechtliche Bedeutung einer nachträglichen Veränderung der Sach- oder Rechtslage bei belastenden Verwaltungsakten mit Dauerwirkung, in: FS-Hufen, 2015, S. 521 (522 ff.); *ders./Baumeister*, JuS 1991, 547 (550 ff.); a.A. *Bumke*, Verwaltungsakte, in: Voßkuhle/Eifert/Möllers (Hrsg.), Grundlagen des Verwaltungsrechts, 2. Band, 3. Aufl. 2022, § 34 Rn. 164 Fn. 535, m.w.N.; *Kopp*, BayVBl. 1990, 524 f.

Ein etwaiges Aufhebungsermessen[295] der Behörde dürfte in Ansehung der Eigenart der Nichtstörerinanspruchnahme insoweit regelmäßig auf Null reduziert sein. Sofern die Aufhebungspflicht hinsichtlich einer der genannten Voraussetzungen gesetzlich angeordnet wird, handelt es sich allerdings um eine gebundene Entscheidung und ein Ermessensspielraum besteht von vornherein nicht.[296] Als häufigster praktischer Anwendungsfall der Aufhebungspflicht dürften sich dabei Konstellationen erweisen, in der zunächst eine Notstandslage anzunehmen war, die Behörde in der Zwischenzeit aber ausreichend eigene Kräfte zur Gefahrenabwehr mobilisieren oder einen Störer zur Inanspruchnahme bzw. eine Person zur Beauftragung ausfindig machen konnte.[297]

Dabei stellen sich allerdings vergleichbare Probleme wie bei der erstmaligen Heranziehung, die bereits im Kontext der Abwendungspflicht angesprochen wurden und sich darauf beziehen, ob eine Maßnahme gegen den Nichtstörer trotz einer mittlerweile vorhandenen anderweitigen Gefahrenabwehrmöglichkeit aufrechterhalten werden darf. Aus verfassungsrechtlicher Sicht lassen sich Ausnahmen jedenfalls aus den gleichen Gründen wie auf der Ebene der Heranziehung legitimieren, wenn also ein nunmehr tatsächlich sowie rechtlich mögliches anderweitiges Vorgehen gegen den Verantwortlichen Folgen herbeiführt, deren Eintritt außer Verhältnis zu den Belastungen steht, die der Nichtstörer durch die Aufrechterhaltung erleidet. Weil sich das Eingriffsgewicht dabei gegenüber der erstmaligen Inanspruchnahme häufig nicht mehr drastisch erhöht, was insbesondere gilt, wenn das Ende der Maßnahme zeitlich absehbar ist, lässt sich ein Missverhältnis sogar leichter begründen als in der Situation vor der Heranziehung. Demgegenüber genügt die bloße Arbeitserleichterung wegen der grundsätzlichen Lastenverteilung auch zur Rechtfertigung der Aufrechterhaltung des Eingriffs keineswegs. Ebenso wenig lässt sich die Aufrechterhaltung rechtfertigen, wenn die Maßnahme in die Unzumutbarkeit bzw. Unangemessenheit umschlägt, weil in diesem Fall automatisch verfassungsrechtlichen Vorgaben widersprochen wird.

Ebenso wie bei den Subsidiaritätsanforderungen auf Heranziehungsebene muss allerdings auch im Kontext der Aufrechterhaltung konstatiert werden, dass die Ausgestaltung der meisten Notstandsregelungen keine Ausnahmen zulässt, obwohl dies verfassungsrechtlich unbedenklich wäre. Denn wenn die Maßnahme nur aufrechterhalten werden darf, solange die Abwehr der Gefahr nicht auf andere Weise möglich ist, lässt sich dem kein Spielraum zur Implementation von Ausnahmen entnehmen.

[295] Ein solches ist auch bei einem rechtswidrigen belastenden Verwaltungsakt grundsätzlich anzunehmen, vgl. *J. Müller*, in: Bader/Ronellenfitsch (Hrsg.), BeckOK VwVfG, 2022, §48 Rn. 38; *Sachs*, in: Stelkens/Bonk/Sachs et al. (Begr./Hrsg.), VwVfG, 10. Aufl. 2022, §48 Rn. 85 f.

[296] Vgl. auch *Gusy/Eichenhofer*, Polizei- und Ordnungsrecht, 11. Aufl. 2023, Rn. 385: „Aufhebungs- bzw. Beseitigungsanspruch“ – Hervorhebung im Original hier ausgelassen.

[297] *Schmidbauer*, in: ders./Steiner, BayPAG, 6. Aufl. 2023, Art. 10 Rn. 23.

Anders verhält es sich allerdings nach zwei zu unterscheidenden gesetzlichen Ausgestaltungsmöglichkeiten. Wenn sich einer Vorschrift gar keine Äußerung zur Aufrechterhaltung entnehmen lässt,[298] insbesondere also auch nicht durch die Formulierung „soweit", können die verfassungsrechtlichen Wertungen herangezogen werden, sodass sich die Aufrechterhaltung einer Maßnahme trotz anderweitiger Gefahrenabwehr legitimieren lässt. Ausnahmemöglichkeiten aus einfachem Recht lassen sich dagegen nur in Baden-Württemberg ausmachen. Dort dürfen Maßnahmen gegen den Nichtstörer zwar auch nur aufrechterhalten werden, „solange die Voraussetzungen des Absatzes 1 vorliegen." Weil Absatz 1 aber Ausnahmen vom Subsidiaritätsgrundsatz bei einem Missverhältnis zulässt (bzw. entsprechende Konstellationen als tatbestandlich erfasst erklärt),[299] können die Voraussetzungen des Absatzes 1 im Einzelfall auch dann noch vorliegen, wenn die anderweitige Gefahrenabwehr möglich wird, diese Maßnahme aber zu Folgen führen würde, die in einem ersichtlichen Missverhältnis zu den Belastungen stehen, die der Nichtstörer bei der Aufrechterhaltung erleidet. Prinzipiell ist es also auch möglich, dass die rechtmäßige Inanspruchnahme des Nichtstörers zunächst in einer *echten* Notstandslage erfolgt und die rechtmäßige Aufrechterhaltung in einer *unechten* Notstandslage.[300]

Wenn Ausnahmen bereits auf Heranziehungsebene der ersten Phase offenbar gewollt sind,[301] wird man dies ebenso für die zweite Phase der Aufrechterhaltung annehmen müssen. Denn während Ausnahmen im hiesigen Kontext genauso einem Interessenausgleich aller Beteiligten zugutekommen können, sind sie aus verfassungsrechtlicher Sicht grundsätzlich weniger problematisch, weil sich das Eingriffsgewicht bei einer Aufrechterhaltung weniger stark erhöht als bei der erstmaligen Heranziehung. Wegen der unzureichenden einfachgesetzlichen Ausgestaltung der meisten Regelungen müssen allerdings auch an diesen Aspekt Reformüberlegungen angeknüpft werden.

dd) Zeitliche Grenze und Befristungsgebot

Im Kontext der normierten Aufhebungsregelungen wird sich häufig auch des Begriffs der „zeitlichen Grenze" bemüht.[302] Eine echte zeitliche Grenze lässt sich

---

[298] S. zur Verfassungskonformität einer fehlenden normativen Äußerung in dieser Phase noch § 4 II. 2. c) ee).

[299] S. zur tatbestandlichen Bewertung von § 9 BWPolG bereits § 4 II. 2. b) bb) (2). Vgl. zu den übertragbaren Folgen einer anderen Sichtweise aber auch § 4 Fn. 165.

[300] Dies gilt aber nicht für § 9 BWPolG, weil die Vorschrift anordnet, dass Konstellationen des *unechten* Notstands als Teil einer *echten* Notstandslage gelten („insbesondere").

[301] Vgl. die Handhabung des *unechten* Notstands in der Praxis, die in den Ausführungen zum Subsidiaritätsgrundsatz festgestellt wurde. S. hierzu § 4 II. 2. b) bb) (1) und (2).

[302] So etwa *Heckmann*, Bayerisches Polizei- und Sicherheitsrecht, in: Becker/Heckmann/Kempen et al. (Hrsg.), Öffentliches Recht in Bayern, 8. Aufl. 2022, 3. Kap. Rn. 195; *Schmidbauer*, in: ders./Steiner, BayPAG, 6. Aufl. 2023, Art. 10 Rn. 23; *Ullrich*, in: Möstl/Weiner (Hrsg.), BeckOK Polizei- und Ordnungsrecht Niedersachsen, 2023, NdsPOG, § 8 Rn. 22;

in sie allerdings nicht hineininterpretieren, weil die Aufrechterhaltung einer Maßnahme nach den insoweit eindeutigen Formulierungen nicht von dem Ablauf einer (zeitlichen) Frist abhängt, sondern primär davon, dass keine anderweitige Gefahrenabwehrmöglichkeit besteht. Dabei handelt es sich aber regelmäßig nicht um einen zukünftigen gewissen Zeitpunkt, sondern meist um ein zukünftiges ungewisses Ereignis, sodass entsprechend zur Abgrenzung zwischen den Nebenbestimmungen „Befristung“ und „Bedingung“[303] nicht von einer „zeitlichen Grenze“ gesprochen werden sollte. Eine originäre gesetzlich festgehaltene zeitliche Grenze enthält demgegenüber die katastrophenrechtliche Hilfeleistungspflicht des § 16 Abs. 1 S. 2 HmbKatSG, wonach die Heranziehung von Personen mit besonderer Ausbildung für die Bekämpfung einer Katastrophe nur bis zu einer Dauer von drei Tagen zulässig ist.

Gleichwohl wird die zeitliche Befristung im Einzelfall gefordert, wenn das Ende einer Maßnahme nicht von vornherein absehbar ist und es sich damit um eine grundsätzlich auf Dauer angelegte Maßnahme handelt. Insbesondere bei der Beschlagnahme von Wohnraum haben sich in der Rechtsprechung verschiedene Befristungsmaßgaben herausgebildet, wobei die Anforderungen von „im Regelfall […] äußerstenfalls zwei Monate[n]“[304] über einen Zeitraum von „6 Monaten als die äußerste Grenze“[305] bis zu Hinweisen auf eine Dauer von acht Monaten[306] divergieren, während jedenfalls eine Beschlagnahme für elf Monate als „unverhältnismäßig“ eingeordnet wurde.[307] Eine gesetzliche Höchstdauer ist zwar teilweise auch in den Standardbefugnissen der Sicherstellung bzw. der Beschlagnahme vorgesehen,[308] allerdings wird die Heranziehung dieser Ermächtigungsgrundlagen überwiegend als unzutreffend eingeordnet.[309]

ähnlich *W. Martens*, in: Drews/Wacke/Vogel et al., Gefahrenabwehr, 9. Aufl. 1986, S. 338: „Begrenzt ist auch die Dauer“ – Hervorhebung im Original hier ausgelassen.

[303] Vgl. zur Abgrenzung der beiden Nebenbestimmungen *U. Stelkens*, in: P. Stelkens/Bonk/Sachs et al. (Begr./Hrsg.), VwVfG, 10. Aufl. 2022, § 36 Rn. 71, 75.

[304] VGH München, BayVBl. 1984, 116 (117).

[305] BGHZ 35, 27 (31); ebenfalls für diesen Zeitraum VGH Mannheim, NVwZ-RR 1990, 476.

[306] Vgl. hierzu *Ewer/v. Detten*, NJW 1995, 353 (356) unter Verweis auf OVG Saarlouis, Beschl. v. 4.4.1990 – 1 W 37/90 (unveröffentlicht).

[307] OVG Saarlouis, Beschl. v. 15.5.1990 – 1 W 84/90, BeckRS 1990, 8336.

[308] So bestimmt § 38 Abs. 4 S. 2 BWPolG, dass die Beschlagnahme grundsätzlich nicht länger als sechs Monate aufrechterhalten werden darf.

[309] Gegen die Heranziehung der genannten Ermächtigungsgrundlagen wird angeführt, dass eine Sicherstellung die Begründung behördlichen Gewahrsams an der sichergestellten Sache voraussetzt, ein solcher aber nicht durch die Behörde, sondern lediglich den Obdachlosen erlangt werde. Daher sei die Maßnahme auf die polizei- bzw. ordnungsrechtliche Generalklausel zu stützen, vgl. *Dombert*, LKV 2015, 529 f.; *Erichsen/Biermann*, Jura 1998, 371 (376 f.); *Fontana/Klein*, JA 2017, 846 (850); *Klüver*, ZMR 2016, 1 (2) unter Bezugnahme auf OVG Lüneburg, ZMR 2015, 992 ff. und ZMR 2016, 70 ff. Ausführlich zum Problem *Reitzig*, Die polizeirechtliche Beschlagnahme von Wohnraum zur Unterbringung Obdachloser, 2004, S. 92 ff. sowie *Peppersack*, Rechtsprobleme der Unterbringung Obdachloser in Räumlich-

Als Grund für das Befristungserfordernis wird angeführt, dass das im Verhältnismäßigkeitsgrundsatz enthaltene Prinzip der Erforderlichkeit dazu führen müsse, die Inanspruchnahme des „Nichtstörers auf das zeitlich unbedingt Notwendige zu beschränken."[310] Andere wiederum nehmen ohne nennenswerte Konkretisierung eine Ableitung aus Verhältnismäßigkeitsgründen vor.[311] Ergänzend wird, im Ergebnis allerdings wenig ertragreich, das „Prinzip der Rechtsklarheit" ausdrücklich oder konkludent als Argument für ein Befristungserfordernis angeführt.[312]

Richtigerweise müssen allerdings zwei Aspekte differenziert werden, nämlich einerseits die Dauer der Maßnahme an sich und andererseits die Befristung als solche. Der Grund für die begrenzte Dauer liegt darin, dass die Eingriffsintensität mit der Dauer der Maßnahme immer weiter ansteigt und irgendwann ein Punkt erreicht wird, an dem die Maßnahme in die Unzumutbarkeit bzw. Unangemessenheit überschlägt. Auf diesen Punkt beziehen sich die Angaben der Gerichte, wenn sie den Zeitraum für die Beschlagnahme bewerten. Es handelt sich aber eben nur um Richtwerte, was sich aus gerichtlichen Formulierungen wie „im Regelfall"[313] oder Hinweisen auf die „regelmäßige[n] Höchstdauer"[314] ergibt. Denn im Einzelfall können die Belange auf der anderen Seite so gewichtig sein, dass sie in atypischen Fällen die Belange des Nichtstörers über den grundsätzli-

keiten Privater, 1999, S. 82 f. Daneben existierte mit § 26a BremPolG eine speziell auf die Beschlagnahme von Wohnraum zugeschnittene Befugnis, die anlässlich der sog. Flüchtlingskrise im Jahr 2015 erlassen wurde (vgl. BremLT-Drs. 19/95, S. 5), mittlerweile aber außer Kraft getreten ist. Eine ausdrückliche zeitliche Befristung der Beschlagnahme sah die Vorschrift indes nicht vor.

[310] Speziell im Kontext der Nichtstörerinanspruchnahme *Reitzig*, Die polizeirechtliche Beschlagnahme von Wohnraum zur Unterbringung Obdachloser, 2004, S. 137; zum Zweck einer Befristung im Generellen *Tiedemann*, in: Bader/Ronellenfitsch (Hrsg.), BeckOK VwVfG, 2023, § 36 Rn. 39.

[311] VGH München, BayVBl. 1984, 116 (117); VG Oldenburg, Urt. v. 22.5.2012 – 7 A 3069/12, juris, Rn. 56; *Mattias Fischer*, NVwZ 2015, 1644 (1647) sowie *Knemeyer/Keller*, SächsVBl. 1996, 197 (201), wonach „die Anordnung einer absoluten Höchstdauer" auch einer „verhältnismäßigen Rechtsanwendung dient"; ebenso VGH Mannheim, NVwZ-RR 1990, 476: „es ist mit Rücksicht auf den [...] Grundsatz der Verhältnismäßigkeit [...] geboten, dem Betroffenen Klarheit über die zeitlichen Grenzen der Inanspruchnahme seines Eigentums zu verschaffen". Häufig wird auch ohne Begründung auf ein Befristungserfordernis hingewiesen (so etwa *Drasdo*, NJW-Spezial 2016, 33 [34]).

[312] Ausdrücklich *Reitzig*, Die polizeirechtliche Beschlagnahme von Wohnraum zur Unterbringung Obdachloser, 2004, S. 137; konkludent *Günther/Traumann*, NVwZ 1993, 130 (135), indem sie (auch) darauf verweisen, dass dem Eigentümer durch die Befristung der vorübergehende Charakter der Maßnahme aufgezeigt wird; ähnlich *Ruder*, Polizei- und ordnungsrechtliche Unterbringung von Obdachlosen, 1999, Rn. 254. Wenngleich die Befristung zu einer höheren Klarheit der Maßnahme beiträgt, so bleibt die Beschlagnahme mit Blick auf § 37 Abs. 1 VwVfG bzw. die entsprechende Landesnorm aber auch ohne sie hinreichend bestimmt.

[313] VGH München, BayVBl. 1984, 116 (117); VGH Mannheim, NVwZ-RR 1990, 476.

[314] BGHZ 35, 27 (31).

chen Zeitraum hinaus überwiegen.[315] Die Ableitung eines gewissen Höchstmaßes folgt also aus dem Aspekt der Zumutbarkeit bzw. der Angemessenheit einer Maßnahme.

Für die Befristung als solche gilt dies aber grundsätzlich nicht. Indem der Betroffene die Dauer der Aufrechterhaltung aufgezeigt bekommt, reduziert sich mit der Befristung zwar das Eingriffsgewicht, weil der Adressat hierdurch Planungssicherheit darüber erhält, wann er voraussichtlich wieder über sein Eigentum frei verfügen kann.[316] Weil die Zumutbarkeit bzw. Angemessenheit einer Maßnahme durch eine Abwägung ermittelt wird und ihr Beitrag zur Erreichung des Zwecks so gewichtig sein kann, dass er auch eine unbefristete Anordnung überwiegt, lässt sich eine Pflicht zur Befristung der Maßnahme hieraus allerdings nicht ableiten.

Richtigerweise folgt das Befristungserfordernis bei Dauermaßnahmen aber aus dem Prinzip der Erforderlichkeit. Dies vermag zunächst zu überraschen, weil die Erforderlichkeit auf einem Vergleich der Eingriffsintensität und der Effektivität zwischen zwei möglichen Maßnahmen basiert,[317] die Heranziehung des Nichtstörers aber grundsätzlich „alternativlos"[318] sein muss. Bei genauer Betrachtung existieren aber zwei mögliche Maßnahmen gegen den Nichtstörer, nämlich zum einen die unbefristete Maßnahme und zum anderen die befristete Maßnahme, die sich aus den genannten Gründen etwas eingriffsmilder gestaltet. Die Behörde muss sich auf ein milderes Mittel zwar nur beschränken, wenn dieses auch gleich effektiv ist.[319] Dies ist aber jedenfalls für den Zeitraum der Befristung der Fall, zumal die Behörde, sofern dies notwendig und rechtlich zulässig ist, die Verlängerung der Maßnahme anordnen kann. Gleichzeitig muss der Behörde aber eine gewisse, im Einzelfall zu ermittelnde[320] Fristlänge zugestanden werden, damit die effektive Gefahrenabwehr nicht durch zu strenge Befristungserfordernisse gehemmt wird, denn anderenfalls würde es sich nicht um ein gleich effektives Mittel handeln.

---

[315] Vgl. etwa für den Zeitraum von sechs Monaten und zwei Wochen in Ausnahmefällen OVG Münster, ZMR 1956, 285.

[316] VGH Mannheim, NVwZ-RR 1990, 476; *Reitzig*, Die polizeirechtliche Beschlagnahme von Wohnraum zur Unterbringung Obdachloser, 2004, S. 137, m.w.N.

[317] Vgl. BVerfGE 25, 1 (18); 81, 156 (192 f.); 121, 317 (354); *D. Merten*, in: ders./Papier (Hrsg.), Handbuch der Grundrechte, 3. Band, 2009, § 68 Rn. 66: „wenn derselbe Erfolg mit einer weniger schweren Maßnahme zu erzielen wäre".

[318] So etwa die Formulierung bei *Behnsen*, NordÖR, 2013, 1 (5). S. zu (verfassungsrechtlich legitimierbaren) Ausnahmen dieser „Alternativlosigkeit" bereits § 4 II. 2. b) bb) (1) bis (6).

[319] Teilweise wird zwar angenommen, dass einer Alternative mit einer nur etwas niedrigeren Wirksamkeit, aber wesentlich geringeren Folgen der Vorrang eingeräumt werden muss, vgl. *Sachs*, in: ders. (Hrsg.), GG, 9. Aufl. 2021, Art. 20 Rn. 153. Dem wird aber richtigerweise entgegengebracht, dass es sich dabei um einen Aspekt der Angemessenheit handelt, vgl. *Grzeszick*, in: Dürig/Herzog/Scholz et al. (Begr./Hrsg.), GG, Art. 20 (Rechtsstaat) (2022) Rn. 118.

[320] Vgl. auch *Günther/Traumann*, NVwZ 1993, 130 (134).

Insgesamt lässt sich festhalten, dass die Höchstdauer einer Maßnahme maßgeblich durch die Verhältnismäßigkeitsausprägungen der Zumutbarkeit bzw. Angemessenheit bestimmt wird, während sich aus dem Prinzip der Erforderlichkeit ein grundsätzliches Befristungserfordernis für Dauermaßnahmen ergibt. Indes muss auch darauf hingewiesen werden, dass die Festlegung eines gewissen zeitlichen Rahmens nicht bedeutet, dass die Behörde für diesen Zeitraum vollständig von ihren Pflichten befreit wird. Vielmehr muss sie die Sach- und Rechtslage weiterhin beobachten, gegebenenfalls Handlungen zur Ermöglichung einer anderweitigen Gefahrenabwehr vornehmen[321] und die Maßnahme aufheben, sofern eine der Voraussetzungen der Inanspruchnahme entfallen ist.

ee) Verfassungsrechtliches Vergesetzlichungsgebot

Im Hinblick auf die Aufhebungspflicht lässt sich zwar der Standpunkt einnehmen, dass die Regelung insoweit die Subsidiarität der Nichtstörerinanspruchnahme schützt, als hierdurch klargestellt wird, dass beim Auftritt einer anderweitigen Gefahrenabwehrmöglichkeit in verfassungsrechtlich gebotener Weise die nach dem Lastenverteilungsgrundsatz vorgesehene Rangfolge wieder Geltung beansprucht. Allerdings herrscht in der zweiten Phase der Inanspruchnahme eine andere Ausgangslage. Weil die größte Masse des Eingriffsgewichts einer Inanspruchnahme grundsätzlich durch die Heranziehung an sich entsteht, ist die Schutzbedürftigkeit des Nichtstörers in der ersten Phase höher als in der zweiten, in der sich die Eingriffsintensität zwar stetig, aber langsamer erhöht. Zum anderen betrifft die zweite Phase mit den sogenannten Dauermaßnahmen nur einen Teil der Eingriffe. Da diese wegen des Prinzips der Erforderlichkeit aber grundsätzlich zu befristen sind, existiert in der zweiten Phase ein gesonderter Schutz. Es ließe sich zwar genauso fordern, dass auf eine Pflicht zur zeitlichen Befristung von Dauermaßnahmen ausdrücklich Bezug genommen wird. Allerdings handelt es sich dabei um einen Aspekt, der hinlänglich bekannt ist, wie sich insbesondere aus den zahlreichen gerichtlichen Entscheidungen zur Beschlagnahme von Wohnraum ergibt.

Weil die Beobachtungspflicht einer Aufhebungspflicht sachlogisch vorgeschaltet ist und sich die dargestellte Argumentation auf die Abwendungspflicht übertragen lässt, begegnet es im Hinblick auf die Gebote der Normenklarheit und -bestimmtheit keinen durchgreifenden Bedenken, wenn auf eine ausdrückliche Benennung des „Aufrechterhaltungsrechts" wie auch auf einen Bezug zu den dabei entstehenden behördlichen Pflichten verzichtet wird.

---

[321] Zu diesem Erfordernis trotz Befristung der Maßnahme *Ewer/Mutschler-Siebert*, NJW 2016, 11 (14); *Günther/Traumann*, NVwZ 1993, 130 (135). Deutlich auch BGHZ 35, 27 (31 f.), wonach die zuständige Behörde gehalten ist, „alles ihr Zumutbare daran zu setzen, die durch die Einweisung entstandene Behelligung eines an der Störung unbeteiligten Dritten alsbald zu beendigen. Zu diesem Zweck muß sie schon vom Tage der Einweisung an zielstrebig auf eine Lösung hinarbeiten".

d) Dritte Phase: Nachsorgefunktion

Die dritte Phase der Nichtstörerinanspruchnahme unterscheidet sich insoweit von den ersten beiden Phasen, als sich die rechtswidrige Versagung der Entschädigung nicht mehr auf die Rechtmäßigkeit der Primärmaßnahme auswirken kann. Sie ist aber insoweit im Zusammenhang mit den vorangegangenen Phasen zu sehen, als die bloße Existenz einer den Nichtstörer im Schadensfall absichernden Entschädigungsregelung möglicherweise als Grundvoraussetzung dafür anzusehen ist, dass seine Heranziehung in Notstandslagen legitimiert ist.

Nachdem sich die entsprechende Unterscheidung bereits „im Großen“ bewährt hat, wird nachfolgend auch „im Kleinen“ zwischen dem „Ob“ und dem „Wie“ einer verfassungsrechtlich gebotenen Bereithaltung sowie der Ausgestaltung eines Ausgleichsanspruchs differenziert.[322] Zum Abschluss erfolgt eine Exemplifizierung anhand des Einzelproblems, ob auf Grundlage der Entschädigungsregelungen Beeinträchtigungen auszugleichen sind, die durch rechtmäßige flächendeckende Maßnahmen erlitten wurden, wofür sich das vielbeachtete Urteil des Bundesgerichtshofs zur Entschädigung für Betriebsschließungen in der Corona-Pandemie[323] als Untersuchungsgrundlage heranziehen lässt. Das Gericht qualifizierte die Gewerbetreibenden zwar nicht als Nichtstörer im Sinne der allgemeinen Notstandsregelungen, gleichwohl beinhaltet sein Urteil Ausführungen zur ordnungsrechtlichen Entschädigungsregelung im Stil eines *obiter dictum*, denen allenfalls im Ergebnis zugestimmt werden kann.[324]

aa) Das „Ob“: Verfassungsrechtliche Notwendigkeit eines Ausgleichs

Zur Beurteilung der verfassungsrechtlichen Notwendigkeit eines Entschädigungsanspruchs für den Nichtstörer lassen sich zunächst seine Hintergründe betrachten, wozu sich insbesondere der vielzitierte allgemeine Aufopferungsgedanke[325] zählen lässt. Zusammen mit (weiteren) verfassungsrechtlichen Anknüpfungspunkten[326] geben sie Aufschluss über die Funktion und die Wirkungsweise einer Ausgleichsregelung und bilden damit die Basis für die inhaltlichen Anforderungen an die konkrete Ausgestaltung und die Anwendung im Einzelfall.

(1) Legitimationshintergrund und allgemeiner Aufopferungsgedanke

Zur Erfüllung seiner Aufgabe der Sicherheitsgewährleistung darf der Staat in die Rechte eines Unbeteiligten eingreifen. Obwohl die hieraus resultierende Ver-

[322] Eine Differenzierung zwischen dem „Ob“ und dem „Wie“ im Kontext der „Aufopferungsentschädigung“ ebenfalls vornehmend *W. Schmidt*, NJW 1999, 2847.

[323] BGHZ 233, 107 ff.

[324] S. zur Bewertung der Ausführungen des BGH noch § 4 II. 2. d) cc).

[325] S. hierzu die Ausführungen und Nachweise sogleich bei § 4 II. 2. d) aa) (1).

[326] Kein geeigneter Anknüpfungspunkt ist Art. 34 GG, der lediglich die durch § 839 BGB begründete persönliche Haftung für Amtspflichtverletzungen auf den Staat weiterleitet (vgl. BVerfGE 61, 149 [198]).

pflichtung primär gegenüber dem Staat besteht,[327] muss die Hilfeleistung in Ansehung entsprechender Nutznießer und Profiteure auch als Aufopferung im Interesse der Allgemeinheit eingeordnet werden. Die Pflicht zu einer solchen Aufopferung wurde gesetzlich bereits in § 74 der Einleitung zum Allgemeinen Landrecht der Preußischen Staaten (EALR) normiert,[328] wonach Rechte des Einzelnen bei einer Kollision mit dem Allgemeinwohl zurückstehen mussten, der Staat als Ausgleich aber nach § 75 EALR zur Entschädigung angehalten war.[329] Noch heute werden die gesetzlich nicht ausdrücklich geregelten staatshaftungsrechtlichen Institute des enteignenden und des enteignungsgleichen Eingriffs sowie des aufopfernden und des aufopferungsgleichen Eingriffs[330] auf den in §§ 74, 75 EALR enthaltenden Aufopferungsgedanken gestützt,[331] wobei dieser teilweise sogar als Verfassungsgewohnheitsrecht eingeordnet wird.[332] Vor diesem Hintergrund lässt sich letztlich auch der spezialgesetzliche Entschädigungsanspruch des Nichtstörers, der diesen Haftungsinstituten als *lex specialis* vorgeht,[333] als Ausprägung des Aufopferungsgedankens begreifen.[334] Zur Bewertung der verfassungsrechtlichen Notwendigkeit einer Entschädigungsregelung scheint der bloße Rekurs auf den Aufopferungsgedanken aber noch zu vage, was vor allem dann gelten muss, wenn diesem nicht der Rang von Verfassungsgewohnheitsrecht zu-

---

[327] S. hierzu die Ausführungen bei § 4 I. 2. c).

[328] Zur vorherigen Entstehung und Entwicklung des Aufopferungsgedankens *Giese*, Enteignung und Entschädigung, 1950, S. 8 ff.; *Mehrings*, in: Heesen/Hönle/Peilert et al. (Hrsg.), BPolG, 5. Aufl. 2012, § 51 Rn. 2; *Schmitt-Kammler*, JuS 1995, 473 ff.; *Stuth*, Staatshaftung oder Entschädigung?, 1990, S. 33 ff.

[329] § 74 EALR lautet: „Einzelne Rechte und Vortheile der Mitglieder des Staats müssen den Rechten und Pflichten zur Beförderung des gemeinschaftlichen Wohls, wenn zwischen beyden ein wirklicher Widerspruch (Collision) eintritt, nachstehn." § 75 EALR lautet: „Dagegen ist der Staat denjenigen, welcher seine besondern Rechte und Vortheile dem Wohle des gemeinen Wesens aufzuopfern genöthigt wird, zu entschädigen gehalten".

[330] Der Unterschied liegt primär in den grundrechtsbezogenen Anknüpfungspunkten: Der enteignende (betrifft einen rechtmäßigen Eingriff) und der enteignungsgleiche (betrifft einen rechtswidrigen Eingriff) Anspruch knüpfen an eine Eigentumsbeeinträchtigung i.S.d. Art. 14 Abs. 1 GG an, der aufopfernde (betrifft einen rechtmäßigen Eingriff) und der aufopferungsgleiche (betrifft einen rechtswidrigen Eingriff) Anspruch hingegen an eine Beeinträchtigung i.S.d. Art. 2 Abs. 2 GG, vgl. *Breuer*, Staatshaftung für legislatives Unrecht, 2011, S. 287, m.w.N.

[331] Teilweise erfolgt die Herleitung aber auch unmittelbar aus den Grundrechten, vor allem aus Art. 3 Abs. 1 GG. Überblicksweise hierzu *Morlok*, Retrospektive Kompensation der Folgen rechtswidrigen Hoheitshandelns, in: Hoffmann-Riem/Schmidt-Aßmann/Voßkuhle (Hrsg.), Grundlagen des Verwaltungsrechts, 3. Band, 2. Aufl. 2013, § 54 Rn. 16; vgl. auch noch die Nachweise unter § 4 Fn. 354.

[332] *Spitzlei/Hautkappe*, DÖV 2018, 134 (135).

[333] *Rachor/Buchberger*, in: Lisken/Denninger/Bäcker et al. (Begr./Hrsg.), Handbuch des Polizeirechts, 7. Aufl. 2021, Kap. L Rn. 1.

[334] *Fink*, NVwZ 1992, 1045; *Frenz*, JA 2018, 360; *Kunig*, Jura 1992, 554 (558); *Mehrings*, in: Heesen/Hönle/Peilert et al. (Hrsg.), BPolG, 5. Aufl. 2012, § 51 Rn. 3; *Papier*, DVBl. 1975, 567 (569); *Rumpf*, NVwZ 1992, 250 (252); *Spitzlei/Hautkappe*, DÖV 2018, 134 (135).

geschrieben wird. Insoweit lässt sich der Rückgriff auf geschriebene verfassungsrechtliche Normen als vielversprechender einschätzen. Für die Entnahme entsprechender Wertungen kommen namentlich Art. 14 GG, der Verhältnismäßigkeitsgrundsatz sowie Art. 3 Abs. 1 GG in Betracht.

(2) Wertungen aus Art. 14 Abs. 3 GG

Art. 14 Abs. 3 GG bestimmt, dass Enteignungen „nur zum Wohle der Allgemeinheit zulässig“ sind (S. 1) und „nur durch Gesetz oder auf Grund eines Gesetzes erfolgen“ dürfen, „das Art und Ausmaß der Entschädigung regelt“ (S. 2). Soweit eine Maßnahme gegen einen Nichtstörer eine Enteignung darstellt, ist eine entsprechende Entschädigungsregelung verfassungsrechtlich geboten. Indem die Gesetzgeber eine solche in ihren Polizei- und Ordnungsgesetzen verankert haben, ermöglichen sie also Maßnahmen, die als Enteignung im Sinne des Art. 14 Abs. 3 GG zu qualifizieren sind.[335] Da die meisten im Notstand getroffenen Maßnahmen aber nicht zu einer Enteignung führen, was insbesondere auch für die Beschlagnahme von Wohnraum gilt,[336] lässt sich aus Art. 14 Abs. 3 GG aber keine generelle Vorgabe zur Entschädigung des Nichtstörers ableiten. Vielmehr muss der Gesetzgeber die Vorgabe des Art. 14 Abs. 3 GG nur erfüllen, wenn er Enteignungen zulassen möchte. Im Lichte des Art. 14 Abs. 3 GG wirkt sich eine Entschädigungsregelung also nicht grundsätzlich legitimierend, sondern schlichtweg befugniserweiternd aus.

(3) Wertungen des Verhältnismäßigkeitsgrundsatzes

Während Enteignungen zum Wohl der Allgemeinheit stets einer Regelung zur Entschädigung bedürfen, sind Inhalts- und Schrankenbestimmungen sowie sonstige Eingriffe grundsätzlich entschädigungslos hinzunehmen.[337] Obwohl Eigentumsbeschränkungen und -belastungen durch Art. 14 Abs. 2 GG verfassungsrechtlich legitimiert werden,[338] kann in Sonderfällen aus dem Verhältnismäßigkeitsgrundsatz folgen, dass für den Eingriff ein finanzieller Ausgleich zu gewähren ist, wobei in diesem Kontext meistens von sogenannten „ausgleichspflichtigen Inhalts- und Schrankenbestimmungen“ die Rede ist.[339]

---

[335] *Deger*, in: Stephan/Deger, Polizeigesetz für Baden-Württemberg, 7. Aufl. 2014, § 55 Rn. 2; vgl. auch *Rachor/Buchberger*, in: Lisken/Denninger/Bäcker et al. (Begr./Hrsg.), Handbuch des Polizeirechts, 7. Aufl. 2021, Kap. L Rn. 19.

[336] Die Beschlagnahme von Wohnraum führt zwar zu einem Eingriff in die Eigentumsgarantie. Da sie aber zeitlich begrenzt ist und nicht zur Entziehung der Eigentumsposition führt, handelt es sich nicht um eine Enteignung. Daher folgt die Pflicht zur Entschädigung nicht unmittelbar aus Art. 14 Abs. 3 GG; a.A. noch *Trockels*, BWVPr 1989, 145 (150). Zur Abgrenzung sowie der Entwicklung der Abgrenzungskriterien *Kingreen*, Jura 2016, 390 (398 ff.) sowie *Kühnl*, Enteignung und Mediation, 2012, S. 20 ff.

[337] BVerfGE 143, 246 (338 f. Rn. 260); BGHZ 205, 355 (363 Rn. 30); zur Unterscheidung der Eingriffsarten auch *Cremer*, Freiheitsgrundrechte, 2003, S. 104 ff.

[338] BVerfGE 52, 1 (32); 58, 137 (147 f.).

[339] Vgl. hierzu BVerfGE 58, 137 (149 ff.); 79, 174 (192); 100, 226 (245 f.); 143, 246 (338 Rn. 259); BGHZ 233, 107 (132 Rn. 59).

Greifen Maßnahmen in die Eigentumsgarantie des Nichtstörers ein, verkörpern sie mangels Rechtsnormqualität keine Inhalts- und Schrankenbestimmungen, sondern sind regelmäßig als sonstige Eingriffe an Art. 14 Abs. 1 S. 2 und Abs. 2 GG zu messen.[340] Dabei kommt es insbesondere auf die Verhältnismäßigkeit des Eingriffs an, wobei die Eingriffsintensität über die Gewährleistung eines finanziellen Ausgleichs abgemildert werden kann. Dies muss aber nicht nur für eigentumsbeeinträchtigende Maßnahmen gelten. Auch Eingriffe in das Recht auf körperliche Unversehrtheit aus Art. 2 Abs. 2 S. 1 GG lassen sich – zwar nicht in der gleichen Reichweite wie Eigentumsbeeinträchtigungen, aber zumindest in vergleichbarer Wirkungsweise – abmildern, wenn hierfür ein finanzieller Ausgleich gewährt wird, etwa durch die Erstattung von Behandlungskosten oder in Form von Schmerzensgeld.[341]

Im Hinblick auf das Polizei- und Ordnungsrecht ist nunmehr zu beachten, dass insbesondere die Generalklauseln eine umfassende Gefahrenabwehr gewährleisten und somit prinzipiell auch als Grundlage für Eingriffe in die Eigentumsgarantie sowie die körperliche Unversehrtheit dienen. Wenn vor dem Hintergrund der soeben aufgeführten Aspekte ein mehr oder minder bestimmbarer Punkt existiert, an dem derartige Eingriffe nur noch als verhältnismäßig angesehen werden können, wenn der in Anspruch genommene Nichtstörer eine Entschädigung enthält, lässt sich damit eine wesentliche Funktion von Ausgleichsregelungen begründen, die bereits in den Ausführungen zu Art. 14 Abs. 3 GG angeklungen ist. Sie sorgen dafür, dass im Sinne einer effektiven Gefahrenabwehr weitreichendere Grundrechtseingriffe möglich sind, weil der Nichtstörer für den Grad an Beeinträchtigung, den er eigentlich nicht hinzunehmen hätte, einen Ausgleich erhält.[342]

Nicht jede im Notstand getroffene Maßnahme führt allerdings zu einem Eingriff, der zwingend eine Ausgleichszahlung für deren Verhältnismäßigkeit erfordert. Insbesondere die Hilfeleistungstätigkeit ist grundsätzlich bereits durch die staatliche Aufgabe der Sicherheitsgewährleistung und das Sozialstaatsprinzip legitimiert,[343] führt als solche also regelmäßig nicht zu einer gebotenen Entschädigung, sondern erst eine dabei eintretende Beeinträchtigung von Rechtsgütern. Daraus ergibt sich aber zugleich, dass die Gesetzgeber theoretisch auch nur solche Eingriffe tatbestandlich zulassen könnten, durch die die Rechtsgüter des Nichtstörers nicht gefährdet würden. Daher ist die Vorenthaltung eines Entschädigungssystems im Lichte des Verhältnismäßigkeitsgrundsatzes zwar als überaus sinnvoll einzustufen, auch dieser führt aus sich heraus aber noch nicht zu einer verfassungsrechtlichen Gebotenheit.

---

[340] Vgl. *Jarass*, in: ders./Pieroth, GG, 17. Aufl. 2022, Art. 14 Rn. 53. Zu den Anforderungen an die Rechtfertigung sonstiger Eingriffe auch *Dederer*, in: Kahl/Waldhoff/Walter (Hrsg.), Bonner Kommentar zum Grundgesetz, Art. 14 (2017) Rn. 946 ff.

[341] S. zum Inhalt des Ausgleichs noch § 4 II. 2. d) bb) (2).

[342] Ähnlich *Grzeszick*, Rechte und Ansprüche, 2002, S. 437 ff.

[343] S. zur abstrakten Legitimation der Hilfeleistungspflicht bereits § 4 I. 2.

(4) Wertungen aus Art. 3 Abs. 1 GG

Die Notstandsregelungen haben sich als wesentlicher Ausdruck des Grundsatzes gerechter Lastenverteilung erwiesen.[344] Wenn der Staat in diesem Sinne die Angemessenheit einer Maßnahme durch die Gewährleistung eines finanziellen Ausgleichs herstellen kann, ist eine solche grundsätzlich auch geeignet, eine Ungleichbehandlung im interpersonalen Verhältnis auf ein verfassungsrechtlich erträgliches Maß abzusenken.

Eine Entschädigungsregelung kann allerdings nur als Ausdruck von Art. 3 Abs. 1 GG begriffen werden, wenn sich tatsächlich eine Ungleichbehandlung feststellen lässt. Besteht auf der Ebene der Heranziehung des Nichtstörers die zu bildende Vergleichsgruppe lediglich aus Personen, mit deren Inanspruchnahme eine hinreichende Abwehr der Gefahr erreicht werden kann,[345] wird sich auf der Ebene der Heranziehung häufig kein Eingriff in den allgemeinen Gleichheitssatz annehmen lassen, weil die Auswahl der konkreten Person alternativlos war. Auf Kostenebene muss der Kreis der zur Vergleichsgruppe angehörigen Personen aber signifikant erweitert werden. Denn die Kosten einer Maßnahme lassen sich auch Personen aufbürden, die selbst zur Abwehr der Gefahr nicht in der Lage waren. Wenn die bei der Gefahrenabwehr anfallenden Kosten, sofern sie nicht vom Verantwortlichen ersetzt verlangt werden können, grundsätzlich vom Staat zu tragen sind, lässt sich zumindest gedanklich eine Ungleichbehandlung annehmen, wenn der Nichtstörer selbst für erlittene Beeinträchtigungen aufkommen müsste, weil er insoweit gegenüber der hinter dem Staat befindlichen Allgemeinheit benachteiligt werden würde.[346]

Im Gegenzug wird ein Entschädigungsanspruch mit Blick auf den allgemeinen Gleichheitssatz unbedeutender, wenn sich eine Maßnahme unterschiedslos gegen Störer und Nichtstörer richtet und sich hieraus resultierende Belastungen nicht als Folge individueller, sondern kollektiver Betroffenheit erweisen. Weil das Risiko entsprechender Beeinträchtigungen schon von der Allgemeinheit getragen wird, gestaltet sich die Begründung einer ausgleichsbedürftigen Ungleichbehandlung in diesem Kontext als weitaus schwieriger.[347]

Vor diesem Hintergrund liegt die Funktion eines Entschädigungsanspruchs also nicht nur in der Verhinderung unverhältnismäßiger, sondern auch in der Vermeidung bzw. Geringhaltung gleichheitswidriger Belastungen,[348] womit sich

[344] S. zur Einordnung des Notstandsinstituts als Ausprägung des Grundsatzes gerechter Lastenverteilung insb. § 3 II. 1.

[345] S. zur Bildung dieser Vergleichsgruppe bereits die Ausführungen bei § 2 II. 1. c) und den Nachweis unter § 2 Fn. 103.

[346] Zur Rolle des Art. 3 Abs. 1 GG auch *Deger*, in: Stephan/Deger, Polizeigesetz für Baden-Württemberg, 7. Aufl. 2014, § 55 Rn. 2 sowie *W. Schmidt*, NJW 1999, 2847.

[347] In diese Richtung auch *Zehelein*, NZM 2020, 390 (401), wonach die Betroffenheit einer „Großzahl von Grundrechtsträgern […] die Sonderopferqualität infrage stellen“ könne.

[348] Ebenfalls zwischen diesen beiden Zwecken eines Ausgleichsanspruchs differenzierend *Dolde*/*Marquard*, NVwZ 2021, 674 (677).

eine Übereinstimmung zur Rechtsprechung des Bundesverfassungsgerichts zu ausgleichspflichtigen Inhalts- und Schrankenbestimmungen feststellen lässt.[349] Sofern auch im Hinblick auf gleichheitswidrige Belastungen keine tatbestandliche Beschränkung vorgenommen wird, kommt also auch entsprechenden Gleichheitsbelangen eine hohe Bedeutung im Hinblick auf die Einordnung und Anwendung eines Entschädigungssystems zu.

(5) Konsequenzen für das „Ob" eines Ausgleichs

Aus verfassungsrechtlicher Sicht wäre die Gewährleistung einer Entschädigung also nicht zwingend einzufordern, wenn sich die Heranziehung des Nichtstörers auf solche Fälle beschränken würde, in denen es auch ohne finanziellen Ausgleich nicht zu unverhältnismäßig hohen oder gleichheitswidrigen Belastungen kommt. Damit würden die sich vom Staat selbst angelegten „Fesseln einer effektiven Gefahrenabwehr"[350] aber so eng gezogen werden, dass dies unter Umständen sogar zu verfassungsrechtlichen Bedenken im Hinblick auf die staatlichen Schutzverpflichtungen[351] führen würde, für deren Erfüllung die Bereithaltung hinreichender Ermächtigungsgrundlagen erforderlich sein kann. Ob dies zu einer Gebotenheit von Ausgleichsregelungen führt, soll aber nicht abschließend beantwortet werden, weil dieser Frage in Ansehung der vorhandenen Regelungsregime eine rein theoretische Natur zuzuschreiben ist. Es besteht auch kein Bedürfnis daran, an der Existenz der Vorschriften zu rütteln, da diese sich im Lichte der effektiven Gefahrenabwehr als äußerst nützlich erweisen und sich gleichzeitig die damit einhergehende Ausweitung der Eingriffsbefugnisse nicht drastisch auswirkt, weil durch den finanziellen Ausgleich eine weitgehende Amortisation erreicht wird. Folglich lässt sich der Funktion des Ausgleichsanspruchs im Kontext der Nichtstörerinanspruchnahme eine höhere Bedeutung zuschreiben als ihrem Erfordernis im Hinblick auf die Legitimation. Hierdurch inspiriert, zielt die nachfolgende Untersuchung im Wesentlichen auf eine Aufarbeitung ab, wie Entschädigungsleistungen inhaltlich ausgestaltet sein müssen, um im Sinne eines angemessenen Ausgleichs zwischen dem Schutz des Nichtstörers, einer effektiven Gefahrenabwehr, fiskalischen Erwägungen sowie dem parlamentarischen Budgetrecht hinreichend auf die verfassungsrechtlichen Gleichheits- und Verhältnismäßigkeitsanforderungen zu reagieren und damit einhergehend auf die Reichweite einfachgesetzlicher Befugnisse einzuwirken. Dabei wird immer wieder Bezug auf die existenten Entschädigungssysteme genommen, um zu prüfen, ob diese auch tatsächlich eine entsprechende Ausgestaltung erfahren haben.

---

[349] Vgl. hierzu bereits die Nachweise unter § 4 Fn. 339.

[350] Vgl. erneut *Hoffmann-Riem*, JZ 1978, 335.

[351] Staatliche Schutzpflichten wurden zwar nicht unmittelbar zur abstrakten Legitimation des Notstandsinstituts herangezogen (s. hierzu bereits § 4 I. 2. b)). Weil bei ihrer Betroffenheit das Fehlen einer weitreichenderen Befugnis aber problematisch scheint, gestaltet sich ihre Nennung an dieser Stelle passender.

bb) Das „Wie“: Möglichkeiten und Inhalt der Ausgleichsgewährung

Wenn die Existenz der Ausgleichsregelungen dazu führt, dass die Frage nach ihrer verfassungsrechtlichen Notwendigkeit eine theoretische ist, muss dies – trotz einer dem Gesetzgeber hinsichtlich der Konzeptwahl zukommenden Gestaltungsfreiheit[352] – genauso für alternative Regelungsmöglichkeiten gelten. Ob dem Staat die Vorteile, die mit der Schaffung eines Entschädigungsanspruchs einhergehen, bereits auf anderem Wege zugeschrieben werden können, bedarf daher keiner ausschweifenden Untersuchung. Als wichtiger müssen demgegenüber diejenigen Aspekte eingeordnet werden, die mit dem konkreten Inhalt des Ausgleichssystems, etwa der Reichweite der Entschädigungsleistung, in Verbindung stehen.

(1) Alternative Ausgleichskonzepte

Auf Basis von drei alternativen Regelungskonzepten lässt sich erwägen, ob der Nichtstörer auch ohne die Existenz einer speziellen Entschädigungsregelung im Polizei- bzw. Ordnungsrecht bereits einen angemessenen Ausgleich erhalten würde und sich die normierten Ansprüche insoweit als verzichtbar erweisen. Im Einzelnen kommt in Betracht, dass die Ausgleichsfunktion bereits durch die Ansprüche aus enteignendem und aufopferndem Eingriff, durch zivilrechtliche Ansprüche im interpersonalen Verhältnis sowie durch Ansprüche aus der gesetzlichen Unfallversicherung geleistet werden.

Die Existenz der staatshaftungsrechtlichen Institute des enteignenden sowie des aufopfernden Eingriffs, die sich beide auf rechtmäßige Eingriffe beziehen,[353] wird zwar allgemein anerkannt, umstritten ist allerdings, ob diese auf eine gewohnheitsrechtliche Fortgeltung der §§ 74, 75 EALR zu stützen oder aus dem Verfassungsrecht, etwa Art. 3 Abs. 1 GG, abzuleiten sind.[354] Zwar wird im Rahmen ausgleichspflichtiger Inhalts- und Schrankenbestimmungen eine gesetzliche Grundlage für die Entschädigung gefordert, doch wird der Grund hierfür im „Budgetrecht des Parlaments“ gesehen, das im Hinblick auf weitreichende finanzielle Folgen bei allgemein geltenden Inhalts- und Schrankenbestimmungen tan-

[352] *Grzeszick*, Rechte und Ansprüche, 2002, S. 446. In der Corona-Pandemie ließen sich Eingriffe auch durch haushaltsrechtliche Entschädigungen abmildern, vgl. *Papier*, DRiZ 2020, 180 (183).

[353] Rechtswidrige Eingriffe sind an dieser Stelle irrelevant, weil es gerade um die Frage geht, wie staatliches Handeln durch Ausgleichsansprüche legitimiert werden kann. Auf die Ansprüche aus enteignungsgleichem und aufopferndem Eingriff kommt es an dieser Stelle also nicht an. Zum Verhältnis der einzelnen Ansprüche bei rechtswidrigen Maßnahmen *Rachor/Buchberger*, in: Lisken/Denninger/Bäcker et al. (Begr./Hrsg.), Handbuch des Polizeirechts, 7. Aufl. 2021, Kap. L Rn. 20 sowie *Unterreitmeier*, in: Möstl/Schwabenbauer (Hrsg.), BeckOK Polizei- und Sicherheitsrecht Bayern, 2023, BayPAG, Art. 87 Rn. 14 ff.

[354] Zur richter- bzw. gewohnheitsrechtlichen Ableitung *Ferschl*, Der öffentlich-rechtliche Aufopferungsanspruch, 1991, S. 33 ff.; mit Bezug auf die Ableitung des BGH *Lege*, Jura 2011, 826 (833); zur Ableitung aus Art. 3 Abs. 1 GG etwa *W. Schmidt*, NJW 1999, 2847 f.

giert sein kann,[355] wobei einzelne Entschädigungsleistungen für Nichtstörer demgegenüber meist weniger stark ins Gewicht fallen dürften. Andererseits weisen selbst die Gesetzgeber darauf hin, dass den ungeschriebenen Haftungsinstituten eine „lückenschließende Funktion" zukommt,[356] was auch durch die Problemstellungen bedingt wird, die aus dem Mangel der Vergesetzlichung resultieren.[357] Wenn ihre primäre Funktion demnach in der Lückenschließung eines einzelnen, nicht aber in der dauerhaften und bewussten Ersetzung eines ganzen Entschädigungssystems liegt,[358] verkörpern sie insoweit keinesfalls einen adäquaten Ersatz für ein spezialgesetzliches Haftungsinstitut.

Dasselbe gilt für einen Verweis auf zivilrechtliche Ansprüche gegen den Verantwortlichen der Gefahr oder gegen einen individuellen Begünstigten der Maßnahme. Gegen den Letztgenannten, nicht aber gegen den Störer[359] oder den Staat[360], könnten vor allem Ansprüche aus dem Institut der Geschäftsführung ohne Auftrag aus den §§ 677 ff. BGB herhalten. Abgesehen von grundsätzlichen Problemen bei der Anwendung der Anspruchsvoraussetzungen[361] wird es aller-

---

[355] BGHZ 102, 350 (362); BGHZ 233, 107 (132 Rn. 59); *Brenner*, DÖV 2020, 660 (661). Kritisch zum Argument des parlamentarischen Budgetrechts *Grefrath*, NJW 2022, 215 (216); *U. Schröder*, JöR n.F. 69 (2021), 657 (666 f.) sowie in anderem Kontext *Detterbeck*, NVwZ 2019, 97 (103).

[356] Etwa BT-Drs. 14/2530, S. 87; *Ossenbühl/Cornils*, Staatshaftungsrecht, 6. Aufl. 2013, S. 149; *Rachor/Buchberger*, in: Lisken/Denninger/Bäcker et al. (Begr./Hrsg.), Handbuch des Polizeirechts, 7. Aufl. 2021, Kap. L Rn. 1.

[357] Zu den entstehenden Problemen *W. Schmidt*, NJW 1999, 2847 (2848 ff.).

[358] So kann das Entschädigungssystem der Polizeigesetze, die keinen Ausgleich für den unbeteiligten Dritten vorsehen, durch eine Anwendung der ungeschriebenen Ansprüche ergänzt werden (vgl. etwa BGH, NJW 2011, 3157 [3158 Rn. 13]). Der teilweise angenommene Ausschluss des Anspruchs eines Dritten in solchen Fällen (so aber OLG Hamm, NJW 1988, 1096) scheint aus legitimationsrechtlicher Sicht fragwürdig.

[359] In diesem Kontext ist bereits zweifelhaft, ob es sich um ein Geschäft gegenüber dem Störer handeln kann. Zumindest ein Fremdgeschäftsführungswille wird aufgrund der meist fehlenden Kenntnis vom Verantwortlichen aber regelmäßig ausscheiden, vgl. auch *Hornmann*, Hessisches Gesetz über die öffentliche Sicherheit und Ordnung (HSOG), 2. Aufl. 2008, § 64 Rn. 7, wonach der Geschäftsführer weder das Bewusstsein noch die Absicht habe, ein Geschäft im Interesse eines anderen vorzunehmen. Diese Aussage ist aber wohl auf einen Störer und nicht auf einen hilfebegünstigten Dritten bezogen zu verstehen.

[360] Die hoheitliche Aufforderung schließt die Geschäftsführung ohne Auftrag im Verhältnis zwischen Nichtstörer und Staat aus. Ohne eine solche kann dies aber anders liegen, vgl. OLG Frankfurt a.M., Beschl. v. 25.7.2018 – 13 W 35/18, juris, Rn. 12 f., wonach der Schutz einer Person vor Obdachlosigkeit eine Pflicht der Behörde ist und die in diesem Fall (ohne hoheitliche Anweisung der Behörde) aufnehmende Wohnungseigentümerin eine öffentlich-rechtliche Geschäftsführung gegenüber der Behörde vornimmt.

[361] Im Verhältnis zu anderen bürgerlich-rechtlichen Personen wird zwar überwiegend angenommen, dass eine Geschäftsführung ohne Auftrag durch das Bestehen einer öffentlich-rechtlichen Verpflichtung nicht ausgeschlossen wird (hierzu *Ehmer/Knaier*, ZfPW 2022, 81 [97]; *Mansel*, in: Jauernig [Begr.], BGB, 18. Aufl. 2021, § 677 Rn. 7; *B. Schmidt*, JuS 2004, 862 [863]). Kaum vorhanden sind dagegen Diskussionen, ob es sich überhaupt um eine Geschäftsbesorgung der ausführenden Person handelt. Die Geschäftsbesorgung verlangt keine Höchst-

dings nicht nur häufig an einem (erreichbaren) Begünstigten für den Regress mangeln, sondern zusätzlich bekäme der Nichtstörer das Insolvenzrisiko dieser Person aufgebürdet. Wenn damit aber die nicht unrealistische Wahrscheinlichkeit angenommen werden muss, dass der Nichtstörer entstandene Schäden nicht ersetzt bekommt, lassen sich staatliche Eingriffe auf diese Weise nicht angemessen abmildern,[362] zumal sich ein zivilrechtliches Vorgehen auch jenseits des Insolvenzrisikos nicht selten als aufwendiger und belastender gestaltet.[363] Damit der Staat in den Genuss der ermächtigungserweiternden Wirkung von Ausgleichsregelungen kommt, muss er also garantieren, dass der Nichtstörer auf einfache, schnelle und vor allem sichere Weise zu seiner Entschädigung gelangt.[364]

Eine solche Garantie könnte über eine gesetzliche Versicherung zwar durchaus erwogen werden. Der Nichtstörer ist auch tatsächlich in bestimmten Gefahrensituationen nach § 2 Abs. 1 Nr. 13 lit. a) SGB VII gesetzlich versichert, wobei sich die Versicherung nach Maßgabe des § 13 S. 1 SGB VII zwar grundsätzlich auch auf Sachschäden und Aufwendungen erstrecken kann,[365] die Vorschrift im

---

persönlichkeit, sodass sich auch der Hilfe dritter Personen bedient werden kann (vgl. BGHZ 67, 368 [371]; *Thole*, in: Artz/Ball/Benecke et al. [Hrsg.], BeckOGK BGB, 2023, § 677 Rn. 89). Weil daneben anerkannt ist, dass auch ein Verwaltungsträger Geschäftsführer sein kann (vgl. nur *Bamberger*, JuS 1998, 706; *Habermehl*, Jura 1987, 199 [200]), scheint es prinzipiell nicht ausgeschlossen, dass es sich um eine Geschäftsführung des Staates handelt und der Nichtstörer als „verlängerter Arm“ keine eigene Geschäftsbesorgung tätigt. Bei der diesbezüglich erforderlichen Auslegung der zivilrechtlichen Regelungen lassen sich allerdings folgende verfassungsrechtliche Wertungen berücksichtigen. Wäre der Anspruch aus den §§ 677 ff. BGB ausgeschlossen, könnte dies in Ansehung des unter Umständen reduzierten Haftungsinhalts der Behörde (s. hierzu noch § 4 II. 2. d) bb) (2)) dazu führen, dass der Nichtstörer schlechter gestellt wird als derjenige, der ohne hoheitliche Verpflichtung eine Hilfeleistung tätigt. Um dies zu verhindern und zugleich eine Privilegierung des Verantwortlichen (bei dem der Regress von der Behörde dementsprechend niedriger ausfallen könnte) zu verhindern, spricht die Wertung des Art. 3 Abs. 1 GG dafür, die Handlung des Nichtstörers im zivilrechtlichen Sinne als eine eigene Geschäftsbesorgung einzuordnen und schließlich auch den Fremdgeschäftsführungswillen anzunehmen.

362 Vergleichbar im Kontext eines zivilrechtlichen Ausgleichs zwischen Störern *Bockwoldt*, Rechtmäßigkeit und Kostentragungspflicht polizeilichen Handelns, 2003, S. 217.

363 Vgl. *Leube*, NZV 2011, 277. Während der Staat einer gerichtlichen Feststellung grundsätzlich folgen wird (vgl. zur sog. Ehrenmanntheorie bereits den Nachweis unter § 4 Fn. 24), werden im privatrechtlichen Verhältnis nicht selten Vollstreckungsmaßnahmen erforderlich.

364 Die Möglichkeit des Nichtstörers, gegen den Verantwortlichen oder den Hilfeleistungsbegünstigten vorzugehen, muss davon aber unberührt bleiben. Sinnvoll kann dies sein, wenn der zivilrechtliche Anspruch vom Umfang her über den staatlichen Entschädigungsanspruch hinausgeht. Dabei ist zwischen der haftenden Körperschaft und dem zivilrechtlichen Anspruchsgegner eine unechte Gesamtschuldnerschaft anzunehmen (vgl. zum Verhältnis zwischen Staat und Störer *Hornmann*, Hessisches Gesetz über die öffentliche Sicherheit und Ordnung [HSOG], 2. Aufl. 2008, § 64 Rn. 7), sodass dem Nichtstörer ein Wahlrecht zukommt und der Körperschaft bzw. dem Hilfeleistungsbegünstigten der Regress beim Verantwortlichen obliegt.

365 Die prinzipielle Erfassung von Sachschäden übersieht *Pewestorf*, in: ders./Söllner/Tölle, Polizei- und Ordnungsrecht, 3. Aufl. 2022, § 59 ASOG Rn. 17.

Hinblick auf Sachschäden aber selbst ihre Subsidiarität gegenüber anderen öffentlich-rechtlichen Ersatzansprüchen und somit auch gegenüber der Entschädigung nach den Polizei- und Ordnungsgesetzen anordnet. Wenn der nach § 323c Abs. 1 StGB Verpflichtete erfasst wird[366] und dem Versicherungsfall auch eine rechtliche Pflicht zum Helfen nicht entgegensteht,[367] ist kein durchschlagender Grund ersichtlich, warum sich der Versicherungsschutz im Übrigen nicht auch auf den verpflichteten Nichtstörer erstrecken kann.[368]

Im Grunde genommen spricht wenig dagegen, dass der Gesetzgeber einen Ausgleich über die gesetzliche Versicherung erbringt, deren Träger seinerseits nach § 116 SGB X Regress nehmen kann, und auf diese Weise eine eingriffsmildernde bzw. spiegelbildlich eine ermächtigungserweiternde Wirkung angenommen wird. In der Praxis handelt es sich aber nicht um eine echte Alternative, weil die gesetzliche Unfallversicherung ihrer Natur nach auf Personenschäden ausgerichtet ist, § 13 SGB VII somit eine Ausnahmevorschrift verkörpert[369] und die in der Vorschrift enthaltene Subsidiaritätsanordnung als logische Konsequenz zu bewerten ist. Eine vollständige Abwälzung auf diesem Wege schiene im Hinblick auf das gesetzliche Grundkonzept fragwürdig, wenngleich ein solches im Kontext der Hilfeleistungspflicht nach § 323c Abs. 1 StGB augenscheinlich verfolgt wird.[370] In Ansehung der vergleichbaren Zweckrichtung[371] von § 323c Abs. 1 StGB und der gefahrenabwehrrechtlichen Notstandsregelungen wäre ein einheitliches Vorgehen für beide Institute allerdings begrüßenswert. In Berlin ist man dem bereits nachgekommen, indem in § 59 Abs. 1 ASOG Bln Ausgleichsan-

---

[366] *Holtstraeter*, in: Knickrehm/Kreikebohm/Waltermann (Hrsg.), Kommentar zum Sozialrecht, 7. Aufl. 2021, SGB VII, § 2 Rn. 37; *Leube*, NZV 2011, 277.

[367] *Lilienfeld*, in: Körner/Krasney/Mutschler et al. (Hrsg.), Kasseler Kommentar Sozialversicherungsrecht, SGB VII, § 2 (2017) Rn. 63.

[368] Es könnte allenfalls der Umstand angeführt werden, dass der Nichtstörer im Gegensatz zu dem nach § 323c Abs. 1 StGB Hilfsverpflichteten einen spezialgesetzlichen Entschädigungsanspruch erhält. Insgesamt sollte aber ein größerer Gleichlauf zwischen diesen beiden Personen geschaffen werden. Begrüßenswert ist daher die Regelung in § 59 Abs. 1 Nr. 3 ASOG Bln, die den strafrechtlich Verpflichteten entschädigungsrechtlich dem Nichtstörer gleichstellt. Diesbezüglich wird allerdings angemerkt, dass der Versicherungsschutz vorgehe, vgl. *Pewestorf*, in: ders./Söllner/Tölle, Polizei- und Ordnungsrecht, 3. Aufl. 2022, § 59 ASOG Rn. 17.

[369] *Christmann*, Der Sachschaden in der gesetzlichen Unfallversicherung, 2005, S. 1; *Schmitt*, SGB VII, 4. Aufl. 2009, § 13 Rn. 1.

[370] Weil der nach § 323c Abs. 1 StGB Hilfsverpflichtete nach der Gesetzeslage außerhalb Berlins nicht von der Entschädigungsregelung für den Nichtstörer erfasst wird und auch im Übrigen keinen spezialgesetzlichen öffentlich-rechtlichen Anspruch gewährt bekommt, ist der gesetzliche Versicherungsschutz in diesem Kontext wichtig, denn er sorgt dafür, dass der vom Anwendungsbereich des § 323c Abs. 1 StGB erfassten Person jedenfalls im Hinblick auf die Gefährdung ihres Eigentums mehr zugemutet werden kann. Ferner ist hinsichtlich der aktuellen Ausgestaltung anzumerken, dass ein Nichtstörer auch in Situationen Einbußen erleiden kann, die sich nicht unter die genannte Vorschrift subsumieren lassen.

[371] S. zum Verhältnis der beiden Rechtsinstitute noch § 5 I. 2.

sprüche sowohl für den Nichtstörer (Nr. 1) als auch für den nach § 323c Abs. 1 StGB Hilfsverpflichteten (Nr. 3) vorgesehen wurden.

(2) Wechselwirkung zwischen Befugnis und Ausgleich als Maßstab

Bei den existierenden Entschädigungssystemen der Polizei- und Ordnungsgesetze steht nicht der Legitimationsgedanke im Vordergrund, sondern die Wechselwirkung zwischen ihrer Ausgestaltung und der Reichweite einer Ermächtigungsgrundlage, weil dem Nichtstörer jedenfalls im Hinblick auf gewisse Rechtsgutsbeeinträchtigungen mehr zugemutet werden kann, wenn er hierfür einen Ausgleich erhält.

Freilich bedeutet eine gewisse Dependenz zwischen Entschädigung und Verhältnismäßigkeit nicht, dass jeder Eingriff umso eher gerechtfertigt ist, je höher die Entschädigung ausfällt. Insbesondere bei Eingriffen in Grundrechte des Nichtstörers, bei denen finanziell nicht aufzuwägende Beeinträchtigungen eintreten, lässt sich einem noch so feinjustierten Entschädigungssystem nichts abgewinnen. Die Ausgleichsregelung kann in diesem Fall schlichtweg keinen Ausgleich erbringen und damit nichts zur Verhältnismäßigkeit der Maßnahme beitragen. Daher ist ein Eingriff in die Versammlungsfreiheit aus Art. 8 Abs. 1 GG abstrakt betrachtet viel schwerer zu rechtfertigen als ein Eingriff in die Eigentumsgarantie aus Art. 14 Abs. 1 GG, bei dem einem Nichtstörer aufgrund des vorgesehenen Ausgleichs die Hinnahme eines schwerwiegenden Nachteils grundsätzlich viel eher zugemutet werden kann.[372]

Unweigerlich stellt sich die Frage, wie der Inhalt einer Entschädigung auszugestalten ist, damit er für einen hinreichenden Ausgleich sorgen kann. Wenn bereits die Entschädigung für die Enteignung nach Art. 14 Abs. 3 S. 3 GG unter gerechter Abwägung der Interessen der Allgemeinheit und der Beteiligten zu bestimmen ist und unter Umständen unter der Höhe des Verkehrswerts liegen kann,[373] lässt sich aus dieser verfassungsrechtlichen Wertung ableiten, dass zumindest bei Eigentumseingriffen für einen angemessenen Ausgleich im Sinne der polizei- und ordnungsrechtlichen Vorschriften kein Schadensersatz bürgerlichrechtlicher Art geleistet werden muss, was insbesondere im Hinblick auf Posten wie einen entgangenen Gewinn Geltung beansprucht.[374]

---

[372] Vgl. hierzu auch die Nachweise unter § 4 Fn. 233 f.

[373] BGHZ 57, 359 (368 f.); *Papier/Shirvani*, in: Dürig/Herzog/Scholz et al. (Begr./Hrsg.), GG, Art. 14 (2018) Rn. 702.

[374] Im Kontext der Enteignung wird zur Begründung der Abstufung angeführt, dass die Enteignungsentschädigung an rechtmäßige Eingriffe anknüpft, während Schadensersatz auf einen Unrechtstatbestand bezogen ist, vgl. *Papier/Shirvani*, in: Dürig/Herzog/Scholz et al. (Begr./Hrsg.), GG, Art. 14 (2018) Rn. 701; in diese Richtung auch *Frenz*, JA 2018, 360. Auf das einfachgesetzliche Entschädigungssystem des Polizei- und Ordnungsrecht lässt sich dies aber nur bedingt übertragen, weil der geleistete Ausgleich teilweise erst die Verhältnismäßigkeit und damit die Rechtmäßigkeit der Maßnahme herstellt.

Obwohl der theoretisch mögliche Inhalt hinter einem Schadensersatzanspruch zurückbleibt,[375] bedeutet Entschädigung andererseits auch nicht, dass hierdurch die vollständige Kostendeckung für einen entstandenen Schaden ausgeschlossen wäre. Vielmehr können bei der Bemessung der Schadenshöhe des meist angeordneten „angemessenen" Ausgleichs zahlreiche Aspekte einfließen, die mit der Entstehung des Schadens zusammenhängen.[376] Dabei kann es im Sinne einer gerechten Lastenverteilung kaum als „angemessen" beurteilt werden, wenn sich der Nichtstörer nicht nur mit der Aufgabe der Gefahrenabwehr belegen lassen muss, sondern von vornherein feststeht, dass er auf einem Teil möglicher Schäden sitzen bleibt.[377] Eine solche „Doppelbestrafung" des Nichtstörers läge auch nicht im Interesse der Allgemeinheit, weil sie zu einem höheren Risiko führen würde, dass der Nichtstörer mit diesem Wissen eine geringere Bereitschaft zur Aufopferung seiner Güter aufweist.

Zahlreiche Vorschriften sehen ferner einen Ausgleich für entgangenen Gewinn vor, wenn dieser zur Abwendung unbilliger Härten erforderlich ist.[378] Für immaterielle Schäden machen einige Gesetze den Ausgleich dagegen von der Art des konkreten Schadens abhängig,[379] wobei der klare Wortlaut grundsätzlich so verstanden werden muss, dass der Rückgriff auf einen allgemeinen Aufopferungsanspruch bei Beeinträchtigungen anderer Art gesperrt ist. Soweit mittlerweile aber die Gründe für die vormalige Beschränkung entfallen sind, lässt sich eine nachträglich entstandene Regelungslücke begründen und der allgemeine Aufopferungsanspruch lückenschließend heranziehen.[380] Es muss auch als interessengerechter eingeordnet werden, wenn andere Arten immaterieller Schäden zumindest potenziell ausgleichfähig sind und der Staat Regress beim Störer nehmen sowie das Risiko eines Ausfalls tragen muss. Denn anderenfalls müsste der Umstand des fehlenden Ausgleichs dann, wenn nicht erfasste Beeinträchtigungen drohen, ein stärkeres Gewicht auf der Heranziehungsebene erlangen, was schließlich in der Unzulässigkeit einer Maßnahme gipfeln könnte.

Prinzipiell anders ist die Lage zu bewerten, wenn der Nichtstörer nicht individuell adressiert wird, sondern sich die Maßnahme gegen die Allgemeinheit richtet. In diesem Kontext wurde auf Tatbestandsebene – beim Mangel spezieller Vorgaben – eine grundsätzliche Geltung der Notstandsregelungen präferiert.[381] Wenn die finanzielle Belastung in solchen Fällen häufig keine Ungleichbehand-

---

[375] *Schaefer*, NJW 2019, 3029 (3030).

[376] Konkrete Beispiele lassen sich finden bei *Schoch*, Polizei- und Ordnungsrecht, in: ders. (Hrsg.), Besonderes Verwaltungsrecht, 2018, 1. Kap. Rn. 1019.

[377] So auch *Rachor/Buchberger*, in: Lisken/Denninger/Bäcker et al. (Begr./Hrsg.), Handbuch des Polizeirechts, 7. Aufl. 2021, Kap. L Rn. 59f.

[378] Vgl. etwa § 60 Abs. 1 S. 2 ASOG Bln; § 48 Abs. 1 S. 2 SächsPVDG.

[379] Vgl. etwa Art. 87 Abs. 7 S. 2 BayPAG, wonach lediglich für Freiheitsentziehungen Entschädigung für Nichtvermögensschäden gewährt wird.

[380] *Unterreitmeier*, in: Möstl/Schwabenbauer (Hrsg.), BeckOK Polizei- und Sicherheitsrecht Bayern, 2023, BayPAG, Art. 87 Rn. 66; a.A. *Spitzlei/Hautkappe*, DÖV 2018, 134 (144).

[381] S. zur Behandlung von Maßnahmen gegen die Allgemeinheit bereits § 2 II. 2. c).

lung im Sinne des Art. 3 Abs. 1 GG beinhaltet, lassen sich aus wertungsrechtlicher Sicht entsprechende Fälle aus dem Anwendungsbereich des Entschädigungssystems herausfiltern, ohne dass es zu anderen Maßgaben auf Tatbestandsebene kommt. Allenfalls die Verhältnismäßigkeit des Eingriffs in das entsprechende Freiheitsgrundrecht kann durch eine finanzielle Leistung dann noch beeinflusst werden. Eine andere Frage ist indes, ob sich entsprechende Konstellationen auf einfachgesetzlicher Basis überhaupt in zulässiger Weise herausfiltern lassen oder sie von den existenten Ausgleichsregimen zwingend erfasst werden.[382]

Wenn die Entschädigungsregelungen im Einzelfall unverhältnismäßige und gleichheitswidrige Eingriffe verhindern sollen, muss hierfür insgesamt also kein vollumfänglicher Schadensersatz gewährt werden, zumal hiervon wiederum die Allgemeinheit profitiert.[383] Dafür spricht auch, dass angesichts der Wertung aus Art. 3 Abs. 1 GG bürgerlich-rechtliche Ansprüche gegen den Störer oder einen Dritten nicht ausgeschlossen werden dürfen, sodass der Nichtstörer durchaus auch bei diesen vollumfassend Regress nehmen kann. Auf der anderen Seite lässt sich kein durschlagender und interessengerechter Grund anführen, dass der Nichtstörer grundsätzlich einen Teil der entstehenden Kosten tragen muss, weil er nicht nur mit der Inanspruchnahme, die für sich genommen entschädigungslos hinzunehmen ist, sondern darüber hinaus mit dem Nachteil der hieraus resultierenden Schäden belegt werden würde,[384] was auch in Ansehung der Gefahr einer hierunter leidenden Hilfeleistungsqualität als interessenwidrig einzustufen wäre. Werden die Ansprüche aber inhaltlich zu stark beschränkt oder der Ersatz für bestimmte Beeinträchtigungen ausgeschlossen, kann und muss sich dies unter Umständen bei der Bewertung der Verhältnismäßigkeit einer Maßnahme auf der Ebene der Heranziehung niederschlagen. Da dies aber dem Zweck und dem Gebot effektiver Gefahrenabwehr zuwiderlaufen würde, müssen entsprechend drohende Konsequenzen bei der Auslegung der Entschädigungsregelungen und der Bewertung des Verhältnisses zu anderen Haftungsinstituten im Hinterkopf behalten werden. Die Entschädigungsregelungen sind daher tendenziell so auszulegen, dass sie nicht zu einer übermäßigen inhaltlichen Begrenzung des Ausgleichs führen. Demgegenüber ist ein finanzieller Ausgleich bei Schäden, die aus Maßnahmen gegen die Allgemeinheit resultieren, weitaus weniger geboten als eine Schadenskompensation bei der individuellen Heranziehung des Nichtstörers. Ob er gleichwohl geleistet werden muss, bedarf einer Auslegung der jeweiligen Norm, bei der die genannten Hintergründe Berücksichtigung erfahren müssen.

---

[382] S. zu dieser Problematik sogleich § 4 II. 2. d) cc).

[383] *Pewestorf*, in: ders./Söllner/Tölle, Polizei- und Ordnungsrecht, 3. Aufl. 2022, § 59 Rn. 3.

[384] Die Aussage von *Masing*, DÖV 1999, 573 (574), nach der vom Notstandsverpflichteten „auch über die Duldung hinaus ein kleines Stück Solidarität“ abverlangt werden könne, lässt sich so verstehen, dass sich dieses „Stück Solidarität“ primär auf den Ausschluss des Ersatzes von entgangenem Gewinn bezieht.

cc) Im Einzelfall: (K)ein Ausgleichsanspruch der Allgemeinheit

Wenn eine Gefahrenabwehrmaßnahme gegen die Allgemeinheit, sofern keine spezielle Adressatenbestimmung existiert, nur unter Anwendung der Notstandsregelung zugelassen wird, liegt es grundsätzlich nahe, spiegelbildlich den Entschädigungsanspruch aus den Polizei- bzw. allgemeinen Ordnungsgesetzen im Schadensfall für einschlägig zu halten. Trotz der Wechselwirkung zwischen Notstands- und Entschädigungsregelung divergieren die jeweils verfolgten Zwecke aber leicht, wie im Kontext des Verhältnisses zwischen der Allgemeinheit und dem Nichtstörer bereits ausgeführt wurde.[385] Die Notstandsregelungen bezwecken einen grundlegenden Schutz vor der Heranziehung, während die Entschädigungsvorschriften auch Maßnahmen ermöglichen sollen, die ohne Ausgleich als unverhältnismäßig oder gleichheitswidrig einzuordnen wären. Prinzipiell ist es also möglich, der Allgemeinheit einerseits den Schutz der Notstandsregelung auf Ebene der Inanspruchnahme zu gewähren, andererseits aber keinen Schadensausgleich vorzunehmen, soweit die Maßnahme auf Heranziehungsebene zulässig bleibt, oder mit anderen Worten: zwar ein Schaden eingetreten ist, dieser aber weder zu einer unverhältnismäßigen noch zu einer gleichheitswidrigen Belastung führt.

Insbesondere wegen der abgeschwächten bzw. eingeebneten Bedeutung von Art. 3 Abs. 1 GG ist es prinzipiell möglich, dass gegen die Allgemeinheit gerichtete Maßnahmen entschädigungslos hinzunehmen sein können, wie die obigen Ausführungen gezeigt haben. Es verbleibt aber das Problem, ob die Ausgestaltung auf einfachgesetzlicher Ebene eine Unterscheidung zulässt. Hierfür soll das angesprochene Urteil des Bundesgerichtshofs zuerst skizziert und die maßgebliche Passage zum ordnungsrechtlichen Entschädigungsanspruch sodann kritisch gewürdigt werden.

(1) Die Entscheidung des Bundesgerichtshofs zur Entschädigungspflicht bei flächendeckenden Betriebsschließungen in der Corona-Pandemie

Der Bundesgerichtshof hatte über die Frage zu entscheiden, ob der Staat für Einnahmeausfälle einstehen muss, die ein Gastronom und Hotelier durch die per Verordnung angeordnete flächendeckende Schließung dieser Betriebe zur Bekämpfung der COVID-19-Krankheit erlitt. Die Rechtmäßigkeit der erlassenen Verordnung wurde angenommen und soll an dieser Stelle ebenso wie die generelle Verfassungsmäßigkeit der Verordnungsermächtigung nicht weiter thematisiert werden.[386] Entsprechend kamen nur Ansprüche in Betracht, die nicht an die Rechtswidrigkeit des staatlichen Handelns anknüpfen.

---

[385] S. zum Verhältnis des Nichtstörers zur Allgemeinheit bereits § 2 II. 2. c).

[386] Mit Zweifeln an einer hinreichenden Rechtsgrundlage für Betriebsschließungen im IfSG der damaligen Fassung *Leuering/Rubner*, NJW-Spezial 2022, 431. Zur nicht unumstrittenen Anwendung der Notstandsregelungen auf Gefahrenabwehrverordnungen *Lindner*, in: Möstl/Schwabenbauer (Hrsg.), BeckOK Polizei- und Sicherheitsrecht Bayern, 2023, BayLStVG, Art. 9 Rn. 23 ff. Vgl. hierzu auch noch § 4 Fn. 407.

Zunächst stellte der Bundesgerichtshof fest, dass dem Kläger kein Anspruch aus den spezialgesetzlichen Entschädigungsregelungen des Infektionsschutzgesetzes zustehe. § 56 Abs. 1 IfSG sei eine Billigkeitsregelung für die infektionsschutzrechtlichen Störer,[387] während § 65 Abs. 1 IfSG nicht eingreife, weil dieser für Maßnahmen zur *Verhütung* übertragbarer Krankheiten (§§ 16, 17 IfSG) gelte,[388] nicht aber für Maßnahmen zu ihrer *Bekämpfung* (z.B. § 28 IfSG) wie im vorliegenden Fall.[389] Auch eine verfassungskonforme Auslegung scheide aus,[390] da sich der Wille zum Ausschluss von Entschädigungen für Bekämpfungsmaßnahmen aus der Entstehungsgeschichte ergebe. Der Gesetzgeber habe mit den §§ 56, 65 IfSG ein planmäßig vollständiges Entschädigungsregime geschaffen, das bewusst nur bestimmte Konstellationen erfassen solle, sodass auch eine analoge Anwendung der Vorschriften ausscheide.[391]

Sodann äußerte sich das Gericht zum ordnungsrechtlichen Ausgleichsanspruch des Nichtstörers. Aufgrund der Vollständigkeit der Regelungen im Infektionsschutzgesetz sei der Rückgriff auf das Entschädigungssystem des allgemeinen Ordnungsgesetzes gesperrt. Gegen einen Anspruch spreche auch, dass anderenfalls das vom Infektionsschutzgesetz verfolgte Konzept mit der Beschränkung der Entschädigung auf Verhütungsmaßnahmen unterlaufen werde. Unabhängig davon sei zweifelhaft, ob die Entschädigungsregel für den Nichtstörer überhaupt einschlägig sei, weil es sich um eine flächendeckende Schutzmaßnahme und keine gezielte Inanspruchnahme des Klägers gehandelt habe.[392]

Schließlich seien auch die richterrechtlich entwickelten Staatshaftungsinstitute, im konkreten Fall insbesondere der Anspruch aus enteignendem Eingriff, nicht einschlägig, weil die abschließenden gesetzlichen Regelungen nicht durch richterrechtliche Ansprüche unterlaufen werden dürften. Das Haftungsinstitut sei außerdem nicht zur Bewältigung von „Globalphänomenen" entwickelt worden. Es stünde im Widerspruch zum Grundsatz der Gesetzmäßigkeit der Entschädigung, wenn Gerichte über solche Institute „massenhafte und großvolumige Entschädigungen zusprechen würden".[393]

(2) Würdigung der Ausführungen zum ordnungsrechtlichen Entschädigungsanspruch

Den Ausführungen des Bundesgerichtshofs lassen sich nicht nur im Hinblick auf die Anwendung der spezialgesetzlichen infektionsschutzrechtlichen Entschädigungsansprüche Stimmen aus der Literatur entgegenhalten, sondern auch hin-

---

[387] BGHZ 233, 107 (113 f. Rn. 18).
[388] BGHZ 233, 107 (116 Rn. 24).
[389] BGHZ 233, 107 (116 f. Rn. 25).
[390] BGHZ 233, 107 (118 ff. Rn. 29 ff.).
[391] BGHZ 233, 107 (121 ff. Rn. 38 ff.).
[392] BGHZ 233, 107 (129 f. Rn. 52 ff.).
[393] BGHZ 233, 107 (130 ff. Rn. 55 ff.).

sichtlich der Ablehnung einer analogen Anwendung dieser Regelungen[394] sowie der Annahme einer Sperrwirkung sowohl für Ansprüche aus dem allgemeinen Ordnungsrecht[395] als auch für die ungeregelten Haftungsinstitute[396]. Ferner überzeugt es aus systematischer Sicht nicht, eine analoge Anwendung der Ansprüche aus dem Infektionsschutzgesetz vor den Entschädigungsregelungen der allgemeinen Ordnungsgesetze zu prüfen.[397] Denn letztere ergänzen die besonderen Gefahrenabwehrgesetze bei deren Unvollständigkeit. Würde das Infektionsschutzgesetz durch die Entschädigungsregelungen der allgemeinen Ordnungsgesetze aufgefüllt werden, könnte dies dazu führen, dass der hiermit gewährleistete Anspruch einer planwidrigen Regelungslücke, die für die analoge Anwendung spezieller Entschädigungsregelungen erforderlich ist, entgegensteht. Demnach hätte zunächst festgestellt werden müssen, dass der Rückgriff auf den Entschädigungsanspruch des allgemeinen Ordnungsgesetzes gesperrt ist, bevor eine analoge Anwendung der Ansprüche aus dem Infektionsschutzgesetz zu erwägen war. Auf das Ergebnis hat dies aber zugegebenermaßen keinen Einfluss genommen.

Soweit den grundsätzlich nachvollziehbaren Ausführungen zur Sperrwirkung der infektionsschutzrechtlichen Vorschriften zugestimmt wird, kann zwar dem Ergebnis, nicht aber den hilfsweisen Anmerkungen zum ordnungsrechtlichen Anspruch des Nichtstörers beigepflichtet werden. Zutreffend ist allerdings zunächst, dass eine Ergänzung des besonderen Gefahrenabwehrrechts durch die allgemeine Entschädigungsregelung nicht kategorisch, sondern nur bei entsprechenden Anhaltspunkten ausgeschlossen wird.[398] Dies ergibt sich nicht nur aus der „AT-Ausgestaltung" des allgemeinen Ordnungsgesetzes und entspricht damit der gefahrenabwehrrechtlichen Gesetzesdogmatik.[399] Ferner müsste der Kreis möglicher Maßnahmen zur Vermeidung unverhältnismäßiger und gleichheitswidriger Maßnahmen anderenfalls enger gefasst werden, wofür sich im Lichte der effektiven Gefahrenabwehr keine durchschlagenden Argumente anführen lassen.

---

[394] Für eine analoge Anwendung von § 56 IfSG *Rommelfanger*, COVuR 2020, 178 (180).

[395] Gegen eine Sperrwirkung *Eibenstein*, NVwZ 2020, 930 (932 f.); *Giesberts/Gayger/Weyand*, NVwZ 2020, 417 (420 f.); *Rommelfanger*, COVuR 2020, 178 (181); *v. Weschpfennig*, DV 53 (2020), 469 (491 f.); *Winterhoff/S. Eisele*, JöR n.F. 69 (2021), 637 (655 f.); für eine Sperrwirkung aber etwa auch *Schwintowski*, NJOZ 2020, 1473 (1476 f.).

[396] Ausdrücklich Ansprüche aus „dem allgemeinen Aufopferungsgedanken sowie aus enteignendem und enteignungsgleichem Eingriff" für möglich haltend *Rinze/Schwab*, NJW 2020, 1905 (1906).

[397] So aber auch *Shirvani*, DVBl. 2021, 158 (160 f.).

[398] Vgl. BGHZ 233, 107 (128 Rn. 49 [„soweit"]); zustimmend *Holger Schmitz/Neubert*, NVwZ 2020, 666 (669); überblicksweise zum Streitstand *Dünchheim/Gräler*, VerwArch 112 (2021), 38 (47); aus der Rechtsprechung zum Glücksspielrecht ferner OVG Bremen, Urt. v. 13.2.2013 – 1 U 6/08, juris, Rn. 102 ff.

[399] S. zur Ergänzung von Bundesgesetzen durch die Ordnungsgesetze der Länder im Bereich einer konkurrierenden Gesetzgebungskompetenz bereits § 3 I. 2. c) cc).

Weil die hier in Rede stehenden Entschädigungsansprüche ausdrücklich an die Inanspruchnahme des Nichtstörers anknüpfen, muss denknotwendig auch eine Anwendung der Notstandsregelung auf Heranziehungsebene erfolgt sein. Die Auffassung des Bundesgerichtshofs, dass es bei der flächendeckenden Anordnung an der „Zielgerichtetheit“ der Maßnahme im Sinne der Notstandsregelung gefehlt hat, wird zwar bei weitem nicht von allen,[400] aber von zahlreichen Stimmen geteilt.[401] Überzeugen kann dies allerdings nicht: Enthält eine gefahrenabwehrrechtliche Befugnis keine abschließende Bestimmung des Adressaten, muss grundsätzlich eine ergänzende Anwendung des allgemeinen Adressatensystems erfolgen, wie bereits im Kontext des Verhältnisses zwischen der Allgemeinheit und dem Nichtstörer dargelegt wurde.[402] Als maßgeblich für die Ergänzung im konkreten Fall gestaltet sich also die Frage, ob die Generalklausel des § 28 Abs. 1 IfSG (in diesem Fall in Verbindung mit der Verordnungsermächtigung des § 32 IfSG) in der damaligen Fassung auch Maßnahmen gegen die Allgemeinheit zugelassen und durch eine abschließende Regelung der Voraussetzungen eine ergänzende Anwendung des allgemeinen Adressatensystems ausgeschlossen hat.[403]

Mittlerweile wird weit überwiegend und zutreffend angenommen, dass die Feststellung der in § 28 Abs. 1 S. 1 IfSG genannten Personen lediglich die Gefahrenlage beschreibt,[404] aber keine Aussage über die Adressaten trifft. Insbesondere aufgrund der generalklauselartigen Ausgestaltung der Vorschrift ist aus verfassungsrechtlicher Sicht aber eine Begrenzung des Adressatenkreises grundsätzlich geboten.[405] Weil das Infektionsschutzgesetz mit Art. 74 Abs. 1 Nr. 19 GG auf

---

[400] Auch von gerichtlicher Seite wurden „Nichtstörer“ als Adressat vergleichbarer Maßnahmen benannt, ohne dass jedoch zwingend die Voraussetzungen einer Notstandsregelung ergänzend herangezogen wurden, vgl. OVG Münster, Beschl. v. 15.4.2020 – 13 B 440/20 NE, juris, Rn. 82; OVG Lüneburg, Beschl. v. 14.5.2020 – 13 MN 162/20, juris, Rn. 28; aus der Literatur Maßnahmen gegen Nichtstörer annehmend *Dünchheim/Gräler*, VerwArch 112 (2021), 38 (50); *Grefrath*, NJW 2022, 215 (218); *Itzel*, MDR 2021, 649 (653); *Rixen*, NJW 2020, 1097 (1101).

[401] So etwa LG Heilbronn, NVwZ 2020, 975 (976 Rn. 21); LG Stuttgart, COVuR 2021, 551 (554 Rn. 35 ff.); *Cornils*, DV 54 (2021), 477 (482); *Kümper*, in: Kießling (Hrsg.), IfSG, 3. Aufl. 2022, § 65 Rn. 14; *Reschke*, DÖV 2020, 423 (426); *Shirvani*, NVwZ 2020, 1457 (1459) und *ders.*, DVBl. 2021, 158 (162); ähnlich zur Ausgangssperre *U. Schröder*, JöR n.F. 69 (2021), 657 (671); unklar dagegen *Brenner*, DÖV 2020, 660 (664 f.), der Hotel- und Ladeninhaber als Nichtverantwortliche einordnet, dann aber wohl eine gezielte Inanspruchnahme ablehnt.

[402] S. zum Verhältnis des Nichtstörers zur Allgemeinheit bereits § 2 II. 2. c).

[403] § 28 Abs. 1 S. 1 IfSG lautete zum Zeitpunkt der Maßnahme im März 2020: „Werden Kranke, Krankheitsverdächtige, Ansteckungsverdächtige oder Ausscheider festgestellt oder ergibt sich, dass ein Verstorbener krank, krankheitsverdächtig oder Ausscheider war, so trifft die zuständige Behörde die notwendigen Schutzmaßnahmen, insbesondere die in §§ 29 bis 31 genannten, soweit und solange es zur Verhinderung der Verbreitung übertragbarer Krankheiten erforderlich ist“.

[404] *Kießling*, in: dies. (Hrsg.), IfSG, 3. Aufl. 2022, § 28 Rn. 7, m.w.N.

[405] S. zu der aus verfassungsrechtlicher Sicht grundsätzlich gebotenen Begrenzung bereits § 2 II. 1. a) und § 4 II. 1. a).

einer konkurrierenden Gesetzgebungskompetenz beruht,[406] werden unvollständige Befugnisse durch die landesrechtlichen Ordnungsgesetze ergänzt.[407] Als Folge davon sind flächendeckende Maßnahmen gegen die Allgemeinheit zwar zulässig, unterliegen allerdings den Voraussetzungen der allgemeinen Notstandsregelungen.[408]

Dabei scheidet der Erlass einer Maßnahme gegen die Allgemeinheit auch nicht dadurch aus, dass in Form von Kranken und Ansteckungsverdächtigen (infektionsschutzrechtliche) Störer vorhanden sind, von denen die Gefahr ausgeht und die grundsätzlich vorrangig in Anspruch zu nehmen wären. Denn allein durch Maßnahmen gegen diese Personen lassen sich Ziele wie die hinreichende Eindämmung einer epidemischen oder pandemischen Lage oftmals nicht hinlänglich erreichen, sodass sie zumindest als nicht erfolgversprechend bewertet und die Subsidiaritätsanforderungen mithin erfüllt werden können. Sofern auch die übrigen Voraussetzungen vorliegen, lassen sich aus legitimationsrechtlicher Sicht keine Gründe gegen eine entsprechende Maßnahme anführen.[409] Daneben steht es dem Gesetzgeber frei, durch die Schaffung spezieller Tatbestände und Adressatenregelungen Maßnahmen zu ermöglichen, mit denen Ergänzungen durch die allgemeinen Notstandsregelungen ausgeschlossen werden.

---

[406] Eingehend zu den Zuständigkeiten im Infektionsschutz *Walus*, DÖV 2010, 127 (128 ff.).

[407] S. zur Ergänzung bereits § 3 I. 2. c) cc) sowie *Giesberts/Gayger/Weyand*, NVwZ 2020, 417 (418); *Klafki*, Risiko und Recht, 2017, S. 307; *Struß/Fabi*, DÖV 2020, 665 (667). Zum Bundesseuchengesetz als Vorgänger des IfSG auch *Seewald*, NJW 1987, 2265 (2273). Etwas anderes ließe sich im konkreten Fall allerdings dadurch annehmen, dass die Rechtsform der Verordnung und nicht etwa der Allgemeinverfügung gewählt wurde. Im Rahmen von Verordnungen scheint aus legitimationsrechtlicher Sicht aber eine Beachtung der Wertungen des allgemeinen Adressatensystems angezeigt (vgl. auch *Lindner*, in: Möstl/Schwabenbauer [Hrsg.], BeckOK Polizei- und Sicherheitsrecht Bayern, 2023, BayLStVG, Art. 9 Rn. 23). Sieht man dies anders, muss konsequenterweise ein Anspruch aus der Entschädigungsregelung für den Nichtstörer ausscheiden. Dann wäre aber auch der Rückgriff auf die allgemeinen Ansprüche aus enteignendem und aufopferndem Eingriff nicht per se gesperrt, in deren Rahmen es letztlich auch auf die Frage des Sonderopfers hinausläuft, sodass die nachfolgenden Überlegungen durchaus übertragbar sind.

[408] So auch *Grefrath*, NJW 2022, 215 (218); *Kingreen*, Jura 2020, 1019 (1025); a.A. *Siegel*, NVwZ 2020, 577 (578) sowie *Engels*, DÖV 2014, 464 (470), der einen Rückgriff im Infektionsschutzrecht als „wenig plausibel", gar zweckgefährdend einordnet. Allerdings müsste man dann wohl den Gesetzgeber kritisieren, weil er über die Mittel verfügt, eine Ergänzung durch das allgemeine Adressatensystems auszuschließen.

[409] Es wird zwar kritisiert, dass hierdurch die im Gefahrenabwehrrecht notwendige konkret-individuelle Verbindung zwischen Gefahrenlage und Adressat verwischt werden würde, vgl. *Kießling*, in: dies. (Hrsg.), IfSG, 3. Aufl. 2022, § 28 Rn. 10. Allerdings fehlt es bei der Nichtstörerinanspruchnahme gerade an der konkret-individuellen Verbindung, die insb. auch nicht in Form einer Gegenmittelinhaberschaft zu fordern ist. Solange die schützenden Voraussetzungen der Notstandsregelung erfüllt sind, steht Maßnahmen, die die Allgemeinheit betreffen, legitimationsrechtlich wenig entgegen. S. zur fehlenden Verbindung zwischen Nichtstörer und Gefahr bereits § 2 II. 1. b) und § 2 II. 2. c).

Möglicherweise fußt die Annahme des Fehlens einer *gezielten* Inanspruchnahme auf der Sorge, bei einer Anwendung der allgemeinen Notstandsregelungen zwingend auch eine staatliche Entschädigungspflicht annehmen zu müssen. Nachvollziehbar wird darauf hingewiesen, dass eine „unkalkulierbare, die öffentlichen Haushalte potenziell überfordernde Geldleistungsverteilung grundrechtlich nicht geboten sein kann“[410].

Die unterschiedlichen Schutzzwecke von Notstands- und Entschädigungsregelungen führen mitsamt ihren verfassungsrechtlichen Hintergründen aber dazu, dass der Allgemeinheit einerseits der Schutz der Notstandsregelungen zugeschrieben werden kann, sich andererseits in gewissen Grenzen aber auf Entschädigungen im Schadensfall verzichten ließe. Der Wortlaut der Ausgleichsregelungen stellt entscheidend darauf ab, ob jemand, gegen den eine Maßnahme über die Notstandsregelung getroffen wurde, einen Schaden erleidet. Regelmäßig wird nicht nur im Zusammenhang mit dieser Vorschrift, sondern auch im Kontext anderer staatshaftungsrechtlicher Institute, von einem erbrachten Sonderopfer gesprochen, das entschädigt werden muss.[411] Das Sonderopfer ist insbesondere durch die Rechtsprechung des Bundesgerichtshofs konkretisiert worden und zeichnet sich dadurch aus, dass „Einwirkungen [...] im Verhältnis zu anderen nicht betroffenen Personen eine besondere ‚Schwere‘ aufweisen oder im Verhältnis zu anderen nicht betroffenen Personen einen Gleichheitsverstoß bewirken.“[412] Hieraus ergibt sich auch der Grund, warum das Sonderopfer beim Anspruch aus enteignungsgleichem Eingriff „indiziert“ wird, denn dieser knüpft an die Rechtswidrigkeit einer Maßnahme an, die grundsätzlich nicht hingenommen werden muss.[413] Zur Erbringung eines Sonderopfers genügt also nicht jede Ungleichbehandlung, sondern vielmehr liegt der Fokus auf solchen Belastungen, mit denen der Adressat ohne Ausgleich nur in unverhältnismäßiger bzw. gleichheitswidriger, mithin rechtswidriger Weise belegt werden könnte. Damit sind unter dem Begriff des Sonderopfers exakt die Wertungen vereint, mit denen begründet wurde, warum Schäden bei Maßnahmen gegen die Allgemeinheit häufig auch ohne Ausgleich als rechtmäßig eingestuft werden können.

Sofern sich dieser Sonderopfergedanke in die Entschädigungsregelungen implementieren lässt, könnten interessengerechte Ergebnisse dergestalt gefunden werden, dass eine Entschädigung nicht für jede Beeinträchtigung geleistet werden muss, sondern vielmehr nur dann, wenn die Notstandsmaßnahme ohne die Entschädigung rechtswidrig wäre. Dies wird beim individuell adressierten Nichtstörer grundsätzlich der Fall sein, bei flächendeckenden Maßnahmen gegen die Allgemeinheit aber regelmäßig nicht.

[410] BGHZ 233, 107 (133 f. Rn. 61); *Cornils*, DV 54 (2021), 477 (508 f.).

[411] Vgl. etwa *Grefrath*, NJW 2022, 215 (217 f.); *W.-R. Schenke*, NJW 1991, 1777 ff.

[412] BGHZ 197, 43 (47 Rn. 8); ähnlich BGHZ 213, 200 (211 Rn. 25); vgl. auch *Ossenbühl/Cornils*, Staatshaftungsrecht, 6. Aufl. 2013, S. 344.

[413] BGHZ 197, 43 (47 Rn. 8); BGHZ 213, 200 (211 Rn. 25); *Ossenbühl/Cornils*, Staatshaftungsrecht, 6. Aufl. 2013, S. 344.

Normativ lässt sich dabei erwägen, den Sonderopfergedanken an den Begriff des Schadens anzuknüpfen. Der „Schaden" ist weder verfassungs- noch verwaltungsrechtlich legaldefiniert und daher ebenso wie im Zivilrecht[414] und im Strafrecht[415] eine auslegungsfähige sowie -bedürftige Bezeichnung. Anders als auf der Ebene der Heranziehung bestehen keine Bedenken gegen eine ausgedehntere Begriffsauslegung, weil die Entschädigungsregelungen nicht den Anwendungsbereich sowie die Grenzen der Befugnis aufzeigen und die Maßnahme auch ohne finanziellen Ausgleich zulässig ist, denn anderenfalls würde dieser gewährt werden. Obwohl es mitunter schwerfällt, bei finanziellen Einbußen nicht von einem Schaden zu sprechen, ließe sich der Schadensbegriff im Sinne der Entschädigungsregelungen – zumindest für eine Übergangszeit – über eine zweckgerichtete Auslegung durchaus auf solche Einbußen reduzieren, durch die ein Sonderopfer insoweit erbracht worden ist, als die Maßnahme ohne den Ausgleich als rechtswidrig einzustufen wäre.

Aufgrund der in Ansehung des Wortlauts zugegebenermaßen grenzwertigen Auslegung kann aber auch eine an ihr orientierte normative Umgestaltung erwogen werden. Jedenfalls lässt sich auf diese Weise eine umfassende Interessengerechtigkeit herstellen. Der individuell herangezogene Nichtstörer ist weiterhin tatbestandlich geschützt und wird für erlittene Beeinträchtigungen regelmäßig entschädigt. Schäden bei Maßnahmen gegen die Allgemeinheit werden in der Regel zwar nicht entschädigt, die unbeteiligten Personen profitieren aber insoweit, als nicht versucht werden muss, ihnen den tatbestandlichen Schutz auf Heranziehungsebene zu nehmen. Schließlich werden weder das Budgetrecht des Parlaments noch das Budget der haftenden Körperschaft unangemessen beansprucht, sondern gerade nur dann, wenn dies die Rechtmäßigkeit einer Maßnahme erfordert.

Im Hinblick auf die Entscheidung des Bundesgerichtshofs lässt sich also feststellen, dass zumindest die Möglichkeit bestanden hätte, eine Sperrwirkung durch die infektionsschutzrechtlichen Entschädigungsregelungen abzulehnen und bei der Anwendung der einschlägigen Notstandsvorschrift sowie des dazugehörigen Ausgleichsanspruchs die erlittenen Beeinträchtigungen als vom tatbestandlichen Schaden nicht erfasst einzuordnen. Hierfür wäre zu begründen gewesen, dass die Schließungsanordnungen auch ohne Entschädigung die Schwelle zur Unverhältnismäßigkeit oder Gleichheitswidrigkeit nicht überschritten haben und insoweit kein Sonderopfer erbracht wurde, was von der Literatur – im Hinblick auf einen Anspruch aus enteignendem Eingriff – unein-

---

[414] Dies kommt im Zivilrecht etwa zum Ausdruck, wenn zwischen Personen-, Sach- sowie Vermögensschäden oder unmittelbaren und mittelbaren Schäden differenziert wird, vgl. nur *Schlechtriem*, ZEuP 1997, 232 ff.

[415] Im Strafrecht sei etwa an den individuellen Schadenseinschlag oder an die Lehre der Zweckverfehlung im Rahmen des Betrugs gedacht, wenn es um die Frage eines Schadens geht, vgl. überblicksweise *J. Eisele/Bechtel*, JuS 2018, 97 (101 f.).

heitlich bewertet wird.[416] Dies wiederum ist für die vorliegende Arbeit ohne Belang.

dd) Konsequenzen für die Bewertung des Ausgleichssystems

Zahlreiche Ausführungen zu den Notstandsregelungen und den Entschädigungsansprüchen des Nichtstörers leiden darunter, dass die Hintergründe der Vorschriften nicht hinreichend gewürdigt werden. Dabei sind gerade ihre jeweiligen Zwecke und Funktionen von kaum zu unterschätzender Bedeutung, um für eine interessengerechte Auslegung und Anwendung im Einzelfall zu sorgen.

Im Übrigen kommt den Gesetzgebern bei der Gestaltung ihres Entschädigungssystems ein Spielraum zu, der sich allerdings konsequent verengen muss, wenn sie im Sinne der effektiven Gefahrenabwehr möglichst umfangreiche Maßnahmen legitimieren wollen. Hierfür müssen sie ein Entschädigungssystem bereithalten, mit dem ein erbrachtes Sonderopfer hinreichend ausgeglichen und auf diese Weise im Lichte des Grundsatzes gerechter Lastenverteilung die Rechtmäßigkeit der Maßnahme gesichert werden kann. Die meisten Regelungen von Bund und Ländern ermöglichen dies zumindest bei einer entsprechenden Auslegung, sodass dem erstrebenswerten Ausgleich zwischen effektiver Gefahrenabwehr, den Belangen des Nichtstörers und fiskalischen Interessen weitgehend Rechnung getragen werden kann.

ee) Verfassungsrechtliches Vergesetzlichungsgebot

In der dritten Phase herrscht eine vollkommen andere Ausgangslage als in den beiden vorherigen Phasen. Durch die Gewährleistung einer Entschädigung lässt sich zwar die Reichweite einer Befugnis beeinflussen. Sie ist aber keine prinzipielle Voraussetzung, um Maßnahmen gegen Nichtstörer zu ermöglichen und wirkt sich insoweit nicht unmittelbar auf die Klarheit und Bestimmtheit der Notstandsregelung aus. Weil sich aus reinen Verhältnismäßigkeitserwägungen aber kein finanzieller Anspruch begründen lässt und auch die ungeschriebenen Haftungsinstitute im Hinblick auf eine systematische Ausgleichsgewährleistung schnell an ihre Grenzen stoßen, müssen die Gesetzgeber gleichwohl ein ausdrückliches Regime schaffen, wenn sie in den Genuss der interessengerechten Effekte eines Entschädigungssystems kommen wollen.

[416] Auch *Reschke*, DÖV 2020, 423 (428 f.) lehnt – im Rahmen eines möglichen Anspruchs aus enteignendem Eingriff – ein Sonderopfer ab, weil eine ganze Branche betroffen sei und es somit an einem Verstoß gegen den Gleichheitssatz mangele; ebenso *Brenner*, DÖV 2020, 660 (664); ausführlich auch *Cornils*, DV 54 (2021), 477 (495 ff.); ein Sonderopfer bei Maßnahmen gegen den betroffenen „Jedermann“ im Regelfall als nicht gegeben ansehend *Will*, VerwArch 106 (2015), 55 (65). Ein Sonderopfer dagegen zumindest tendenziell bejahend *Antweiler*, NVwZ 2020, 584 (589); *Eibenstein*, NVwZ 2020, 930 (935); *Papier*, APuZ 35–37 (2020), 4 (7).

e) Erfordernis einer nachgeschalteten Verhältnismäßigkeitsprüfung

Je enger die expliziten Voraussetzungen einer Notstandsregelung gefasst sind, desto eher indiziert ihr Vorliegen zugleich die Verhältnismäßigkeit der Maßnahme im Gesamten. Gleichwohl ist keine der Vorschriften in der Lage, selbst bei restriktivster Ausgestaltung jegliche Ausnahme auszuschließen. Die Regelungen sind zwar als Ausprägung des Verhältnismäßigkeitsgrundsatzes zu begreifen[417] und geben den Gefahrenabwehrbehörden Leitlinien für eine vereinfachte und rechtssichere Einschätzung der Maßnahme an die Hand, können eine nachfolgende und abschließende Verhältnismäßigkeitsprüfung aber nicht in Gänze ersetzen. Es ist daher ein Trugschluss, die Inanspruchnahme des Nichtstörers ausschließlich unter den Vorbehalt der geschriebenen Anforderungen zu stellen.[418] Zu Recht wird in Nr. 4.1 der Vollzugsbekanntmachung zum Polizeiaufgabengesetz Bayerns im Kontext des einfachgesetzlich wiedergegebenen Verhältnismäßigkeitsgrundsatzes darauf hingewiesen, dass dieser „bei jeder Maßnahme heranzuziehen [ist], auch dann, wenn eine Befugnisnorm unter Anführung verschiedener Kriterien zu einer Eingriffsmaßnahme ermächtigt".

Die Bedeutung der Verhältnismäßigkeitsprüfung im Einzelnen wurde bereits im Kontext der jeweiligen Phasen behandelt.[419] Bei der Heranziehung liegt ihre größte Bedeutung darin, in Form des in ihr enthaltenen Zumutbarkeitsprinzips die normativ gezogenen Aufopferungsgrenzen zu ergänzen. Äußern sich die Notstandsregelungen gar nicht zur Zumutbarkeit, wird hierdurch zugleich ein umfassender Einzug der verfassungsrechtlichen Wertungen ermöglicht. Eine Korrektur einfachgesetzlicher Verschärfungen zugunsten des Nichtstörers lässt sich indes nicht vornehmen.

Auf der Ebene der Heranziehung lassen sich die geschriebenen Voraussetzungen als Grobfilter verstehen, während die nachgeschaltete Verhältnismäßigkeitsprüfung als Feinfilter fungiert und für den gebotenen Schutz des Nichtstörers in überwiegend atypischen Fallgestaltungen sorgt. In der zweiten Phase liegt die wichtigste Funktion der Verhältnismäßigkeitsprüfung darin, die Notwendigkeit einer zeitlichen Begrenzung der Aufrechterhaltung herbeizuführen, weil das mit der Dauer ansteigende Eingriffsgewicht dazu führt, dass die Belastungen des Nichtstörers ab einem bestimmten Punkt die Schwelle zur Unzumutbarkeit bzw. Unangemessenheit überschreiten, ohne dass dabei die tatbestandlich normierten Aufopferungsgrenzen erreicht werden. Die dritte Phase verkörpert insoweit eine Besonderheit, als sich der Verhältnismäßigkeitsgrundsatz in erster Linie nicht auf

---

[417] S. zur verfassungsrechtlichen Charakteristik der Notstandsregelungen bereits § 3 II. 1.

[418] Ungenau insoweit das BVerfG, das in seiner Entscheidung zum BKAG davon spricht, dass eine Inanspruchnahme des Nichtstörers unter den Maßgaben der Notstandsregelung nicht unverhältnismäßig sei, vgl. BVerfGE 141, 220 (289 Rn. 159). Dies wird zwar in aller Regel zutreffen, die Aussage insinuiert aber, dass die Erfüllung der Voraussetzungen der Notstandsregelung stets zur Verhältnismäßigkeit der Maßnahme führen würde.

[419] S. hierzu die Ausführungen bei § 4 II. 2.

sie auswirkt, sondern vielmehr umgekehrt mit einer Entschädigung auf die Bewertung der Zumutbarkeit bzw. Angemessenheit in der ersten und zweiten Phase Einfluss genommen werden kann und sich insoweit eine gewisse Wechselwirkung zwischen Verhältnismäßigkeit und Entschädigung zeigt.

Wenngleich das Erfordernis der nachgeschalteten Verhältnismäßigkeitsprüfung weitgehend bekannt ist, lassen sich vereinzelt andersdeutbare Ausführungen vorfinden.[420] Weil die geschriebenen Voraussetzungen im Hinblick auf den gebotenen umfassenden Schutz des Nichtstörers noch einer Abrundung und Absicherung bedürfen, muss einem solchen Verständnis entgegengewirkt werden. Dabei droht ein Dilemma, weil sich über kleinteilige Regelungen einerseits im Hinblick auf die Klarheit und Bestimmtheit der Norm ein grundlegendes Verständnis erzeugen und eine gewisse Handhabung absichern lässt. Je kriterienreicher aber eine Ausgestaltung erfolgt, umso eher kann hiermit der Eindruck erweckt werden, dass auf eine über sie hinausgehende Prüfung verzichtet werden kann. Auch mit einer bewussten Nichtregelung lässt sich daher unter Umständen positiv auf die Rechtsanwendung einwirken. Da sich der Verhältnismäßigkeitsgrundsatz allerdings als das präsenteste und mitunter wichtigste Begrenzungsinstitut im Eingriffsrecht erweist, darf seine Beachtung auch dann erwartet werden, wenn Ermächtigungen mitsamt den dazugehörigen Adressatenregelungen detailgetreue Voraussetzungen enthalten. Aus dem gleichen Grund lässt sich auch kein expliziter Hinweis auf die Notwendigkeit einer ergänzenden Verhältnismäßigkeitsprüfung einfordern.

III. Zusammenfassung

Die Hilfeleistungspflicht des Nichtstörers zur Gefahrenabwehr rechtfertigt sich aus der Aufgabe des Staates zur Sicherheitsgewährleistung einerseits und durch den sozialen Gehalt der Tätigkeit zugleich aus dem Sozialstaatsprinzip. Die somit jedenfalls abstrakt betrachtet legitimierbaren Notstandsregelungen werden als streng zu handhabendes und eng auszulegendes Ausnahmerecht interpretiert, denen ein Ultima-ratio-Gedanken zugrunde liegen soll. Verfassungsrechtlich betrachtet ist eine solche Sichtweise zu eng. Vielmehr ist den Gesetzgebern ein größerer Spielraum bei der Ausgestaltung ihres Notstandsinstituts zuzugestehen als häufig angenommen wird. Sie können etwa auf die Hürde einer erheblichen Gefahr verzichten, Ausnahmen vom Subsidiaritätsgrundsatz zulassen oder ein „Zumutbarkeitssystem" etablieren, das die erhebliche Eigengefährdung nicht als unüberschreitbare und absolute Grenze kennt. Während die Regelungen einerseits zu eng begriffen werden, erfolgt die Anwendung auf der anderen Seite zu weit, wenn Konstellationen des *unechten* Notstands unter die Subsidiaritätsanforderungen subsumiert werden.

---

[420] S. hierzu bereits die Nachweise unter § 3 Fn. 73 und § 4 Fn. 418 sowie die unter § 4 Fn. 246 genannten Anhaltspunkte für ein Fehlverständnis des sächsischen Gesetzgebers.

Im Übrigen hat der Vergleich zwischen Verfassungsrecht und einfachgesetzlichem Recht ergeben, dass sich wegen des soeben angesprochenen Spielraums bei der Gefahr, bei den Subsidiaritätsanforderungen und bei der Ausgestaltung der Zumutbarkeitsgrenzen sämtliche Notstandsregelungen in den Polizei- und allgemeinen Ordnungsgesetzen von Bund und Ländern als verfassungskonform einordnen lassen. Verfassungsrechtlich zu fordern ist zwar eine ausdrückliche Bezugnahme auf die Subsidiarität der Nichtstörerinanspruchnahme sowie auf erhöhte zeitliche Anforderungen an den Schadenseintritt. Dem sind die Gesetzgeber aber ausnahmslos nachgekommen. Dass Ausnahmen vom Subsidiaritätsgrundsatz nicht ausdrücklich zugelassen wurden, steht der Verfassungskonformität der entsprechenden Vorschriften nicht entgegen. Vielmehr ist es die Rechtsanwendung im Einzelfall, die in entsprechenden Konstellationen nicht von der einfachgesetzlichen Norm gedeckt ist.

Obwohl verfassungsrechtliche Bedenken insgesamt nicht durchschlagen, hat die Untersuchung gezeigt, dass nicht einer einzigen Notstandsregelung eine optimale Ausgestaltung attestiert werden kann. Vor diesem Hintergrund sollten zumindest partielle Reformüberlegungen angestrengt werden.[421]

[421] S. hierzu auch die normbezogenen Vorschläge bei § 5 II. 2.

§ 5 Einzelfallbeurteilung und Gesamtbetrachtung

Im Verlauf der Arbeit wurde das Notstandsinstitut auf seine Terminologie, auf seine dogmatische Wirkungsweise im Adressatensystem des Gefahrenabwehrrechts, auf seine verfassungsrechtlichen Grundlagen und auf seine einfachgesetzliche Ausgestaltung untersucht. Die gewonnenen Erkenntnisse haben die Grundlage gelegt für eine abschließende Bewertung. Einerseits ermöglichen sie im Speziellen die Einnahme eines neuen Blickwinkels auf zwei umstrittene Einzelfallkonstellationen. Andererseits können im Generellen neben einer rückblickenden Zusammenfassung konkrete Vorschläge für die künftige Einordnung und Ausgestaltung des Notstandsinstituts gefasst werden.

I. Im Speziellen: Auswirkungen im Einzelfall

Besonders zwei Themenkreise haben sich im Verlauf der Arbeit für eine Einzelfallbetrachtung aufgedrängt. Dies gilt nicht nur für Konstellationen des *unechten* Notstands im Versammlungsrecht, sondern in besonderer Weise für das Verhältnis zwischen dem gefahrenabwehrrechtlichen Notstandsinstitut und der Hilfeleistungspflicht nach § 323c Abs. 1 StGB, die in den vergangenen Kapiteln bereits mehrfach für Vergleichszwecke herangezogen wurde. Dabei steht die Problematik im Fokus, ob Nichtstörer nicht häufig als Verhaltensstörer einzuordnen sind, wenn ein Verstoß gegen die genannte Vorschrift droht oder bereits eingetreten ist. Die Ausführungen verfolgen also das Ziel, den Anwendungsbereich der Notstandsregelungen unter Bezugnahme auf bisher gewonnene Erkenntnisse weiter abzustecken.

1. Unechter *Notstand im Versammlungsrecht*

Die Existenz des *unechten* Notstands wurde bereits ebenso dargelegt wie die abstrakte Legitimationsfähigkeit der von ihm umfassten Konstellationen.[1] Weil er in versammlungsrechtlichen Entscheidungen als besonders präsent,[2] im Hin-

[1] S. zur Existenz und Legitimation des *unechten* Notstands § 4 II. 2. b) bb) (1) bis (4).

[2] Exemplarisch VGH München, Urt. v. 13.1.2004 – 24 BV 03.1301, juris, Rn. 30 f.; VG Braunschweig, Urt. v. 29.6.2004 – 5 A 528/03, juris, Rn. 54 ff.; VG Oldenburg, Beschl. v. 2.4.2007 – 2 B 1144/07, juris, Rn. 40 ff.; VG Stuttgart, Beschl. v. 22.5.2020 – 5 K 2478/20, juris, Rn. 14 ff.

blick auf die Bedeutung von Art. 8 Abs. 1 GG als besonders prekär und bezüglich der dogmatischen Anwendungsweise der Notstandsvoraussetzungen als besonders undurchsichtig eingeordnet werden muss, ist der *unechte* Notstand im Versammlungsrecht einer nochmaligen Betrachtung zu unterziehen.

a) Ausgangslage

Mit dem angezeigten Verständnis lassen sich Konstellationen des *unechten* Notstands nach Maßgabe der allgemeinen Regelungen *de lege lata* nur in Baden-Württemberg berücksichtigen.[3] Auf den ersten Blick lässt sich annehmen, dass dieses Ergebnis entsprechend ins Versammlungsrecht transferiert werden kann. Allerdings hat die Untersuchung auch gezeigt, dass die überwiegende Anzahl der einfachgesetzlichen Vorschriften zugunsten des Nichtstörers von dem abweicht, was verfassungsrechtlich möglich wäre. Ob im Versammlungsrecht Maßnahmen im *unechten* Notstand zuzulassen sind, muss dementsprechend maßgeblich davon abhängen, ob die in den allgemeinen Notstandsregelungen niedergeschriebenen Voraussetzungen zur Anwendung kommen oder eine legitime Möglichkeit vorhanden ist, über die auf die verfassungsrechtlichen Wertungen zurückgegriffen werden kann. Damit handelt es sich an dieser Stelle primär um eine dogmatische Untersuchung, an die sich gleichwohl noch einige grundlegende und durch verfassungsrechtliche Wertungen beeinflusste Hinweise zur Einzelfallanwendung anschließen sollen.

b) Anwendung der allgemeinen Notstandsregelungen im Versammlungsrecht

Das Bundesverfassungsgericht hat mehrfach darauf hingewiesen, dass eine friedliche Versammlung nur als Nichtstörerin herangezogen werden darf[4] bzw. ihre Inanspruchnahme „nur unter den besonderen Voraussetzungen des polizeilichen Notstandes“ zulässig ist und sich Maßnahmen vorrangig „gegen die störende Gegendemonstration richten“ müssen.[5] Da entsprechende Anforderungen in den meisten landesrechtlichen Versammlungsgesetzen und auch im Bundesversammlungsgesetz nicht explizit geregelt sind, verwundert es nicht, wenn aus dieser Formulierung auf die Anwendung der ausdrücklich normierten Adressatenregelungen der allgemeinen Ordnungsgesetze geschlossen wird.[6] Das Bundesver-

---

[3] Dementsprechend beziehen sich die folgenden Ausführungen in erster Linie auf die übrigen Bundesländer. Auf die besondere Rechtslage in Baden-Württemberg wird nicht durchgängig hingewiesen. Etwas anderes gilt dann, wenn man den *unechten* Notstand auch von § 9 Abs. 1 BWPolG als nicht erfasst ansieht (s. hierzu auch § 4 Fn. 165).

[4] So etwa BVerfGK 11, 361 (364 f.); vgl. auch *Laubinger/Repkewitz*, VerwArch 93 (2002), 149 (179 ff.).

[5] Vgl. BVerfGE 69, 315 (360 f.); BVerfG, NVwZ 2000, 1406 (1407); BVerfGK 17, 303 (310).

[6] In diese Richtung etwa *Klaus Weber*, Sächsisches Versammlungsrecht, 2010, S. 183. Jedenfalls unzutreffend *Merk/Wächtler*, in: Wächtler/Heinhold/Merk, BayVersG, 2011, Art. 15 Rn. 37, wonach das BayPAG ergänzend zur Anwendung komme. Richtigerweise ist aber lediglich eine Ergänzung durch das BayLStVG in Erwägung zu ziehen, weil dieses das all-

fassungsgericht rekurriert allerdings nicht ausdrücklich auf positivierte Normen und der Verweis auf die „Voraussetzungen“ muss nicht zwingend so verstanden werden, dass die Behörden unmittelbar auf eine Notstandsregelung zurückgreifen müssten, da sich dessen Voraussetzungen auch im Rahmen der Anwendung allgemeiner Verhältnismäßigkeitserwägungen implementieren ließen.[7] Dies darf allerdings nicht als Vorwurf missverstanden werden: Aufgrund seiner Rolle als „Hüter der Verfassung“[8] und des für ihn geltenden, auf die Verletzung spezifischen Verfassungsrechts modifizierten Prüfungsmaßstabs,[9] misst das Bundesverfassungsgericht die Inanspruchnahme einer friedlichen Versammlung in erster Linie am Grundrecht der Versammlungsfreiheit aus Art. 8 Abs. 1 GG und nicht an einer konkreten Notstandsregelung des einfachen Rechts, was vielmehr den Fachgerichten des Instanzenzugs obliegt. Ob diese zur Anwendung kommen, lässt sich aus den Ausführungen des Bundesverfassungsgerichts daher nicht unmittelbar ableiten.

Den allgemeinen Notstandsregelungen wurde insoweit eine Ergänzungsfunktion zugeschrieben, als sie auch die Befugnisse der besonderen Gefahrenabwehrgesetze auffüllen können. Sie sind dagegen insoweit subsidiär, als sie nicht zur Anwendung kommen, wenn sich der speziellen Befugnis oder dem speziellen Gesetz eine abschließende Adressatenregelung entnehmen lässt. Vor diesem Hintergrund lässt sich aus zwei Gründen ein Ausschluss des allgemeinen Notstandsinstituts diskutieren. Erstens wird unter dem Stichwort „Polizeirechtsfestigkeit des Versammlungsrechts“[10] in bestimmten Hinsichten ein generelles Rückgriffsverbot angenommen, was mitunter auch für das allgemeine Adressatensystem

---

gemeine bayerische Ordnungsgesetz verkörpert. S. zur Einordnung der Ordnungsgesetze als „AT-Gesetze“ bereits § 3 I. 2. b).

[7] Auf diese Möglichkeit hinweisend auch *Barczak*, in: Ridder/Breitbach/Deiseroth et al. (Begr./Hrsg.), Versammlungsrecht, 2. Aufl. 2020, VersG, § 15 Rn. 224.

[8] Vgl. nur BVerfGE 1, 184 (195); 40, 88 (93); 96, 133 (138): „Garant der Bundesverfassung“; überblicksweise zu den Hintergründen *Gläß*, DÖV 2020, 263 (265) sowie *Schlaich/Korioth*, Das Bundesverfassungsgericht, 12. Aufl. 2021, Rn. 26 ff., m.w.N.

[9] Vgl. zum Prüfungsmaßstab bei untergesetzlichen Akten BVerfGE 61, 1 (6); 81, 278 (289 f.); 89, 214 (230); *Kment*, in: Jarass/Pieroth, GG, 17. Aufl. 2022, Art. 93 Rn. 62 f., m.w.N.

[10] Gebräuchlicher scheint noch der Begriff der „Polizeifestigkeit“ (vgl. aus jüngerer Zeit BVerwG, DVBl. 2020, 280 [281]; VGH München, BayVBl. 2022, 702 [710]; *Friedrich*, DÖV 2019, 55 [57, 64]; *Höfling/Krohne*, JA 2012, 734 [738]; *Voßkuhle/Schemmel*, JuS 2022, 1113 [1116]; *Klaus Weber*, NJ 2019, 472). Da Versammlungen aber keinen polizeifreien Raum bilden, sondern häufig gerade die Polizei auf Grundlage der versammlungsrechtlichen Befugnisse handelt (darauf hinweisend *Fischer-Uebler/Gölzer*, JA 2020, 683), wird hier der zuletzt vermehrt genutzte Begriff der „Polizeirechtsfestigkeit“ verwendet (so auch *Bünnigmann*, JuS 2016, 695 sowie *Kötter/Nolte*, DÖV 2009, 399). Auch dieser Begriff deckt – jedenfalls in den Bundesländern mit Trennungssystem (s. hierzu bereits § 2 I. 1. b)) – nur einen Teil der Sperrwirkung ab, weil diese sich auch auf das allgemeine Ordnungsrecht bezieht. Umfassend zur Geschichte des Begriffs der Polizeifestigkeit *Wittmann*, in: Ridder/Breitbach/Deiseroth et al. (Begr./Hrsg.), Versammlungsrecht, 2. Aufl. 2020, VersG, § 15 Rn. 15 f., m.w.N.; ferner *Bergmann*, Die Polizeifestigkeit des Versammlungsgeschehens, 1996, S. 3 ff.

gelten könnte. Daneben lässt sich erwägen, ob einzelnen versammlungsrechtlichen Befugnissen abschließende Adressatenbestimmungen immanent sind und es somit nicht mehr darauf ankommt, ob die „Polizeirechtsfestigkeit des Versammlungsrechts" den Rückgriff auf die allgemeinen Regelungen sperrt. Der Aufbau ist aber bewusst in dieser Reihenfolge gestaltet, weil die Polizeirechtsfestigkeit prinzipiell für sämtliche Befugnisse gilt, während sich spezielle Adressatenregelungen grundsätzlich als Frage des Einzelfalls gestalten.

aa) Polizeirechtsfestigkeit des Versammlungsrechts

Der Grundsatz der Polizeirechtsfestigkeit des Versammlungsrechts hat einen verfassungsrechtlichen und einen verwaltungsrechtlichen Begründungsansatz.[11] Früher bestand eine konkurrierende Gesetzgebungskompetenz des Bundes, sodass eine Sperrwirkung für eine Ergänzung durch die landesrechtlichen Ordnungsvorschriften insoweit anzunehmen war, als dem Versammlungsgesetz des Bundes keine abschließenden Regelungen entnommen werden konnten. Weil nunmehr die Gesetzgebungskompetenz bei den Ländern liegt, hat sich die kompetenzrechtliche Begründung erübrigt.[12] Demgegenüber soll der verwaltungsrechtliche Ansatz auf den Spezialitätsgrundsatz abzielen, sodass die Sperrwirkung so weit reicht, wie das spezielle Gesetz über eigene Vorschriften verfügt.[13] Danach würde es im vorliegenden Kontext lediglich darauf ankommen, ob sich für die versammlungsrechtlichen Befugnisse bereits abschließende Adressatenregelungen ausmachen lassen.

Allerdings wird ein weiterer verfassungsunmittelbarer Anknüpfungspunkt erwogen. Wegen der hohen Bedeutung der Versammlungsfreiheit müssten den Versammlungsteilnehmern die materiell-rechtlichen Grenzen der Teilnahme deutlich vor Augen geführt werden.[14] Insoweit ließe sich fordern, dass bei versammlungsrechtlichen Befugnissen auch sämtliche adressatenbezogene Voraussetzungen in den Versammlungsgesetzen geregelt sind. Vor diesem Hintergrund wird angemerkt, dass die unmittelbare oder analoge Heranziehung der Notstandsvorgaben „die verfassungsrechtlich fundierte Begründung der Polizeirechtsfestigkeit des Versammlungsrechts fundamental in Frage" stelle.[15]

---

[11] Vgl. *Kötter/Nolte*, DÖV 2009, 399 (400 f.); *Wittmann*, in: Ridder/Breitbach/Deiseroth et al. (Begr./Hrsg.), Versammlungsrecht, 2. Aufl. 2020, VersG, § 15 Rn. 19.

[12] *Kötter/Nolte*, DÖV 2009, 399 (401). Das Versammlungsgesetz des Bundes gilt zwar gem. Art. 125a Abs. 1 GG als Bundesrecht fort, kann aber jederzeit durch Landesrecht ersetzt werden.

[13] Vgl. BVerfGK 4, 154 (158); 11, 102 (115); VGH Mannheim, NVwZ 1998, 761 (763); *Bünnigmann*, JuS 2016, 695; *Ebert*, LKV 2001, 60 (61); *Enders*, Jura 2003, 34 (39), *Froese*, JA 2015, 679; *Gusy*, JA 1993, 321 (323); *Kötter/Nolte*, DÖV 2009, 399 (401).

[14] *Wittmann*, in: Ridder/Breitbach/Deiseroth et al. (Begr./Hrsg.), Versammlungsrecht, 2. Aufl. 2020, VersG, § 15 Rn. 28.

[15] *Deiseroth/Kutscha*, in: Ridder/Breitbach/Deiseroth et al. (Begr./Hrsg.), Versammlungsrecht, 2. Aufl. 2020, GG, Art. 8 Rn. 444.

Allerdings überzeugen die vorgebrachten Zweifel im Hinblick auf die Schutzwürdigkeit der Versammlungsteilnehmer nicht, weil die allgemeinen Adressatenregelungen – obwohl sie als Teil der Befugnisnorm anzusehen sind[16] – nicht unmittelbar ermächtigungsschaffend, sondern ermächtigungsbegrenzend wirken.[17] Weiterhin lässt sich die Anwendung geschriebener Regelungen – vor allem mit Blick auf die Funktion des allgemeinen Ordnungsrechts als „AT-Gesetz" – einfacher nachvollziehen als die Anwendung eines Rechtsgedankens[18] oder eine schlichte Heranziehung des Verhältnismäßigkeitsgrundsatzes. Ferner ist der Rückgriff auf die allgemeinen Notstandsregelungen für die Versammlungsteilnehmer auch insoweit vorteilhaft, als diese in verschiedenen Hinsichten enger ausgestaltet sind als es die verfassungsrechtlichen Wertungen fordern.[19] Schließlich muss auch beachtet werden, dass die allgemeinen Regelungen ergänzend wirken, sodass der Eingriff nach wie vor auf Grundlage des besonderen Gesetzes erfolgt.[20]

Sofern man nicht alle versammlungsrechtlichen Befugnisse ohne abschließende Adressatenregelungen mit dem Etikett der Verfassungswidrigkeit belegen möchte, muss die Anwendung der geschriebenen allgemeinen Notstandsregelungen zum Schutz der Versammlungsteilnehmer daher sogar als vorzugswürdig eingeordnet werden. Zu Recht wird die Polizeirechtsfestigkeit des Versammlungsrechts kaum ernsthaft vorgebracht, um den Ausschluss des allgemeinen Adressatensystems zu begründen.[21]

bb) Abschließende Adressatenregelungen in den Versammlungsgesetzen

Ob sich die verfassungsrechtlichen Wertungen heranziehen lassen, hängt nunmehr davon ab, ob sich den konkreten Befugnissen des Versammlungsrechts abschließende Bestimmungen entnehmen lassen, die eine Anwendung der allgemeinen Notstandsregelungen ausschließen.

---

[16] S. zum Verhältnis zwischen Befugnisnorm und Adressatenregelung bereits § 3 I. 1.

[17] S. hierzu die Ausführungen zu einem möglichen Analogieverbot bei § 3 I. 1. c). Vgl. auch *Barczak*, in: Ridder/Breitbach/Deiseroth et al. (Begr./Hrsg.), Versammlungsrecht, 2. Aufl. 2020, VersG, § 15 Rn. 201.

[18] So aber *Dürig-Friedl*, in: dies./Enders, Versammlungsrecht, 2. Aufl. 2022, § 15 Rn. 72. S. zur Anwendung eines allgemeinen Rechtsgrundsatzes auch bereits die Kritik unter § 3 I. 2. c) bb).

[19] S. zu den Divergenzen zwischen verfassungsrechtlichen und einfachgesetzlichen Anforderungen bereits § 4 II. 2. b) und insb. die Ausführungen hinsichtlich der Subsidiarität der Nichtstörerinanspruchnahme bei § 4 II. 2. b) bb).

[20] Bereits aus diesem Grund lässt sich gegen die Anwendung polizeilicher (bzw. ordnungsrechtlicher) Befugnisse im Versammlungsrecht nicht das Argument anbringen, dass die Bundesländer in Bezug auf Art. 8 Abs. 1 GG teilweise das Zitiergebot nicht erfüllen würden (vgl. hierzu *Kötter/Nolte*, DÖV 2009, 399 [401]). Weil die allgemeinen Adressatenregelungen lediglich für eine Ergänzung sorgen, erfolgt der Eingriff in die Versammlungsfreiheit nach wie vor primär auf Grundlage des Versammlungsgesetzes.

[21] Ausdrücklich ohne Bedenken auch *Kniesel*, DÖV 1992, 470 (473) sowie *R. Krüger*, DÖV 1997, 13 (15).

Nach § 15 Abs. 1 VersG (Bund), der sich in etwaigen landesrechtlichen Versammlungsgesetzen vergleichbar finden lässt, kann die zuständige Behörde „die Versammlung" verbieten oder von bestimmten Auflagen abhängig machen. Insoweit lässt sich erwägen, der Formulierung nicht nur die Rechtsfolge, sondern zugleich die Festlegung des Adressatenkreises zu entnehmen. Zwar wird der zutreffende Standpunkt eingenommen, dass die Versammlung als solche kein tauglicher Adressat einer Maßnahme sein kann,[22] sondern entweder der Veranstalter, der Versammlungsleiter oder die Teilnehmer.[23] Wenn die Versammlung aber aus dem Veranstalter, dem Versammlungsleiter und den Teilnehmern besteht, so könnten sich diese Adressaten als von der gesetzlichen Formulierung erfasst ansehen lassen. Auf diese Weise ließe sich eine Festlegung des Adressatenkreises schon aus dem Wortlaut „Versammlung" ableiten. Weil sich zumindest aus diesem überdies nicht unmittelbar ergibt, dass mit „Versammlung" auch diejenige Versammlung gemeint ist, von der die Gefahr ausgeht, wäre so auch eine Implementierung der Adressaten einer nichtstörenden Versammlung möglich.

Allerdings genügt die Bestimmung des Adressatenkreises für einen Ausschluss der jeweiligen Notstandsregelung noch nicht. Vielmehr ist hierfür erforderlich, der Norm eine *abschließende* Festlegung der Voraussetzungen zur Inanspruchnahme der vorgesehenen Adressaten entnehmen zu können. Sofern es hieran mangelt, müssten für die Heranziehung der friedlichen Versammlung bzw. der von ihr umfassten Adressaten ergänzend die Voraussetzungen der allgemeinen Notstandsregelung zur Anwendung gelangen. Würde man auf der anderen Seite abschließende tatbestandliche Voraussetzungen annehmen, dann ließe sich zwar eine – an den verfassungsrechtlichen Wertungen orientierte – Begrenzung über den Verhältnismäßigkeitsgrundsatz vornehmen. Wenn allerdings aus verfassungsrechtlicher Sicht regelmäßig das zwingende Bedürfnis einer tatbestandlichen Begrenzung erfolgt und sogar die ausdrückliche Verankerung bestimmter Voraussetzungen in den Notstandsregelungen zum Schutz des Nichtstörers vorzunehmen ist,[24] würde die bloße Anwendung des Verhältnismäßigkeitsgrundsatzes die gefundenen Ergebnisse *ad absurdum* führen, zumal im hiesigen Kontext schwerwiegende Eingriffe in Art. 8 Abs. 1 GG im Raum stehen. Damit den verfassungsrechtlichen Anforderungen an die hinreichende Begrenzung der Eingriffsbefugnis genügt wird, muss daher die jeweilige allgemeine Notstandsregelung ergänzend herangezogen werden, unabhängig davon, ob der Bezeichnung „Versammlung" bereits der Adressatenkreis entnommen werden kann, was sich indes, auch in Ansehung des betroffenen Grundrechts, mit guten Gründen ablehnen lässt.

---

[22] *Kniesel*, DÖV 1992, 470 (473); *ders.*, in: Dietel/Gintzel/Kniesel, Versammlungsgesetze, 18. Aufl. 2019, § 15 Rn. 119.

[23] *Barczak*, in: Ridder/Breitbach/Deiseroth et al. (Begr./Hrsg.), Versammlungsrecht, 2. Aufl. 2020, VersG, § 15 Rn. 202; *Groscurth*, in: W. Peters/Janz (Hrsg.), Handbuch Versammlungsrecht, 2. Aufl. 2021, Kap. G Rn. 107 ff.

[24] S. zur verfassungsrechtlichen Gebotenheit der Normierung einzelner Voraussetzungen in den Notstandsregelungen § 4 II. 2. b) ee).

Mittlerweile haben sich einige Bundesländer allerdings deutlicher und in struktureller Anlehnung an das Polizei- und allgemeine Ordnungsrecht[25] zum Adressaten bzw. den Voraussetzungen der Inanspruchnahme einer friedlichen Versammlung geäußert, womit womöglich auch auf die in Literatur und Rechtsprechung vorherrschenden methodischen Unklarheiten reagiert wurde.[26] Dabei tritt allerdings das Problem auf, dass die geschaffenen Bestimmungen wie fast alle allgemeinen Notstandsregelungen die Konstellationen des *unechten* Notstands nicht erfassen.[27] Überzeugender als die Ableitung eines Umkehrschlusses, dass derartige Maßnahmen unzulässig sein sollen, ist die Annahme, dass die Gesetzgeber sich zu diesen gar nicht äußern wollten oder die Konstellationen fälschlicherweise als miterfasst angesehen haben.[28] Unabhängig von der Anwendung einer solchen speziellen Regelung oder eines Rückgriffs auf das jeweilige allgemeine Ordnungsgesetz müssen Maßnahmen im *unechten* Notstand nach der Ausgestaltung der aktuellen Rechtslage – außer in Baden-Württemberg – konsequenterweise als unzulässig eingeordnet werden.

c) Unechter *Notstand im Versammlungsrecht* de lege ferenda

Wenn das Bundesverfassungsgericht das Verbot einer Versammlung als *ultima ratio* einordnet,[29] lässt sich dem nicht gänzlich beipflichten, weil Versammlungsverbote im *unechten* Notstand durchaus verfassungsrechtlich legitimiert sein können, in diesen Konstellationen aber anderweitige Maßnahmen möglich und zulässig wären. Im verfassungsrechtlichen Teil wurde bereits dargelegt, dass die ohnehin schon hohen Anforderungen an den *unechten* Notstand im Versammlungsrecht wegen der Kumulation des „besonderen Charakter[s]“[30] des betroffenen Grundrechts sowie der Tatsache, dass insbesondere durch eine finanzielle Entschädigung die Untersagung des beabsichtigten Verhaltens nicht ausgeglichen werden kann, nochmals gesteigert werden müssen.

Sofern der *unechte* Notstand über ein „Missverhältnis“ zwischen den Belangen der Allgemeinheit und des Nichtstörers reglementiert wird, sind die Anfor-

---

[25] So NRWLT-Drs. 17/12423, S. 69.

[26] Vgl. § 8 Abs. 3 NdsVersG, § 13 Abs. 3 S. 2 VersG NRW und § 13 Abs. 3 S. 2 SchlHVersFG. Den Gesetzesbegründungen lassen sich indes keine fruchtbaren Begründungen entnehmen, warum eine Regelung im Versammlungsgesetz erforderlich ist (vgl. etwa NRWLT-Drs. 17/12423, S. 69). Mit Blick auf eine bessere Vorhersehbarkeit der maßgeblichen Rechtslage lässt sich ein eigenständiges und abschließendes Adressatensystem im Versammlungsgesetz allerdings auch nicht beanstanden bzw. in durchaus sinnvoller Weise integrieren.

[27] Auf die Problematik hinweisend auch *Wefelmeier*, in: ders./Miller, NdsVersG, 2. Aufl. 2020, § 8 Rn. 50.

[28] Vgl. *Ullrich*, NdsVersG, 2. Aufl. 2018, § 8 Rn. 115, der die niedersächsische Vorschrift dementsprechend als „redaktionell verunglückt“ einordnet.

[29] BVerfGE 69, 315 (353); BVerfG, NJW 2001, 2069 (2071).

[30] *Kniesel/Poscher*, in: Lisken/Denninger/Bäcker et al. (Begr./Hrsg.), Handbuch des Polizeirechts, 7. Aufl. 2021, Kap. J Rn. 44.

derungen im Einzelfall so hoch anzusetzen, dass ein solches kaum durch fiskalische Aspekte erreicht werden dürfte, sondern nur durch erhebliche Gefahren für Leib und Leben,[31] wobei auch an die Wahrscheinlichkeit eines entsprechenden Schadenseintritts hohe Ansprüche zu stellen sind. Auch die strengen Anforderungen zur Abwendung einer *(unechten)* Notstandslage sowie die hohen Nachweisanforderungen[32] müssen insbesondere in versammlungsrechtlichen Konstellationen Berücksichtigung finden.

Im Verlauf dieser Arbeit hat sich gezeigt, dass das Notstandsinstitut für einen interessengerechten Ausgleich zwischen den Belangen des Verantwortlichen, des Staates, der Allgemeinheit und des Nichtstörers sorgen soll. Damit dies mit Blick auf *unechte* Notstandskonstellationen, in denen die vorrangige Heranziehung des Nichtstörers häufig Ausdruck eines solchen Interessenausgleichs ist, im Lichte der verfassungsrechtlichen Anforderungen der Gebote der Normenklarheit und -bestimmtheit sowie der Verhältnismäßigkeit gelingen kann, ist ein Tätigwerden von fast allen Gesetzgebern zu fordern. Vor dem Hintergrund der verfassungsrechtlichen Wertungen des Art. 8 Abs. 1 GG gilt dies umso mehr für Konstellationen mit versammlungsrechtlichem Einschlag.

2. Verhältnis zwischen Notstandsregelung und § 323c Abs. 1 StGB

Nach vielfach vertretener Auffassung wird derjenige, der gegen die Hilfeleistungspflicht aus § 323c Abs. 1 StGB verstößt bzw. zu verstoßen droht, selbst zum Störer. Daher sollen „zahlreiche Fälle, die zunächst die Inanspruchnahme eines Nichtstörers nahelegen, […] tatsächlich Maßnahmen gegen Verhaltensverantwortliche“ darstellen,[33] was zur Folge hätte, dass die einschränkenden Voraussetzungen der jeweiligen Notstandsregelung nicht gelten würden.[34] Diese Sichtweise wirkt sich neben der Inpflichtnahme an sich auch auf der Entschädigungsebene aus, weil der Hilfspflichtige sich im Schadensfall nicht mehr auf den speziellen Anspruch des Nichtstörers berufen könnte, sondern regelmäßig auf das zivilrechtliche Institut der Geschäftsführung ohne Auftrag oder versicherungsrechtliche Ansprüche angewiesen wäre.[35] Indes bliebe die Strafbarkeit nach § 323c

---

[31] S. zu Faktoren bei der Bestimmung des Missverhältnisses bereits § 4 II. 2. b) bb) (6).

[32] S. zu den Anforderungen an die Darlegung einer *(unechten)* Notstandslage durch die Behörde bereits § 4 II. 2. b) bb) (7), insb. die Nachweise unter § 4 Fn. 206.

[33] *Wittreck/Barczak*, in: Möstl/Kugelmann (Hrsg.), BeckOK Polizei- und Ordnungsrecht NRW, 2023, PolG NRW, § 6 Rn. 23 – Hervorhebung im Original hier ausgelassen.

[34] So etwa *Barczak*, DV 49 (2016), 157 (169 f.); *Heise/Riegel*, Musterentwurf eines einheitlichen Polizeigesetzes, 2. Aufl. 1976, S. 41; *Hornmann*, Hessisches Gesetz über die öffentliche Sicherheit und Ordnung (HSOG), 2. Aufl. 2008, § 9 Rn. 5; *Kingreen/Poscher*, Polizei- und Ordnungsrecht, 12. Aufl. 2022, § 9 Rn. 74; *Poscher*, Jura 2007, 801 (809); *Deger*, in: Stephan/Deger, Polizeigesetz für Baden-Württemberg, 7. Aufl. 2014, § 9 Rn. 2; *Tegtmeyer/Vahle*, PolG NRW, 13. Aufl. 2022, § 6 Rn. 8.

[35] Aufgrund des regelmäßig gegebenen versicherungsrechtlichen Anspruchs (s. hierzu bereits § 4 II. 2. d) bb) (1)) ist zumindest im Regelfall ein Ausgleich gewährleistet, sodass auch

Abs. 1 StGB unberührt, wenn dessen Tatbestand bereits vollendet ist und der polizeirechtlich Verpflichtete der Aufforderung sodann nachkommt.

Aufgrund der (drohenden) Verwirklichung eines Straftatbestands und der damit einhergehenden Gefährdung der objektiven Rechtsordnung[36] leuchtet dieses Ergebnis auf den ersten Blick ein. Anderseits verbleiben offenkundige Zweifel, ob diesem Ergebnis nicht die gewonnenen legitimationsrechtlichen Erwägungen entgegenstehen könnten und eine Umgehung verfassungsrechtlich gebotener Einschränkungen droht. Hinter diesen Zweifeln steckt die gleiche Ausgangslage, die sowohl dem nach § 323c Abs. 1 StGB Hilfsverpflichteten als auch dem auf Basis der Notstandsregelung in Anspruch genommenen Nichtstörer zuteilwird: Beide Personen sind nicht für die Entstehung der Ausgangsgefahr verantwortlich.[37] Der Pflichtige soll also als Störer in Anspruch genommen werden können, um eine Straftat zu unterbinden, die auf der gleichen Gefahr fußt wie diejenige, zu deren Bekämpfung der Nichtstörer jedenfalls ohne die Verwirklichung von § 323c Abs. 1 StGB nur unter deutlich höheren Voraussetzungen hätte herangezogen werden können.

a) Ausgangslage und abgrenzungsbedürftige Konfliktsituationen

Zunächst ist eine genaue Bestimmung erforderlich, wann § 323c Abs. 1 StGB und die Notstandsregelungen überhaupt in eine Konfliktsituation treten. So kann eine Inanspruchnahme zur Durchsetzung einer Hilfeleistungspflicht nach § 323c Abs. 1 StGB lediglich bei einem Unglücksfall oder einer gemeinen Gefahr oder Not erfolgen.[38] Demgegenüber lassen die Notstandsregelungen im Regelfall jede erhebliche und gegenwärtige Gefahr und teilweise sogar jede gegenwärtige Gefahr genügen.[39]

Während auf diesen Umstand häufig noch hingewiesen wird,[40] bleibt ein anderer jedoch vollkommen außer Betracht. Die Polizei kann präventiv zur Unter-

---

keine analoge Anwendung der Entschädigungsregelung des Nichtstörers erwogen werden muss bzw. bereits das Vorliegen einer planwidrigen Regelungslücke hinsichtlich der Entschädigung der nach § 323c StGB verpflichteten Person bezweifelt werden muss. Zu weiteren denkbaren Unterschieden noch sogleich; vgl. zudem die Ausführungen von *Michael Fischer*, Unterlassene Hilfeleistung und Polizeipflichtigkeit, 1989, S. 16 ff.

[36] BVerwGE 64, 55 (66); *Kingreen/Poscher*, Polizei- und Ordnungsrecht, 12. Aufl. 2022, § 7 Rn. 9, m.w.N.

[37] Zur fehlenden Zurechenbarkeit bei § 323c Abs. 1 StGB *Popp*, in: Cirener/Radtke/Rissing-van Saan et al. (Hrsg.), Leipziger Kommentar StGB, 18. Band, 13. Aufl. 2022, § 323c Rn. 22.

[38] Zum Begriff des Unglücksfalls *Geilen*, Jura 1983, 78 (79 ff.). Die Abgrenzung zur gemeinen Gefahr bzw. Not spielt für die hier getroffenen Abhandlungen keine wesentliche Rolle, sodass zur Vereinfachung nachfolgend lediglich der Unglücksfall als tatbestandsmäßige Gefahrenlage benannt wird.

[39] S. zur einfachgesetzlich erforderlichen Gefahrenqualität bereits § 4 II. 2. b) aa).

[40] So etwa *Götz/Geis*, Allgemeines Polizei- und Ordnungsrecht, 17. Aufl. 2022, § 14 Rn. 3; *Kingreen/Poscher*, Polizei- und Ordnungsrecht, 12. Aufl. 2022, § 9 Rn. 74.

bindung einer Straftat zwar auch noch nach deren Vollendung tätig werden, mit Beendigung des Delikts erlischt diese Befugnis jedoch.[41] Die Heranziehung einer Person als Handlungsstörer ist also nur möglich, solange die Straftat nach § 323c Abs. 1 StGB noch nicht beendet ist. Während die Vollendung des Tatbestands früh einsetzt und von der Rechtsprechung und dem überwiegenden Teil der Literatur bereits angenommen wird, sobald der Täter die von ihm erkannte Hilfspflicht nicht nutzt,[42] wird das Delikt erst beendet, wenn den Täter keine Pflicht zur Hilfeleistung im selben Unglücksfall mehr trifft.[43] Weil danach eine Inanspruchnahme zur Durchsetzung einer Hilfeleistungspflicht nach § 323c Abs. 1 StGB in jedem Fall ausscheiden würde, ist eine genaue Bestimmung des entsprechenden Zeitpunkts erforderlich. Dieser hat für das Polizeirecht also eine erheblich höhere Bedeutung als für das Strafrecht, weil die Strafbarkeit an die Vollendung anknüpft und anderen typischerweise zwischen Vollendung und Beendigung auftretenden Gesichtspunkten bei § 323c Abs. 1 StGB allenfalls eine geringe Relevanz zukommt, insbesondere die (sukzessive) Beteiligung nur eine untergeordnete Rolle spielt[44] und eine Übertragung des Gedankens der tätigen Reue jedenfalls von der Rechtsprechung abgelehnt wird.[45]

Für die Bestimmung des Beendigungszeitpunkts muss ermittelt werden, wann den Täter keine Pflicht zur Hilfeleistung im selben Unglücksfall mehr trifft. Dies ist zunächst dann der Fall, wenn der Unglücksfall endet. Wesentlich relevanter für die hier besprochene Problematik ist aber die Frage, ob die Hilfeleistungspflicht auch dann endet, wenn die Polizei am Gefahrenort eintrifft. Unstreitig ist dabei zunächst, dass das Eintreffen von Polizei- sowie anderen Rettungskräften den Unglücksfall nicht aufhebt. Das im Sinne des § 323c Abs. 1 StGB maßgebliche Kriterium ist insofern vielmehr die „Erforderlichkeit“. Diesbezüglich ist zu beachten, dass den Rettungskräften aufgrund des staatlichen Sicherheitsgewährleistungsauftrags bzw. ihrer berufsrechtlichen Stellung eine bedeutendere Hilfspflicht zukommt als demjenigen, der durch § 323c Abs. 1 StGB verpflichtet wird. Dies führt dazu, dass die gesetzlich entstandene Hilfeleistungspflicht dann entfällt, wenn die Polizei oder andere Rettungskräfte am Einsatzort eintreffen und

---

[41] *Schmidbauer*, in: ders./Steiner, BayPAG, 6. Aufl. 2023, Art. 11 Rn. 140.

[42] BGHSt 14, 213 ff.; *Lackner/Kühl/Heger*, StGB, 30. Aufl. 2023, § 323c Rn. 10, m.w.N. (auch zu einschränkenden Sichtweisen).

[43] *Schuhr*, in: Spickhoff (Hrsg.), Medizinrecht, 4. Aufl. 2022, StGB, § 323c Rn. 55. Nach *T. Fischer*, StGB, 70. Aufl. 2023, § 323c Rn. 36 soll die Beendigung an den Abschluss der Gefahrenlage oder den Eintritt von Unmöglichkeit der Hilfeleistung anknüpfen. Dies scheint nicht weitreichend genug, da nicht ersichtlich ist, warum noch jemand zur Hilfeleistung verpflichtet sein sollte, obwohl diese nicht mehr erforderlich ist. Dementsprechend muss auch die Beendigung des Delikts schon früher eintreten.

[44] *Popp*, in: Cirener/Radtke/Rissing-van Saan et al. (Hrsg.), Leipziger Kommentar StGB, 18. Band, 13. Aufl. 2022, § 323c Rn. 139 ff.

[45] BGHSt 14, 213 (217); a.A. etwa *Renzikowski*, in: Matt/Renzikowski, StGB, 2. Aufl. 2020, § 323c Rn. 30, m.w.N.

über die *notwendigen* personellen und sachlichen Mittel verfügen.[46] In diesem Moment ist zugleich das Delikt des § 323c Abs. 1 StGB beendet.

Insgesamt ist daher festzuhalten, dass die Polizei durch ihr Eintreffen selbst dafür sorgt, dass die Hilfeleistungspflicht im Sinne des § 323c Abs. 1 StGB nicht mehr erforderlich ist, das Delikt beendet wird und sie daher die Hilfeleistung nicht mehr wegen der (drohenden) Verletzung von § 323c Abs. 1 StGB auf denjenigen delegieren kann, der vor ihrem Eintreffen die Hilfe hätte leisten müssen. Überdies wäre dann auch eine Inanspruchnahme als Nichtstörer nicht mehr möglich, weil die Polizei die Gefahr selbst beseitigen kann, denn anderenfalls wäre nach dem dargelegten Maßstab auch keine Beendigung des Delikts eingetreten. Die Strafbarkeit der ursprünglich nach § 323c Abs. 1 StGB zur Hilfe verpflichteten Person bleibt davon selbstredend unberührt.

Eine Konfliktsituation tritt mithin nur auf, wenn die Polizei (noch) nicht in der Lage ist, selbst hinreichend Hilfe zu leisten. Weil damit zugleich die Subsidiaritätshürde als wichtigste Voraussetzung der Notstandsregelung erfüllt ist, ließe sich der Abgrenzungsfrage zunächst eine theoretische Natur zuschreiben. Tatsächlich ist es so, dass sich die Abgrenzung auf die Rechtmäßigkeit der (erstmaligen) Inanspruchnahme nicht ergebnisbeeinflussend auswirkt, vor allem deshalb nicht, weil ein Unglücksfall in aller Regel auch eine Gefahrenlage im Sinne der Notstandsregelung darstellt.

Eine größere Bedeutung erlangt die Abgrenzung allerdings im Hinblick auf die Belange, die im Kontext der Nichtstörerinanspruchnahme in die zweite bzw. in die dritte Phase eingegliedert wurden. Neben den bereits erläuterten Differenzen bei Schadenseinbußen ergibt sich der Unterschied, dass die Polizei auch bei einer länger anhaltenden Inanspruchnahme des Störers, und insoweit anders als bei Heranziehung eines Nichtstörers, grundsätzlich nicht dafür sorgen muss, dass sie selbst in die Lage kommt, die Gefahr abwehren zu können, etwa durch das Anfordern von Verstärkung. Obwohl sich eine wirkliche Konkurrenzsituation zwischen der Inanspruchnahme als Handlungsstörer zur Durchsetzung einer Hilfspflicht nach § 323c Abs. 1 StGB und einer Inanspruchnahme als Nichtstörer daher nur selten stellen wird, darf das Verhältnis beider Rechtsinstitute vor diesem Hintergrund nicht ungeklärt bleiben.

---

[46] In diese Richtung auch *Popp*, in: Cirener/Radtke/Rissing-van Saan et al. (Hrsg.), Leipziger Kommentar StGB, 18. Band, 13. Aufl. 2022, § 323c Rn. 86. Ferner lässt sich ein *argumentum a minore ad maius* anführen: Wenn der erforderlichen Hilfeleistungspflicht bereits dadurch nachgekommen werden kann (und die Pflicht als Ergebnis der Handlung erlischt), dass ein professioneller Retter wie die Polizei informiert wird (vgl. *Popp*, in: Cirener/Radtke/Rissing-van Saan et al. [Hrsg.], Leipziger Kommentar StGB, 18. Band, 13. Aufl. 2022, § 323c Rn. 87, m.w.N.), muss die Pflicht erst recht wegfallen, wenn der professionelle Retter vor Ort ist und Hilfe leisten kann.

b) Konfliktlösung

Die Möglichkeit der polizeirechtlichen Inanspruchnahme einer Person als Störer zur Durchsetzung ihrer Hilfeleistungspflicht aus § 323c Abs. 1 StGB in den einschlägigen Konkurrenzsituationen vermag sich aufgrund der Gefährdung der objektiven Rechtsordnung zunächst als dogmatisch schlüssig darstellen. Anders als bei anderen gesetzlich normierten Pflichten oder Gefährdungen der objektiven Rechtsordnung darf jedoch die Vergleichbarkeit der Rechtsinstitute der unterlassenen Hilfeleistung und des Notstands im Gefahrenabwehrrecht nicht außer Betracht gelassen werden. Sowohl § 323c Abs. 1 StGB als auch die Notstandsregelungen dienen dazu, eine an und für sich unbeteiligte Person zur Abwehr einer Gefahr zu verpflichten, ohne dass es dabei auf einen Gefahrenzurechnungszusammenhang ankommt. Der Grund für das Bedürfnis nach zwei verschiedenen Regelungsinstituten aus dem Straf- sowie dem Gefahrenabwehrrecht liegt aber auf der Hand. Während im Anwendungsbereich einer Notstandsregelung eine Behörde Kenntnis über die Gefahrenlage hat und darauf basierend den Nichtstörer zu einer konkreten Handlung anweisen kann, muss die Verpflichtung aus § 323c Abs. 1 StGB kraft Gesetzes eintreten, weil es an der Kenntnis der Behörde über die Gefahrenlage mangelt oder sie aus anderen Gründen nicht die Möglichkeit hat, konkrete Anweisungen an eine Person zu treffen. Effektiv kann der Staat eine möglichst sichere Hilfe für den Gefährdeten nur damit garantieren, dass er eine abstrakte Hilfsverpflichtung für bestimmte Situationen statuiert, deren Missachtung mit einer Strafe bewehrt ist.

§ 323c Abs. 1 StGB verfolgt also nicht den Zweck, für Solidarität, Mitmenschlichkeit oder eine andersbenannte interpersonelle Beziehung zu sorgen. Vielmehr beinhaltet er einen Zwang zu einer objektiven Handlung, wobei das Ziel allein darin liegt, eine bestehende Gefahr für die in der Notlage bedrohten Rechtsgüter abwehren zu können.[47] Dabei fehlt es gerade an einem Zurechnungsgrund, der den Untätigen für den Unglücksfall verantwortlich macht. Es fehlt also ebenso an der Verantwortlichkeit wie in der Situation eines gefahrenabwehrrechtlichen Notstands.

Die Heranziehung einer Person als Handlungsstörer zur Durchsetzung der Hilfeleistungspflicht aus § 323c Abs. 1 StGB würde indes bedeuten, dass die Person zum Verantwortlichen für die Entstehung einer Gefahr wird. Der vermeintliche Zurechnungsgrund kann in dieser Situation allein darin gesehen werden, dass der Hilfeleistungspflicht aus § 323c Abs. 1 StGB nicht nachgekommen wurde. Es wird also für die polizeiliche Inanspruchnahme ein Zurechnungsgrund über eine Pflicht konstruiert, die ihrerseits selbst nicht auf einem Zurechnungsgrund fußt, sondern sich aus dem Schutz bedrohter Individualrechtsgüter anderer Personen rechtfertigt. In einer solchen Situation eine Verantwortlichkeit

[47] Vgl. zu dieser Zielrichtung BGHSt 15, 213 (215); *Kahlo*, Die Handlungsform der Unterlassung als Kriminaldelikt, 2001, S. 324 f., m.w.N.; *Blindauer*, Die folgenschwere unterlassene Hilfeleistung (§ 330c StGB), 1961, S. 31.

anzunehmen, würde allerdings bedeuten, dass über den Rückgriff auf die unterlassene Hilfeleistung ein Individualrechtsgut vor einer Gefahr geschützt wird, die aus einem vollkommen anderen Grund besteht. Die fehlende Verantwortlichkeit für diese (Ausgangs-)Gefahr darf vor dem Hintergrund der drastischen Folgen aber nicht auf diese Weise umgangen werden.[48]

In eine ähnliche Richtung argumentiert *Fischer*, der zu dem Ergebnis gelangt, dass sich aus einem Untätigbleiben, selbst wenn hieraus die Verwirklichung eines Straftatbestands folgt, nicht automatisch eine Gefährdung der öffentlichen Sicherheit ergibt, sondern vielmehr nur dann, wenn das durch die strafrechtliche Norm geschützte Rechtsgut gerade durch die Untätigkeit bedroht oder verletzt wurde. Daher könne eine Straftat durch Unterlassen nur dann zu einer polizeirechtlich relevanten Gefährdung der öffentlichen Sicherheit führen, wenn dem Untätigen eine Garantenstellung hinsichtlich des gefährdeten Rechtsguts zukomme. Da der nach § 323c Abs. 1 StGB Verpflichtete aber gerade keine Garantenstellung aufweise und in keiner näheren Beziehung zu den bedrohten Gütern stehe, sei eine polizeirechtliche Inanspruchnahme nur als Nichtstörer möglich.[49]

Es lassen sich aber noch weitere Argumente anführen, eine Inanspruchnahme als Verhaltensstörer zur Durchsetzung der Hilfeleistungspflicht aus § 323c Abs. 1 StGB nicht zuzulassen. Wie die konsequente Tatbestandsauslegung des § 323c Abs. 1 StGB ergeben hat, wird das Delikt beendet, wenn die Polizei mit ausreichenden Personal- und Sachmitteln am Unglücksort eintrifft. Mit der Beendigung des Delikts würde eine Inanspruchnahme als Handlungsstörer in jedem Fall ausscheiden. Aus Sicht des Nichtstörers hängt es aber vom Zufall ab, ob die Polizei mit ausreichenden Personal- und Sachmitteln eintrifft und er damit mit sämtlichen Konsequenzen als Handlungsstörer oder überhaupt nicht in Anspruch genommen werden kann. Die polizeirechtliche Gefahrenentstehungsver-

[48] In diese Richtung bereits *Gallas*, JZ 1952, 396 (398), nach dem es nicht der Sinn der strafrechtlichen Hilfsverpflichtung sein könne, „der Polizei die Befugnis einzuräumen, die Pflichten des ‚Störers' oder die Verpflichtung, ihre eigenen Kräfte und Mittel einzusetzen, auf einen unbeteiligten Dritten abzuwälzen"; vergleichbar auch *Ullrich*, in: Möstl/Weiner (Hrsg.), BeckOK Polizei- und Ordnungsrecht Niedersachsen, 2023, NdsPOG, § 6 Rn. 17, nach dem anderenfalls „ein Unbeteiligter rechtlich zum Verantwortlichen erklärt" werden würde. Wenig überzeugend ist hingegen das ebenda vorgebrachte Argument, wonach der Gesetzgeber in der Notstandsregelung anderenfalls nicht die gleichen Zumutbarkeitsmaßstäbe wie in § 323c Abs. 1 StGB hätte festlegen müssen. Vielmehr würde der Notstandsregelung selbst dann ein Anwendungsbereich verbleiben, wenn der nach § 323c StGB Hilfsverpflichtete als Verhaltensstörer herangezogen werden könnte. Die vergleichbare Ausgestaltung spricht daher weder für noch gegen eine der Sichtweisen.

[49] *Michael Fischer*, Unterlassene Hilfeleistung und Polizeipflichtigkeit, 1989, S. 129 ff., 149 f. Dass der Untätige in den Fällen des § 323c StGB stets als Nichtstörer polizeipflichtig sei, darf indes nicht als Widerspruch zu den Ausführungen an dieser Stelle verstanden werden. Die Aussage verdient grundsätzlich Zustimmung. Es ist nur genau zu überprüfen, ob durch das Eintreffen der Polizeikräfte überhaupt noch eine Situation des § 323c StGB vorliegt oder das Delikt hierdurch beendet wurde mit der Folge, dass in der Regel überhaupt keine Inanspruchnahme mehr möglich ist.

antwortung zeichnet sich aber grundsätzlich durch klare Zuordnungskriterien aus, bei denen der Zufall nicht über die Einordnung als Handlungs- oder als Nichtstörer entscheiden soll.

Schließlich lassen sich auch pragmatische Gründe dafür anführen, lediglich eine Inanspruchnahme im gefahrenabwehrrechtlichen Notstand zuzulassen. Die Strafbarkeit nach § 323c Abs. 1 StGB erfordert im subjektiven Tatbestand zumindest bedingten Vorsatz,[50] der Täter muss also jedenfalls die tatbestandsverwirklichenden Umstände kennen und dennoch untätig bleiben.[51] Während das Vorliegen dieser Voraussetzungen im Strafverfahren umfangreich aufgearbeitet werden kann, ist für die polizeirechtliche Inanspruchnahme allein die Erfüllung des objektiven Tatbestands maßgeblich.[52] Dies führt dazu, dass eine Person als Störer herangezogen werden kann, weil eine Lage im Sinne des § 323c Abs. 1 StGB herrscht und eine Hilfeleistung objektiv erforderlich und zumutbar ist. Dies würde aber dazu führen, dass die am Unglücksort befindliche Polizei, die keine ausreichenden personellen bzw. sachlichen Mittel zur Verfügung hat, praktisch jede am Unglücksort erscheinende oder vorbeikommende Person als Handlungsstörer zur Mithilfe verpflichten kann. Denn hierfür ist allein entscheidend, dass objektiv die zumutbare und aufgrund der nicht ausreichenden polizeilichen Mittel weiterhin erforderliche Hilfeleistung nicht erbracht wird. Die Tatsache, dass die Person die Erforderlichkeit nicht erkannt hat, was regelmäßig der Fall sein dürfte, wenn sich bereits Sicherheitskräfte an dem Ort des Unglücks befinden, ist lediglich auf der Ebene des subjektiven Tatbestands relevant. Sie lässt zwar die Strafbarkeit entfallen, würde der polizeirechtlichen Heranziehung als Handlungsstörer aber nicht entgegenstehen. Die Voraussetzungen des Notstandsinstituts, die im Hinblick auf die Heranziehung zur Gefahrenabwehr einen gewissen Schutzstandard für den unbescholtenen Bürger garantieren sollen, würden so mit Blick auf die dahinterliegenden Wertungen in bedenklicher Weise umgangen werden.

Auch aus interessengeleiteter Sicht lassen sich schließlich kaum überzeugende Argumente vorbringen, warum der jedenfalls ursprünglich Unbeteiligte als Handlungsstörer herangezogen werden sollte. Sowohl § 323c Abs. 1 StGB als auch die Notstandsregelungen verfolgen das Ziel der Gefahrenabwehr, während die Durchsetzung einer vermeintlichen Solidaritäts- oder anders bezeichneten Pflicht lediglich das Mittel zum Zweck darstellt. Wird aber allein auf den Zweck der Gefahrenabwehr rekurriert, so treffen doch gerade die Notstandsregelungen eine interessenausgleichende Wertung darüber, wann eine Person, die keinen Zurechnungszusammenhang zu den (ursprünglich) gefährdeten Rechtsgütern auf-

---

[50] BGH, JZ 2014, 303 (305); *Dallinger*, MDR 1968, 550 (552), m.w.N.; differenzierend *U. Stein*, in: Wolter (Hrsg.), SK-StGB, 3. Band, 9. Aufl. 2016, § 323c Rn. 39 f.

[51] *Freund/Koch*, in: Erb/Schäfer (Hrsg.), Münchener Kommentar StGB, 6. Band, 4. Aufl. 2022, § 323c Rn. 109.

[52] BVerwGE 64, 55 (61); VG Karlsruhe, NJW 1988, 1536 (1537); *Schoch*, Polizei- und Ordnungsrecht, in: ders. (Hrsg.), Besonderes Verwaltungsrecht, 2018, 1. Kap. Rn. 246.

weist, polizeirechtlich zur Gefahrenabwehr verpflichtet werden soll. Es besteht daher weder ein Grund noch ein Bedürfnis, die Wertungen der Notstandsregelungen durch eine Anwendung des § 323c Abs. 1 StGB zu umgehen. Es droht auch kein Sanktionsentfall wegen der unterlassenen Hilfeleistung, da die Strafbarkeit jedenfalls dann, wenn auch der subjektive Tatbestand erfüllt ist und der Täter rechtswidrig und schuldhaft handelte, selbstverständlich unberührt bleibt. Auf diese Weise vollbringen beide Rechtsinstitute ihre genuine Aufgabe. Das strafrechtliche Institut wertet über die Strafbarkeit, das gefahrenabwehrrechtliche Institut wertet über die Gefahrenabwehr.

c) Verständnis und Verhältnis

Insgesamt sprechen die weitaus besseren Gründe dafür, die Strafbarkeit nach § 323c Abs. 1 StGB und die ausgesprochene Verpflichtung durch die Polizei klar zu trennen. Ob dies in der Literatur bereits dadurch zum Ausdruck kommt, dass beide Rechtsinstitute „selbstständig nebeneinander" stehen,[53] ist indes nicht ganz eindeutig, da auch die Heranziehung einer Person als Handlungsstörer zur Durchsetzung der Hilfeleistungspflicht aus § 323c Abs. 1 StGB nicht zur generellen Verdrängung der Notstandsregelung führen würde, sondern in diesem Fall nur ihr Anwendungsbereich nicht eröffnet wäre, während sie in anderen Konstellationen gleichwohl angewendet werden könnte.

Unabhängig hiervon bietet sich die folgende Sichtweise auf das Verhältnis der beiden Rechtsinstitute an. Sowohl § 323c Abs. 1 StGB als auch die gefahrenabwehrrechtlichen Notstandsregelungen sollen die Abwehr von Gefahren in Situationen ermöglichen, in denen die Gefahr nur durch eine unbeteiligte Person (ausreichend) bekämpft werden kann, der diese Gefahr nicht zurechenbar ist. § 323c Abs. 1 StGB gewährleistet Hilfe durch die Verpflichtung einer Person in Situationen, in denen die Behörde nicht handeln kann, etwa weil sie noch keine Kenntnis von der Gefahr hat oder sich noch nicht am Gefahrenort befindet. Die gesetzlich fixierte Hilfeleistungspflicht ersetzt also insoweit die Anweisung und Aufforderung der Polizei.[54] Sobald die Polizei aber den Gefahrenort erreicht bzw. selbst in der Lage ist, eine Anweisung oder Aufforderung zu treffen, sind wenig Gründe ersichtlich, warum es bei der, hinsichtlich einer konkreten Handlungsanweisung naturgemäß unbestimmten, gesetzlichen Verpflichtung verbleiben sollte. Vielmehr ist es gerade die Polizei, die regelmäßig über die notwendige Erfahrung verfügt, um insbesondere größere Gefahrenlagen zu koordinieren. An dieser Stelle muss daher eine Trennung zwischen der strafrechtlichen und der

[53] *Ebert/Seel/Joel*, ThürPAG, 8. Aufl. 2019, § 10 Rn. 18; *Honnacker*, in: ders./Beinhofer/Hauser (Hrsg.), BayPAG, 20. Aufl. 2014, Art. 10 Rn. 18; *Schmidbauer*, in: ders./Steiner, BayPAG, 6. Aufl. 2023, Art. 10 Rn. 30.

[54] Vergleichbar lassen sich bereits die Ausführungen deuten von *Bracher*, Gefahrenabwehr durch Private, 1987, S. 45, der Hilfspflichten wie die des § 323c Abs. 1 StGB als „Sonderformen der Inanspruchnahme des Nichtstörers" bezeichnet.

polizeirechtlichen Verantwortlichkeit erfolgen. Dogmatisch lässt sich das so begründen, dass die Notstandsregelungen für die Bewertung der Zulässigkeit der Inanspruchnahme von Personen, die für die ursprüngliche Gefahr für das von § 323c Abs. 1 StGB geschützte Rechtsgut nicht verantwortlich sind, als *leges specialis* vorgehen. Eine mögliche Strafbarkeit bleibt hiervon zwar unberührt. Sobald eine Inanspruchnahme des Nichtstörers aber möglich wird – dies ist dann der Fall, wenn die Behörde Kenntnis über die Sachlage hat und in der Lage ist, den nach § 323c Abs. 1 StGB Verpflichteten zu erreichen –, ist eine polizeirechtliche Verpflichtung nur nach Maßgabe der jeweiligen Notstandsregelung zulässig.

Kommt der Nichtstörer der so getroffenen Verfügung nicht nach, kann er wiederum den Straftatbestand der unterlassenen Hilfeleistung nach § 323c Abs. 1 StGB erfüllen.[55] Dies ist allerdings nur möglich, wenn der Tatbestand der Norm nicht bereits vor der Verfügung durch die Polizei verwirklicht wurde, weil die Tat in diesem Fall durch das Eintreffen der Polizei, wenn sie über ausreichende Mittel verfügt, beendet wird, oder es anderenfalls lediglich zu einer „Aufrechterhaltung" der vollendeten, aber noch nicht beendeten Tat kommt. Eine erneute Verwirklichung, die denklogisch nur in der ersten Konstellation möglich ist, scheitert indes daran, dass in diesem Fall ausreichende polizeiliche Mittel vorhanden sind und es somit an der Erforderlichkeit der Hilfeleistung im Sinne des § 323c Abs. 1 StGB fehlt.[56]

Im Übrigen schließt der heranziehungsbezogene Vorrang der gefahrenabwehrrechtlichen Notstandsregelungen die Erfüllung des Straftatbestands nach § 323c Abs. 1 StGB aber nicht aus. Vielmehr ist die drohende Strafsanktion auch nach der Inanspruchnahme des Nichtstörers ein legitimes Mittel, diesen auch zum Tätigwerden zu bewegen, anstatt sich allein auf die schwerfälligeren polizeilichen Zwangsmittel verlassen zu müssen, deren Einsatz aber gleichsam zulässig ist.

II. Im Generellen: Ergebnisse und Vorschläge

Analog zu den eingangs angeführten Zielen der Arbeit lassen sich die gewonnenen Erkenntnisse in zweierlei Hinsicht kategorisieren. Der erste Ergebniskomplex bezieht sich auf die gesamtkontextuale Bewertung, mithin auf die Funktionen, den Anwendungsbereich und die Wirkungsweise des Notstandsinstituts.

---

[55] Zutreffend wird in diesem Zusammenhang darauf hingewiesen, dass der Verstoß gegen die behördliche Inanspruchnahme nicht automatisch zur Verwirklichung von § 323c Abs. 1 StGB führt, vgl. *Ullrich*, in: Möstl/Weiner (Hrsg.), BeckOK Polizei- und Ordnungsrecht Niedersachsen, 2023, NdsPOG, § 8 Rn. 29.

[56] Da es schon an der Erfüllung dieses Tatbestandsmerkmals mangelt, spielt eine gleichwohl in rechtswidriger Weise erlassene Verfügung durch die Polizei i.S.e. notwendigen Verwaltungsaktakzessorietät für die Strafbarkeit nach § 323c Abs. 1 StGB keine Rolle.

Der zweite Komplex betrifft seine Auslegung und vor allem seine gesetzliche Ausgestaltung. Obwohl sich dieser zugleich als Ausgangsbasis für normative Reformen heranziehen lässt, unterbleibt ein konkreter Vorschlag für eine Neuformulierung, weil die Notstandsregelungen sowie die Ausgleichssysteme keine kompromisslose Aneinanderreihung verfassungsrechtlicher Anforderungen verkörpern (müssen), sondern ein Spielraum verbleibt, der durch die Gesetzgeber ausgefüllt werden kann und soll.

1. Gesamtkontextuale Ergebnisse

Das gefahrenabwehrrechtliche Notstandsinstitut kann auf eine beträchtliche Geschichte zurückblicken und wird berechtigterweise in seiner Existenz nicht mehr angezweifelt. Tradition geht aber nicht automatisch in gefestigte Dogmatik über und erst recht vermag sie als solche noch nicht über gesellschaftliche und rechtliche Entwicklungen hinwegzuhelfen. Zwar ist es nicht notwendig, die jahrzehntelang ausgeübte und durchaus bewährte Praxis der Inanspruchnahme von Nichtstörern grundlegend anzuzweifeln. Die Arbeit hat aber nicht nur gezeigt, dass es einer punktuellen Weiterentwicklung und Anpassung der Sichtweise auf das Notstandsinstitut an die bekannten Entwicklungstendenzen bedarf, sondern dass zugleich altbekannte Problemkreise noch nicht zufriedenstellend bewertet wurden, um den optimalen Ausgleich zwischen den gefahrenabwehrrechtlichen und den freiheitlichen Interessen des Staates und seiner Bürger gewährleisten zu können. Die gefundenen Ergebnisse sollen zur Erreichung dieses Ausgleichs, der sich als eines der wesentlichen Ziele des Notstandsinstituts erwiesen hat, beitragen.

1. Die Begriffsverwendung des *Notstands* im Kontext der Nichtstörerinanspruchnahme ist nicht zu beanstanden, sondern vielmehr die logische Konsequenz aus einem Vergleich mit den Bezeichnungen anderer Notstandsinstitute der Rechtsordnung (§ 2 I. 1. a)). In Bundesländern mit Trennungssystem sollte die Sachlage aber je nach betroffener Behörde als *polizeilicher* oder *ordnungsbehördlicher* Notstand oder verallgemeinert als *gefahrenabwehrrechtlicher* Notstand bezeichnet werden (§ 2 I. 1. b)).

2. Die Entwicklung des Gefahrenabwehrrechts hat dazu geführt, dass die Dichotomie aus Störern und Nichtstörern berechtigterweise aufgegeben wurde. Die Zuweisung klarer Begrifflichkeiten zu den verschiedenen Adressaten und Betroffenen beinhaltet die Chance, Transparenz zu schaffen und die einschlägige Rechtskonstellation anzuzeigen. Als *Nichtverantwortlicher* oder *Nichtstörer* ist daher nur die Person zu bezeichnen, bei der eine Inanspruchnahme über die allgemeine oder eine besondere Notstandsregelung erfolgen muss (§ 2 I. 2. b)). Daneben lässt sich zwischen generalisierenden bzw. individualisierenden Maßnahmen gegen die *Allgemeinheit* bzw. gegen *Jedermann* und Rechtseingriffen gegenüber *mitbetroffenen* bzw. *(sonstigen) unbeteiligten Dritten* differenzieren, wobei im letztgenannten Kontext das Wissenselement auf behördlicher Seite zur Abgrenzung dient (§ 2 I. 2. a)).

3. Dem Notstandsinstitut kommt eine Auffangfunktion zu, indem es auch im Ausnahmefall eine Gefahrenabwehr garantieren soll. Daher zeichnet sich der Nichtstörer dadurch aus, dass es für seine Inanspruchnahme grundsätzlich unerheblich ist, in welcher Beziehung er zu der Gefahr steht. Entscheidend ist allein, dass die Maßnahme aus subjektiver Sicht den angestrebten Gefahrenabwehrerfolg zumindest fördern kann. Die Prüfung einer sogenannten Gegenmittelinhaberschaft ist daher nicht nur zu konturenlos, sondern auch überflüssig, weil der Verhältnismäßigkeitsgrundsatz die Geeignetheit der Maßnahme sicherstellt (§ 2 II. 2. c) aa)).

4. Den Ausgleich zur Auffangfunktion bildet eine Schutzfunktion der Notstandsregelungen, mit der eine für die Gefahrenentstehung nicht verantwortliche Person grundlegend vor Belastungen bewahrt werden soll. Auch bei flächendeckenden Maßnahmen gegen die Allgemeinheit erfolgen zahlreiche Eingriffe in die Rechte Unbeteiligter, denen ebenso wie dem individuell aus der Masse herausgezogenen Nichtstörer ein gewisses Schutzinteresse zugeschrieben werden muss. Die Möglichkeit eines gefahrenabwehrrechtlichen Vorgehens mit flächendeckenden Maßnahmen kann aber nur umfassend interessengerecht sein, wenn hierdurch nicht zwingend großvolumige Ausgleichszahlungen geleistet werden müssen. Aus dieser Ausgangslage sind entsprechende Konsequenzen für die normative Auslegung der Tatbestandsmerkmale des Notstandsinstituts zu ziehen (§ 2 II. 2. c)).

5. Ebenso wie die gesetzlichen Vorgaben zu den Verantwortlichen sind Notstandsregelungen als Vorschriften über die Maßnahmerichtung zu klassifizieren. Sie sind zugleich als Bestandteil der Befugnisnorm zu verstehen, weil hiermit den Grundsätzen der Normenklarheit und -bestimmtheit besser Rechnung getragen wird als bei einer Einordnung als objektive Ermessensgrenzen. Als eigenständige Ermächtigungsgrundlagen kommen sie demgegenüber unter keinen Umständen in Betracht (§ 3 I. 1.).

6. Auf Landesebene besitzen die allgemeinen Ordnungsgesetze einen „AT-Charakter“, sodass deren Notstandsregelungen für eine unmittelbare Ergänzung von Befugnissen spezieller landesrechtlicher Ordnungsgesetze sorgen, soweit diese keine abschließenden Adressatenregelungen enthalten. Der Bildung einer Analogie oder der Heranziehung eines allgemeinen Rechtsgedankens bedarf es im Landesrecht daher nicht. Auf Bundesebene fehlen dagegen noch Anhaltspunkte dafür, dass der Bundesgesetzgeber das Bundespolizeigesetz oder ein anderes seiner Gesetze als „AT-Gesetz“ versteht. Solange entsprechende Indizien nicht geschaffen werden, muss bei ergänzungsbedürftigen bundesrechtlichen Befugnissen daher je nach zugrunde liegender Gesetzgebungskompetenz differenziert werden. Während bei einer konkurrierenden Gesetzgebungskompetenz eine unmittelbare Ergänzung durch die landesrechtlichen Ordnungsgesetze erfolgt, ist dieser Weg bei einer ausschließlichen Gesetzgebungskompetenz des Bundes gesperrt. In diesem Bereich ist eine analoge Anwendung der Vorschriften des Bundespolizeigesetzes vorzunehmen. Die Bildung einer Gesamtanalogie oder die Heranziehung eines allgemeinen Rechtsgedankens sollten dagegen vermieden

werden, weil die geschriebenen Notstandsregelungen im Einzelnen variieren können und der Rückgriff auf ungeschriebenes Recht daher dem Bedürfnis nach Rechtssicherheit zuwiderläuft (§3 I. 2.).

7. Das Notstandsinstitut lässt sich als Ausprägung des verfassungsrechtlich verankerten Grundsatzes gerechter Lastenverteilung begreifen und wird daher maßgeblich durch den allgemeinen Gleichheitssatz und den Verhältnismäßigkeitsgrundsatz beeinflusst. Soweit es als Konkretisierung verfassungsrechtlicher Vorgaben eingeordnet wird, kommt dieser kein abschließender Charakter zu, weil sich eine Maßnahme in atypischen Fällen trotz Erfüllung der geschriebenen Voraussetzungen als unverhältnismäßig erweisen kann (§2 II. 1. c) und §3 I. 1.). Daneben lässt sich das Notstandsinstitut insoweit als Verkörperung der Grundsätze der Normenklarheit und -bestimmtheit begreifen, als eine entsprechende verfassungsrechtliche Voraussetzung auch ausdrücklich Niederschlag im Gesetz finden muss (§3 II. 2. und §4 II. 1. a)).

8. Die Hilfeleistungspflicht in Notlagen ist keine unmittelbare verfassungsrechtliche Grundpflicht, sondern eine verfassungsrechtlich gerechtfertigte Pflicht, deren abstrakte Legitimation durch die staatliche Aufgabe der Sicherheitsgewährleistung und das Sozialstaatsprinzip begründet werden kann. Würde demgegenüber ausschließlich an die Menschenwürde oder an Grundrechte Dritter bzw. eine hieraus resultierende staatliche Schutzpflicht angeknüpft, müsste der Anwendungsbereich des Notstandsinstituts auch auf Fälle mit entsprechend tangierten Belangen begrenzt werden. Dies hätte zugleich eine unangemessene Beeinträchtigung des Interesses an einer effektiven Gefahrenabwehr zur Folge und ist daher abzulehnen (§4 I. 2.).

9. Die legitimationsrechtlichen Anforderungen an die Notstandsregelungen sind hoch anzusetzen, weil ihnen die Funktion zuzuschreiben ist, durch adressatenbezogene Anforderungen eine hinreichende Begrenzung der Befugnis zu gewährleisten und insoweit die häufig unzureichende Begrenzung des möglichen Inhalts der Maßnahme zu kompensieren, was insbesondere für generalklauselartig ausgestaltete Ermächtigungen gilt. Hieraus ergibt sich zugleich, dass eine andere legitimationsrechtliche Ausgangslage angenommen werden kann, wenn spezielle Befugnisse tatbestandlich an eine bestimmte Situation oder eine bestimmte Personeneigenschaft anknüpfen, weil das verfassungsrechtliche Bedürfnis nach einer hinreichenden Begrenzung der Ermächtigung auch auf diese Weise erfüllt oder zumindest gefördert werden kann. In diesem Kontext gebietet der Grundsatz gerechter Lastenverteilung aber prinzipiell ebenso die Existenz von einem sachlichen Grund, warum sich der Zweck der Maßnahme nicht sinnvollerweise durch ein Anknüpfen an eine Gefahr und/oder an den Gefahrenentstehungsverantwortlichen erreichen lässt (§4 II. 1. b)).

10. Unter dem *unechten* Notstand ist eine Situation zu verstehen, in der eine gefahrenabwehrrechtliche Maßnahme gegen den Störer zwar tatsächlich und insbesondere auch rechtlich möglich sowie erfolgversprechend ist, diese Maßnahme aber Folgen befürchten lässt, die außer Verhältnis zu den Belastungen stehen, die der Nichtstörer bei seiner Heranziehung auferlegt bekommt. Die Grundvoraus-

setzung für einen *unechten* Notstand ist also zunächst, dass die Belastungen des Verantwortlichen oder der Allgemeinheit nicht außer Verhältnis zum Zweck der Maßnahme gegen den Verantwortlichen stehen, weil dies zur rechtlichen Unmöglichkeit und damit einem *echten* Notstand führen würde. Vielmehr muss der Zweck der Maßnahme gegen den Verantwortlichen die Belastungen der Allgemeinheit überwiegen. Ein *unechter* Notstand entsteht dann, wenn mit der Inanspruchnahme eines Nichtstörers der Zweck der Maßnahme ebenfalls erreicht werden kann und dieser bei der Heranziehung noch geringere Belastungen erleidet als die Allgemeinheit bei einem Vorgehen gegen den Verantwortlichen. Der *unechte* Notstand betrifft also eine Abwägung zwischen den Belastungen der Allgemeinheit bei einem zulässigen Vorgehen gegen den Verantwortlichen und den Belastungen des Nichtstörers bei seiner Heranziehung (§ 4 II. 2. b) bb) (1) und (2)).

11. Aus verfassungsrechtlicher Sicht kann eine vorrangige Heranziehung des Nichtstörers im *unechten* Notstand legitimierbar sein, wobei die Belastungen der Allgemeinheit nicht nur sachlicher, sondern auch finanzieller Natur entstammen können. Erforderlich ist aber stets ein ersichtliches Missverhältnis gegenüber den Belastungen des Nichtstörers, wobei die Bestimmung des Missverhältnisses von verschiedenen Umständen wie etwa der zugrunde liegenden Grundrechtskonstellation beeinflusst wird. Die einfachgesetzlichen Notstandsregelungen erfassen Konstellationen des *unechten* Notstands (mit Ausnahme der missverständlich formulierten Vorschrift in Baden-Württemberg) allerdings nicht, sodass entsprechende Maßnahmen im Einzelfall nach aktuellem Stand nicht zulässig sind und diverse gerichtliche Entscheidungen, die insbesondere zum Verbot friedlicher Versammlungen ergangen sind, in diesem Punkt nicht überzeugen (§ 4 II. 2. b) bb) (3) bis (6)).

12. Der (drohende) Verstoß gegen die Hilfeleistungspflicht des § 323c Abs. 1 StGB führt nicht dazu, dass eine für die Entstehung der Ausgangsgefahr nicht verantwortliche Person als Handlungsstörer in Anspruch genommen werden darf. Der Zweck des § 323c Abs. 1 StGB besteht darin, eine Hilfeleistung sicherzustellen, wenn die Behörde selbst noch nicht fähig ist, die Gefahrenlage zu koordinieren oder eigenständig zu handeln. Sobald sie hierzu jedoch in der Lage ist, enthält das Notstandsinstitut die maßgeblichen Wertungen darüber, unter welchen Voraussetzungen die Person zur Mithilfe bei der Gefahrenabwehr verpflichtet werden darf. Daher ist den Notstandsregelungen für diese Konstellationen ein Vorrang einzuräumen. Die Möglichkeit der Strafbarkeit nach § 323c Abs. 1 StGB bleibt von einer behördlichen Notstandsmaßnahme aber unberührt (§ 5 I. 2.).

2. Normbezogene Vorschläge

Die Ausgestaltung und die Auslegung des Notstandsinstituts sind genauso bedeutsam wie das Verständnis seiner Hintergründe. In optimierter Form lässt sich beides allerdings nur erreichen, wenn die Hintergründe angemessen berücksichtigt werden. Weil Eingriffe in die Rechte Unbeteiligter komplex sind, aber nicht auf sie verzichtet werden kann, gebührt der normativen Ausgestaltung im Rahmen eines den Gesetzgebern einzuräumenden Spielraums eine umso höhere Aufmerksamkeit. Nicht in der Erfüllung verfassungsrechtlicher Mindestanforderungen, sondern in der Optimierung des Rechts muss die gesetzgeberische Zielsetzung liegen. Denn die Regelungen müssen ein geeignetes Fundament für eine rechtssichere und ausbalancierte Auslegung und Anwendung im Einzelfall bilden. Dabei sollen die folgenden, auf den gewonnenen Erkenntnissen basierenden Vorschläge behilflich sein.

1. Bei der Ausgestaltung des gefahrenabwehrrechtlichen Notstandsinstituts müssen verschiedene Ziele verfolgt werden. Den Regelungen obliegt insbesondere die Aufgabe, die weitläufigen Generalklauseln hinreichend zu begrenzen. Sie müssen sowohl für den Bürger als auch für die Verwaltung Transparenz schaffen und besonders den Behörden, die mit der Inanspruchnahme von Nichtstörern im Zweifel eher unerfahren sind, ein leitendes Instrumentarium an die Hand geben. Hierdurch sollte ein umfassender Ausgleich zwischen den divergierenden Interessen des Staates, der Allgemeinheit sowie des Nichtstörers anvisiert werden (§ 2 II. 1. a) und § 4 II. 1.).

2. Die Ausgestaltung der einfachgesetzlichen Notstandsregelungen wird durch den verfassungsrechtlichen Verhältnismäßigkeitsgrundsatz, über das diesem immanente Zumutbarkeitsprinzip und durch die Gebote der Normenklarheit und -bestimmtheit reglementiert. Während der Verhältnismäßigkeitsgrundsatz Maßgaben für den Inhalt einer Voraussetzung vorgibt („Verrechtlichung"), entscheiden die Gebote der Normenklarheit und -bestimmtheit darüber, ob der ermittelte Inhalt ausdrücklich zu fixieren ist („Vergesetzlichung") oder eine nachgeschaltete Prüfung allgemeiner Verhältnismäßigkeitsanforderungen für eine hinreichende Begrenzung genügt. Je wichtiger sich die jeweilige Voraussetzung zum Schutz des Nichtstörers vor übermäßigen und gleichheitswidrigen Belastungen gestaltet und je eher ohne sie die Gefahr anzunehmen ist, dass die aus dem Verhältnismäßigkeitsgrundsatz resultierende inhaltliche Anforderung verkannt wird, desto eher ist eine ausdrückliche Vergesetzlichung vorzunehmen (§ 4 II. 1. c)).

3. Zur Wahrung verfassungsrechtlicher Vorgaben müssen die Notstandsregelungen erhöhte Anforderungen an die zeitliche Nähe des Schadenseintritts stellen und diese ebenso wie die Subsidiarität der Nichtstörerinanspruchnahme ausdrücklich absichern (§ 4 II. 2. b) ee)). Im Hinblick auf andere Komponenten wie das bedrohte Rechtsgut, Grenzen der Zumutbarkeit oder behördliche Rechte und Pflichten während der Aufrechterhaltung der Maßnahme kommt den Gesetzgebern hingegen ein größerer Gestaltungsspielraum zu (§ 4 II. 2. b) ee) und § 4 II. 2. c) ee)). Wenngleich die Notstandsregelungen der Polizei- und allgemeinen Ordnungsgesetze von Bund und Ländern stärker divergieren als vielfach angenommen, sind sämtliche dieser Vorschriften mit höherrangigem Recht vereinbar. Dennoch verbleiben beträchtliche Optimierungsmöglichkeiten für einen ausgewogenen Interessenausgleich (§ 4 II. 2.).

4. Während sich die Ordnungsgesetze der Länder als allgemeine Gesetze qualifizieren lassen, die die besonderen Gefahrenabwehrgesetze unmittelbar ergänzen können, fehlen die Anhaltspunkte für ein solches Verständnis auf Bundesebene. Weil es im Bereich der ausschließlichen Gesetzgebungskompetenz anderenfalls auf eine analoge Anwendung der Adressatenregelungen des Bundespolizeigesetzes hinauslaufen muss, sollte der Bundesgesetzgeber in Betracht ziehen, im Sinne der Rechtssicherheit zumindest die ergänzende Anwendung der Adressatenregelungen dieses Gesetzes ausdrücklich anzuordnen (§ 3 I. 2. c) aa)).

5. In den Notstandsregelungen sollte erwogen werden, statt einer gegenwärtigen erheblichen Gefahr lediglich eine gegenwärtige Gefahr vorauszusetzen. Insbesondere dann, wenn sich der Eingriff gegenüber dem Nichtstörer gering gestaltet und dieser keiner eigenen Gefährdung ausgesetzt wird, überwiegt regelmäßig das Interesse an einer effektiven Gefahrenabwehr (§ 4 II. 2. b) aa) (3)). Als Ausgleich zu den herabgesetzten Anforderungen an den notwendigen Gefahrengrad muss allerdings der nachgeschalteten Bewertung der Verhältnismäßigkeit der Maßnahme eine größere Beachtung geschenkt werden (§ 4 II. 2. b) dd)).

6. Der *unechte* Notstand sollte tatbestandlich Berücksichtigung erfahren. Eine Orientierung an § 9 Abs. 1 BWPolG drängt sich dabei allerdings nicht auf, weil diese Vorschrift so ausgestaltet ist („insbesondere"), dass hinter dem *unechten* Notstand befindliche Situationen zum Unterfall eines *echten* Notstands werden. Eine alternative Ausgestaltung, etwa mit Nummern wie in dem außer Kraft getretenen § 7 Abs. 1 SächsPolG, ist demgegenüber vorzugswürdig, um den Unterschied und die besonderen Erfordernisse besser hervorzuheben. Wichtiger ist allerdings, dass die normative Beschreibung des *unechten* Notstands trefflicher konturiert wird und sich ausdrücklich auf ein ersichtliches Missverhältnis zwischen den Belastungen der Allgemeinheit und den Belastungen des Nichtstörers bezieht. Eine entsprechende Formulierung sollte so gewählt sein, dass in Ausnahmefällen auch fiskalische Erwägungen erfasst werden können (§ 4 II. 2. b) bb) (2) bis (6)).

7. Die Zumutbarkeit einer Maßnahme sollte, mit Ausnahme der verfassungsrechtlich gebotenen Grenze bei einer Lebensgefahr des Nichtstörers, einer umfassenden tatbestandlichen Abwägung unterliegen, bei der nicht nur das jeweils bedrohte Rechtsgut, sondern insbesondere auch die Wahrscheinlichkeit des Schadenseintritts auf beiden Seiten berücksichtigt werden muss. Weil die Notstandsregelungen überwiegend nur Bezug auf Grenzen bei der Eigengefährdung und der Kollision von Pflichten nehmen, besteht die Gefahr, dass andere Zumutbarkeitsaspekte, die dementsprechend auf einer zweiten Stufe im Kontext der nachgeschalteten Verhältnismäßigkeitsprüfung zu beachten sind, übersehen werden. Eine interessengerechte Lösung, die eine Prüfung als solche durch die Behörde sicherstellt, zugleich aber nicht den Eindruck vermittelt, dass mit der Eigengefährdung und der Pflichtenkollision abschließende Zumutbarkeitsgrenzen geregelt werden, ließe sich durch eine Orientierung an der Ausgestaltung des § 323c Abs. 1 StGB erreichen. Dies hätte zugleich den Vorteil, dass die zahlenmäßig präsentere strafrechtliche Rechtsprechung zur Zumutbarkeit einer Hilfeleistung besser berücksichtigt werden könnte (§ 4 II. 2. b) cc)).

8. Normative Äußerungen zu Pflichten der zweiten Phase sind verfassungsrechtlich nicht zwingend, aber durchaus begrüßenswert (§ 4 II. 2. c) ee)). Sofern ein „Aufrechterhaltungsrecht", aus dem sich eine Aufhebungspflicht unmittelbar ableiten lässt, explizit benannt wird, sollte sich dieses nicht nur auf die Entstehung einer anderweitigen Gefahrenabwehrmöglichkeit, sondern umfassend auf die Voraussetzungen für die Inanspruchnahme beziehen. Weil die Aufrechterhaltung in Ausnahmesituationen trotz anderweitiger Gefahrenabwehrmöglichkeit interessengerecht sein kann, sollte bei der Ausgestaltung an die Heranziehungsvoraussetzungen angeknüpft werden. Sofern dort der *unechte* Notstand geregelt ist, lassen sich Ausnahmen dann auch im Kontext der Aufhebung berücksichtigen (§ 4 II. 2. c) cc)).

9. Aus gefahrenabwehrrechtlicher Sicht ist der wichtigste Zweck der Entschädigungsregelungen darin zu sehen, dass sie die Verhältnismäßigkeit von Maßnahmen sicherstellen und damit die Befugnisse der Verwaltung erweitern, ohne dass es dabei zu übermäßigen Belastungen für den Nichtstörer kommt. Durch ihre Existenz werden die Behörden also nicht auf diejenigen Maßnahmen beschränkt, die auch ohne entsprechenden finanziellen Ausgleich verhältnismäßig wären (§ 4 II. 2. d) aa)). Die aktuellen Entschädigungssysteme lassen bei einer entsprechend vorgenommenen Auslegung weitgehend interessengerechte Ergebnisse zu. Soweit Vorschriften bestimmte Arten von (immateriellen) Schäden normativ ausschließen, sollte dies allerdings überdacht werden, weil sich dieser Umstand bei der Bewertung der Verhältnismäßigkeit einer Maßnahme niederschlagen kann, wenn eine entsprechende Beeinträchtigung auf der Seite des Nichtstöres droht. Im Extremfall kann hieraus sogar die Unzulässigkeit einer Maßnahme folgen, was im Sinne einer effektiven Gefahrenabwehr zu vermeiden ist (§ 4 II. 2. d) bb) (2)).

10. Mit der angezeigten und am Schutzzweck der Notstandsregelungen orientierten Auslegung steht das Tatbestandsmerkmal der „gerichteten" Maßnahme der Anwendung auf flächendeckende Anordnungen nicht entgegen. Zugleich werden die Anforderungen regelmäßig erfüllt sein, weil der Verantwortliche unbekannt ist oder das Vorgehen gegen einzelne Störer in den entsprechenden Konstellationen keinen hinreichenden Erfolg verspricht. Die Anwendung der Notstandsregelungen kann daher für einen angemessenen Interessenausgleich sorgen und eine „Flucht in die flächendeckende Maßnahme" verhindern (§ 2 II. 2. c) bb) und cc)). Andererseits ist sie auch nur dann umfassend interessengerecht, wenn hierdurch nicht zwingend großvolumige Ausgleichszahlungen geleistet werden müssen. Weil die einzelnen Personen bei flächendeckenden Maßnahmen meist kein Sonderopfer erbringen, ließe sich der Entschädigungsanspruch durchaus mittels einer entsprechenden Auslegung des Schadensbegriffs versagen. Alternativ sollte eine hieran orientierte normative Anpassung der Regelungen erwogen werden. Dem individuell herangezogenen Nichtstörer kann dagegen neben der Verpflichtung, die als solche entschädigungslos hinzunehmen ist, nicht zusätzlich die Belastung eines Schadens auferlegt werden, sodass ihm selbst bei einer entsprechenden Auslegung in aller Regel ein Ausgleichsanspruch zuzugestehen ist (§ 4 II. 2. d) cc) (2)).

11. Weil § 323c Abs. 1 StGB ebenso wie die Notstandsregelungen die Abwehr einer Gefahr sicherstellen soll, wenn weder ein Verantwortlicher noch die Behörde hierzu in der Lage sind, sollte nicht nur eine Angleichung der Institute im Hinblick auf die Regelung der Zumutbarkeit, sondern auch eine Harmonisierung der Ausgleichssysteme erwogen werden. Eine solche ließe sich etwa dadurch erreichen, dass der nach § 323c Abs. 1 StGB Hilfsverpflichtete in das Entschädigungsregime der Ordnungsgesetze eingegliedert wird, wie es in § 59 Abs. 1 ASOG Bln bereits erfolgt ist (§ 4 II. 2. d) bb) (1)).

12. Auch bei versammlungsrechtlichen Maßnahmen können und müssen die allgemeinen Adressatenregelungen zur Anwendung kommen, wenn die Versammlungsgesetze keine abschließenden Vorgaben enthalten. Solche lassen sich insbesondere nicht ableiten, wenn Befugnisse Maßnahmen gegen „die Versammlung" ermöglichen. Die Polizeirechtsfestigkeit des Versammlungsrechts steht einer Anwendung der allgemeinen Adressatenregelungen nicht entgegen, weil die normative Ergänzung ermächtigungsbegrenzend wirkt, dem Interesse an Rechtssicherheit besser Rechnung trägt als eine bloße Anwendung des Verhältnismäßigkeitsgrundsatzes und der Eingriff nach wie vor primär auf Grundlage des Versammlungsgesetzes erfolgt (§ 5 I. 1. b)). Sofern die Versammlungsgesetze mit eigenen Adressatenvorschriften regeln, unter welchen Voraussetzungen gegen eine friedliche Versammlung vorgegangen werden kann, sollten auch diese Vorschriften um den *unechten* Notstand ergänzt werden. Dies bietet sich vor allem deshalb an, weil Maßnahmen im *unechten* Notstand eine beträchtliche Relevanz im Versammlungsrecht haben, wegen der Schwere des Eingriffs aber höhere Anforderungen gestellt werden müssen als in anderen Konstellationen. Insbesondere ist eine vorrangige Inanspruchnahme der friedlichen Versammlung aus finanziellen Erwägungen selbst bei extrem hohen Kosten nahezu ausgeschlossen. Dies lässt sich zwar auch unter einem auslegungsfähigen und abwägungsimplizierenden Begriff wie dem des *Missverhältnisses* beachten, im Lichte der Versammlungsfreiheit kann aber eine normative Verankerung entsprechender verfassungsrechtlicher Wertungen und somit eine Modifikation der allgemeinen Regelungen erwogen werden (§ 4 II. 2. b) bb) (6) und § 5 I. 1. c)).

III. Schlusswort

Obwohl sich die grundlegende Struktur bewährt hat und sämtliche Notstandsregelungen der Polizei- und der allgemeinen Ordnungsgesetze den höherrangigen Anforderungen entsprechen, wohnt ihnen nach wie vor ein beträchtliches Optimierungspotenzial inne, mit dem die weitmöglichste Gewährleistung eines umfassenden Interessenausgleichs nicht nur auf eine rechtssichere Basis gestellt werden könnte, sondern mit dem sich zugleich die Transparenz der Maßnahmen zugunsten des Bürgers sowie die Leitlinienqualität der Regelungen für die Verwaltung auf ein neues Level anheben lassen würden.

Während sich normative Defizite zumindest in der Theorie leicht beseitigen lassen, kann auf Mängel, die aus einem nicht vollständig erschlossenen Verständnis über die Funktionen, die Anwendungsbereiche und die Wirkungsweise des Notstandsinstituts resultieren, weniger flexibel und effektiv reagiert werden. Die Schaffung und Förderung eines Verständnisses, das sich häufig in eine entsprechende Auslegung der Norm niederschlagen kann, obliegt aber nicht nur den Gesetzgebern in ihren Gesetzesmaterialien, sondern auch literarischen Beiträgen aus der Wissenschaft und den Ausführungen der Rechtsprechung. Besonders die Gerichte stehen diesbezüglich vor einer großen Herausforderung, weil Urteile und Beschlüsse, denen ein gefahrenabwehrrechtlicher Notstand zugrunde liegt, relativ selten erforderlich sind, damit aber zugleich mit jeder einzelnen Entscheidung die Gefahr einhergeht, mit inhaltlich unzutreffenden Äußerungen eine negative Lenkwirkung für die Zukunft herbeizuführen. In der überschaubaren Anzahl gerichtlicher Prozesse, die überdies häufig zur Beschlagnahme von Wohnraum oder zum Verbot von Versammlungen ergangen sind, vermag ein wesentlicher Grund zu liegen, warum zahlreiche kleinere Probleme, die sich bei der Behandlung der einzelnen Voraussetzungen aufgetan haben, noch nicht erkannt oder hinreichend gelöst wurden.

Die gewonnenen Erkenntnisse haben eine weitgehende Auflösung der zu Beginn der Arbeit aufgeführten augenscheinlichen Widersprüche ermöglicht. Es lässt sich festhalten, dass die Entstehung verschiedener Unklarheiten vereinzelt durch gesetzliche Unschärfen ausgelöst oder katalysiert wurde, der Grund für die allgemeine Unsicherheit bei der Behandlung des Notstandsinstituts aber mutmaßlich durch zweierlei Gründe bedingt wird. Die erste Ursache liegt in der gesellschaftlichen und damit zusammenhängenden allgemeinen Rechtsentwicklung, die stetig neue Herausforderungen mit sich bringt. Die zweite Ursache liegt in der wissenschaftlichen Aufarbeitung, die sich an vielen Stellen noch als oberflächlich und lückenhaft erwiesen hat. Das Notstandsinstitut als solches ist kein Paradoxon, sondern lässt sich bei einer entsprechenden Handhabung widerspruchsfrei in das Adressatensystem des Gefahrenabwehrrechts eingliedern.

Generell gilt, dass die allgemeinen Entwicklungstendenzen im Sicherheitsrecht nicht dazu führen dürfen, dass den tradierten Regelungen, insbesondere dem Komplex des allgemeinen Adressatensystems und mithin auch den Notstandsregelungen, weniger Aufmerksamkeit zuteilwird. Denn einerseits können aus neuen Entwicklungen neue Herausforderungen für altbekannte Vorschriften resultieren. Andererseits wird das Wissen zu altbekannten Vorschriften zumeist eine nutzbare Basis zur Bewertung neuer Rechtskonstellationen bereithalten. Ein terminologisches, systematisches und legitimationsrechtliches Grundverständnis zum Rechtsinstitut des gefahrenabwehrrechtlichen Notstands mit verfassungsrechtlich intendierten Bezügen zu anderen Adressatenkonstellationen weist daher ein höheres Potenzial auf, als lediglich im Kontext der Nichtstörerinanspruchnahme für den Umgang mit einzelnen Fallgestaltungen genutzt zu werden.

Die (verfassungsrechtlichen) Hintergründe des Notstandsinstituts bilden keinen umfassenden Gradmesser, aber einen wichtigen, vielleicht sogar den wichtigsten Baustein für die Bewertung von Pflichten unbeteiligter Personen. Sie haben grundlegende Antworten geliefert, warum, wann und unter welchen Voraussetzungen wir im gefahrenabwehrrechtlichen Sinne für das, was wir nicht getan haben, verantwortlich sind.

Literaturverzeichnis

Ahlers, Henrik, Grenzbereich zwischen Gefahrenabwehr und Strafverfolgung, Frankfurt a.M. 1998.

Alberts, Hans, Der Nicht-Störer im bereichsspezifischen Datenschutz, ZRP 1990, S. 147–149.

Albrecht, Peter-Alexis, Die vergessene Freiheit – Strafrechtsprinzipien in der europäischen Sicherheitsdebatte, 2. Auflage, Berlin 2006.

ders., Kriminologie – Eine Grundlegung zum Strafrecht, 4. Auflage, München 2010.

Albrecht, Rüdiger, Zumutbarkeit als Verfassungsmaßstab – Der eigenständige Gehalt des Zumutbarkeitsgedankens in Abgrenzung zum Grundsatz der Verhältnismäßigkeit, Berlin 1995.

Anschütz, Gerhard, Lücken in den Verfassungs- und Verwaltungsgesetzen, VerwArch 14 (1906), S. 315–340.

Antweiler, Clemens, Betriebsuntersagung durch Covid-19-Rechtsverordnungen: Eigentumseingriff und Entschädigung, NVwZ 2020, S. 584–589.

Archangelskij, Alexander, Das Problem des Lebensnotstandes am Beispiel des Abschusses eines von Terroristen entführten Flugzeugs, Berlin 2005.

Artz, Markus/Ball, Wolfgang/Benecke, Martina et al. (Hrsg.), BeckOGK BGB, Stand: März 2023, München.

Aulehner, Josef, Polizeiliche Gefahren- und Informationsvorsorge – Grundlagen, Rechts- und Vollzugsstrukturen, dargestellt auch im Hinblick auf die deutsche Beteiligung an einem Europäischen Polizeiamt (EUROPOL), Berlin 1998.

Bach, Markus, Das Analogieverbot im Verwaltungsrecht, Berlin 2011.

Bäcker, Matthias, Kriminalpräventionsrecht – Eine rechtsetzungsorientierte Studie zum Polizeirecht, zum Strafrecht und zum Strafverfahrensrecht, Tübingen 2015.

Bader, Johann/Ronellenfitsch, Michael (Hrsg.), BeckOK VwVfG – mit VwVG und VwZG, Stand: April 2023, München.

Badura, Peter, Grundpflichten als verfassungsrechtliche Dimension, DVBl. 1982, S. 861–872.

Baldus, Manfred, Entgrenzungen des Sicherheitsrechts – Neue Polizeirechtsdogmatik?, DV 47 (2014), S. 1–23.

Baller, Oesten/Eiffler, Sven/Tschisch, Andreas, Allgemeines Sicherheits- und Ordnungsgesetz Berlin – Zwangsanwendung nach Berliner Landesrecht – UZwG, Stuttgart u.a. 2004.

Bamberger, Christian, Grundfälle zum Recht der Geschäftsführung ohne Auftrag im Öffentlichen Recht, JuS 1998, S. 706–711.

Barczak, Tristan, Die Kennzeichnungspflicht für Polizeibeamte im Lichte des Verfassungsrechts, NVwZ 2011, S. 852–855.

ders., Der gebundene Verwaltungsakt unter Verhältnismäßigkeitsvorbehalt – Zur Berücksichtigung einzelfallbezogener Gerechtigkeits- und Billigkeitserwägungen im Rahmen gesetzlich gebundenen Verwaltungshandelns, VerwArch 105 (2014), S. 142–181.

ders., Der Notstand im Recht der Gefahrenabwehr, DV 49 (2016), S. 157–203.
ders., Rechtsgrundsätze – Baupläne für die normative Einheits- und Systembildung, JuS 2021, S. 1–7.
ders., Der nervöse Staat – Ausnahmezustand und Resilienz des Rechts in der Sicherheitsgesellschaft, 2. Auflage, Tübingen 2021.
Barner-Gaedicke, Elisabeth, Der Gefahrerforschungseingriff im Naturschutzrecht, NuR 2018, S. 663–668.
Barthel, Maik, Die (Un-)Zumutbarkeit des erfolgsabwendenden Tuns – Begriff und systematische Einordnung, Berlin 2004.
Bartholmes, Thomas, Umweltrechtliche Verantwortlichkeit als mittelbarer Verursacher von Umwelteinwirkungen – Materielle und finanzielle Verantwortlichkeit als aktiver und passiver Verursacher fremder umwelterheblicher Handlungen im deutschen Umweltrecht und nach der EG-Umwelthaftungsrichtlinie, Berlin 2006.
Baumann, Petra, Der Störer im Umweltbereich – Dargestellt am Beispiel der Altlasten, Pfaffenweiler 1991.
Beaucamp, Guy, Zum Analogieverbot im öffentlichen Recht, AöR 134 (2009), S. 83–105.
ders., Allgemeine Rechtsgrundsätze als methodisches Problem, DÖV 2013, S. 41–50.
ders./Seifert, Jens, Soll der Zweckveranlasser weiterleben?, JA 2007, S. 577–580.
Becker, Florian, Grundrechtliche Grenzen staatlicher Überwachung zur Gefahrenabwehr, NVwZ 2015, S. 1335–1340.
Beckermann, Benedikt, Amtshilfeleistung und polizeilicher Notstand im Versammlungsrecht, DVBl. 2019, S. 407–413.
ders., Verantwortlichkeitsnormen als „Allgemeines Ordnungsrecht“, DÖV 2020, S. 144–151.
Behnsen, Alexander, Fan-Aussperrungen nach dem Polizei- und Ordnungsrecht, NordÖR 2013, S. 1–7.
Belz, Reiner/Mußmann, Eike/Kahlert, Henning et al., Polizeigesetz für Baden-Württemberg, 9. Auflage, Stuttgart u.a. 2022.
Bengl, Karl/Berner, Georg/Emmerig, Ernst (Begr.), Bayerisches Landesstraf- und Verordnungsgesetz – LStVG, 1. Band, Stand: 37. Erg.-Lfg. 2019, München.
Berber, Friedrich, Das Staatsideal im Wandel der Weltgeschichte, 2. Auflage, München 1978.
Bergmann, Michael, Die Polizeifestigkeit des Versammlungsgeschehens, Aachen 1996.
Bethge, Herbert, Grundpflichten als verfassungsrechtliche Dimension, NJW 1982, S. 2145–2150.
ders., Die verfassungsrechtliche Problematik der Grundpflichten, JA 1985, S. 249–259.
Beurmann, Arno, Das Staatsnotrecht, Greifswald 1914.
Beye, Friedrich, Zur Dogmatik polizeirechtlicher Verantwortlichkeit, Mainz 1969.
Beyme, Klaus von, Liberalismus – Theorien des Liberalismus und Radikalismus im Zeitalter der Ideologien 1789–1945, Wiesbaden 2013.
Bleckmann, Albert, Begründung und Anwendungsbereich des Verhältnismäßigkeitsprinzips, JuS 1994, S. 177–183.
Blindauer, Arnold, Die folgenschwere unterlassene Hilfeleistung (§ 330 c StGB), Saarbrücken 1961.
Böckenförde, Ernst-Wolfgang, Staat, Gesellschaft, Freiheit – Studien zur Staatstheorie und zum Verfassungsrecht, Frankfurt a.M. 1976.
Bockwoldt, Gesine, Rechtmäßigkeit und Kostentragungspflicht polizeilichen Handelns – Grundsätze der effektiven Gefahrenabwehr und der gerechten Lastenverteilung, Stuttgart u.a. 2003.

Boll, Michaela, Die Gebührenpflicht des Nichtstörers für polizeiliche Maßnahmen, Frankfurt a.M. 1998.

Bott, Pia, Die Zustandsverantwortlichkeit wegen des Verhaltens Dritter im Allgemeinen Polizei- und Sicherheitsrecht, Würzburg 1986.

Bracher, Christian-Dietrich, Gefahrenabwehr durch Private – Eine verfassungsrechtliche Untersuchung zu den Grenzen der Übertragung von Aufgaben der Gefahrenabwehr auf Private und der staatlichen Zulassung privater Gefahrenabwehr, Berlin 1987.

Braun, Frank, Polizeikostenerstattung bei Fußballbundesligaspielen?, Die Polizei 2013, S. 321–326.

Brenneisen, Hartmut, Der exekutive Handlungsrahmen im Schutzbereich des Art. 8 GG, DÖV 2000, S. 275–283.

Brenner, Michael, Entschädigungsansprüche von Hotels und Gaststätten im Angesicht von COVID-19?, DÖV 2020, S. 660–665.

Breuer, Marten, Staatshaftung für judikatives Unrecht – Eine Untersuchung zum deutschen Recht, zum Europa- und Völkerrecht, Tübingen 2011.

Brocker, Lars/Droege, Michael/Jutzi, Siegfried (Hrsg.), Verfassung für Rheinland-Pfalz, Handkommentar, 2. Auflage, Baden-Baden 2022.

Brodowski, Dominik, Verdeckte technische Überwachungsmaßnahmen im Polizei- und Strafverfahrensrecht – Zur rechtsstaatlichen und rechtspraktischen Notwendigkeit eines einheitlichen operativen Ermittlungsrechts, Tübingen 2016.

Buddeberg, Eva, Verantwortung im Diskurs – Grundlinien einer rekonstruktiv-hermeneutischen Konzeption moralischer Verantwortung im Anschluss an Hans Jonas, Karl-Otto Apel und Emmanuel Lévinas, Berlin u.a. 2011.

Bumke, Christian, Verwaltungsakte, in: Voßkuhle, Andreas/Eifert, Martin/Möllers, Christoph (Hrsg.), Grundlagen des Verwaltungsrechts, 2. Band, 3. Auflage, München 2022, § 34.

Bünnigmann, Kathrin, Polizeifestigkeit im Versammlungsrecht, JuS 2016, S. 695–698.

Burghardt, Boris, Zufall und Kontrolle – Eine Untersuchung zu den Grundlagen der moralphilosophischen und strafrechtlichen Zurechnung, Tübingen 2018.

Bürkel, Dietrich, § 21 des Preussischen Polizeiverwaltungsgesetzes vom 1. Juni 1931 und das polizeiliche Notstandsrecht, Köln 1934.

Butzer, Hermann, Flucht in die polizeiliche Generalklausel? – Überlegungen zur Konkurrenz von polizeirechtlichen Befugnisnormen, VerwArch 93 (2002), S. 506–539.

Castillon, Nicole, Dogmatik und Verfassungsmäßigkeit neuer Befugnisse zu verdachts- und anlassunabhängigen Polizeikontrollen, Frankfurt a.M. 2003.

Christmann, Hagen, Der Sachschaden in der gesetzlichen Unfallversicherung, Hamburg 2005.

Cirener, Gabriele/Radtke, Henning/Rissing-van Saan, Ruth et al. (Hrsg.), Leipziger Kommentar StGB, 18. Band, §§ 323a–330d, 13. Auflage, Berlin u.a. 2022.

Cornils, Matthias, Rationalitätsanforderungen an die parlamentarische Rechtssetzung im demokratischen Rechtsstaat, DVBl. 2011, S. 1053–1061.

ders., Entschädigung für Corona-Schutzmaßnahmen: Grundrechtshaftung oder soziale Hilfen?, DV 54 (2021), S. 477–513.

Cremer, Wolfram, Freiheitsgrundrechte – Funktionen und Strukturen, Tübingen 2003.

Dallinger, Wilhelm, Aus der Rechtsprechung des Bundesgerichtshofes in Strafsachen, MDR 1968, S. 550–553.

Darnstädt, Thomas, Gefahrenabwehr und Gefahrenvorsorge – Eine Untersuchung über Struktur und Bedeutung der Prognose-Tatbestände im Recht der öffentlichen Sicherheit und Ordnung, Frankfurt a.M. 1983.

Dechsling, Rainer, Das Verhältnismäßigkeitsgebot – Eine Bestandsaufnahme der Literatur zur Verhältnismäßigkeit staatlichen Handelns, München 1989.

Detterbeck, Steffen, Folgenbeseitigungs- und polizeirechtlicher Ausgleichsanspruch beim Vollzug rechtswidriger Gesetze, NVwZ 2019, S. 97–103.

Deusch, Florian, Polizeiliche Gefahrenabwehr bei Sportgroßveranstaltungen – Darstellung anhand des Fußballsports, Berlin 2005.

Diegmann, Heinz/Lankau, Ingo-Endrick, Hessisches Brand- und Katastrophenschutzrecht, 8. Auflage, Stuttgart 2010.

Dietel, Alfred/Gintzel, Kurt/Kniesel, Michael, Versammlungsgesetze – Kommentierung des Versammlungsgesetzes des Bundes und der Versammlungsgesetze der Länder, 18. Auflage, Köln 2019.

Di Fabio, Udo, Gefahr, Vorsorge, Risiko – Die Gefahrenabwehr unter dem Einfluß des Vorsorgeprinzips, Jura 1996, S. 566–574.

ders., Sicherheit in Freiheit, NJW 2008, S. 421–425.

Dolde, Klaus-Peter/Marquard, Maria, Ausgleichspflicht für pandemiebedingte Betriebs- und Tätigkeitsverbote – Zur Verfassungswidrigkeit des § 28 b I IfSG, NVwZ 2021, S. 674–679.

Dombert, Matthias, Flüchtlingsunterbringung und Ordnungsbehördenrecht – Zu den rechtlichen Voraussetzungen der Inanspruchnahme privaten Wohnraums, LKV 2015, S. 529–534.

Drasdo, Michael, Obdach kraft Beschlagnahme? Immobilienrechtliche Perspektiven, NJW-Spezial 2016, S. 33–34.

ders., Die Wohnraumüberlassung an Flüchtlinge, npoR 2017, S. 7–11.

Dreijmanis, John, Einleitung, in: ders. (Hrsg.), Max Webers vollständige Schriften zu akademischen und politischen Berufen – Herausgegeben und mit einer Einleitung von John Dreijmanis, Übersetzung der Einleitung von Dirk Siepmann, 2. Auflage, New York 2017.

Drewes, Michael/Malmberg, Karl/Wagner, Marc et al., Bundespolizeigesetz – BPolG, Zwangsanwendung nach Bundesrecht, VwVG/UZwG, 6. Auflage, Stuttgart 2019.

Drews, Bill/Wacke, Gerhard/Vogel, Klaus et al., Gefahrenabwehr – Allgemeines Polizeirecht (Ordnungsrecht) des Bundes und der Länder, 9. Auflage, Köln u.a. 1986.

Drosdzol, Wolf-Dietrich, Grundprobleme des Demonstrationsrechts, JuS 1983, S. 409–417.

Dünchheim, Thomas/Gräler, Sebastian, Entschädigungs- und Schadensersatzansprüche wegen COVID-19-bedingter Anordnungen zur Schließung von Verkaufsstätten in der Bundesrepublik Deutschland, VerwArch 112 (2021), S. 38–63.

Dürig, Günter et al. (Begr.)/*Herzog, Roman/Scholz, Rupert* et al. (Hrsg.), Grundgesetz – Kommentar, Stand: 99. Erg.-Lfg. 2022, München.

Dürig-Friedl, Cornelia/Enders, Christoph, Versammlungsrecht – Die Versammlungsgesetze des Bundes und der Länder, Kommentar, 2. Auflage, München 2022.

Durner, Wolfgang, Inanspruchnahme des Zweckveranlassers, JA 2008, S. 238–239.

Ebert, Frank, Versammlungsrechtliche Schein- und Mehrfachanmeldungen – Ein Dilemma an der Grundrechtsperipherie, LKV 2001, S. 60–62.

ders./Seel, Lothar/Joel, Heiko, Thüringer Gesetz über die Aufgaben und Befugnisse der Polizei, 8. Auflage, Wiesbaden 2019.

Ehlers, Peter, Seeaufgabengesetz, 5. Online-Auflage, Stand: Februar 2021.

Ehmer, Matthias/Knaier, Ralf, Dogmatik der Herausforderungsfälle zwischen Aufwendung und Schaden, ZfPW 2022, S. 81–105.

Eibenstein, Henrik, Zur Entschädigung von durch Schließungsanordnungen betroffenen Gewerbetreibenden, NVwZ 2020, S. 930–935.

Eicke, Margarete, Die polizeiliche Wohnungsverweisung bei häuslicher Gewalt – Eine vergleichende Untersuchung des Polizeirechts der Länder in Deutschland, Berlin 2008.

Eisele, Jörg/Bechtel, Alexander, Der Schadensbegriff bei den Vermögendelikten, JuS 2018, S. 97–103.

Eisenmenger, Sven, Die Neuordnung des Bevölkerungsschutzes aus rechtswissenschaftlicher Perspektive, NVwZ 2021, S. 1415–1421.

Elzermann, Hartwig/Schwier, Henning, Polizeigesetz des Freistaates Sachsen – Kommentar für Praxis und Ausbildung, 5. Auflage, Stuttgart 2014.

Enders, Christoph, Der „anscheinsbeschützte“ Nichtstörer, Jura 1998, S. 365–370.

ders., Der Schutz der Versammlungsfreiheit (Teil I), Jura 2003, S. 34–42.

ders., Verfassungsgrenzen der „drohenden Gefahr“ – Zur Übertragung der Maßstäbe des BKA-Gesetz-Urteils des Bundesverfassungsgerichts auf das gesamte Gefahrenabwehrrecht, DÖV 2019, S. 205–211.

ders., Maßnahmen gegen Versammlungen, Jura 2020, S. 569–582.

Engels, Andreas, Infektionsschutzrecht als Gefahrenabwehrrecht?, DÖV 2014, S. 464–474.

Erb, Volker/Schäfer, Jürgen (Hrsg.), Münchener Kommentar zum Strafgesetzbuch, 1. Band, §§ 1–37, 4. Auflage, München 2020.

dies. (Hrsg.), Münchener Kommentar zum Strafgesetzbuch, 6. Band, §§ 298–358, 4. Auflage, München 2022.

Erbel, Günter, Zur Polizeipflichtigkeit des sog. „Zweckveranlassers“, JuS 1985, S. 257–263.

Erichsen, Hans-Uwe/Biermann, Christian, Obdachlosigkeit als gefahrenabwehrrechtliches Problem, Jura 1998, S. 371–382.

Ernst, Armin, Feuerwehrgesetz für Baden-Württemberg – Praxiskommentar mit Landeskatastrophenschutzgesetz und Feuerwehrmustersatzung, 9. Auflage, Stuttgart u.a. 2018.

Ernst, Christian, Anlassunabhängige Personenkontrollen und Gefahrengebiete, NVwZ 2014, S. 633–637.

Ewer, Wolfgang/Detten, Knut von, Ausgewählte Rechtsfragen bei der Beschlagnahme von Wohnraum zur Obdachloseneinweisung, NJW 1995, S. 353–359.

ders./Mutschler-Siebert, Annette, Die Unterbringung von Flüchtlingen – Bau-, ordnungs- und vergaberechtliche Aspekte, NJW 2016, S. 11–18.

Fehling, Michael, Kosten-Nutzen-Analysen als Maßstab für Verwaltungsentscheidungen, VerwArch 95 (2004), S. 443–470.

Felix, Dagmar/Nitschke, Andreas, Störermehrheit im Polizei- und Ordnungsrecht, NordÖR 2004, S. 469–477.

Ferschl, Klaus, Der öffentlich-rechtliche Aufopferungsanspruch – Seine Entwicklung und Entwicklungsmöglichkeiten, München 1991.

Fischer, Mattias, Möglichkeiten und Grenzen der Beschlagnahme von Immobilien zur Flüchtlingsunterbringung, NVwZ 2015, 1644–1647.

Fischer, Michael, Unterlassene Hilfeleistung und Polizeipflichtigkeit, Tübingen 1989.

Fischer, Thomas, Strafgesetzbuch – mit Nebengesetzen, Kommentar, 70. Auflage, München 2023.

Fischer-Uebler, Annika/Gölzer, Sarah, Die Polizeirechtsfestigkeit des Versammlungsrechts und die Vollstreckung versammlungsspezifischer Maßnahmen, JA 2020, S. 683–688.

Fleiner, Fritz, Institutionen des deutschen Verwaltungsrechts, 8. Auflage, Tübingen 1928.

Fontana, Sina/Klein, Manfred, „Flüchtlingsunterbringung als polizei- und ordnungsrechtliche Maßnahme", JA 2017, S. 846–853.

Fratzky, Kai-Uwe, Ökonomisierung der polizeilichen Gefahrenabwehr, Hamburg 2013.

Frellesen, Peter, Die Zumutbarkeit der Hilfeleistung, Frankfurt a.M. 1980.

Frenz, Walter, Das Verursacherprinzip im Öffentlichen Recht – Zur Verteilung von individueller und staatlicher Verantwortung, Berlin 1997.

ders., Entschädigungsansprüche gegen den Staat – eine Vergewisserung nach dem Urteil des BVerfG zum Atomausstieg, JA 2018, S. 360–366.

Frey, Dieter, Die Zumutbarkeit im Strafrecht, Saarbrücken 1961.

Friauf, Karl, Zur Problematik des Rechtsgrundes und der Grenzen der polizeilichen Zustandshaftung – Untersucht am Beispiel der Haftung für Zufallsfolgen des modernen Massenverkehrs, in: Vogel, Klaus/Tipke, Klaus (Hrsg.), Verfassung, Verwaltung, Finanzen, Festschrift für Gerhard Wacke zum 70. Geburtstag, Köln 1972, S. 293–304.

ders., Polizei- und Ordnungsrecht, in: Schmidt-Aßmann, Eberhard (Hrsg.), Besonderes Verwaltungsrecht, 10. Auflage, Berlin u.a. 1995, 2. Abschnitt.

Friedrich, Lutz, Versammlungsinfrastrukturen: An den Grenzen des Versammlungsrechts, DÖV 2019, S. 55–64.

Friedrichs, Karl, Polizeinotstand, DJZ 28 (1923), Sp. 560–561.

Friesecke, Albrecht, Bundeswasserstraßengesetz – Kommentar, 7. Auflage, Köln 2020.

Frisch, Wolfgang, Notstandsregelungen als Ausdruck von Rechtsprinzipien, in: Paeffgen, Hans-Ulrich/Böse, Martin/Kindhäuser, Urs et al. (Hrsg.), Strafrechtswissenschaft als Analyse und Konstruktion, Festschrift für Ingeborg Puppe zum 70. Geburtstag, Berlin 2011, S. 425–450.

Froese, Judith, Das Zusammenspiel von Versammlungsfreiheit und Versammlungsgesetz, JA 2015, S. 679–683.

Fuchs, Joachim, Die Standardmaßnahme Gewahrsam im Polizeigesetz Baden-Württembergs (§ 28 PolG), Heidelberg 1996.

Gallas, Wilhelm, Zur Revision des § 330c StGB, JZ 1952, S. 396–400.

Garbe, Thorsten, Die Störerauswahl und das Gebot der gerechten Lastenverteilung, DÖV 1998, S. 632–636.

Gassner, Ulrich, Gesetzgebung und Bestimmtheitsgrundsatz, ZG 11 (1996), S. 37–56.

Geilen, Gerd, Probleme des § 323 c StGB, Jura 1983, S. 78–90, S. 138–148.

Geis, Max-Emanuel, Die „Eilversammlung" als Bewährungsprobe verfassungskonformer Auslegung – Verfassungsrechtsprechung im Dilemma zwischen Auslegung und Rechtsschöpfung, NVwZ 1992, S. 1025–1031.

Gern, Alfons, Aktuelle Probleme des Kommunalabgabenrechts – Analogie im Abgabenrecht – Begründungspflicht von Abgabensatzungen – Die Zulässigkeit von Sozialtarifen, NVwZ 1995, S. 1145–1155.

Giesberts, Ludger, Die gerechte Lastenverteilung unter mehreren Störern – Auswahl und Ausgleich insbesondere in Umweltschadensfällen, Berlin 1990.

ders./Gayger, Michael/Weyand, Philip, COVID-19 – Hoheitliche Befugnisse, Rechte Betroffener und staatliche Hilfen, NVwZ 2020, S. 417–422.

Giese, Friedrich, Enteignung und Entschädigung früher und heute – Eine verfassungsrechtliche Untersuchung, Tübingen 1950.

Gläß, Anne-Christin, Das Bundesverfassungsgericht als „Hüter der Verfassung" in Krisenzeiten, DÖV 2020, S. 263–273.

Glöckle, Caroline/Guilliard, Simon, „Verantwortungsvolle Solidarität" – EU-Verteilungsquote für Geflüchtete, Jura 2019, S. 1198–1206.

Glombik, Manfred, Das Sozialstaatsprinzip im Grundgesetz, VR 2019, S. 184–189.
Goldhammer, Michael, Verantwortlichkeit im Polizeirecht, Jura 2021, S. 638–650.
Götz, Volkmar, Die Entwicklung des allgemeinen Polizei- und Ordnungsrechts (1981 bis 1983), NVwZ 1984, S. 211–217.
ders./Geis, Max-Emanuel, Allgemeines Polizei- und Ordnungsrecht, 17. Auflage, München 2022.
Grabitz, Eberhard, Der Grundsatz der Verhältnismäßigkeit in der Rechtsprechung des Bundesverfassungsgerichts, AöR 98 (1973), S. 568–616.
Grefrath, Holger, Sonderopfer in der Pandemie, NJW 2022, S. 215–220.
Gribbohm, Günter, Zumutbarkeitserwägungen im Notwehrrecht, SchlHA 1964, S. 155–159.
Griesbeck, Michael, Die materielle Polizeipflicht des Zustandsstörers und die Kostentragungspflicht nach unmittelbarer Ausführung und Ersatzvornahme: dargestellt am Beispiel der Altlasten-Problematik, Berlin 1991.
Griesberts, Ludger, Die gerechte Lastenverteilung unter mehreren Störern – Auswahl und Ausgleich insbesondere in Umweltschadensfällen, Berlin 1990.
Gröpl, Christoph, Ökonomisierung von Verwaltung und Verwaltungsrecht, VerwArch 93 (2002), S. 459–484.
Grosshut, Friedrich, Staatsnot und Staatsnotrecht, WüVVR 1932, S. 177–186.
Grzeszick, Bernd, Rechte und Ansprüche – Eine Rekonstruktion des Staatshaftungsrechts aus den subjektiven öffentlichen Rechten, Tübingen 2002.
Guckelberger, Annette, Die Verjährung im Öffentlichen Recht, Tübingen 2004.
dies., Der präventiv-polizeiliche Gewahrsam, Jura 2015, S. 926–937.
Günther, Jörg-Michael/Traumann, Edzard, Aktuelle Rechtsprobleme der Wohnraumbeschlagnahme zur Unterbringung Obdachloser, NVwZ 1993, S. 130–137.
Gusy, Christoph, Richterrecht und Grundgesetz, DÖV 1992, S. 461–470.
ders., Polizeiarbeit zwischen Gefahrenabwehr und Strafverfolgung, StV 1993, S. 269–277.
ders., Einführung in das Versammlungsrecht, JA 1993, S. 321–329.
ders., Gefahraufklärung zum Schutz der öffentlichen Sicherheit und Ordnung, JA 2011, S. 641–650.
ders., Katastrophenschutzrecht – Zur Situation eines Rechtsgebietes im Wandel, in: Lange, Hans-Jürgen/Endreß, Christian/Wendekamm, Michaela (Hrsg.), Versicherheitlichung des Bevölkerungsschutzes, Wiesbaden 2013, S. 207–220.
ders., Katastrophenrecht, GSZ 2020, S. 101–108.
ders./Eichenhofer, Johannes, Polizei- und Ordnungsrecht, 11. Auflage, Tübingen 2023.
Häberle, Peter, Die Wesensgehaltgarantie des Art. 19 Abs. 2 Grundgesetz, 3. Auflage, Heidelberg 1983.
Habermehl, Kai, Die Geschäftsführung ohne Auftrag im Öffentlichen Recht, Jura 1987, S. 199–205.
Haller, Walter/Kölz, Alfred/Gächter, Thomas, Allgemeines Staatsrecht – Eine juristische Einführung in die Allgemeine Staatslehre, 6. Auflage, Zürich u.a. 2020.
Hannich, Rolf (Hrsg.), Karlsruher Kommentar zur Strafprozessordnung – mit GVG, EGGVG und EMRK, 9. Auflage, München 2023.
Haubrich, Edgar, Die unterlassene Hilfeleistung – Zur Verfassungsmäßigkeit des § 323c StGB und zur Notwendigkeit seiner verfassungskonformen Restriktion, Frankfurt a.M. 2001.
Hebeler, Timo, Verbot der Mitführung und Benutzung von Glasbehältnissen in einem Straßenkarneval, JA 2012, S. 798–800.

Heckel, Christian, Scherbenmeer im Karneval, NVwZ 2012, S. 88–92.

Heckmann, Dirk, Bayerisches Polizei- und Sicherheitsrecht, in: Becker, Ulrich/Heckmann, Dirk/Kempen, Bernhard et al. (Hrsg.), Öffentliches Recht in Bayern – Verfassungsrecht, Kommunalrecht, Polizei- und Sicherheitsrecht, Öffentliches Baurecht, 8. Auflage, München 2022, 3. Kapitel.

Heesen, Dietrich/Hönle, Jürgen/Peilert, Andreas et al. (Hrsg.), Bundespolizeigesetz – Verwaltungs-Vollstreckungs-Gesetz – Gesetz über den unmittelbaren Zwang, 5. Auflage, Hilden 2012.

Heidbrink, Ludger/Hirsch, Alfred (Hrsg.), Verantwortung in der Zivilgesellschaft – Zur Konjunktur eines widersprüchlichen Prinzips, Frankfurt a.M. u.a. 2006.

Heise, Gerd/Riegel, Reinhard, Musterentwurf eines einheitlichen Polizeigesetzes, 2. Auflage, Stuttgart u.a. 1976.

Henke, Wilhelm, Grundrechten und Grundpflichten, in: *Beckerath, Erwin von* et al. (Hrsg.), Handwörterbuch der Sozialwissenschaften, 4. Band, Stuttgart u.a. 1965, S. 688–692.

Henkel, Heinrich, Zumutbarkeit und Unzumutbarkeit als regulatives Rechtsprinzip, in: Engisch, Karl/Maurach, Reinhart (Hrsg.), Festschrift für Edmund Mezger zum 70. Geburtstag, München u.a. 1954, S. 249–309.

Hermes, Georg, Das Grundrecht auf Schutz von Leben und Gesundheit – Schutzpflicht und Schutzanspruch aus Art. 2 Abs. 2 Satz 1 GG, Heidelberg 1987.

Herrmann, Nikolaus, Verantwortlichkeit im allgemeinen Polizei- und Ordnungsrecht, DÖV 1987, S. 666–675.

Herschel, Wilhelm, Zumutbarkeit anderer Arbeit und Sozialprestige, AuR 1968, S. 193–206.

Hettich, Matthias, Versammlungsrecht in der Praxis, 3. Auflage, Berlin 2022.

Heusch, Andreas, Freiheitseinbußen durch staatliche Leistungen, in: Durner, Wolfgang/Peine, Franz-Joseph/Shirvani, Foroud (Hrsg.), Freiheit und Sicherheit in Deutschland und Europa, Festschrift für Hans-Jürgen Papier zum 70. Geburtstag, Berlin 2013, S. 251–265.

Hillgruber, Christian, Ohne rechtliches Maß? Eine Kritik der Rechtsprechung des Bundesverfassungsgerichts nach 60 Jahren, JZ 2011, S. 861–871.

Hobbes, Thomas, Leviathan – Erster und zweiter Teil, London 1651, Übersetzung von Jacob Peter Mayer, Ditzingen 2018.

Hoffmann-Riem, Wolfgang, Abbau von Rechtsstaatlichkeit durch Neubau des Polizeirechts? – Kritik am Musterentwurf eines einheitlichen Polizeigesetzes, dargestellt an den Normen der Personalienfeststellung, JZ 1978, S. 335–339.

ders., Neuere Rechtsprechung des BVerfG zur Versammlungsfreiheit, NVwZ 2002, S. 257–265.

Hoffmeyer, Carsten, Zur Zulässigkeit sog. „künstlicher Staus“ zum Anhalten flüchtiger Kraftfahrzeugführer, Die Polizei 2007, S. 51–55.

Höfling, Wolfram/Krohne, Gesine, Versammlungsrecht in Bewegung, JA 2012, S. 734–740.

Hofmann, Hasso, Grundpflichten als verfassungsrechtliche Dimension, VVDStRL 41 (1983), S. 42–83.

ders., Grundpflichten und Grundrechte, in: Isensee, Josef/Kirchhof, Paul (Hrsg.), Handbuch des Staatsrechts der Bundesrepublik Deutschland, 9. Band, 3. Auflage, Heidelberg 2011, § 195.

Hohnerlein, Jakob, Verdeckte Ermittler – verdeckter Rechtsstaat?, NVwZ 2016, S. 511–515.

Hollands, Martin, Gefahrenzurechnung im Polizeirecht, Berlin 2004.
Holzner, Thomas, Verfassung des Freistaates Bayern – unter besonderer Berücksichtigung der Staats- und Kommunalverwaltung – Kommentar, München 2014.
ders., Die drohende Gefahr – Neue Gefahrenkategorie oder verfassungswidrige Vorverlagerung von Eingriffsbefugnissen?, DÖV 2018, S. 946–951.
Honer, Mathias, Nudging: Keine Herausforderung für die Grundrechtsdogmatik, DÖV 2019, S. 940–949.
Honnacker, Heinz/Beinhofer, Paul/Hauser, Manfred, Polizeiaufgabengesetz – PAG, 20. Auflage, Stuttgart u.a. 2014.
Horn, Hans-Detlef, Die Rechtsprechung des Bayerischen Verfassungsgerichtshofs – Anmerkung zu der Entscheidung vom 28.3.2003 – Schleierfahndung, BayVBl. 2003, S. 545–549.
ders., Vorbeugende Rasterfahndung und informationelle Selbstbestimmung, DÖV 2003, S. 746–755.
Hornmann, Gerhard, Hessisches Gesetz über die öffentliche Sicherheit und Ordnung (HSOG) – Kommentar, 2. Auflage, München 2008.
Hoyningen-Huene, Gerrick von, Der Grundsatz der Wirtschaftlichkeit und Sparsamkeit im Sozialversicherungsrecht, BB 1991, S. 1345–1350.
Hufen, Friedhelm, Die Menschenwürde, Art. 1 I GG, JuS 2010, S. 1–10.
ders., Staatsrecht II – Grundrechte, 10. Auflage, München 2023.
Hundert, Juliane/Lippmann, Valentin, Das neue sächsische Polizeirecht – im Zweifel für die Überwachung, SächsVBl. 2019, S. 305–310.
Huttner, Georg, Die Unterbringung Obdachloser durch die Polizei- und Ordnungsbehörden, 2. Auflage, Wiesbaden 2017.
Isensee, Josef, Das Grundrecht auf Sicherheit – Zu den Schutzpflichten des freiheitlichen Verfassungsstaates, Berlin u.a. 1983.
ders., Die alte Frage nach der Rechtfertigung des Staates, JZ 1999, S. 265–278.
Itzel, Peter, Staatliche Ersatz- und Entschädigungsleistungen bei Pandemien, MDR 2021, S. 649–655.
Jaeckel, Liv, Gefahrenabwehrrecht und Risikodogmatik – Moderne Technologien im Spiegel des Verwaltungsrechts, Tübingen 2010.
Jakobs, Michael, Der Grundsatz der Verhältnismäßigkeit, Köln u.a. 1985.
Janda, Constanze, Sozialstaat for Future – Der Klima-Beschluss des BVerfG und seine Bedeutung für die Sozialgesetzgebung, ZRP 2021, S. 149–153.
Jarass, Hans, Regelungsspielräume des Landesgesetzgebers im Bereich der konkurrierenden Gesetzgebung und in anderen Bereichen, NVwZ 1996, S. 1041–1047.
ders./Pieroth, Bodo, Grundgesetz für die Bundesrepublik Deutschland – Kommentar, 17. Auflage, München 2022.
Jauernig, Othmar (Begr.), Bürgerliches Gesetzbuch – Kommentar, 18. Auflage, München 2021.
Jellinek, Georg, Allgemeine Staatslehre, 3. Auflage, Berlin 1914, Nachdruck Bad Homburg v.d. Höhe u.a. 1966.
Jellinek, Walter, Gesetz, Gesetzesanwendung und Zweckmässigkeitserwägung – Eine staats- und verwaltungsrechtliche Untersuchung, zugleich ein System der Ungültigkeitsgründe von Polizeiverordnungen und -verfügungen, Tübingen 1913.
ders., Verwaltungsrecht, 3. Auflage, Berlin 1931, Nachdruck Berlin u.a. 1966.
Kahl, Wolfgang/Waldhoff, Christian/Walter, Christian (Hrsg.), Bonner Kommentar zum Grundgesetz, Stand: 218. Erg.-Lfg. 2022, Heidelberg.

Kahlo, Michael, Die Handlungsform der Unterlassung als Kriminaldelikt – Eine strafrechtlich-rechtsphilosophische Untersuchung zur Theorie des personalen Handelns, Frankfurt a.M. 2001.

Kappeler, Ann-Marie, Öffentliche Sicherheit durch Ordnung – Konfliktlagen im öffentlichen Raum und ihre Bekämpfung durch aufenthaltsbeschränkende Maßnahmen (Platzverweis und Aufenthaltsverbot), Stuttgart u.a. 2001.

Keidel, Dieter, Polizei- und Polizeigewalt im Notstandsfall, Berlin 1973.

Kießling, Andrea, Nichtstörer und andere Unbeteiligte als Adressaten von Polizeiverfügungen, Jura 2016, S. 483–494.

dies., Von der punktuellen Gefahrenabwehr zur planerischen Risikovorsorge im Infektionsschutzrecht, JZ 2022, S. 53–62.

dies. (Hrsg.), Infektionsschutzgesetz – Kommentar, 3. Auflage, München 2022.

Kindhäuser, Urs/Neumann, Ulfried/Paeffgen, Hans-Ullrich et al. (Hrsg.), Strafgesetzbuch, 6. Auflage, Baden-Baden 2023.

Kingreen, Thorsten, Die Eigentumsgarantie (Art. 14 GG), Jura 2016, S. 390–405.

ders., Das Studium des Verfassungsrechts in der Pandemie, Jura 2020, S. 1019–1035.

ders./Poscher, Ralf, Polizei- und Ordnungsrecht – mit Versammlungsrecht, 12. Auflage, München 2022.

Kipker, Dennis-Kenji, Informationelle Freiheit und staatliche Sicherheit – Rechtliche Herausforderungen moderner Überwachungstechnologien, Tübingen 2016.

Kirchhof, Paul, Die Steuerung des Verwaltungshandelns durch Haushaltsrecht und Haushaltskontrolle, NVwZ 1983, S. 505–515.

Klafki, Anika, Risiko und Recht – Risiken und Katastrophen im Spannungsfeld von Effektivität, demokratischer Legitimation und rechtsstaatlichen Grundsätzen am Beispiel von Pandemien, Tübingen 2017.

Kloepfer, Michael, Katastrophenschutzrecht – Strukturen und Grundfragen, VerwArch 98 (2007), S. 163–198.

ders., Handbuch des Katastrophenrechts – Bevölkerungsschutzrecht, Brandschutzrecht, Katastrophenschutzrecht, Katastrophenvermeidungsrecht, Rettungsdienstrecht, Zivilschutzrecht, Baden-Baden 2015.

ders., Zur Vermeidung von Naturkatastrophen durch Recht, DVBl. 2017, S. 141–149.

Kluth, Winfried, Das Übermaßverbot, JA 1999, S. 606–613.

Klüver, Meike, Die Beschlagnahmeverfügung zur Bereitstellung von Wohnraum für Flüchtlinge – Zugleich Besprechung von VG Lüneburg, Beschluss vom 9.10.2016 – 5 B 98/15 – und OVG Lüneburg, Beschlüsse vom 13.10.2015 und 1.12.2015 – 11 ME 230/15, ZMR 2016, S. 1–5.

Knape, Michael, Wenn das „Recht auf der Straße“ obsiegt: Der „unechte polizeiliche Notstand“ als Rechtfertigung für die Auflösung einer Versammlung – Dargestellt anhand des Großeinsatzes der Berliner Polizei anlässlich des NPD-Aufzuges am 25. November 2000 in der Bundeshauptstadt, Die Polizei 2001, S. 100–108.

Knemeyer, Franz-Ludwig, Polizei- und Ordnungsrecht, 11. Auflage, München 2007.

ders./Keller, Bernhard, Verfassungsrechtliche Grenzen des Polizeigewahrsams und der polizeilichen Datenerhebung – Zum Urteil des Verfassungsgerichtshofs des Freistaates Sachsen vom 14. Mai 1996 – Vf 44-II-94, SächsVBl. 1996, S. 197–201.

Knickrehm, Sabine/Kreikebohm, Ralf/Waltermann, Raimund (Hrsg.), Kommentar zum Sozialrecht – VO (EG) Nr. 883/2004, SGB I bis SGB XII, SGB, BEEG, Kindergeldrecht (EStG), UnterhaltsvorschussG, 7. Auflage, München 2021.

Kniesel, Michael, Adressatenfragen im Versammlungsrecht, DÖV 1992, S. 470–477.

ders., Polizeirechtliche Störerbestimmungen – Befugnisnormen oder Ermessensgrenzen?, DÖV 1997, S. 905–908.

ders., Verantwortlichkeit für Altlasten und ihre Grenzen, BB 1997, S. 2009–2014.

ders., Versammlungs- und Demonstrationsfreiheit – Entwicklung des Versammlungsrechts seit 1996, NJW 2000, S. 2857–2866.

Köhler, *Gerd*, Adressaten präventiver Maßnahmen der Vollzugspolizei – Versuch einer Typologie, ThürVBl. 1996, S. 25–29.

Konzak, *Olaf*, Analogie im Verwaltungsrecht, NVwZ 1997, S. 872–873.

Kopp, *Ferdinand*, Nochmals: Widerruf oder Rücknahme rechtswidrig gewordener Verwaltungsakte?, BayVBl. 1990, S. 524–525.

Körner, *Anne*/*Krasney*, *Martin*/*Mutschler*, *Bernd* et al. (Hrsg.), Kasseler Kommentar Sozialversicherungsrecht – SGB I, SGB IV, SGB V, SGB VI, SGB VII, SGB X, SGB XI, Stand: 120. Erg.-Lfg. 2022, München.

Kötter, *Matthias*/*Nolte*, *Jakob*, Was bleibt von der „Polizeifestigkeit des Versammlungsrechts"?, DÖV 2009, S. 399–406.

Kral, *Sebastian*, Die polizeilichen Vorfeldbefugnisse als Herausforderung für Dogmatik und Gesetzgebung des Polizeirechts, Berlin 2012.

Krane, *Christian*, Schleierfahndung – Rechtliche Anforderungen an die Gefahrenabwehr durch ereignisunabhängige Personenkontrollen, Stuttgart u.a. 2003.

ders., Zur Identitätsfeststellung an gefährlichen Orten – Anmerkung zum Urteil des OVG Hamburg vom 23. August 2002 – 1 Bf 301/00, NordÖR 2003, S. 106–108.

Krenzler, *Michael*, An den Grenzen der Notstandsverfassung, Berlin 1974.

Kroeschell, *Karl*, Das Kreuzberg-Urteil, VBlBW 1993, S. 268–276.

Krüger, *Elmar*, Der Gefahrbegriff im Polizei- und Ordnungsrecht, JuS 2013, S. 985–990.

Krüger, *Herbert*, Allgemeine Staatslehre, Stuttgart 1964.

Krüger, *Ralf*, Rechtliche Problemfelder beim Einschreiten anläßlich nichtöffentlicher Versammlungen, DÖV 1997, S. 13–19.

Krüper, *Julian*, Handlungsformenadäquanz im Gefahrenabwehrrecht – Sozialadäquates Verhalten im öffentlichen Raum an den Grenzen der Verwaltungsrechtsdogmatik, DVBl. 2017, S. 10–17.

Kügel, *Wilfried*, Die Entwicklung des Altlasten- und Bodenschutzrechts, NJW 2004, S. 1570–1579.

Kugelmann, Dieter, Der polizeiliche Gefahrenbegriff in Gefahr? – Anforderungen an die Voraussetzungen polizeilicher Eingriffsbefugnisse, DÖV 2003, S. 781–789.

ders., Polizei- und Ordnungsrecht, 2. Auflage, Heidelberg 2012.

Kuhn, *Gustav*, Landesverwaltungsgesetz Schleswig-Holstein – Kommentar, Flensburg 1968.

Kühnbach, *Lena*, Solidaritätspflichten Unbeteiligter – Dargelegt am Beispiel von Aggressivnotstand, Defensivnotstand, unterlassener Hilfeleistung und polizeilichem Notstand, Baden-Baden 2007.

Kühnl, *Markus*, Enteignung und Mediation – Ansätze mediativer Konfliktlösung hinsichtlich einer Enteignung zur Realisierung planfeststellungsbedürftiger Großvorhaben, Frankfurt a.M. 2012.

Kunig, *Philip*, Aufopferung, Jura 1992, S. 554–559.

Lackner, *Karl*/*Kühl*, *Kristian*/*Heger*, *Martin*, Strafgesetzbuch – Kommentar, 30. Auflage, München 2023.

Ladeur, *Karl-Heinz*, Risiko Sozialstaat – Expansion des Sozialstaats ohne verfassungsrechtliche Schranken, Der Staat 46 (2007), S. 61–88.

Lange, Felix, Versammlungsrechtliche Flaggen- und Symbolverbote vor dem Hintergrund des russischen Angriffskriegs auf die Ukraine, NVwZ 2022, S. 1258–1263.

Langheineken, Uwe, Der Grundsatz der Verhältnismäßigkeit – in der Rechtsprechung des Bundesverfassungsgerichts, unter besonderer Berücksichtigung der Judikatur zu Art. 12 Abs. 1 Satz 2 GG, Freiburg 1972.

Larenz, Karl/Canaris, Claus-Wilhelm, Methodenlehre der Rechtswissenschaft, 3. Auflage, Berlin u.a. 1995.

Laubinger, Hans-Werner/Repkewitz, Ulrich, Höchstrichterliche Rechtsprechung zum Verwaltungsrecht – Die Versammlung in der verfassungs- und verwaltungsrechtlichen Rechtsprechung, VerwArch 93 (2002), S. 149–185.

Lege, Joachim, Polizeieinsätze bei Fußball-Bundesligaspielen – Zugleich ein Beitrag zum Begriff der Gefahrenverursachung, VerwArch 89 (1998), S. 71–92.

ders., Das Eigentumsgrundrecht aus Art. 14 GG – Teil 2: Art. 14 GG und das Staatshaftungsrecht, Jura 2011, S. 826–839.

Leisner, Walter, Effizienz als Rechtsprinzip, Tübingen 1971.

ders., Der Abwägungsstaat – Verhältnismäßigkeit als Gerechtigkeit?, Berlin 1997.

Leisner-Egensperger, Anna, Polizeirecht im Umbruch: Die drohende Gefahr, DÖV 2018, S. 677–688.

Lepsius, Oliver, Zu den Grenzen der Zustandshaftung des Grundeigentümers, JZ 2001, S. 22–27.

ders., Die Grenzen der präventivpolizeilichen Telefonüberwachung, Jura 2006, S. 929–937.

Leube, Konrad, Gesetzliche Unfallversicherung – Versicherungsschutz mit Sachschadensersatz bei Verkehrsunfällen, NZV 2011, S. 277–281.

Leuering, Dieter/Rubner, Daniel, Keine Entschädigung für pandemiebedingte Betriebsschließung – Anmerkung zu BGH Urteil vom 17.3.2022 – III ZR 79/21 = BeckRS 2022, 7793, NJW-Spezial 2022, S. 431.

Lindner, Josef, Die verfassungsrechtliche Dimension der allgemeinen polizeirechtlichen Adressatenpflichten – Zugleich ein Beitrag zur Entwicklung einer funktionalen Adressatendogmatik, München 1997.

ders., Zum Umgang mit Pandemien – Anmerkungen zur Stellungnahme des Deutschen Ethikrats vom 4.4.2022, ZRP 2022, S. 159–161.

Linke, Tobias, Die Menschenwürde im Überblick: Konstitutionsprinzip, Grundrecht, Schutzpflicht, JuS 2016, S. 888–893.

Lisken, Hans (Begr.)/*Bäcker, Matthias*/*Denninger, Erhard* et al. (Hrsg.), Handbuch des Polizeirechts, Gefahrenabwehr – Strafverfolgung – Rechtsschutz, 6. Auflage, München 2018.

dies. (Begr./Hrsg.), Handbuch des Polizeirechts, Gefahrenabwehr – Strafverfolgung – Rechtsschutz, 7. Auflage, München 2021.

Locke, John, Zwei Abhandlungen über die Regierung, London 1651, Übersetzung von Hans Jörn Hoffmann, 16. Auflage, Frankfurt a.M. 2020.

Löffelmann, Markus, Das Gesetz zur effektiveren Überwachung gefährlicher Personen – Sicherheitsrecht am Rande der Verfassungsmäßigkeit und darüber hinaus, BayVBl. 2018, S. 145–155.

Löhnert, Waldemar, Der Begriff des Störers im Hinblick auf die rechtliche [sic] Folgen, Würzburg 1967.

Looschelders, Dirk/Roth, Wolfgang, Juristische Methodik im Prozeß der Rechtsanwendung – Zugleich ein Beitrag zu den verfassungsrechtlichen Grundlagen von Gesetzesauslegung und Rechtsfortbildung, Berlin 1996.

Lübbe, Anna, Wohnraumbeschaffung durch Zwangsmaßnahmen – Möglichkeiten und Grenzen kommunaler Wohnraumzwangsbewirtschaftung im Interesse der Unterbringung von Obdachlosen, Aussiedlern und Asylbewerbern, Baden-Baden 1993.
Luchterhandt, Otto, Grundpflichten als Verfassungsproblem in Deutschland, Berlin 1988.
Lücke, Jörg, Die (Un-)Zumutbarkeit als allgemeine Grenze öffentlich-rechtlicher Pflichten des Bürgers, Berlin 1973.
ders., Die Grundsätze der Verhältnismäßigkeit und der Zumutbarkeit, DÖV 1974, S. 769–771.
Mangoldt, Hermann von (Begr.)/*Klein, Friedrich*/*Starck, Christian* et al. (Hrsg.), Grundgesetz – 1. Band, Präambel, Art. 1–19, 7. Auflage, München 2018.
Mann, Thomas/*Fontana, Sina*, Entwicklungslinien des Polizeirechts im 21. Jahrhundert, JA 2013, S. 734–741.
Manssen, Gerrit, Staatsrecht II – Grundrechte, 19. Auflage, München 2022.
Marcic, René, Menschenpflichten – Eine Gedanken- und Systemskizze, in: ders. (Hrsg.), Internationale Festschrift für Alfred Verdross zum 80. Geburtstag, München 1971, S. 221–257.
Maring, Matthias, Kollektive und korporative Verantwortung – Begriffs- und Fallstudien aus Wirtschaft, Technik und Alltag, Münster 2001.
Masing, Johannes, Vom Notstandspflichtigen zum Notstandsgewinnler – Zivilrechtliche Verformungen im Folgenbeseitigungsrecht, DÖV 1999, S. 573–581.
ders., Die Ambivalenz von Freiheit und Sicherheit, JZ 2011, S. 753–758.
Matt, Holger/*Renzikowski, Joachim* (Hrsg.), Strafgesetzbuch – Kommentar, 2. Auflage, München 2020.
Mattenklott, Diedrich, Der Staatsnotstand – Eine systematische Studie zur heutigen Verfassungslage, Freiburg 1956.
Mayer, Otto, Deutsches Verwaltungsrecht, 1. Band, 3. Auflage 1924, Nachdruck Berlin 1969.
Meder, Theodor (Begr.)/*Brechmann, Winfried* (Hrsg.), Die Verfassung des Freistaates Bayern, 6. Auflage, Stuttgart u.a. 2020.
Melcher, Kurt, Die Geschichte der Polizei, Berlin 1926.
Merkel, Reinhard, § 14 III Luftsicherheitsgesetz: Wann und warum darf der Staat töten?, JZ 2007, S. 373–385.
Merten, Detlef, Grundpflichten im Verfassungssystem der Bundesrepublik Deutschland, BayVBl. 1978, S. 554–559.
ders., Verhältnismäßigkeitsgrundsatz, in: ders./Papier, Hans-Jürgen (Hrsg.), Handbuch der Grundrechte in Deutschland und Europa, 3. Band, Heidelberg 2009, § 68.
Merten, Karlheinz/*Merten, Heike*, Hamburgisches Polizei- und Ordnungsrecht – Kommentar des SOG für Praxis und Ausbildung, Stuttgart 2007.
Meyer, Stephan, Subjektiver oder objektiver Gefahrenbegriff, „Gefahrenverdacht“ und Vorfeldbefugnisse: Dauerbaustellen des Gefahrenabwehrrechts, Jura 2017, S. 1259–1270.
Middel, Stefan, Innere Sicherheit und präventive Terrorismusbekämpfung, Baden-Baden 2007.
Mitsch, Wolfgang, „Nantucket Sleighride“ – Der Tod des Matrosen Owen Coffin, in: Heinrich, Bernd (Hrsg.), Festschrift für Ulrich Weber zum 70. Geburtstag, Bielefeld 2004, S. 49–68.
Möller, Manfred/*Warg, Gunter*, Allgemeines Polizei- und Ordnungsrecht – mit Verwaltungszwang und Bescheidtechnik, 6. Auflage, Stuttgart 2012.

Möller-Bierth, Ulrike, Polizeiliche Inanspruchnahme im Grenzbereich zwischen Störerhaftung und polizeilichem Notstand, Köln 1997.

Möllers, Christoph, Polizeikontrollen ohne Gefahrverdacht – Ratio und rechtliche Grenzen der neuen Vorsorgebefugnisse, NVwZ 2000, S. 382–387.

Möllers, Martin (Hrsg.), Wörterbuch der Polizei, 3. Auflage, München 2018.

Momsen, Carsten, Die Zumutbarkeit als Begrenzung strafrechtlicher Pflichten, Baden-Baden 2006.

Moos, Thorsten, Staatszweck und Staatsaufgaben in den protestantischen Ethiken des 19. Jahrhunderts, Münster 2005.

Morlok, Martin, Retrospektive Kompensation der Folgen rechtswidrigen Hoheitshandelns, in: Hoffmann-Riem, Wolfgang/Schmidt-Aßmann, Eberhard/Voßkuhle, Andreas (Hrsg.), Grundlagen des Verwaltungsrechts, 3. Band: Personal, Finanzen, Kontrolle, Sanktionen, Staatliche Einstandspflichten, 2. Auflage, München 2013, § 54.

Möstl, Markus, Die staatliche Garantie für die öffentliche Sicherheit und Ordnung – Sicherheitsgewährleistung im Verfassungsstaat, im Bundesstaat und in der Europäischen Union, Tübingen 2002.

ders., Polizeibefugnisse bei drohender Gefahr – Überlegungen zur Reichweite und Verfassungsmäßigkeit des neuen Art. 11 Abs. 3 PAG, BayVBl. 2018, S. 156–163.

ders., Rechtsstaatlicher Rahmen der Terrorabwehr – eine Stellungnahme zum Stand der Diskussion um Gefahr, Gefahrenvorfeld und drohende Gefahr, DVBl. 2020, S. 160–166.

ders., Eingriffsschwellen in den novellierten Landespolizeigesetzen – Von drohenden, konkreten und dringenden Gefahren nach BVerfGE 141, 220, GSZ 2021, S. 89–97.

ders./Bäuerle, Michael (Hrsg.), BeckOK Polizei- und Ordnungsrecht Hessen, Stand: April 2023, München.

ders./Kugelmann, Dieter (Hrsg.), BeckOK Polizei- und Ordnungsrecht Nordrhein-Westfalen, Stand: April 2023, München.

ders./Schwabenbauer, Thomas (Hrsg.), BeckOK Polizei- und Sicherheitsrecht Bayern, Stand: Januar 2023, München.

ders./Trurnit, Christoph (Hrsg.), BeckOK Polizeirecht Baden-Württemberg, Stand: März 2023, München.

ders./Weiner, Bernhard (Hrsg.), BeckOK Polizei- und Ordnungsrecht Niedersachsen, Stand: Mai 2023, München.

Muckel, Stefan, Abschied vom Zweckveranlasser – Zur Entbehrlichkeit einer eigenen Zurechnungstheorie im Polizei- und Ordnungsrecht, DÖV 1998, S. 18–25.

Müller, Birgit, Das Gesetz zur effektiveren Überwachung gefährlicher Personen und die daraus erwachsenen neuen Befugnisse der Bayerischen Polizei, BayVBl. 2018, S. 109–116.

Müller, Dieter, Fortschritt statt Rückzug? Die Rolle der Polizei bei der Verkehrsüberwachung, NZV 2017, S. 19–24.

ders., „Gaffer" als praktisches und juristisches Problem an Einsatzstellen, NJ 2021, S. 298–302.

Müller, Oswin, Der Abschied von der konkreten Gefahr als polizeirechtliche Eingriffsbefugnis, StV 1995, S. 602–606.

Müller-Eiselt, Gerrit, Rechtsfragen zu Polizeieinsätzen in Fußballstadien – dargestellt anhand der Ereignisse beim Champions-League-Qualifikationsspiel des FC Schalke 04 gegen PAOK Saloniki, VR 2014, S. 85–92.

Müller-Rath, Frank, Der künstliche Stau: Polizeiliche Aufhaltung Flüchtiger auf Bundesautobahnen – Praxis, Rechtsgrundlagen und Staatshaftungsfolgen, Hamburg 2009.

Murswiek, Dietrich, Das Bundesverfassungsgericht und die Dogmatik mittelbarer Grundrechtseingriffe – Zu der Glykol- und der Osho-Entscheidung vom 26.6.2002, NVwZ 2003, S. 1–8.

Musil, Andreas/Kirchner, Sören, Katastrophenschutz im föderalen Staat, DV 39 (2006), S. 373–391.

Muthorst, Olaf, Auslegung: Eine Einführung, JA 2013, S. 721–727.

Mutius, Albert von, Der „Störer" im Polizei- und Ordnungsrecht, Jura 1983, S. 298–308.

Naas, Stefan, Die Entstehung des Preußischen Polizeiverwaltungsgesetzes von 1931 – Ein Beitrag zur Geschichte des Polizeirechts in der Weimarer Republik, Tübingen 2003.

Nawiasky, Hans (Begr.)/*Schweiger, Karl/Knöpfle, Franz* et al. (Hrsg.), Die Verfassung des Freistaates Bayern – Kommentar, Stand: 14. Erg.-Lfg. 2008, München.

Neumann, Dieter, Vorsorge und Verhältnismäßigkeit – Die kriminalpräventive Informationserhebung im Polizeirecht, Berlin 1994.

Neuner, Claudia, Zulässigkeit und Grenzen polizeilicher Verweisungsmaßnahmen, Berlin 2003.

Obermayer, Klaus (Begr.)/*Funke-Kaiser, Michael* (Hrsg.), VwVfG – Kommentar zum Verwaltungsverfahrensgesetz, 6. Auflage, Köln 2021.

Ogorek, Markus, Der Kommunalverfassungsstreit im Verwaltungsprozess, JuS 2009, S. 511–516.

ders., Gefahrenvorfeldbefugnisse – Überlegungen zur Struktur und Dogmatik polizeirechtlicher Eingriffstatbestände, JZ 2019, S. 63–71.

Ossenbühl, Fritz, Zumutbarkeit als Verfassungsmaßstab, in: Rüthers, Bernd/Stern, Klaus (Hrsg.), Freiheit und Verantwortung im Verfassungsstaat – Festgabe zum 10jährigen Jubiläum der Gesellschaft für Rechtspolitik, München 1984, S. 315–327.

ders., Der Grundsatz der Verhältnismäßigkeit (Übermaßverbot) in der Rechtsprechung der Verwaltungsgerichte, Jura 1997, S. 617–621.

ders./Cornils, Matthias, Staatshaftungsrecht, 6. Auflage, München 2013.

Otto, Harro, Pflichtenkollision und Rechtswidrigkeitsurteil, 3. Auflage, Marburg 1978.

Papier, Hans-Jürgen, Die Entschädigung für Amtshandlungen der Polizei, DVBl. 1975, S. 567–575.

ders., Das Spannungsverhältnis von Freiheit und Sicherheit aus verfassungsrechtlicher Perspektive, in: Baumeister, Peter/Roth, Wolfgang/Ruthig, Josef (Hrsg.), Staat, Verwaltung und Rechtsschutz, Festschrift für Wolf-Rüdiger Schenke zum 70. Geburtstag, Berlin 2011, S. 263–276.

ders., Umgang mit der Corona-Pandemie: Verfassungsrechtliche Perspektiven, APuZ 35–37 (2020), S. 4–8.

ders., Freiheitsrechte in Zeiten der Pandemie, DRiZ 2020, S. 180–183.

Pappermann, Ernst, Anmerkung zu OVG Saarlouis, Beschluss vom 16.11.1969 – I W 29/69, JZ 1970, S. 283–287.

Pauls, Stephan, Begründung und Begrenzung der Polizeipflicht – Zur Entwicklung der Tatbestandsmerkmale „Störer" und „Nichtstörer" vornehmlich vor Erlaß des Preußischen Polizeiverwaltungsgesetzes (1931), Hamburg 2009.

Pawlik, Michael, Unterlassene Hilfeleistung: Zuständigkeitsbegründung und systematische Struktur, GA 1995, S. 360–372.

Payandeh, Mehrdad, Gefahrenabwehr gegen Bildaufnahmen von Polizeikräften, NVwZ 2013, S. 1458–1461.

Peine, Matthias, Die Zusatzverantwortlichkeit im Gefahrenabwehrrecht, Berlin 2012.

Peppersack, Thomas, Rechtsprobleme der Unterbringung Obdachloser in Räumlichkeiten Privater, Frankfurt a.M. 1999.

Peters, *Anne*, Die Ausfüllung von Spielräumen der Verwaltung durch Wirtschaftlichkeitserwägungen, DÖV 2001, S. 749–762.
Peters, *Hans*, Lehrbuch der Verwaltung, Berlin u.a. 1949.
Peters, *Wilfried*/*Janz*, *Norbert*, Aktuelle Fragen des Versammlungsrechts – Rechtsprechungsübersicht, LKV 2016, S. 193–199.
dies. (Hrsg.), Handbuch Versammlungsrecht – Versammlungsfreiheit, Eingriffsbefugnisse, Rechtsschutz, 2. Auflage, München 2021.
dies., Art. 8 GG in der Pandemie – vier aktuelle Fragestellungen des Versammlungsrechts, NWVBl. 2022, S. 269–274.
Petersen, *Jens*, Wilhelm von Humboldts Rechtsphilosophie, 3. Auflage, Berlin u.a. 2016.
Petri, *Thomas*, Der Gefahrerforschungseingriff, DÖV 1996, S. 443–450.
ders., Das Gesetz zur Neuordnung des bayerischen Polizeirechts – Ein rechtsstaatlich umstrittenes Mustergesetz für Bund und Länder, ZD 2018, S. 453–459.
Pewestorf, *Adrian*/*Söllner*, *Sebastian*/*Tölle*, *Oliver*, Praxishandbuch Polizei- und Ordnungsrecht, Köln 2012.
dies., Polizei- und Ordnungsrecht – Kommentar, 3. Auflage, Köln 2022.
Pieroth, *Bodo*, Befugniserweiterung mit Begriffsverwirrung – Zur geplanten Polizeirechtsnovelle in Nordrhein-Westfalen, GSZ 2018, S. 133–138.
Pietzcker, *Jost*, Polizeirechtliche Störerbestimmung nach Pflichtwidrigkeit und Risikosphäre, DVBl. 1984, S. 457–464.
ders., Mitverantwortung des Staates, Verantwortung des Bürgers, JZ 1985, S. 209–216.
Pils, *Michael*, Zum Wandel des Gefahrenbegriffs im Polizeirecht – Oder: Wie viele Körner bilden einen Haufen?, DÖV 2008, S. 941–948.
Poscher, *Ralf*, Gefahrenabwehr – Eine dogmatische Rekonstruktion, Berlin 1999.
ders., Die gefahrenabwehrrechtliche Verantwortlichkeit, Jura 2007, S. 801–810.
ders., Eingriffsschwellen im Recht der inneren Sicherheit – Ihr System im Licht der neueren Verfassungsrechtsprechung, DV 41 (2008), S. 345–373.
ders./*Rusteberg*, *Benjamin*, Die Klausur im Polizeirecht, JuS 2011, S. 1082–1087.
Prainsack, *Barbara*/*Buyx*, *Alena*, Solidarität – Der Versuch einer neuen Definition, in: Greif, Hajo/Weiss, Martin (eds.), Ethics, Society, Politics – Proceedings of the 35th International Ludwig Wittgenstein Symposium, Berlin u.a. 2013, S. 575–596.
Preu, *Peter*, Polizeibegriff und Staatszwecklehre – Die Entwicklung des Polizeibegriffs durch die Rechts- und Staatswissenschaften des 18. Jahrhunderts, Göttingen 1983.
Prümm, *Hans*/*Sigrist*, *Hans*, Allgemeines Sicherheits- und Ordnungsrecht, 2. Auflage, München 2003.
Pünder, *Hermann*, Der Beitrag der Verwaltung zur Konsolidierung der Staatsfinanzen, DV 45 (2012), S. 1–41.
ders., Polizei- und Ordnungsrecht, in: Ehlers, Dirk/Fehling, Michael/Pünder, Hermann (Hrsg.), Besonderes Verwaltungsrecht, 3. Band: Kommunalrecht, Haushalts- und Abgabenrecht, Ordnungsrecht, Sozialrecht, Bildungsrecht, Recht des öffentlichen Dienstes, 4. Auflage, Heidelberg 2021, § 69.
ders./*Mattig*, *Daniel*/*Gerlach*, *Jens*, „Tag der deutschen Patrioten" – polizeilicher Notstand im Versammlungsrecht, JA 2016, S. 681–688.
Reimer, *Franz*, Juristische Methodenlehre, 2. Auflage, Baden-Baden 2020.
Reimer, *Philipp*, Allgemeiner Gleichheitssatz, in: Stern, Klaus/Sodan, Helge/Möstl, Markus (Hrsg.), Das Staatsrecht der Bundesrepublik Deutschland im europäischen Staatenverbund, 4. Band: Die einzelnen Grundrechte, 2. Auflage, München 2022, § 128.
ders./*Kempny*, *Simon*, Einführung in das Notstandsrecht, VR 2011, S. 253–259.

Reitzig, Katja, Die polizeirechtliche Beschlagnahme von Wohnraum zur Unterbringung Obdachloser, Berlin 2004.

Rengier, Rudolph, Strafrecht – Allgemeiner Teil, 14. Auflage, München 2022.

Reschke, Carl-Moritz, Entschädigungsansprüche für rechtmäßige infektionsschutzrechtliche Maßnahmen im Zuge der COVID-19-Pandemie, DÖV 2020, S. 423–430.

Rheinwald, Eberhard/Kloesel, Arno, Polizeigesetz für das Land Baden-Württemberg und Landesverwaltungsvollstreckungsgesetz – nebst Durchführungsverordnungen und -erlassen, dem Gesetz über den Freiwilligen Polizeidienst und einem Auszug aus der Verwaltungsgerichtsordnung, 5. Auflage, Stuttgart 1975.

Ridder, Helmut et al. (Begr.)/*Breitbach, Michael/Deiseroth, Dieter* (Hrsg.), Versammlungsrecht des Bundes und der Länder – Völker- und Europarecht, GG, VersammlG, StGB, Landesrecht, Geschichte, 2. Auflage, Baden-Baden 2020.

Rinze, Jens/Schwab, Rouven, Dulde und liquidiere – Staatshaftungsansprüche in Coronazeiten, NJW 2020, S. 1905–1911.

Ritter, Werner, Das Erfordernis der genügenden Bestimmtheit – dargestellt am Beispiel des Polizeirechts, Chur u.a. 1994.

Rixen, Stephan, Gesundheitsschutz in der Coronavirus-Krise – Die (Neu-)Regelungen des Infektionsschutzgesetzes, NJW 2020, S. 1097–1103.

Robbers, Gerhard, Sicherheit als Menschenrecht – Aspekte der Geschichte, Begründung und Wirkung einer Grundrechtsfunktion, Baden-Baden 1987.

Robrecht, Michael/Petersen-Thrö, Ulf, Rechtliche Probleme bei der Anwendung der Platzverweisregelung des § 21 Abs. 1 Satz 1 SächsPolG unter besonderer Berücksichtigung von „Platzverweiszonen" und „diffusen" Störergruppen, SächsVBl. 2006, S. 29–39.

Roggan, Fredrik, Die Videoüberwachung von öffentlichen Plätzen – Oder: Immer mehr gefährliche Orte für Freiheitsrechte, NVwZ 2001, S. 134–141.

Rommelfanger, Ulrich, Entschädigung für Vermögensschäden aufgrund Betriebsbeschränkungen/-schließungen infolge Maßnahmen nach dem Infektionsschutzgesetz, COVuR 2020, S. 178–183.

Rosenkranz, Frank, Die Auslegung von „Ausnahmevorschriften", Jura 2015, S. 783–788.

Rott, Joachim, 100 Jahre „Kreuzberg-Urteil" des PrOVG, NVwZ 1982, S. 363–364.

Ruder, Karl-Heinz, Polizei- und ordnungsrechtliche Unterbringung von Obdachlosen, Baden-Baden 1999.

ders., Die polizei- und ordnungsrechtliche Unterbringung von Obdachlosen, NVwZ 2012, S. 1283–1288.

ders./Pöltl, René, Polizeirecht Baden-Württemberg, 9. Auflage, Baden-Baden 2021.

Rühl, Ulli, Die Polizeipflichtigkeit von Versammlungen bei Störungen durch Dritte und bei Gefahren für die öffentliche Sicherheit bei Gegendemonstrationen, NVwZ 1988, S. 577–584.

Rumpf, Olav, Neuauflage einer generellen Staatshaftung in Hessen durch das novellierte Hessische Gesetz über die öffentliche Sicherheit und Ordnung?, NVwZ 1992, S. 250–252.

Ruthig, Josef, Aktuelle Rechtsprechung zum Polizei- und Ordnungsrecht, LKRZ 2015, S. 481–489.

Rybak, Hubertus/Hofmann, Hans, Verteilung der Gesetzgebungsrechte zwischen Bund und Ländern nach der Reform des Grundgesetzes, NVwZ 1995, S. 230–235.

Sachs, Michael (Hrsg.), Grundgesetz – Kommentar, 9. Auflage, München 2021.

Säcker, Jürgen/Rixecker, Roland/Oetker, Hartmut et al. (Hrsg.), Münchener Kommentar zum Bürgerlichen Gesetzbuch, 1. Band, §§ 1–240 BGB, AllgPersönlR, ProstG, AGG, 9. Auflage, München 2021.

Saensawatt, Thossaporn, Die verfassungsrechtlichen Grundentscheidungen des Grundgesetzes – Eine verfassungsrechtstheoretische und -dogmatische Untersuchung, insbesondere zum Verhältnis der verfassungsrechtlichen Grundentscheidungen zueinander, Tübingen 2022.

Saffert, Heinz, Geschichte der Grundpflichten, Würzburg 1959.

Saladin, Peter, Verantwortung als Staatsprinzip – Ein neuer Schlüssel zur Lehre vom modernen Rechtsstaat, Bern u.a. 1984.

Schaefer, Christoph, Der wartende Passagier – Ansprüche bei Mängeln und Verzögerungen der Luftsicherheitskontrollen, NJW 2019, S. 3029–3033.

Schaks, Nils, Versammlungsfreiheit, in: Stern, Klaus/Sodan, Helge/Möstl, Markus (Hrsg.), Das Staatsrecht der Bundesrepublik Deutschland im europäischen Staatenverbund, 4. Band: Die einzelnen Grundrechte, 2. Auflage, München 2022, § 115.

Schäling, Yorck, Grenzen der Sanierungsverantwortlichkeit nach dem Bundes-Bodenschutzgesetz, Baden-Baden 2008.

Schenke, Wolf-Rüdiger, Die verwaltungsbehördliche Aufhebung nachträglich rechtswidrig gewordener Verwaltungsakte, DVBl. 1989, S. 433–441.

ders., Staatshaftung und Aufopferung – Der Anwendungsbereich des Aufopferungsanspruchs, NJW 1991, S. 1777–1789.

ders., Die materiell-rechtliche Bedeutung einer nachträglichen Veränderung der Sach- oder Rechtslage bei belastenden Verwaltungsakten mit Dauerwirkung, in: Geis, Max-Emanuel/Winkler, Markus/Bickenbach, Christian (Hrsg.), Von der Kultur der Verfassung, Festschrift für Friedhelm Hufen zum 70. Geburtstag, München 2015, S. 521–537.

ders., Polizei- und Ordnungsrecht, 12. Auflage, Heidelberg 2023.

ders./Baumeister, Peter, Der rechtswidrig gewordene Verwaltungsakt – BVerwGE 84, 111, JuS 1991, S. 547–553.

ders./Graulich, Kurt/Ruthig, Josef (Hrsg.), Sicherheitsrecht des Bundes – BPolG, BKAG, ATDG, BVerfSchG, BNDG, VereinsG, 2. Auflage, München 2019.

ders./Ruthig, Josef, Rechtsscheinhaftung im Polizei- und Ordnungsrecht? – Zur polizeirechtlichen Verantwortlichkeit des sog. Anscheinsstörers, VerwArch 87 (1996), S. 329–361.

Schilling, Kurt, Geschichte der sozialen Ideen – Individuum, Gemeinschaft, Gesellschaft, 2. Auflage, Stuttgart 1966.

Schink, Alexander, Rechtsfragen der Altlasten, GewArch 1996, S. 50–62.

Schlaich, Klaus/Korioth, Stefan, Das Bundesverfassungsgericht – Stellung, Verfahren, Entscheidungen, 12. Auflage, München 2021.

Schlechtriem, Peter, Schadenersatz und Schadensbegriff, ZEuP 1997, S. 232–254.

Schlegel, Helmut, Das Problem der Zumutbarkeit im Sozialrecht, SoSi 1969, S. 291–297.

Schloer, Bernhard, Der Adressat des polizeilichen Platzverweises, DÖV 1991, S. 955–962.

Schmelz, Christoph, Die Entwicklung der dogmatischen Figuren des Zweckveranlassers und der latenten Gefahr, BayVBl. 2001, S. 550–554.

Schmid, Wieland, Der Notstand im Polizeirecht, Zürich 1940.

Schmidbauer, Wilhelm/Holzner, Thomas, Bayerisches Polizei- und Sicherheitsrecht, München 2019.

ders./Steiner, Udo, Bayerisches Polizeiaufgabengesetz – und Polizeiorganisationsgesetz – Kommentar, 6. Auflage, München 2023.

Schmidt, Benjamin, Der Anwendungsbereich der berechtigten Geschäftsführung ohne Auftrag, JuS 2004, S. 862–867.

Schmidt, Helmut, Auf der Suche nach einer öffentlichen Moral – Deutschland vor dem neuen Jahrhundert, Stuttgart 1998.

Schmidt, Thorsten, Grundpflichten, Baden-Baden 1999.

ders., Die Analogie im Verwaltungsrecht, VerwArch 97 (2006), S. 139–164.

Schmidt, Walter, Die Aufopferung vermögenswerter Rechte, NJW 1999, S. 2847–2851.

Schmidt-Bleibtreu, Bruno (Begr.)/*Hofmann, Hans*/*Hennecke, Hans-Günter* (Hrsg.), Grundgesetz – Kommentar, 15. Auflage, Köln 2022.

Schmidt-Jortzig, Edzard, Polizeilicher Notstand und Versammlungsverbot, JuS 1970, S. 507–510.

Schmitt, Jochem, SGB VII – Gesetzliche Unfallversicherung – Kommentar, 4. Auflage, München 2009.

Schmitt-Kammler, Arnulf, Der Aufopferungsgedanke, JuS 1995, S. 473–480.

Schmitz, Holger/*Neubert, Carl-Wendelin*, Praktische Konkordanz in der Covid-Krise – Vorübergehende Zulässigkeit schwerster Grundrechtseingriffe zum Schutz kollidierenden Verfassungsrechts am Beispiel von Covid-19-Schutzmaßnahmen, NVwZ 2020, S. 666–671.

Schmitz, Thomas, Straßen- und polizeirechtliches Vorgehen gegen Randgruppen (Bettler, Land- und Stadtstreicher), München 2003.

Schnapp, Friedrich, Die Verhältnismäßigkeit des Grundrechtseingriffs, JuS 1983, S. 850–855.

Schnekenburger, Franz, Das Aus für „verdachtsunabhängige" Personenkontrollen? – Zugleich Anmerkungen zur Entscheidung des Landesverfassungsgerichts Mecklenburg-Vorpommern vom 21.10.1999 – LVerfG 2/98, LKV 2000, 149 = DVBl. 2000, 262 = DÖV 2000, 71, BayVBl. 2001, S. 129–135.

Schneider, Harald, Die Güterabwägung des Bundesverfassungsgerichts bei Grundrechtskonflikten – Empirische Studie zu Methode und Kritik eines Konfliktlösungsmodelles, Baden-Baden 1979.

Schneider, Markus, Die Entwicklung der Polizei in den Jahren zwischen 1945 und 2008 am Beispiel der Polizei von Baden-Württemberg und der Bundespolizei unter besonderer Berücksichtigung der Entwicklung der Kompetenz- und Aufgabenverteilung, Tübingen 2010.

Schneider, Nora, Das Gebot der Trennung von Polizei und Nachrichtendiensten im Spannungsfeld von Freiheitsschutz und effektiver Gefahrenabwehr – Eine Bewertung des Sicherheitssystems und der Rechtsprechung des Bundesverfassungsgerichts zur Antiterrordatei vor dem Hintergrund der aktuellen Bedrohungslage, Berlin 2019.

Schneider, Otmar, Grundsätzliche Überlegungen zur polizeilichen Gefahr, DVBl. 1980, S. 406–409.

Schnur, Roman, Probleme um den Störerbegriff im Polizeirecht, DVBl. 1962, S. 1–8.

Schoch, Friedrich, Die „Gefahr" im Polizei- und Ordnungsrecht, Jura 2003, S. 472–476.

ders., Abschied vom Polizeirecht des liberalen Rechtsstaats? – Vom Kreuzberg-Urteil des Preußischen Oberverwaltungsgerichts zu den Terrorismusbekämpfungsgesetzen unserer Tage, Der Staat 43 (2004), S. 347–369.

ders., Die Notstandspflicht im Polizei- und Ordnungsrecht, Jura 2007, S. 676–684.

ders., Polizei- und Ordnungsrecht, in: ders. (Hrsg.), Besonderes Verwaltungsrecht, München 2018, 1. Kapitel.

Schöne, Wolfgang, Unterlassene Erfolgsabwendungen und Strafgesetz, Köln u.a. 1974.

Schröder, Ulrich, Das Verhältnis von Gemeinwohl und Sonderopfer in der staatshaftungsrechtlichen Bewältigung der Corona-Pandemie, JöR n.F. 69 (2021), S. 657–676.

Schubert, Jörg, Das „Prinzip Verantwortung" als verfassungsstaatliches Rechtsprinzip – Rechtsphilosophische und verfassungsrechtliche Betrachtungen zur Verantwortungsethik von Hans Jonas, Baden-Baden 1998.

Schulz, Norbert/Ellmayer, Hans, Bayerisches Katastrophenschutzgesetz, in: Dirnberger, Franz et al. (Hrsg.), Beck-Kommunalpraxis Bayern plus, Wiesbaden 2022.

Schulze-Fielitz, Helmuth, Nach dem 11. September: An den Leistungsgrenzen eines verfassungsstaatlichen Polizeirechts?, in: Horn, Hans-Detlef (Hrsg.), Festschrift für Walter Schmitt Glaeser zum 70. Geburtstag, Berlin 2003, S. 407–434.

Schwintowski, Hans-Peter, Haftung des Staates für (rechtmäßige) hoheitliche Corona-Eingriffe, NJOZ 2020, S. 1473–1480.

Seedorf, Sebastian, Der Grundsatz der Verhältnismäßigkeit bei der Gesetzgebung, in: Jestaedt, Matthias/Lepsius, Oliver (Hrsg.), Verhältnismäßigkeit – Zur Tragfähigkeit eines verfassungsrechtlichen Schlüsselkonzepts, Tübingen 2015, S. 129–156.

Seelmann, Kurt, „Unterlassene Hilfeleistung" oder: Was darf das Strafrecht?, JuS 1995, S. 281–286.

Seewald, Ottfried, Zur Verantwortlichkeit des Bürgers nach dem Bundes-Seuchengesetz, NJW 1987, S. 2265–2274.

Selmer, Peter, Gedanken zur polizeirechtlichen Verhaltensverantwortlichkeit – Zugleich ein Beitrag zur angeblichen Dichotomie Störer/Nichtstörer, in: ders./Münch, Ingo von (Hrsg.), Gedächtnisschrift für Wolfgang Martens, 1987, Nachdruck Berlin u.a. 2019.

ders., Der Begriff der Verursachung im allgemeinen Polizei- und Ordnungsrecht, JuS 1992, S. 97–102.

ders., Die sogenannte „materielle Polizeipflicht" – Bemerkungen zu einer fragwürdigen Polizeirechtsfigur, in: Hendler, Reinhard/Ibler, Martin/Martinez Soria, José (Hrsg.), „Für Sicherheit, für Europa", Festschrift für Volkmar Götz zum 70. Geburtstag, Göttingen 2005, S. 391–403.

Shirvani, Foroud, Die Kontakt- und Begleitpersonen und die „Besonderen Mittel der Datenerhebung" im Polizeirecht, VerwArch 101 (2010), S. 86–111.

ders., Paradigmenwechsel im Polizeirecht? – Die neue Rechtsfigur der „drohenden Gefahr", DVBl. 2018, S. 1393–1398.

ders., Defizitäres Infektionsschutz-Entschädigungsrecht – Zum Reformbedarf im IfSG-Entschädigungsrecht, NVwZ 2020, S. 1457–1462.

ders., Entschädigungsansprüche bei Betriebsschließungen nach dem Infektionsschutzrecht, DVBl. 2021, S. 158–165.

Siegel, Thorsten, Verwaltungsrecht im Krisenmodus, NVwZ 2020, S. 577–583.

Simon, Dirk, Präzeptoraler Sicherheitsstaat und Risikovorsorge, Frankfurt a.M. 2008.

Sobota, Katharina, Das Prinzip Rechtsstaat – Verfassungs- und verwaltungsrechtliche Aspekte, Tübingen 1997.

Sokol, Ljuba, Die Bestimmung der Verantwortlichkeit für die Abwehr und Beseitigung von Störungen im öffentlichen und privaten Recht, Tübingen 2016.

Spendel, Günter, Zum Vergehen der unterlassenen Hilfeleistung, in: Schneider, Hendrik/Kahlo, Michael/Klesczewski, Diethelm et al. (Hrsg.), Festschrift für Manfred Bode zum 70. Geburtstag am 15. September 2008, Berlin 2008, S. 377–386.

Spickhoff, Andreas (Hrsg.), Medizinrecht – AMG, ApoG, BGB, GenTG, KHG, MBO, MPDG, SGB V, SGB XI, StGB, TFG, TPG, 4. Auflage, München 2022.

Spießhofer, Birgit, Der Störer im allgemeinen und im Sonderpolizeirecht, Frankfurt a.M. 1989.

Spitta, Dietrich, Die Staatsidee Wilhelm von Humboldts, Berlin 2004.

Spitzlei, Thomas/Hautkappe, Christoph, Die Entschädigung für polizeiliches Einschreiten – Versuch einer Systematisierung, DÖV 2018, S. 134–144.

Starke, Christian, Die Lehre vom mittelbar-faktischen Grundrechtseingriff im Spiegel der aktuellen Rechtsprechung des Bundesverfassungsgerichts, DVBl. 2018, S. 1469–1473.

Steenbuck, Michael, Lücken in der Sanierungsverantwortlichkeit für Altlasten, NVwZ 2005, S. 656–658.

Stein, Philipp, Ehrenamtliche Polizeihelfer und Hilfspolizeibeamte – Eine verfassungsrechtliche Untersuchung zu den Grenzen der Übertragung von Aufgaben der Gefahrenabwehr auf Nichtpolizeibeamte, Berlin u.a. 2021.

Stein, Volker, Versammlungsrecht – Erläuterungen zu Art. 8 Grundgesetz und zum Versammlungsgesetz, 2. Auflage, Frankfurt a.M. 2019.

Steinberg, Wilhelm, Das Problem der Zumutbarkeit im Steuerrecht, BB 1968, S. 433–438.

Steinvorth, Ulrich, Kann Solidarität erzwingbar sein?, in: Bayertz, Kurt (Hrsg.), Solidarität – Begriff und Problem, Frankfurt a.M. 1998, S. 54–85.

Stelkens, Paul/Bonk, Heinz et al. (Begr.)/*Sachs, Michael* et al. (Hrsg.), Verwaltungsverfahrensgesetz – Kommentar, 10. Auflage, München 2022.

Stenzel, Hartmut, Molière und der Funktionswandel der Komödie im 17. Jahrhundert, München 1987.

Stephan, Ulrich/Deger, Johannes, Polizeigesetz für Baden-Württemberg, 7. Auflage, Stuttgart u.a. 2014.

Stern, Klaus/Becker, Florian, Grundrechte-Kommentar – Die Grundrechte des Grundgesetzes mit ihren europäischen Bezügen, 3. Auflage, Köln 2019.

Stober, Rolf, Grundpflichten und Grundgesetz, Berlin 1979.

ders., Grundpflichten als verfassungsrechtliche Dimension, NVwZ 1982, S. 473–479.

Stoermer, Christian, Der polizeirechtliche Gewahrsam – unter besonderer Berücksichtigung des Unterbindungsgewahrsams, Berlin 1998.

Störring, Lars, Das Untermaßverbot in der Diskussion – Untersuchung einer umstrittenen Rechtsfigur, Berlin 2009.

Struß, Lukas/Fabi, Johannes, Entschädigungsansprüche für unternehmensbezogene Eingriffe nach dem IfSG, DÖV 2020, S. 665–675.

Stuth, Sabine, Staatshaftung oder Entschädigung – Rechtsstrukturen der Schadensverteilung zwischen Staat und Bürgern, Baden-Baden 1990.

Suhr, Jan, Richtlinienkonforme Auslegung im Privatrecht und nationale Auslegungsmethodik, Baden-Baden 2011.

Tegtmeyer, Henning/Vahle, Jürgen, Polizeigesetz Nordrhein-Westfalen, 13. Auflage, Stuttgart u.a. 2022.

Thiel, Markus, Die „Entgrenzung“ der Gefahrenabwehr – Grundfragen von Freiheit und Sicherheit im Zeitalter der Globalisierung, Tübingen 2011.

ders., Polizei- und Ordnungsrecht, 4. Auflage, Baden-Baden 2020.

ders., Modernes Polizeirecht – (Vor-)Überlegungen zum normativen Umgang mit sicherheitsrelevanten „Megatrends“ und modifizierenden Policing-Ansätzen, GSZ 2021, S. 97–103.

Tholund, Stefan, Die gerichtliche Kontrolle der Haushaltsgrundsätze „Wirtschaftlichkeit“ und „Sparsamkeit“, Kiel 1991.

Thurn, John, Welcher Sozialstaat? – Ideologie und Wissenschaftsverständnis in den Debatten der bundesdeutschen Staatsrechtslehre 1949–1990, Tübingen 2013.

Tiedemann, Michael, Die Einstandsverantwortlichkeit nach dem Bundes-Bodenschutzgesetz – Gesellschafts- und handelsrechtliche Rechtsgründe einer Einstandspflicht für juristische Personen als Anknüpfungspunkt einer bodenschutzrechtlichen Altlastensanierungspflicht, Aachen 2003.

Tipke, Klaus, Steuerliche Betriebsprüfung im Rechtsstaat, München 1968.

Tölle, Oliver, Polizei- und ordnungsbehördliche Maßnahmen bei rechtsextremistischen Versammlungen, NVwZ 2001, S. 153–157.

Trennt, Matthias, Die (Un-)Vereinbarkeit der Ermächtigungsgrundlagen zur Schleierfahndung mit dem Schengener Grenzkodex, DÖV 2012, S. 216–224.
Trockels, Martin, Polizeirechtliche Gesichtspunkte der Obdachlosigkeit, BWVPr 1989, S. 145–151.
Trurnit, Christoph, Eingriffsbefugnisse bei Veranstaltungen, Jura 2012, S. 365–372.
ders., Eingriffsschwellen für polizeiliche Maßnahmen, Jura 2019, S. 258–267.
Trute, Hans-Heinrich, Das Polizei- und Ordnungsrecht im Spiegel der Rechtsprechung, DV 32 (1999), S. 73–96.
ders., Gefahr und Prävention in der Rechtsprechung zum Polizei- und Ordnungsrecht, DV 36 (2003), S. 501–522.
Tüshaus, Joachim, Novellierung des Polizeirechts im Freistaat Sachsen, SächsVBl. 2019, S. 273–279.
Uhle, Arnd, Die Gesetzgebungskompetenz des Bundes für die Abwehr von Gefahren des internationalen Terrorismus, DÖV 2010, S. 989–997.
Ullrich, Norbert, Typische Rechtsfragen bei Demonstration und Gegendemonstration/Gegenaktionen, DVBl. 2012, S. 666–675.
ders., Das Demonstrationsrecht – Im Spannungsfeld von Meinungsfreiheit, Versammlungsfreiheit und öffentlicher Sicherheit, Baden-Baden 2015.
ders., Niedersächsisches Versammlungsgesetz – NVersG, 2. Auflage, Stuttgart u.a. 2018.
ders./Weiner, Bernhard/Brüggemann, Karl-Heinz, Niedersächsisches Polizeirecht, Stuttgart u.a. 2012.
Vermander, Eduard, Unfallsituation und Hilfspflicht im Rahmen des § 330c StGB, Tübingen 1969.
Vogel, Klaus, Über die Herkunft des Polizeirechts aus der liberalen Staatstheorie, in: ders./Tipke, Klaus (Hrsg.), Verfassung, Verwaltung, Finanzen, Festschrift für Gerhard Wacke zum 70. Geburtstag, Köln 1972, S. 375–389.
Vögt, Friedrich/Vogt, Karl-Herbert, Katastrophenschutzgesetz für Baden-Württemberg, 2. Auflage, Stuttgart u.a. 1990.
Voßkuhle, Andreas, Grundwissen – Öffentliches Recht: Der Gefahrenbegriff im Polizei- und Ordnungsrecht, JuS 2007, S. 908–909.
ders., Der Sozialstaat in der Rechtsprechung des Bundesverfassungsgerichts, SGb 2011, S. 181–186.
ders./Kaiser, Anna-Bettina, Grundwissen – Öffentliches Recht: Der Grundrechtseingriff, JuS 2009, S. 313–315.
ders./Schemmel, Jakob, Grundwissen – Öffentliches Recht: Die Versammlungsfreiheit, JuS 2022, S. 1113–1117.
Wächtler, Hartmut/Heinhold, Hubert/Merk, Rolf, Bayerisches Versammlungsgesetz (BayVersG), Stuttgart u.a. 2011.
Waechter, Kay, Polizei- und Ordnungsrecht, Baden-Baden 2000.
ders., Polizeirecht und Kriegsrecht, JZ 2007, S. 61–68.
ders., Bayern: Polizeirecht in neuen Bahnen, NVwZ 2018, S. 458–462.
Walker, Michael, Abstrakte und konkrete Gefahr – Entwicklung und Abgrenzung der polizeirechtlichen Gefahrenarten, Tübingen 1994.
Walther, Harald, Das „Kreuzberg-Urteil", JA 1997, S. 287–292.
Walus, Andreas, Pandemie und Katastrophennotstand: Zuständigkeitsverteilung und Kompetenzmängel des Bundes, DÖV 2010, S. 127–133.
ders., Katastrophennotstand in Berlin: Strukturen und Kompetenzkonflikte, LKV 2010, S. 152–159.

Wapler, Friederike, Alles geklärt? Überlegungen zum polizeilichen Gefahrerforschungseingriff, DVBl. 2012, S. 86–92.

Warg, Gunter, Auskunftsbefugnisse der Strafverfolgungsbehörde und Anonymität des E-Mail-Anzeigeerstatters, MMR 2006, S. 77–83.

Wassermann, Rudolf, Das Recht auf den eigenen Tod, DRiZ 1986, S. 291–297.

Weber, Kathrin, Die Sicherung rechtsstaatlicher Standards im modernen Polizeirecht, Frankfurt a.M. 2011.

Weber, Klaus, Sächsisches Versammlungsrecht – Handbuch für Ausbildung und Praxis mit Kommentar des Sächsischen Versammlungsgesetzes (SächsVersG), Dresden 2010.

ders., Polizeifestigkeit des Versammlungsrechts oder der Versammlungsgesetze?, NJ 2019, S. 472–474.

Weber, Wilhelm, Zumutbarkeit und Nichtzumutbarkeit als rechtliche Masstäbe, Juristen-Jahrbuch 3 (1962/63), S. 212–240.

Wefelmeier, Christian/Miller, Dennis, Niedersächsisches Versammlungsgesetz – Kommentar, 2. Auflage, Wiesbaden 2020.

Wehr, Matthias, Zivile Sicherheit im Polizei- und Ordnungsrecht, in: Gusy, Christoph/Kugelmann, Dieter/Würtenberger, Thomas (Hrsg.), Rechtshandbuch Zivile Sicherheit, Berlin u.a. 2017, 21. Kapitel.

ders., Bundespolizeigesetz, 3. Online-Auflage, Stand: August 2021.

Weidemann, Holger/Barthel, Torsten, Ordnungsrechtliche Verantwortlichkeit und Zweckveranlasser, VR 2007, S. 217–219.

Weinrich, Maximilian, Die Novellierung des bayerischen Polizeiaufgabengesetzes – Drohende Gefahr für die Verfassung in Bayern?, NVwZ 2018, S. 1680–1685.

Welzel, Simon/Ellner, Maximilian, Präventivgewahrsam bei drohender Gefahr, DÖV 2019, S. 211–220.

Weschpfennig, Armin von, Der Parlamentsvorbehalt in der Corona-Krise – Exekutive Eingriffsbefugnisse und Staatshaftung, DV 53 (2020), S. 469–500.

Weßlau, Edda, Vorfeldermittlungen – Probleme der Legalisierung „vorbeugender Verbrechensbekämpfung" aus strafprozeßrechtlicher Sicht, Berlin 1989.

Wewers, Ernst, Das Polizeinotrecht im deutschen Verwaltungsrecht, Marburg 1933.

Weyreuther, Felix, Bemerkenswertes über Grundsätzliches, DÖV 1989, S. 321–329.

Widder, Fabian, Die Polizeipflicht des Zweckveranlassers, Frankfurt a.M. 1997.

Wieser, Susanne, Die polizeiliche Wiedereinweisung des Räumungsschuldners, Frankfurt a.M. 1999.

Wildt, Andreas, Solidarität – Begriffsgeschichte und Definition, in: Bayertz, Kurt (Hrsg.), Solidarität – Begriff und Problem, Frankfurt a.M. 1998, S. 202–216.

Will, Martin, Ausgleichs- und Entschädigungsansprüche im Polizei- und Ordnungsrecht am Beispiel von §§ 64 ff. HSOG, VerwArch 106 (2015), S. 55–75.

Winterhoff, Christian/Eisele, Söhnke, Coronabedingte Betriebsschließungen: ohne Entschädigungsanspruch zulässig? – Zur Verhältnismäßigkeit entschädigungsloser Betriebsschließungen und zur Rechtsfigur des ausgleichspflichtigen Grundrechtseingriffs, JöR n.F. 69 (2021), S. 637–656.

Wittig, Peter, Zum Standort des Verhältnismäßigkeitsgrundsatzes im System des Grundgesetzes, DÖV 1968, S. 817–825.

Wobst, Felix/Ackermann, Julian, Der Zweckveranlasser wird 100 – Ein Grund zum Feiern?, JA 2013, S. 916–920.

Wolff, Hans, Das Recht des polizeilichen Notstands in Preußen, Hamburg 1934.

ders. (Begr.)/*Bachof, Otto/Stober, Rolf* et al. (Hrsg.), Verwaltungsrecht, 1. Band, 13. Auflage, München 2017.

Wolter, Jürgen (Hrsg.), Systematischer Kommentar zum Strafgesetzbuch, 3. Band, §§ 303–358 StGB, 9. Auflage, Köln 2016.

ders., Systematischer Kommentar zum Strafgesetzbuch, 1. Band, §§ 1–37 StGB, 9. Auflage, Köln 2017.

Wolzendorff, Kurt, Staatsnotrecht – Eine verwaltungsrechtliche Betrachtung im Anschluß an die preußische Rechtsübung, AöR 27 (1911), S. 220–246.

Würtenberger, Thomas/Heckmann, Dirk/Tanneberger, Steffen, Polizeirecht in Baden-Württemberg, 7. Auflage, Heidelberg 2017.

ders./Schenke, Ralf, Der Schutz von Amts- und Berufsgeheimnissen im Recht der polizeilichen Informationserhebung, JZ 1999, S. 548–554.

Zacher, Hans, Das soziale Staatsziel, in: Isensee, Josef/Kirchhof, Paul (Hrsg.), Handbuch des Staatsrechts der Bundesrepublik Deutschland, 2. Band, 3. Auflage, Heidelberg 2004, § 28.

Zehelein, Kai, Infektionsschutzbedingte Schließungsanordnungen in der COVID-19-Pandemie – Risikoverteilung bei Störung der Geschäftsgrundlage (unter rechtsvergleichender Perspektive), NZM 2020, S. 390–401.

Zeitler, Stefan/Trurnit, Christoph, Polizeirecht für Baden-Württemberg, 4. Auflage, Stuttgart 2022.

Zieschang, Frank, Der Gefahrenbegriff im Recht: Einheitlichkeit oder Vielgestaltigkeit, GA 2006, S. 1–10.

Zimmermann, Till, Rettungstötungen – Untersuchungen zur strafrechtlichen Beurteilung von Tötungshandlungen im Lebensnotstand, Baden-Baden 2009.

Zott, Christine/Geber, Frederic, Rote Karte für Jedermann? – Die Frage nach dem Adressaten der polizeilichen Spezialbefugnis des Platzverweises, JA 2014, S. 328–333.

Zschoch, Diana, Die präventiv-polizeiliche Rasterfahndung – Im Spannungsverhältnis zwischen der Staatsaufgabe Sicherheit und dem informationellen Selbstbestimmungsrecht der betroffenen Nichtverantwortlichen, Frankfurt a.M. 2007.

Sachregister

Studien und Beiträge zum Öffentlichen Recht

Die Schriftenreihe *Studien und Beiträge zum Öffentlichen Recht* (StudÖR) wurde als Äquivalent zur renommierten Reihe *Jus Publicum* gegründet. Sie bietet herausragenden Dissertationen aus dem Bereich des öffentlichen Rechts eine ansprechende Plattform und deckt sämtliche Fächer des öffentlichen Rechts ab, insbesondere also das Verfassungsrecht (einschließlich Grundrechtstheorie, Methodenlehre und Allgemeine Staatslehre) und das Verwaltungsrecht. Fächerübergreifende und fachgebietsübergreifende Themenstellungen sind dabei nicht ausgeschlossen, solange der Schwerpunkt der Arbeit im öffentlichen Recht einschließlich seiner europarechtlichen beziehungsweise international- und völkerrechtlichen Bezüge zu finden ist. Um die hohe Qualität der in dieser Reihe veröffentlichten Dissertationen zu gewährleisten, werden nur Arbeiten zur Veröffentlichung in Betracht gezogen, die in beiden Gutachten uneingeschränkt mit summa cum laude bewertet wurden.

ISSN: 1867-8912
Zitiervorschlag: StudÖR

Alle lieferbaren Bände finden Sie unter *www.mohrsiebeck.com/studoer*

Mohr Siebeck
www.mohrsiebeck.com